U0692677

国家社科基金项目

西北大学"双一流"建设项目

南宋馆阁与文学研究

成明明　著

中华书局

图书在版编目 (CIP) 数据

南宋馆阁与文学研究/成明明著. —北京:中华书局,2024. 8
ISBN 978-7-101-16537-1

Ⅰ.南… Ⅱ.成… Ⅲ.①官制–中国–南宋②古典文学–研究–中国–南宋 Ⅳ.①D691.4②I206.2

中国国家版本馆 CIP 数据核字(2024)第 028067 号

书　　名	南宋馆阁与文学研究
著　　者	成明明
责任编辑	吴爱兰
装帧设计	刘　丽
责任印制	韩馨雨
出版发行	中华书局
	(北京市丰台区太平桥西里 38 号　100073)
	http://www.zhbc.com.cn
	E-mail:zhbc@zhbc.com.cn
印　　刷	三河市中晟雅豪印务有限公司
版　　次	2024 年 8 月第 1 版
	2024 年 8 月第 1 次印刷
规　　格	开本/920×1250 毫米　1/32
	印张 12⅝　插页 2　字数 314 千字
国际书号	ISBN 978-7-101-16537-1
定　　价	68.00 元

目　录

绪　论

我国古代皇家图书馆历史悠久，可以追溯到周代之藏室，《史记·老子韩非列传》记载老子的职任为"周守藏室之史"，司马贞《索隐》道："藏室史，周藏书室之史也。"（即掌管国家图书、记事、历象之官）①自汉以来各朝均有设置，名称不一，功能趋同。西汉，"内有延阁、广内、秘室之府"②，东汉有兰台、东观等。魏晋南北朝、隋唐继之不辍，"魏有崇文馆，宋元嘉有玄、史两馆，宋太始至齐永明有总明馆，梁有士林馆，北齐有文林馆，后周有崇文馆，或典校理，或司撰著，或兼训生徒，若今弘文馆之任也"③。自唐以前（包含唐代），皇家图书馆主要职任乃校书、编纂及训导学生。如若把"兼训生徒"视为育才也未尝不可，但是上至天子、下至士夫，以馆阁承担为国育才的重要功能和使命，这种认识到了宋代尤为明晰且坚定。

历史学家对宋代文化有很高的评价，陈寅恪先生说："华夏民族之文化，历数千载之演进，造极于赵宋之世。"④邓广铭先生以"空前绝后"⑤来评论两宋物质文明和精神文明所达到的高度。这种成就

---

① 《史记·老子韩非列传》，中华书局 2014 年，第 2603—2604 页。
② 《隋书·经籍志序》，中华书局 1973 年，第 905 页。
③ 李林甫等《唐六典》卷八，陈仲夫点校，中华书局 1992 年，第 254 页。
④ 陈寅恪《邓广铭〈宋史职官志考证〉序》，《金明馆丛稿二编》，上海古籍出版社1980 年，第 245 页。
⑤ 邓广铭《谈谈有关宋史研究的几个问题》，《社会科学战线》1986 年第 2 期。

玉成之因很多,若从文化角度而言,馆阁制度于其中发挥的作用是不容小觑的。宋代馆阁制度相关典籍明显增多,而且体例完备,内容丰富。相较于唐代的《景龙文馆记》和《集贤注记》,宋代有秘阁校理宋匪躬所撰《皇宋馆阁录》、秘书少监罗畸所撰《蓬山志》、程俱所撰《麟台故事》、洪兴祖《续史馆故事》、陈骙《南宋馆阁录》以及佚名所撰《续录》。通过三馆旧闻、法令因革、职任废置、编修撰著、恩宠赏赐、应制赋诗等资料的呈现,我们可以窥见宋代典章制度和文物盛事。除了以上著述,还有《道山清话》《馆阁秘录》《曝书记》等与馆阁闲谈、文化相关的著作,从题目可大略推断有宋人笔记小说性质。除此之外,还有若干馆阁文人的应制、唱和之作,如《应制赏花集》《瑞花诗赋》《集贤院诗》《元祐馆职诏策词记》《馆阁词章》《馆阁诗》《馆学喜雪唱和诗》等,可见馆阁文人文学活动的丰富性。

北宋末期两位皇帝被金人掳走,南宋半壁河山下民族矛盾长期存在,军事压力较之北宋更大,加之权相政治的凸显,"对外,更加缺乏自信;对内,更加强化专权独裁"①,这些都严重影响了南宋馆阁文人的职责履行和文学学术表现,因而学界将目光更多投向北宋馆阁制度、制度与文学研究的诸多维度。

北宋馆阁制度层面,主要有陈乐素《宋初三馆考》、曾主陶《唐宋时期的馆阁制度》、倪士毅《北宋馆阁制度述略》,日本学者梅原郁《宋初的寄禄官及其周围》等论著②。具体到馆阁文人的选拔方式、召试特点、生平履历等视角,有陈元锋《北宋馆职、词臣选任及文华与吏材之对立——以治平、熙宁之际欧阳修、王安石为中心》及《王安石

---

① 虞云国《南渡君臣:宋高宗及其时代》,上海人民出版社 2019 年,第 2 页。
② 陈乐素《宋初三馆考》,《图书季刊》1936 年第 3 期。曾主陶《唐宋时期的馆阁制度》,《文献》1991 年第 2 期。倪士毅《北宋馆阁制度述略》,邓广铭、郦家驹等主编《宋史研究论文集》,河南人民出版社 1984 年,第 201—(转下页注)

屡辞馆职考论——兼论宋代馆职、词臣之荣显与迁除》①、王照年《北宋馆阁文士选任的"试除"之法探析——以〈麟台故事〉残本〈选任〉所载为主》②、成明明《北宋馆阁召试除职论略》和《北宋馆阁文人宋匪躬新考》③等。馆阁储藏、校勘方面，主要有王河《宋代馆阁藏书佚著〈蓬山志〉辑考》④，王照年、罗玉梅《〈麟台故事〉载北宋馆阁藏书的整理——以〈麟台故事〉残本〈校雠〉篇所载为主》及《论〈麟台故事〉载北宋馆阁藏书的形成——以〈麟台故事〉残本〈书籍〉篇所载为主》⑤，还有熊鹤婷《北宋中后期的馆阁绘画收藏之变》⑥等。

北宋馆阁制度与文学的研究，专著主要有陈元锋《北宋馆阁翰苑与诗坛研究》、成明明《北宋馆阁与文学研究》，二者各有优长和侧重。陈著重点考察了北宋时期的馆阁翰苑制度，集中于馆阁取人制度、馆阁的政治职能，论述了学士院与翰林学士设置、学士的职任与选拔，对馆阁翰苑环境中的馆职词臣唱和群体、赋咏活动用力颇多，其研究具有开创性和前沿性。如作者所言研究目的是，"致力于揭示制度文明中蕴含的政治与文化内涵，并从文化与文学的结合点上，考察在馆阁翰苑的文化背景下，北宋馆职词臣这一知识精英阶层所特

（接上页注）218页。姚瀛艇主编《宋代文化史》第二章《馆阁制度与图书编纂》，河南大学出版社1992年，第27—60页。［日］梅原郁《宋初的寄禄官及其周围》，刘俊文主编《日本学者研究中国史论著选译》第五卷，中华书局1993年，第392—450页。

① 分别刊载《文学评论》2002年第4期、《文史哲》2002年第4期。
② 《东南学术》2011年第6期。
③ 分别刊载《求索》2008年第3期、《西北大学学报》2016年第2期。
④ 《文献》2000年第1期。
⑤ 分别刊载《甘肃联合大学学报》2007年第6期、《山东图书馆学刊》2009年第6期。
⑥ 《美术大观》2022年第12期。

有的从政方式、生活形态及其群体性的创作趋向"①。将馆阁与翰苑
作为整体来考察,虽然二者之间具有仕途相接的性质,但毕竟是两个
各自独立的机构,体现着两种不同的制度,将二者放在一起讨论有其
优越性,也有违和之处。成著,从制度层面对唐、五代、北宋馆阁制度
的发展演变与继承差异作了详细讨论,客观阐释了馆阁作为图书之
府、文人渊薮和育才之地的功能,以统计分析呈现了北宋馆阁的选任
特点。文学层面,考察馆阁文人的日常文学活动、物质和精神生活状
态,揭示了宋代精英文人的审美风尚、价值取向及文化心理。以馆阁
文人的应制活动,论析馆阁文学的主体风貌及辐射效应,通过文人、
学者、官僚的馆阁经历与文学创作的个案分析,揭示馆阁经历之于文
人成长的特殊价值和意义所在。论著围绕馆阁与文学的多种关系展
开讨论,宏观观照和个案分析相结合②。又有昌庆志《北宋馆阁文人
词创作研究》③,讨论了宋初三馆文人词创作、哲宗朝苏门馆阁文人
词创作和徽宗朝馆阁文人词创作,注意到元祐党争、崇宁党锢与馆阁
词人的政治取向、文人词创作之关系。

　　论文方面,如陈元锋《北宋馆职词臣的宴赏赋咏活动》、郭凌云
《仁宗朝馆阁翰苑与词坛论略》、马小会《杨亿的馆阁经历与颂美情
结》、张钰筱《北宋馆阁与六一词的"闲人雅歌"》等④,讨论了馆阁词
臣的酬唱活动以及馆阁翰苑文化对词坛及词人、诗人创作的影响。
何水英《从〈文苑英华〉看宋初馆阁文臣对白居易的接受》⑤,以馆阁

---

① 陈元锋《北宋馆阁翰苑与诗坛研究·引言》,中华书局 2005 年,第 9 页。
② 成明明《北宋馆阁与文学研究》,中国社会科学出版社 2007 年。
③ 昌庆志《北宋馆阁文人词创作研究》,黄山书社 2010 年。
④ 分别刊载《山东师范大学学报》2003 年第 3 期、《北京大学学报》2013 年第 5
　 期、《唐山师范学院学报》2021 年第 2 期、《曲靖师范学院学报》2022 年第 1 期。
⑤ 何水英《从〈文苑英华〉看宋初馆阁文臣对白居易的接受》,《重庆邮电大学学
　 报》2015 年第 1 期。

所编总集《文苑英华》入选白居易作品特点来审视宋初精英文人对白氏文学、文化的认知。港台学位论文也值得关注,选取了文人馆阁期间的诗歌、散文来做一讨论,如简彦姈《曾巩馆阁期散文研究》①、陈玮馨《黄庭坚馆阁期诗歌之研究》②。

　　对馆阁文人群体的研究,如成明明《北宋馆阁文人的物质生活与精神生活论略》③,指出物质的困顿与精神的丰富构成北宋馆阁文人对照鲜明的两个方面,揭示宋代精英文人的生存状态及馆阁制度对文人的形塑与影响。李更《北宋馆阁校书之人员构成及其政治文化内涵》,通过对北宋馆阁校书人员的构成分析,纠正旧有"专家校书"之说,并且解释这种现象,"是北宋馆阁备顾问、储人才的特定政治职能决定的","馆阁的政治职能与文化职能之间,存在良性互动,即造就了一大批政治家和学者,完成了质量较高的典籍整理工作;同时,其政治功能也给图书工作带来了一定的负面影响,不能简单看待"④,颇有见地。

　　还有若干研究将两宋馆阁放在一起来论述,如两宋文人对馆阁任职的推崇与重视,馆阁曝书的文学、文化意义,如成明明《宋代文人的馆阁情结》和《宋代馆阁曝书活动及其文化意义》⑤。又如馆阁的藏书管理、利用、职能、校勘方面,有李婷《两宋时期的馆阁藏书管理与利用》《宋代馆阁藏书的整理》《试论宋代馆阁藏书的基本职能》⑥等。

① 简彦姈《曾巩馆阁期散文研究》,中国文化大学 2006 年硕士学位论文。
② 陈玮馨《黄庭坚馆阁期诗歌之研究》,高雄师范大学 2012 年硕士学位论文。
③ 成明明《北宋馆阁文人的物质生活与精神生活论略》,《西北大学学报》2007 年第 6 期。
④ 李更《北宋馆阁校书之人员构成及其政治文化内涵》,《江西社会科学》2004 年第 7 期。
⑤ 分别刊载《西北大学学报》2012 年第 4 期、《社会科学家》2008 年第 5 期。
⑥ 分别刊载《北京图书馆馆刊》1993 年第 3 期,《北京图书馆馆刊》1994 年第 1、2 期,《中央民族大学学报》2003 年第 6 期。

另有汝企和《论两宋馆阁之校勘史书》《宋代馆阁之校勘经部书》①。著作方面,有李更《宋代馆阁校勘研究》②等。又如李昌宪《宋代文官帖职制度》、龚延明《宋代官制辞典》,都是较早涉及两宋馆阁制度的研究成果③。

南宋馆阁制度的研究,张富祥是较早关注这一领域的学人,其《南宋馆阁制度述略》④论述了秘书省的组织机构、馆阁的基本职事,如藏书与校勘、编目与修史,以及南宋馆阁职官状况,对南宋馆阁制度研究具有引领性。具体到馆阁重建、专书与目录研究,主要有成明明《南宋馆阁图书之府的重建——以访求书籍为中心的考察》⑤、张富祥《〈南宋馆阁录〉及其〈续录〉》⑥、李静《〈中兴馆阁书目〉成书与流传考》⑦、翟新明《赵士炜〈中兴馆阁书目辑考〉辑引〈山堂考索〉辨正》⑧等。

南宋馆阁文化、文学的研究,主要有李剑亮《南宋馆阁与南宋诗歌》⑨、许浩然《从〈宋文鉴〉的编修看南宋理学与馆阁之学的分歧》⑩、

---

① 分别刊载《史学史研究》2001 年第 1 期、《中国文化研究》2003 年第 1 期。
② 李更《宋代馆阁校勘研究》,凤凰出版社 2006 年。
③ 李昌宪《宋代文官帖职制度》,《文史》第 30 辑,中华书局 1988 年,第 109—136 页。龚延明《宋代官制辞典》,中华书局 1997 年。
④ 张富祥《南宋馆阁制度述略》,《山东师范大学学报》1986 年第 4 期。
⑤ 成明明《南宋馆阁图书之府的重建——以访求书籍为中心的考察》,程章灿主编《古典文献研究》第 19 辑上卷,凤凰出版社 2016 年,第 28—35 页。
⑥ 张富祥《〈南宋馆阁录〉及其〈续录〉》,《史学史研究》1987 年第 4 期。
⑦ 李静《〈中兴馆阁书目〉成书与流传考》,《山东图书馆学刊》2011 年第 5 期。
⑧ 翟新明《赵士炜〈中兴馆阁书目辑考〉辑引〈山堂考索〉辨正》,《文献》2018 年第 2 期。
⑨ 李剑亮《南宋馆阁与南宋诗歌》,《浙江工业大学学报》2007 年第 4 期。
⑩ 许浩然《从〈宋文鉴〉的编修看南宋理学与馆阁之学的分歧》,《中国典籍与文化》2014 年第 3 期。

成明明《南宋馆阁制度滋育与规约下的休闲文化研究》①等。特别是许浩然的研究,关注到孝宗朝理学文化与馆阁文化的碰撞与冲突。

由上可见,相较北宋,南宋馆阁制度与文学的研究明显不足。表现在研究成果较少,而且视野有限,集中在专书、书目、校勘、储藏等方面。对南宋馆阁文人的选拔、召试,馆阁策论特点,馆阁文人的日常生活,馆阁与文学的关系等缺乏深入研究。张富祥说:"南宋时期的馆阁制度,对于南宋时期文化事业的恢复和发展,对于宋代史料的保存和整理,都有着重要的贡献。研究宋代馆阁,不可以忽视南宋。"②的确如此,作为馆阁制度,两宋既有继承性,又有差异性,而且各具优长。如果从继承、延续角度来看,馆阁主体功能并没有多大改变,表现在以下:

其一,图书之府——藏书丰富,阅览便利

宋代文化的普及,让文人学子读书仕进变得较为普遍和容易,以至于出现"满朝朱紫贵,尽是读书人"③盛况。不过从读书物质条件之优越来看,还是非馆阁莫属。北宋后期的馆阁文人黄伯思,自幼勤勉读书,精通书画品鉴,进入馆阁后,"纵观册府藏书,至忘寝食,自《六经》及历代史书、诸子百家、天官地理、律历卜筮之说无不精诣。凡诏讲明前世典章文物、集古器考定真赝,以素学与闻,议论发明居多,馆阁诸公自以为不及也"④。李清照《金石录后序》中提到夫君赵明诚《金石录》的编纂,得力于对馆阁珍稀文献的传抄,从初始的兴趣积淀为一种学术的自觉,"丞相居政府,亲旧或在馆阁,多有亡诗、逸

---

① 成明明《南宋馆阁制度滋育与规约下的休闲文化研究》,程章灿主编《古典文献研究》第 24 辑上,凤凰出版社 2021 年,第 12—22 页。
② 张富祥《南宋馆阁制度述略》,《山东师范大学学报》1986 年第 4 期。
③ 张端义《贵耳集》卷下,《全宋笔记》第 6 编第 10 册,大象出版社 2013 年,第 356 页。
④ 脱脱等《宋史》卷四四三,中华书局 1985 年,第 37 册,第 13106 页。

史，鲁壁、汲冢所未见之书，遂力传写，浸觉有味，不能自已"①。周紫芝《借书》云："牢落偏州少士夫，一鸥求借是书无。道山堂外长廊下，黄卷如云记石渠。"②周氏以为，身处穷乡僻壤无书可借，想念馆阁道山堂外的长廊下书籍如云，两相对比突出馆阁书籍之富。吕祖谦《宋文鉴》的完成，馆阁藏书为之助力，罗大经《鹤林玉露》卷一载："孝宗命吕成公诠择国朝文章，成公尽翻三馆之储，逾年成编，赐名《文鉴》。"③赵汝愚《宋名臣奏议》的编纂，归功于三馆供职的经历，赵氏淳熙十三年（1186）所上《进皇朝名臣奏议札子》云："臣学术浅陋，不足仰晞古人万一。然尝备数三馆，获观秘府四库，所藏及累朝史氏所载忠臣良士便宜章奏，论议明切，无愧汉儒。臣私窃忻慕，收拾编缀，历时寖久，箧中所藏殆千余卷。"④赵师秀《简孙正字》提到："空斋兀兀难消日，况入中年睡亦疏。"在这种境况下因交往的朋友多为馆阁文人，故而可以借阅官书打发无聊的时光，"多谢贵交芸阁里，许令随意借官书"⑤。王应麟乃南宋博学硕儒，《宋史·儒林传》载，其"于是闭门发愤，誓以博学鸿辞科自见，假馆阁书读之"⑥。《困学纪闻》的完成，有其抄录秘府书籍的因缘，元人孔齐《至正直记》卷四论道："（王氏）每以小册纳袖中入秘府，凡见书籍异闻则笔录之，复藏袖中而出。晚年成《困学纪闻》，可谓遗训后学者矣。"⑦

---

① 李清照《李清照集校注》，王仲闻校注，人民文学出版社 1979 年，第 177 页。

② 周紫芝《太仓稊米集》卷三五，《宋集珍本丛刊》第 35 册，线装书局 2004 年，第 171 页。

③ 罗大经《鹤林玉露》，王瑞来点校，中华书局 1983 年，第 12 页。

④ 《全宋文》卷六一九二，上海辞书出版社、安徽教育出版社 2006 年，第 274 册，第 68 页。

⑤ 《全宋诗》第 54 册，北京大学出版社 1998 年，第 33855 页。

⑥ 《宋史》卷四三八，第 37 册，第 12988 页。

⑦ 孔齐《至正直记》卷四，《丛书集成新编》第 87 册，新文丰出版公司 2008 年，第 385 页。

其二,文人渊薮——如切如磋,如琢如磨

馆阁于文人精神的丰富与学养的厚植极其重要,绍兴五年(1135)除秘书省正字的张嵲,其《谢馆职上赵相公启》云:"是以游息藏修,爰处文章之林府;优柔厌饫,俾深师友之渊源。"①在张嵲看来,身处文章之林的馆阁,心里常常想着学习,甚至连休息或闲暇的时候亦如此;为学从容求索,深入体味,使师友之渊源得以加深。林之奇《上何宪》曰:"顷在三馆,所从者多得海内之耆英,而朝夕与之周旋,盖亦忘寝与食。广求博取,以究心于讲学之益,不知年数之不足也。去国南来,尘俗汩没,世故侵夺其矣。方且离群索居,闻见单狭,而掩杜于环堵之室,学之不讲,而私以为孤陋之忧者,盖十年于兹矣。"②林氏感慨道山册府良好的学术氛围令人废寝忘食,专注于学问之精进,不知时间之不足。而出馆之后离群索居,孤陋寡闻,令人忧心忡忡。据《南宋馆阁录》卷五记载,长于诗赋的馆阁文人沈介、陈诚之、潘良能、吴芾等在绍兴十三年、十四年参与阅览御书《周易》《尚书》等活动,并进献诗歌,同道相切。又据《南宋馆阁录》卷五记载,绍兴二十七年(1157)八月十五日,诏令秘书省官修润王继先所上《校定大观证类本草》,当时参与修润的馆阁文人有10人,修润总计32卷,秘书郎王佐、著作佐郎杨邦弼、著作佐郎陈俊卿、校书郎季南寿、校书郎陈祖言、校书郎胡沂、校书郎叶谦亨、校书郎张孝祥、正字汪澈、正字林之奇参与其职。除汪澈、胡沂的工作量是4卷,其他馆职均为3卷,而且林之奇修润的同时又担任释音工作③。分工合作中馆阁文人商讨体例、交流经验,协调统一,开阔了视野,丰富了学养。

---

① 张嵲《紫微集》卷二九,影印文渊阁《四库全书》集部第1131册,第600页。
② 林之奇《拙斋文集》卷八,影印文渊阁《四库全书》集部第1140册,台湾商务印书馆1986年,第428页。
③ 陈骙《南宋馆阁录》卷五,张富祥点校,中华书局1998年,第57—58页。

其三,精英群体——同声相应,同气相求

北宋仁宗时期,陆佃与欧阳修同在馆阁,"诗文往复,相与至厚"(周必大《陆子履嵩山集序》)。元祐时,黄庭坚、张耒、晁补之、秦观相继入馆,与苏轼诗文酬唱,引领文坛风雅。在政治立场上,他们也是坚定的支持者。绍兴三十一年(1161),秘书省正字胡宪离馆,同馆文人汪应辰、洪迈、王十朋等不顾禁网严密,赋诗以壮其行,高度赞扬了胡宪品节之高,可见立身行事的趋同性。秘书省后园的修竹亭亭玉立,正字胡宪有诗咏叹,王十朋有次韵之作。省中红梅凌寒开放,洪迈赋诗歌咏,王十朋、周必大有次韵之作。秘书省黄梅盛开,馆阁同舍命王十朋赋诗助兴,周必大有次韵王氏之作。秘书监胡铨召集馆阁文人共赏酴醾且吟诗佐兴,王十朋次韵酬答。秘书省正字芮国器赞扬馆中木樨,周必大有次韵之作。南宋馆阁文人有乞赠梅花、海棠等人事之乐,更多表达以馆中植物花卉为中心的自抒情致之审美诉求和学士间酬唱赠答的休闲之趣。馆阁修竹的劲节萧疏、梅花的傲雪冷香、酴醾的天香之韵、木樨的金粟之形、海棠的袅袅之态,它们的形神之美、文人物我合一的情感体验,在"以物比德"中既见馆阁文人的高雅意趣、自我人格的体认标榜,又见同道相励、知音相赏的殷殷情谊,同时诗艺较量的快乐亦在其中。

其四,育才中心——洽闻博见,涵养器识

馆阁文人日常工作之一乃赋诗应制、润色鸿业,虽然套语程式少不了,时间一长依瓢画葫芦的因循敷衍也在所难免,但是广闻博见、学养丰富又是在文字实践中得到进一步提升训练的结果。如淳熙五年(1178),孝宗临幸秘书省,以秋日临幸秘书省御制诗赏赐丞相史浩等人,史浩、周必大、吕祖谦等均有和诗。史浩《恭和御制秋日秘阁观图书宴群臣》云:"舜治承尧焕有章,祥开东壁正腾光。天临广内朝班肃,宴款仙山午漏长。已庆车书同薄海,行看琛贽尽名王。由来服远先文德,不待将军出定襄。"①"焕有章",出自《论语·泰伯》"焕乎,其有文章"。"东壁",以星宿指代皇宫藏书之所,《晋书·天文志上》云:"东壁二星,主文章,天下图书之秘府也。""广内":汉代宫廷藏书之所,刘歆《七略》曰:"外则有太常、太史、博士之藏,内则有延阁、广内、秘室之府。""薄海",出自《尚书·益稷》"州十有二师,外薄四海,咸建五长"。"名王",指古代少数民族声名显赫的王,语出《汉书·宣帝纪》。"文德",指礼乐教化,与"武功"相对。《论语·季氏》云:"故远人不服,则修文德以来之。""定襄",用《史记·卫将军骠骑列传》中卫青二次出征定襄之事。史浩之诗多用唐前典故,充分表现了博学多识的特点。

馆阁虽以文学策论为择才的初级门槛,但公卿宰辅之储备涵养乃终极目标,故而日常之议政建言、表现器识尤为重要,"欲闻天下之要务,决当今之滞论"②。南宋馆阁文人论事,表现在对外主战主和、军事安全,对内社会稳定、官吏整顿、经济发展、教育科举等诸多方面。馆阁文人的议政献策,在科举取士、文化繁荣、社会风气的扭转方面是有积极意义的。在主战主和问题上,后来的史家认为,南宋馆阁文人多是放言无惮,博取名声而已,并非审时度势的明智之举。由于南宋政治生态的恶化,士大夫与皇帝"共定国是"成了一种底气不足的理想与追忆,自然影响了馆阁场域。

其五,职域的双重性——功名富贵,毁誉得丧

苏轼《谢馆职启》评价馆阁职域特点时说:"虽曰功名富贵所由之途,亦为毁誉得丧必争之地。名重则于实难副,论高则与世常疏。

---

① 史浩《鄮峰真隐漫录》卷四,《宋集珍本丛刊》第42册,线装书局2004年,第790页。
② 苏轼《苏轼文集》卷七《冗官之弊、水旱之灾、河决之患》,孔凡礼点校,中华书局1986年,第212页。

故虽绝异之资,犹有不任之惧。"①一针见血地说出了在馆阁任职的优劣两重性。韩亿《与子综书》对初任馆职的儿子谆谆教诲、劝诫提醒,"得书知汝受馆阁之职,深切忻慰,但服勤职业,一心公忠,何虑不达。更宜每事韬晦,惧轻言之失为妙"②,道出了文馆任职的光明前途与潜在忧虑。北宋杨亿、苏舜钦、苏轼、黄庭坚等人出馆,均对此有深刻体验,南宋亦如此,如胡铨、王十朋、陆游等,这种经历与现实,致使文人的从政热情、品质期许、生活样态与诗文创作等都发生了较大改变。

即便如此,两宋文人还是习惯维护馆阁除授的神圣与权威,对馆阁文人依然抱有很高的期许,无论在馆任职,抑或出馆另任,都期待他们成为社会的中坚和榜样,胡寅《斐然集》卷七《答李校书启》云:"尝谓西昆册府,南极星躔,集冠冕之名流,实朝廷之妙选。于此养才而育德,俾茂经纶;岂徒较艺以程能,务为华藻……肇开秘馆,广集时髦。既富之简编,使博其闻见,以尽卓约之守;又淹之岁月,使积其进修,而期器业之成。凡风望之所加,实纪纲之攸赖。进居廊庙,必能熙帝载而亮天工;退处江湖,亦可立懦夫而敦薄俗。"③胡氏以为,馆阁的功能乃萃集天下英杰,精心培育其政事才能,涵养德行器识,并非逞才弄识、较量文艺,而是期待文士能够竭忠尽智,服务朝廷。馆阁典册富有,使文人广博见闻,能够卓然独立;日积月累,期望器业之养成完善。馆阁文人的声名威望得到勉励,实乃朝廷纲纪之依靠。这些文人身居要职,必能弘扬功业;退居江湖,也可使懦夫有所树立,风俗有所淳厚。

南宋馆阁的建立与发展,相较北宋可谓缺乏从容优越的生态:国

---

① 苏轼《苏轼文集》卷四六,第 1326 页。
② 刘清之《戒子通录》卷五,影印文渊阁《四库全书》子部第 703 册,第 59 页。
③ 胡寅《斐然集》卷七,影印文渊阁《四库全书》集部第 1137 册,第 364 页。

土面积缩小,仅为北宋的2/3,军事压力持续增长,文人士夫参政权利受到更多挤压。即便如此,南宋馆阁依然受到政府、文士的高度重视,馆阁的运作与发展还是可圈可点,当然与北宋相比也有自身的局限和不足。

若以南宋馆阁制度之书《南宋馆阁录》《续录》类比北宋《麟台故事》(《直斋书录解题》《玉海》等所称《中兴馆阁录》,即陈骙所撰之《南宋馆阁录》),南宋著名史学家李焘在为《中兴馆阁录》所作序中有感该书巨细无遗、精当整饬,表达了即使"昏忘倦游",见到此书也抑制不住激动褒扬的心情,"今所编集,第断自建炎以来,凡物巨细,靡有脱遗,视程氏诚当且密。官修其方,行古道者,不当如是耶?⋯⋯乃援笔为之序"①。《四库全书总目》卷七九评价二书道:"《南宋馆阁录》十卷,宋陈骙撰。《续录》十卷,无撰人名氏⋯⋯今考是录所载,自建炎元年至淳熙四年。《续录》所载,自淳熙五年至咸淳五年。皆分《沿革》《省舍》《储藏》《修纂》《撰述》《故实》《官秩》《廪禄》《职掌》九门。典故条格,纤悉毕备,亦一代文献之薮也。"②无论是李焘,还是四库馆臣均高度评价了南宋馆阁制度之书的质量和分量,可谓文献之渊薮。从条分缕析、巨细无遗的著作亦能看出南宋馆阁建设的成就和成效,以下稍做论述。

其一,馆阁硬件建设,一丝不苟。

南宋政府十分重视馆阁馆舍的修葺与扩建、图书的征求与典藏,《宋史·艺文志序》云:"靖康之难,而宣和馆阁之储,荡然靡遗。高宗移跸临安,乃建秘书省于国史院之右,搜访遗阙,屡优献书之赏,于是四方之藏,稍稍复出,而馆阁编辑,日益以富矣。当时类次书目,得四万四千四百八十六卷。至宁宗时续书目,又得一万四千九百四十

①《南宋馆阁录》卷六,第3页。
②《四库全书总目》卷七九,中华书局1965年,第683页。

三卷,视《崇文总目》,又有加焉。"①

绍兴十四年(1144)七月,高宗临幸秘书省,提出"仰惟祖宗肇开册府,凡累朝名世之士由是以兴,而一代致治之原盖出于此"②的论断。因其对馆阁功能的清醒体认和准确定位,故而访求遗书、重建三馆,御笔榜题、临幸文士一丝不苟,落到实处。在君臣齐心协力之下,南宋初期,"三省、枢密院制度尚稽复旧,惟三馆、秘阁岿然杰出,非百司比"③,即是力证。

宁宗嘉泰四年(1204),曾从龙道,"恭惟国家自中兴以来,崇儒尚文,载新馆阁,诏访缺遗,凑泊来上,郁郁之风,超越千古"。曾氏又说馆阁典籍完备,对于文治的作用不容小觑,"其于圣世右文之治,诚非小补"④。理宗绍定元年(1228),秘书监叶禾高度评价了南宋馆阁的建设成效和功能,"仰惟国家稽古宪章,丕右斯文,肇建芸省。中兴之始,轮奂一新,爰命天下搜访旧闻。暨于今日,藏书之目,粲然大备,真足昭圣代隆儒之懿矣!搢绅之流,凡登是选,得以优游博习,充广见闻之所未逮,长育成就之赐,顾不与天地同其功欤!"⑤指出高宗以来崇儒尚文、效法古代、构建馆阁、搜访典册,到理宗朝藏书大备、粲然可观,足以昭示圣代宠儒之美德。搢绅凡入馆阁可以致力学习,有利于见闻的长足增长,馆阁育人的成就功效大概是和天地之功等同吧!除去夸饰的成份,南宋馆阁于文化、政治的贡献的确不容忽视。

其二,馆阁育才,足以抗衡北宋。

------

① 《宋史》卷二○二,第 15 册,第 5033 页。
② 《南宋馆阁录》卷六,第 62 页。
③ 李焘《中兴馆阁录·序》,《南宋馆阁录》,第 3 页。
④ 佚名《南宋馆阁续录》卷三,中华书局 1998 年,第 175 页。
⑤ 佚名《南宋馆阁续录》卷三,第 191 页。

南宋文人名士出自馆阁者比比皆是,名相公卿赵汝愚、周必大、卫泾、文天祥;学者才士洪兴祖、陈骙、程大昌、王应麟;著名文士胡铨、葛立方、王十朋、洪迈、木待问、杨万里、范成大、尤袤、陆游、吕祖谦、朱敦儒;理学家陈傅良、魏了翁、真德秀;史学家李焘、李垕、熊克、袁说友、李心传、陈耆卿等等,可谓比肩北宋。

南宋宰执人员约 252 名,以宰执身份提领、兼领高级馆阁职名者 30 人,担任宰执前有馆阁经历者 131 人,约占 52%。南宋翰林学士的馆职身份,除了高宗朝、恭宗朝有馆职身份者不超过 50%,其他各朝有馆阁经历者均占 80% 以上,宁宗朝翰林学士占 88%,理宗朝占 83%,度宗朝占 83%,从中可见南宋馆阁还是延续了北宋强大的育才功能。

其三,文献储藏可谓卓著,古籍整理落后北宋;修史成绩突出,但问题不少。

南宋馆阁在文献储藏方面可谓卓著,但在古籍整理方面则远逊色于北宋。从"著作之庭"的角度来衡量,南宋馆阁修史的成绩可谓遥遥领先,当然在"垂训借鉴,消除异说,控制舆论,颂扬德政,倡导教化"①的目标下,政治上的不自信也是难以掩饰。

南宋馆阁文人的文字困惑,重点在修史。神宗、哲宗、徽宗、钦宗四朝国史,自开院至成书,"凡二十有八年,秉笔者百有余人"②;中兴四朝国史前后修纂长达四十余年,其中的原因不外乎天子旨意难以揣摩、文人身兼多职、政治漩涡中的畏祸心理等等。

1. 兼职太多,分身乏术;迁易频繁,难精其业。

北宋馆阁修史成书较快、效率较高的一个重要原因就是史官兼

① 蔡崇榜《宋代修史制度研究》,文津出版社 1991 年,第 201 页。
② 李心传《建炎以来朝野杂记》甲集卷一〇,徐规点校,中华书局 2000 年,第 207 页。

职较少,故而能够勤勉其职,专心其业。南宋修史牵延时间较长,文人身兼数职、迁转频繁情况较为突出。如《高宗实录》编修,自淳熙十五年(1188)诏修至庆元元年(1195),"修撰、检讨官共计三十一员,而所修者通融偿计,仅及八九年尔",可见功效不显。而且由于"史官迁改,去住不常",已修者多有不全,"亦多首尾不接,未成年分"①。高斯得《耻堂存稿》卷二《十月二十日进故事》引《孝宗皇帝实录》中李焘建言:"故史官必久居其任,少兼他职,乃可责成。若兼职太多,用志必分,虽高才任职,多多益办,然人之精力有限,正恐详于此则略于彼。今史官犹有缺员,自今差除,乞选兼职少者委任之,庶几专力,速成大典。"高、孝、光、宁四朝志传,前后参与编修人员高达 280 余人,竟也不能成书,高斯得以为,"兼史院官例多兼职,往往一时繁剧之任,丛于厥身",精力有限,难免顾此失彼,故而"望其专力总领,速成大典,难矣"②。

史官职业要求世代执掌,学有渊源,或连续任职以保证修史的品质,否则出于多人之手难免前后失序、矛盾舛误,吕祖谦论曰:"古者史官皆世掌与久任,今史官亟拜亟罢。古者史官皆世掌,故司马谈之后则有司马迁,班彪之后则有班固,如扬子云亦是司马迁之甥,故最为通史。其时史官韦述掌图书四十年,任史官二十三年,刘知几三十年,蒋乂二十年。盖作史不可造次,须是有传授兼识得他本末方可,故必当久任。今之史院,编修与史、实录、玉牒等官,往往亟拜亟罢,著作未成,不免弃去。故作史不出一人之手,本末易以失序,多所乖异,要不若久任之善也。"③提出修史的重要条件,一是学术上的传承

―――――――――

① 《南宋馆阁录》卷一,第 166 页。
② 高斯得《耻堂存稿》卷二,《丛书集成新编》第 65 册,新文丰出版公司 2008 年,第 126 页。
③ 章如愚《群书考索》续集卷三五引《东莱吕氏博议》,影印文渊阁《四库全书》子部第 938 册,台湾商务印书馆 1986 年,第 436—437 页。

积淀,二是需要久任其职的时间连续。例如韦述执掌图书长达四十年,为史官二十余年,刘知几任史官三十年,蒋乂二十年,所以成就了他们在史学上的大家地位。而南宋史院修史,常常出现文人"亟拜亟罢"现象,著作未完成而人已弃去,多人接手,本末失次,错舛多出,与修史官员久在其任的业务熟悉、效率之高无法相提并论。陈振孙评价高宗、孝宗《实录》道,"置院既久,不以时成",修成的结果,可谓"卷帙猥多,而纪载无法,疏略抵牾,不复可稽据",以致"比之前世,最为缺典,观者为之太息"。分析原因,乃"涉笔之臣,乍迁忽徙,不可殚纪。及有诏趣进,则匆遽钞录,甚者一委吏手"①,仍然强调不能久任其职导致工作缺乏连贯性,临旨仓促钞录,甚至委托吏人,编修的质量自然是差强人意。

2. 朝廷旨意,分寸难捏。

正史是官方意志的体现,也是帝王希望呈现的历史样貌。历史上文人因修史而获罪不在少数,揣摩天子意图是史官不能忽视的因素,刘一止《辞免修史状》云:"某窃惟一朝大典,事体至重。如某才识甚庸,不通史学,加以年龄迟暮,记问荒疏,倘或冒昧不辞,必贻姗笑,上累朝廷宠任之意。欲望钧慈察臣固陋,许令蠲免史馆异日历职事,庶安愚分。某无任恳到之至。"②刘氏绍兴改元召试馆职,除秘书省校书郎。其自谦于学术荒浅且匮乏良史之才,惧怕倘若鲁莽轻率的任职定会贻笑大方,损害牵累朝廷的优宠之意。其实,谦虚推辞既是客套之语,亦暗含作为国朝大典事关重要、圣意难测的真实心声。陈渊《代宰相辞免兼修国史表》曰:"载笔之重,择才为难,倘非得人,何以行远? 盖自元祐而降,宣和以前,当国家内外无事之时,承礼乐

①　陈振孙《直斋书录解题》卷四,徐小蛮、顾美华点校,上海古籍出版社1987年,第131—132页。
②　《全宋文》卷三二七一,第152册,第121—122页。

制作大备之后,典章损益,或缘好恶之私,简册流传,积有异同之论。于今为患,厥后何观。方将补缀遗亡,是正讹谬,发前代光明之绪,极一时笔削之功,如臣琐材,敢承斯责? 况此艰难之际,独当委任之专。讨论虽藉于诸儒,去取实关于偏见。爱既深而智困,才将尽而力穷。岂敢辞劳,固难勉力,伏望圣慈察臣诚恳,改命能臣。倘亟见于新书,亦何据于旧例。"①陈渊字知默,南剑州沙县人。绍兴七年(1137)诏侍从举直言极谏之士,胡安国以陈氏应召对,改官赐进士出身,后除秘书少监兼崇政殿说书。此代人上表强调了在"好恶之私"的推动下,异同之论充斥简册,混淆视听,贻害后世,使得国家正史的公信力受到质疑。如今要拨乱反正、阐发原委、摆脱偏见、秉持公心,谈何容易,故而以爱深智困、才尽力穷为推脱之辞,希望朝廷改命专人能臣来完成此任。

　　《神宗实录》四度修撰,《哲宗实录》二度编修,主要原因如秘书少监国史院编修官李焘所言,在于修史官"辄以私意变乱是非",故而"绍兴初不得不为辩白也"②。在辩白的过程中,编修者依然延续了一己之私意,修史成为政治集团利用、斗争的工具,史官既配合执行了朝廷的政治意图,以党同伐异来判断是非,泄一己之愤,同时自身又沦为替政治斗争埋单的受害者。当然,这其中来自皇权干预的压力是很大的,"皇帝干预修史,不仅造成官史是非变异不定,某些重要史实被遗忽,其必然结果还会使史官心存避忌,唯恐触及朝廷、君亲之讳,而不敢秉笔直书"③。

　　3. 实录疏舛,难以凭据。

---

① 陈渊《默堂先生文集》,《四部丛刊三编》本。
② 徐松辑《宋会要辑稿》职官一八,乾道五年十二月二十三日,刘琳、刁忠民、舒大刚、尹波等校点,上海古籍出版社 2014 年,第 6 册,第 3520 页。
③ 蔡崇榜《宋代修史制度研究》,文津出版社 1993 年,第 195 页。

　　乾道五年（1169）十二月，秘书少监、国史院编修官李焘指出，《徽宗实录》"疏舛特甚"，表现在最基本的臣僚除罢年月"颠倒错乱，往往志不可晓"。编修正史所据重要材料之一是实录，"今实录既疏舛若此，最难以准凭下笔"，需要史官广采博收，查验增损。若粗加缀辑，草草了事，"必至是非混乱，忠义枉遭埋没，奸谀反得恣睢，史官之罪大矣"。故而李焘提出重加刊修，"更不别置司局，只委史院官取前所修实录子细看详，是则存之，非则去之，阙则补之，误则改之"。而且提出，"每事开具何者为是，何者为非，何者为阙，何者为误，今合如何删修，仍进呈取旨……此一无甚难者，但须检勘全备、辨证精审耳。实录先具，正史便当趣成。今不治其本源，而导其末流，臣决知其不可也"①。李焘认为，由于实录之于纂修国史的重要功能，故而应该首先对实录做全面检查勘验，精心审核辨证，做到每事精心考察为是为非、为阙为误的原因，否则就是本末倒置、源流不清。

　　淳熙五年（1178），周必大《论史事札子》曰："臣以菲才，被命纂修《四朝正史》。赖同僚协力衷类事实，粗见功绪。今当下笔之际，事体尤难……粤自南渡以来，文籍残缺，往往搜求散轶，考证同异，若非参合众智，深虑不相照应，抵牾者多。"②指出由于同僚齐心协力，对事实做收集分类工作，编修四朝国史大略已见其功绩。可当下笔之时，发现更加困难，在于史料残缺不全而带来考证同异的难度。需要参考汇合众人的识见智慧，否则缺乏照应导致编修前后矛盾者颇多。

　　嘉定七年（1214），宗正少卿滕强恕建言，"窃惟玉牒之登载，史局之纂修，著庭之编次，册府之会粹，皆所以崇成钜典，昭示无极。有

---

① 徐松辑《宋会要辑稿》职官一八，乾道五年十二月二十三日，第 6 册，第 3520—3521 页。
② 周必大《周必大集校证》卷一四一，王瑞来校证，上海古籍出版社 2020 年，第 2169 页。

王者作,必来取法,甚盛举也。然其书率十年一进,盖以事重费烦,不可频数。臣尝再至册府及待罪宗寺,每见进书日近,临期仓猝,旋行缉比。期会既迫,类多苟简;及至平居暇日,例以取索未至为辞,习为故常。悠悠岁月,其间虽有勤于职业,莫可措手,此臣所目击也……而所凭据者,曰时政记也,曰起居注也,曰百司指挥也,曰奏邸月报也,大抵不过拜罢之月日、臣僚之申请,与其间政事一二节目耳。至于大更革、大废置、大黜陟,多所遗轶,览者不知其由,臣窃惑之。"①说明十年一进的国之史策,事体重大而费力烦多,不能过于频繁。他以自己的亲身经历指出,修史者平居以文献搜缉未至为借口,不能勤勉其业而习以为常,到进书迫近之际匆匆编辑,故而简略随意。虽然也有精勤职业者,但是无法措置。修史所依据的时政记、起居注、月报等相当简略,无非拜罢、申请之事,以至重大的变革废置、人才进退、官吏升降多所遗失,查阅者不知其原委,令人困惑。罗炳良以为,"南宋史官比北宋史官缺乏进取精神和史家责任感,撰修官吏也不如北宋精审"②。当然南宋史家翘楚如李焘、李心传等,以严谨的治史态度、详赡审慎的考辨取得了丰硕的成果,为后人赞叹。

其四,雅集交游依旧,但整体氛围、规模逊色北宋。

南宋馆阁文人的雅集交游,与北宋相比稍显减色,表现在规模的缩小与形式的简约。真宗咸平三年(1000),集贤院学士钱若水出知大名府,宋白以下三十人以诗送行。哲宗元祐五年(1090),馆阁学士十八人聚会信安公园,歌咏太平。元祐七年,馆阁文人的西城宴会参与者达二十六人。南宋嘉定五年(1212),直学士院真德秀召馆阁文人等聚于群玉堂,参与者中馆阁文人有秘书监陈武、秘书郎李道传等八人,观鱼抚琴,投壶弈棋,吟诗诵赋。

---

① 佚名《南宋馆阁续录》卷四,第204页。
② 罗炳良《南宋史学史》,人民出版社2008年,第107页。

　　馆阁文人为离馆同僚赋诗饯行,南宋馆阁虽继承了此风流行止,但由于禁网严密此项活动明显缩水。绍兴三十一年(1161),秘书省正字胡宪离馆归家,周必大、王十朋等八人置酒饯行,分韵赋诗。淳祐七年(1247),蔡久轩归家,陈南、牟子才等三馆学士以"风霜随气节,河汉下文章"分韵作诗相送。馆阁同舍对离馆文人的饯行相送,在对其高风亮节、特立独行的褒奖中更多是早日还朝、重获重用的希冀祝福。这种他司所无之礼仪,与其说是馆阁文人惺惺相惜的道义之乐的真实体现,不如说是馆阁文人政治焦虑感、孤独感的排遣释放。

　　北宋馆阁的谈诗论文、讨论经史,随处可见且气氛热烈。馆中文人会茶之时,针对"少陵拙于为文,退之窘于作诗"的论点,陈师道出语惊人,众人心悦诚服。馆阁评论古今人物治乱时,王安石、吕惠卿往往见解不俗,脱颖而出。北宋馆阁文人"宜撒园荽一巡"①的清谈,"汗淋学士"②"雨中林学士""柏下顾将军"③的滑稽调笑,令人想见其风度。相形而下,南宋馆阁的这种自由开放的讨论、幽默机智的调笑还是稍显冷淡。董仲舒三年目不窥园,孜孜不倦于学问,南宋秘书省著作庭有个花园,馆职文人每遇饭罢就调笑道"今日窥园乎?"④杨万里馆阁任职期间与尤袤为金石之交,二人善谑,巧发捷对令人艳羡。

　　其五,馆阁场域难以摆脱政治集团的捆绑,文人谄谀习气明显。

　　南宋党争依然激烈,文人因主战主和的立场而自然分野,也因学术背景的区别而党同伐异。馆阁作为宋代最高育才之府,不可避免

---

①　文莹《湘山野录》卷中,郑世刚、杨立扬点校,中华书局1984年,第30页。
②　魏泰《东轩笔录》卷一二,李裕民点校,中华书局1983年,第138页。
③　江少虞《宋朝事实类苑》卷六六,上海古籍出版社1981年,第883页。
④　陆游《老学庵笔记》,李剑雄、刘德权点校,中华书局1979年,第39页。

地成为权臣结党营私的机构,也沦为党争传播扩散的场所。

高宗下诏禁止王安石之学,大力推崇洛学,将二程门人杨时、胡安国等相继召回朝廷。赵鼎当政的绍兴五年至八年(1135—1138)间,被任命的馆阁文人有熊彦诗、喻樗、张九成、张戒、胡珵、朱松、张嵲等,这些文人或有元祐党人后裔的政治身份,或有理学背景的学术加持;学宗《六经》,而且政治立场上反对和议。赵鼎利用馆阁文人范冲等重修《神宗实录》,借助“元祐学术”来模糊弱化其扩大相党的目的。因赵鼎之好恶,程颐后学获得了较大的发展机遇,同时也导致非议毁谤之增多。被赵鼎荐举的喻樗,因为有王居正“顷穷西洛之渊源,遂见古人之大体”①的措辞失当为人中伤。更有甚者,赵鼎及其同党王居正、张嵲等被丑化为“伊川三魂”,以配元祐“五鬼”②。绍兴七年(1137)七月,因重修《神宗实录》的所谓讹谬,秘书省正字兼史馆校勘李弥正、胡珵向张浚请辞史职。同年十月,二人官复原职,缘于赵鼎复相,高宗调和张浚、赵鼎矛盾的结果。秦桧两度执掌相印十九年,干预馆阁文人的升迁进用,唯亲是举,唯党是举,馆阁文人的永嘉地域色彩较浓。拥有理学背景的馆阁文人王苹、陈渊、吕本中、张九成等相继被罢黜,秦桧通过这种方式重树王安石新学的政治声誉,清除道学派在馆阁乃至朝中的影响,成功实现了清除异己、消灭政敌的目的。庆元时期,名列党禁名单的馆阁文人有章颖、黄由、何异、孙逢吉、陈岘等,他们或在政治上同情支持赵汝愚,或忠正敢言,推崇道学。攻击“伪学”的馆阁文人职名较高,又握有实权,有京镗、何澹、刘德秀、胡纮、张釜、叶翥、许及之、傅伯寿等,他们禁止道学,利用知贡举为韩侂胄拔除异己,使道学在宁宗朝的发展受到不小的打击,借用

---

① 徐自明《宋宰辅编年录校补》卷一五,王瑞来校补,中华书局 1986 年,第 1005 页。
② 熊克《中兴小纪》卷一八,顾吉辰、郭群一点校,福建人民出版社 1985 年,第 223 页。

刘子健先生的观点,"从思想文化的角度来看,新正统本身反而成了专制政体的一种新的附和依从,压抑了成长的动力和多元化的发展"①。学术和政治在中国古代从来都是亲密结合的,沈松勤先生说,因学术"想通过政治话语霸权提升自己的地位,发挥自己的经世作用,实现自己的经世价值","与政治取得了亲密无间的融合","很大程度上依附于政治而生存,由政治风向的变化决定其升降沉浮的命运"②,所以学术与政治捆绑后的优越和劣势同样都得承担。从赵鼎、张浚权斗,秦桧专相,赵汝愚、韩侂胄弄权,馆阁文人受到不同程度的冲击,既有特立独行、坚守品节者,又有左右逢源、不时迎合者,还有中途改弦易辙者。出于种种利益考量,馆阁文人充当了党争的推手,同时又使自己沦为党争的牺牲品。在文学上的表现,就是粉饰政治、歌颂权相、美化君主的谀文谀词不计其数。周紫芝馆阁任职期间为秦桧所做祝寿诗颇多,赞颂秦氏扭转乾坤、顶天立地之奇谋妙算,与高宗可谓明主贤相的相知相遇。韩侂胄专权期间,馆阁文人高似孙于韩氏生辰献诗,极致吹捧。这种谄谀成习的创作,更多是高压政治下文人明哲保身的心理折射。

马克斯·韦伯认为:"以政治为业有两种方式。一是'为'政治而生存,一是'靠'政治生存……人们通常是两者兼而为之,至少他有这样的想法,在实践中他也肯定会两者兼而为之。'为'政治而生存的人,从内心里将政治作为他的生命。他或者是因拥有他所行使的权力而得到享受,或者是因为他意识到服务于一项'事业'而使生命具有意义,从而滋生出一种内心的平衡和自我感觉。从这种内心的意义上,所有为事业而生存的忠诚之士,也依靠这一事

---

① [美]刘子健(James T. C. Liu)《中国转向内在:两宋之际的文化转向》,赵冬梅译,江苏人民出版社 2012 年,第 19 页。
② 沈松勤《南宋文人与党争》,人民出版社 2005 年,第 234 页。

业而生存。"①从一定程度上讲,馆阁文人的这种行为模式,可以说既有依靠馆阁平台服务国家的理想愿望之崇高,又有依赖这一政治契机营造生存空间的世俗生活之现实。一方面他们"忧心忡忡",一方面他们又"左右摇摆",因而"精英们饱受派性的折磨"②。

南宋人以为临安超过北宋的开封,物阜民丰,繁华富丽,"自高宗皇帝驻跸于杭,而杭山水明秀,民物康阜,视京师其过十倍矣。虽市肆与京师相侔,然中兴已百余年,列圣相承,太平日久,前后经营至矣,辐辏集矣,其与中兴时又过十数倍也……况中兴行都,东南之盛,为今日四方之标准;车书混一,人物繁盛,风俗纯厚,市并骈集,岂昔日洛阳名园之比?"③是溢于言表的赞扬与宠爱。史学研究者以为,南宋的历史地位不容忽视,徐规《南宋政治史·序言》道:"南宋又是中国古代文化最为光辉灿烂的时期。"何忠礼《南宋政治史·前言》说:"如果深入研究南宋在经济、文化、科技等各方面的成就,就可以知道它基本上皆超过了北宋……如果从它对后世的重大影响而论,更是北宋所不能比拟。"④王国平以为:"无论是文化教育的普及、文学艺术的繁荣、学术思想的活跃、科学技术的进步,还是社会生活的丰富多彩,南宋都达到了前所未有的程度,在当时世界上也都处于领先地位。"⑤文人、学者眼中的南宋是一个颇具分量的存在,而且有超越北宋的实力和事实,这个背景下的南宋馆阁也是很有研究必要的。换句话说,南宋历史地位的奠定,一定是包括馆阁在内的文化政治等

---

① 〔德〕马克斯·韦伯(Max Weber)《学术与政治:韦伯的两篇演说》,生活·读书·新知三联书店 2005 年,第 63 页。
② 刘子健《中国转向内在:两宋之际的文化转向》,第 75—76 页。
③ 耐得翁《都城纪胜·序》,《东京梦华录(外四种)》,远方出版社 2001 年,第 75 页。
④ 何忠礼《南宋政治史》,人民出版社 2008 年,《序言》第 36 页、《前言》第 10 页。
⑤ 王国平《以杭州为例——还原一个真实的南宋》,《浙江学刊》2008 年第 4 期。

合力作用的结果。

以下是本书的结构与内容：

第一章《南宋馆阁建构、沿革及馆职设置》：绍兴初年复置馆阁，绍兴中期盛建，乾道、淳熙期间扩建。嘉定、绍定时期重修。绍兴十四年（1144）秘书新省设置，规模宏大，机构完整。等级森严，地位尊贵。布局合理，设施齐全。绿植众多，环境优雅。精心构置，标榜人文。南宋馆职人数的确立，徘徊在祖宗不立限额的美政理想和现实删减的对立之中，处于涵育人才和精减人员的矛盾里。国史院、实录院的置此废彼，基于提高修史效率、避免人浮于事的考虑。南宋馆阁高级职名均由宰执兼领，而且宰执数次兼领同一职名屡见不鲜。

第二章《南宋馆职的选任与除授》：南宋博学宏辞科入等者总计40人，其中入馆供职32人，占80%。博学宏辞科出身，成为南宋馆阁文人的一个重要身份特点。作为初级馆职的秘书省正字和校书郎需召试而除，召试具有以下特点：其一，召试制度较为完善，提拔循序渐进，文人自守规矩。其二，出现请辞召试现象。其三，学术与人品并重的选拔理念。其四，策论内容积极正面、切中时病，迎合天子心理。南宋召试馆职仅试策一道，相较北宋稳定而单一。馆职除授次数最多者为宁宗、理宗、孝宗、高宗时期。高宗朝增设的馆职，均以修国史为中心。宗室除馆职有5人，学有所长，为人笃信，品行自高。

第三章《南宋馆阁图书之府的重建》：南宋政府广求典册的行为是积极有效的，表现在多次下诏，确立优赏格的诏令制度保障；据书目以求书的目标明确，有的放矢；令秘书省、州县密切配合，督促落实的措施得力。图书征收对象广泛与不拘一格，图籍征收，集中在远离战火的四川、闽中等地，藏书家萃聚的吴越、湖北等区域，士大夫避难的两浙等地。献书者广泛，皇室成员、官宦子弟、民间学子，还有缁流女性。南宋馆阁的校勘，在数量、质量上大不如前。南宋馆阁储藏名贤墨迹、绘画以唐宋文人为主，宋徽宗禽鸟花木题材的画作，以及徽宗御题画成为南宋馆阁的收藏重点。

第四章《南宋馆阁的育才功能与馆职恩遇》：南宋馆阁虽以文学策论为择才的初级门槛，但公卿宰辅之储备涵养乃终极目标。名相公卿赵汝愚、周必大、文天祥，学者才士洪兴祖、陈骙、李焘、程大昌、李心传、王应麟，著名文士胡铨、葛立方、王十朋、洪迈、张九成、杨万里、范成大、尤袤、陆游、吕祖谦、朱敦儒，理学家陈傅良、魏了翁、真德秀等均出自馆阁。南宋宰执人员 252 名，担任宰执前有馆阁经历者 131 人，约占 52%。南宋翰林学士除授 189 次，有馆职身份者占71%。育才措施表现在文字之职、政事讨论，涵盖了南宋政治、文化的诸多方面。除此之外，还包括周知吏事、培养治才。馆阁文人拥有他司所无之特殊待遇，既显示职业的尊荣，又体现社会的期许。

第五章《南宋馆阁文人与科举》：南宋馆阁文人担任的考试角色，有同知贡举、省试官、考试官、参详、考校、点检试卷。南宋馆职文人在科举考试中担当职任最多的是点检试卷官，不仅参与数量多，而且充任人员层次广泛，助文考校以保证录取的公正公平。馆阁文人的科举考校理念，体现在破除一家之言，兼收并取；考校时文，浑厚典雅者优先，空疏浮滥者勿取；严格贡举条制，务在执行。馆阁文人对科举的干预，微观涉及考试的公正、公平、合理，宏观则指向选拔人才的策略方针，二者相辅而成。

第六章《南宋馆阁文人与党争》：馆阁文人作为重要的参政主体，他们在党争中的表现，被党争所左右的政治人格、前途命运，都构成影响南宋学术文化、文学书写的重要因素。赵鼎当政期间选用的馆阁文人，具有元祐党人后裔的身份特征、学术上的理学背景、反对和议的政治立场。秦桧执政期间，馆阁文人的选拔任用唯亲是举、唯党是举，永嘉地域色彩明显。韩侂胄擅权时期，名列党禁名单的馆阁文人政治上同情支持赵汝愚，学术上推崇道学。攻击"伪学"的馆阁文人身居要职、把持言路，使道学在宁宗朝的发展受到较大冲击。党争影响下的馆阁文人文学创作,表现为粉饰政治、歌颂权相、美化君主的谀文谀词大量出现。这种行为模式,既有依靠馆阁平台服务国家的理想之崇高,又有依赖这一政治机遇维护生存空间的考量之现实。

第七章《南宋馆阁文人的日常生活与文学文化》:馆阁文人的日常生活展现在宿直、应制、曝书、饯行等活动中,与之相伴而生的文学创作呈现了精英群体的高度社会认同和排他性以及政治上的同气相求。馆阁文人为外任、离馆同舍赋诗饯行,作为他司所无之特殊礼仪,职缘关系背后更多是政治焦虑感的排遣和释放。南宋馆阁文人有乞赠梅花、海棠等人事之乐,表现以馆中植物花卉为中心的审美诉求和酬唱赠答的休闲之趣。在"以物比德"中既见馆阁文人的意趣品味、自我人格的体认标榜,又见同道相励、知音相赏的眷眷情谊。雅集聚会中的诗艺切磋、戏谑调笑中的巧发捷对,表现了馆阁文人的雅俗之乐。

第一章　南宋馆阁建构、
沿革及馆职设置

　　皇家图书馆其历史由来已久，承担书籍之储藏、编著、校勘功能，辅之以部分的储才育才职任，周有藏室①，汉代有天禄、石渠、兰台、东观，魏晋南北朝有崇文馆，玄、史两馆，总明馆，士林馆，文林馆等②，传承不歇。唐代有弘文馆、史馆、集贤院。北宋有昭文馆、史馆、集贤院和秘阁，统称馆阁。历代虽名称有别、功能小异，但建馆立阁目标趋同，所谓"命名虽殊，而所以崇文之意一也"③。元丰改制，馆阁被秘书省取代，但是文人士夫对馆阁之名钟情依旧，以至南宋的秘书省仍然延续馆阁之名。从建筑规模而言，北宋馆阁以秘阁最为壮丽，沈括《梦溪笔谈》卷二四曰："内诸司舍屋，唯秘阁最宏壮，阁下穹隆高敞，相传谓之'木天'。"④"木天"，高大敞亮，极天下工巧。《宋会要辑稿》职官一八记载，宣和二年（1120）十二月二十二日，守侍御史张申奏，乞诏鸿儒撰述秘书新省记序并赐以名额，评价秘书新

---

① 《史记·老子韩非列传》载老子"周守藏室之史也"，《史记》卷六三，中华书局 1959 年，第 2140 页。
② 李林甫等《唐六典》卷八，陈仲夫点校，中华书局 1992 年，第 254 页。
③ 王云《重修秘阁记》，《全宋文》卷三八五〇，上海辞书出版社、安徽教育出版社 2006 年，第 176 册，第 132 页。
④ 沈括《梦溪笔谈》，金良年点校，中华书局 2015 年，第 231 页。

省"宏壮华丽"①。王云崇宁元年（1102）《重修秘阁记》提及徽宗皇帝之语："图书之府,实祖宗所以右文之地,宜加修营,使之新美伉壮,为一代伟观,且以示天子崇文之意。"②陆游《老学庵笔记》卷四记载,徽宗临幸落成的秘书新省,孙叔诣（孙近）的贺表有"蓬莱道山,一新群玉之构;勾陈羽卫,共仰六飞之临"之语,无人企及③。南宋馆阁重建于战火之后,以下我们详细论之。

第一节　南宋馆阁馆舍建构

"靖康之难",北宋馆阁书籍荡然无存,馆职人员稀疏零落,馆阁形同虚设,难以为继,故而高宗即位初期罢除馆阁,亦是情理之中,《宋会要辑稿》职官一八载："高宗建炎三年四月十三日,诏秘书省权罢。"④

一、绍兴初年复置

被罢的馆阁于绍兴初期复置,《玉海》卷一二一云："绍兴元年二月十九日丙戌,诏复置秘书省。"⑤复置地点在绍兴府的火珠山巷,缘于秘书少监程俱的建议,"绍兴元年五月,秘书少监程俱请以火珠山巷孙氏及吕惟明没官屋二所权置局,从之"⑥。

---

① 徐松辑《宋会要辑稿》,刘琳、刁忠民、舒大刚、尹波等校点,上海古籍出版社2014年,第6册,第3482页。
②《全宋文》卷三八五〇,第176册,第131页。
③ 陆游《老学庵笔记》,李剑雄、刘德权点校,中华书局1979年,第46页。
④ 徐松辑《宋会要辑稿》,第6册,第3484页。
⑤ 王应麟《玉海》,广陵书社2007年,第2245页。又见《玉海》卷一二七,第2358页。
⑥ 陈骙《南宋馆阁录》,张富祥点校,中华书局1998年,第9页。

　　绍兴二年(1132),复置的馆阁由绍兴府移至临安府的宋氏宅,后又于绍兴四年迁至法惠寺,《建炎以来系年要录》卷七二载:"(绍兴四年正月)戊午,以法慧寺为秘书省。"①寓于法惠寺的馆阁(秘书省)重新布局,《南宋馆阁录》卷二有详细记载:

　　　　绍兴二年,移跸临安府,始寓于宋氏宅,再徙于油车巷东法惠寺。自寺殿之后,为省中厅三间。厅后主廊一间,堂五间。厅堂两傍,省官分居之。(厅前有松柏六株。)其南有屋三间,秘阁、三馆书藏焉。东廊前为仓史堂,吏舍次之,省官位又次之。西廊前为吏舍,装界作次之,厨次之,厕又次之。省东为实录院。其外为仪门;中门三间,厅三间,左为承受位,右为检讨位。(厅前有井亭,柳六株。有角门通秘书省。)后主廊一间。廊后屋三间,两傍为检讨位。后堂五间,两傍为修撰位。(堂后有竹二十余竿。)厅东为吏舍及主管诸司位,又东有土库三间。②

从陈骙的叙述可知,秘书省中厅南秘阁、三馆藏书之地仅占屋三间,可见藏书不多;秘书省的文人学士居于厅堂两旁,西廊为吏人居所以及装界作、厨房、卫生间,绿植也只有松柏六株、柳树六株、竹子二十余竿,说明初建的馆阁环境简陋、设施粗疏,规模较小。

　　二、绍兴中期盛建,乾道、淳熙期间扩建

　　寓于法惠寺的秘书省局促狭小、设施简略,绍兴十三年(1143)十

———————

① 李心传编撰《建炎以来系年要录》,胡坤点校,中华书局 2013 年,第 3 册,第 1384 页。
② 《南宋馆阁录》卷二,第 9 页。

二月十二日,诏两浙转运司重建,"从秘书丞严抑之请也"①。严抑建言:"本省藏祖宗国史、历代图籍,旧有右文殿、秘阁石渠及三馆四库,自渡江后,权寓法慧寺,与居民相接,深虑风火不虞。欲望重建,仰副右文之意。"严抑之意,秘书省与民居相接,火灾风险极高,不可不慎重考虑,希望重新构建,以彰显天子崇文的旨意。在严氏建议下,"于是建省于天井巷之东,以故殿前司寨为之。上自书'右文殿'、'秘阁'二榜,命将作监米友仁书'道山堂'榜,且令有司即直秘阁陆宰家录所藏书来上"②。值得注意的是,高宗亲自书写"右文殿""秘阁"二个榜名,另为高宗所赏识的米芾长子米友仁题写"道山堂"之榜名,可见重视。《中兴圣政》记载大臣留正等对高宗重建馆阁的高度评价:"国初,削平僭乱,收诸国之书,而三馆之制,犹仍五代简陋。太宗皇帝见之,慨然曰:'是岂足以蓄天下图书,延四方之士耶?'遂亲为规画,一新轮奂,大书飞白,焜耀榜题,銮舆临观,以幸多士。圣圣相继,有加无损,文明之治,跨越汉、唐,廊庙之材,皆于是乎取之。兹诚有国之先务,而治化之本原也。中遭难厄,太上皇帝开中兴之运,首求遗书,追祖宗之秘藏,崇建三馆,还祖宗之旧观。亲御榜题,幸临多士,袭祖宗之盛典。行幸之诏又曰:'士习于空文,而不为有用之学,尔其强修术业,益励猷为,一德一心,丕承我祖宗之大训,是又欲幸多士而作成之,以收祖宗得人之盛也。'猗欤盛哉!虽周宣复古,何以尚兹!是宜圣子永永,万年得以持循也欤!"③肯定了北宋历代帝王对馆阁建设的高度重视,因而收获文治功效。格外强调馆阁图书之府建设的重要意义——乃国之要务,治化之本。继而赞扬了高宗在靖

①《南宋馆阁录》卷二,第9页。又见《宋会要辑稿》职官一八,第6册,第3485页。
②《建炎以来系年要录》卷一五○,绍兴十三年十二月癸巳,第6册,第2839页。
③《建炎以来系年要录》卷一五二"绍兴十四年七月戊寅"条小注所引,第6册,第2869—2870页。

康之难后对馆阁重建之诸多努力、崇文尚儒的种种措置,慨叹即便是周宣王中兴,也无法和高宗之伟业宏绩相提并论,溢美中不乏真情流露。

绍兴十四年(1144)六月二十二日,秘书省迁入新址,体制宏大,雄伟气派,"省在清河坊糯米仓巷西,怀庆坊北,通浙坊东。地东西三十八步,南北二百步"①。《南宋馆阁录》卷二详细展示了秘书新省的规格体制、布局构架,当然包括乾道年间、淳熙年间馆阁学士陈骙等人的悉心打理,从中可见以下特点:

其一,规模宏大,机构完整。"大门三间,七架"。"门东廊六间,五架"。"门西廊十间,五架",其中,"点检案、知杂案、经籍案、祝版案、太史案、宿直房在焉"②。秘阁五间,高四丈。道山堂五间,九架。秘阁后的石渠,"长五丈,广一丈五尺,乾道九年少监陈骙立"③。东廊四十二间,七架;西廊四十三间,七架。又有编修会要所,在少监位之西;国史日历所,在道山堂之东;蓬峦在汗青轩后,国史院在省门内之东。

其二,彰显皇权,注重仪式。如右文殿前,"设朱漆隔黄罗帘,中设御座、御案、脚踏、黄罗帕褥。御屏画出水龙",殿两旁设牌,曰"殿阁御座,不许呵唱"。光馆库北壁设牌十,曰"谢时服""宣麻""拜表""朝献陪位""上寿习仪""圣节满散斋筵""天申圣节开启""天申圣节满散""会庆圣节开启"等,至期,提前一日将牌子挂于道山堂前。公使库北壁设牌十,曰"迎驾起居""人使大宴"(监、少赴)、"唱名侍立""会要所过局""著庭过局""国忌行香""国史院过局""省宿"④等,至期,亦于先一日挂牌道山堂之前。可见皇权的至高无上,馆阁

---

① 《南宋馆阁录》卷二,第 10 页。
② 《南宋馆阁录》卷二,第 10 页。
③ 《玉海》卷一六三,第 3012 页。
④ 《南宋馆阁录》卷二,第 10、11、12 页夹注。

活动仪式的庄重肃穆。

其三，布局合理，设施齐全。东廊，馆职所居总六间，中间相隔一间御书石刻、三间古器库。还有三间拜阁待班之所，藏有绍兴年间的若干曝书会题名石刻。另有图画库一间、秘阁书库三间、子库五间、经库五间。紧接着为潜火司，防火器材皆陈列于偏门之外。西廊有补写库一间，接着次三间为馆职居所，又次一间为御书石刻，又次一间为瑞物库，次二间为秘阁书库，次三间为馆职居所，次三间为拜阁待班之所，又次三间为印板书库，次五间为集库，次五间为史库，又二间为碑石库。编修会要所东北五间，七架，为搜访库。如此规模宏大的建筑，火灾防御措施也较为齐备，"是年四月二十九日本省札子：'新省围墙外，见今各有空地。窃虑官私乱有侵占，欲各量留空地五步充巡道，以御火灾。'从之"。灭火器具齐全，东、西偏门外，"设潜火大桶二十，小桶三十八，栲栳杓百柄，铁搭钩二，麻索二，藏于潜火司"。右文殿，"左右列朱漆大水桶十"，拜阁台，"左右列水缸八"，国史院瓦凉棚前"水缸七环之"[1]。图书、石刻储藏存放区、馆阁文人的校书工作区、日常生活区、消遣聚会区，防火灭火井然有序，一丝不苟。

其四，绿植众多，环境优雅。右文殿门外，"有柳十四株，冬青五株"；门左右两池，四旁"皆植芙蓉"。道山堂前的瓦凉棚前，"有芍药栏二，秘书少监汤思退植；木樨八株，柏二株，旧有；梅七株，金林檎六株，柳六株，海棠六株，红蕉二株；内红梅一株，著作佐郎李远植，余皆秘书监陈骙植。又有芙蓉、蜀葵数丛"。跨渠石桥，"内植荷莲"。秘书监、少监窗外也有绿植，"皆有竹二十余竿，秘书监李焘植；金林檎二株，秘书监陈骙植"[2]。西廊瓦凉棚前有一个方池，"栀子三，秘书

郎沈洵植;竹一丛,秘书郎王公衮植"。著作庭之瓦凉棚前,"木樨三株,旧有;桃三株,梅一株,蜡梅二丛;内梅一株,著作佐郎梁克家植,余皆著作郎杨恂植"①。法惠寺中的秘书省,绿植仅有数量有限的松柏、柳树、竹子,而秘书新省除此而外陆续扩大种植,有冬青、芙蓉、芍药、木樨、红梅、蜡梅、金林檎、海棠、红蕉、蜀葵、荷莲、栀子、紫薇、山茶、桃树等。这些绿植花木由秘书少监汤思退,秘书监陈骙、李焘以及其他入馆文人先后栽种,可谓品种丰富,四季都可赏心悦目,以南方花木为主又兼北方品类。

其五,精心构置,宣扬人文。如道山堂,"高宗皇帝御书杜甫山水歌于屏,仍诏将作监米友仁书扁"。著作庭,"胡铨书扁,有著佐杨简赞孔子语"②。汗青轩两旁有栏楯,"栏上设木仙女二,鹤二,圆规牌一"。群玉亭东有鹤砌,"自亭前檐开径,穿竹并池,至蔷薇架下。设石棋盘一,瓦墩四。竹林有木鹤四"。东径前临池,跨池有桥亭,榜有木待问所书之"迎曦"③。亭子的匾额有芸香、席珍、方壶、含章、茹芝、绎志、濯缨等,此乃入馆文人先后命名,亦有改动,非一时所完成,《咸淳临安志》卷七曰:"盖自淳熙初,陈骙为少监始经营,来者增葺,颇为华邃云。"④又如《玉海》卷一七五载:"秘省有芝香亭,淳熙四年二月更名群玉(中书舍人范成大书)。嘉定元年三月,少监汪逵改建,易名曰堂。"⑤以下分别解释匾额命名之意涵:

芸香:宋人罗愿《尔雅翼》卷三以为,芸是一种香草,仲冬之月始生,因其香气特殊,茎干婀娜可爱,世人多种植庭中。沈括《梦溪笔

---

① 《南宋馆阁录》卷二,第 12—14 页夹注。
② 潜说友《咸淳临安志》卷七,《宋元方志丛刊》,中华书局 1990 年,第 3424、3425 页。
③ 《南宋馆阁录》卷二,第 14—15 页夹注。
④ 潜说友《咸淳临安志》卷七,第 3426 页。
⑤ 《玉海》卷一七五,第 3207 页。

谈》卷三云:"古人藏书辟蠹用芸。芸,香草也,今人谓之'七里香'者是也。叶类豌豆,作小丛生,其叶极芬香,秋后叶间微白如粉污,辟蠹殊验,南人采置席下,能去蚤虱。予判昭文馆时,曾得数株于潞公家,移植秘阁后,今不复有存者。"①可见芸草的自然芬芳和辟蠹功能是馆阁文人喜爱种植的缘由,以"芸香"命名也暗含生物相生相克之意。胡宪绍兴中除秘书省正字,朱熹送其诗云:"先生去上芸香阁,阁老新峨豸角冠。留取幽人卧空谷,一川风月要人看。"②以"芸香阁"指代馆阁。

方壶:东晋王嘉《拾遗记》卷一云:"三壶,则海中三山也。一曰方壶,则方丈也;二曰蓬壶,则蓬莱也;三曰瀛壶,则瀛洲也。"③方壶、瀛洲等均指古代传说中的神山,宋代文人把入馆称为"登瀛"。显然以"方壶"指代馆阁为神仙胜地。

茹芝:因伯夷、叔齐食薇,商山四皓茹芝之类,表达遁隐山林,此处亦隐喻不汲汲于功名富贵之意。

席珍:亦称"席上珍"。《礼记·儒行》云:"儒有席上之珍以待聘。"④以坐席上之珍宝比喻儒者出众的才华,暗示馆阁文人的学行杰出,等待君王采用。

含章:乃包含美质之意。《易·坤》曰:"六三,含章可贞。"孔颖达疏曰:"章,美也。"

绎志:陈述自己之志向。"绎"原意为抽丝,引申为寻求事理,亦指陈述。《礼记·射义》曰:"绎者,各绎己之志也。"⑤希望馆阁文人自由地表达自己的志向,不需唯唯诺诺。

---

① 沈括《梦溪笔谈》,第 231 页。
② 罗大经《鹤林玉露》乙编卷二,王瑞来点校,中华书局 1983 年,第 143 页。
③ 王嘉《拾遗记》,齐治平校注,中华书局 1981 年,第 20 页。
④ 王文锦《礼记译解》,中华书局 2001 年,第 886 页。
⑤ 王文锦《礼记译解》,第 935 页。

　　濯缨:就是洗濯冠缨。《孟子·离娄上》曰:"有孺子歌曰:'沧浪
之水清兮,可以濯我缨;沧浪之水浊兮,可以濯我足。'"①后以"濯缨"
比喻超凡脱俗、品性高洁。

　　总之,馆阁题名儒雅精致,意蕴丰厚,人文色彩鲜明,为秘书新省
增色不少。与其说是馆阁物质空间的美化营造,不如说是馆阁文人
才华品行的期许标识。特别是道山堂的杜甫山水诗歌、杨简赞孔子
之语等,都是对馆阁文人品行修为的潜移默化的影响。秘书新省的
扩建构造,离不开秘书少监陈骙的努力,《建炎以来朝野杂记》甲集卷
二载:"淳熙中,陈叔进枢密为秘书少监,始葺广之,后园颇华丽。"②

三、嘉定、绍定时期重修

　　绍兴十三年(1143)重建的秘书省,经过淳熙中的增补修葺更为
华丽壮观。光宗绍熙四年(1193)增置刻漏,"绍熙四年十月置,以西
廊公使库之南旧补写库贮之,太史局差局生二人调节时刻"。宁宗庆
元时期,又新设浑仪台一座,"庆元四年七月,礼部侍郎胡纮等奏,乞
于秘书省园内筑浑仪台一座。遂以东冈改筑,高二丈一尺"③。

　　此后,秘书省的馆舍扩建增设,主要集中在嘉定和绍定两个时
期。嘉定初期,主要是后园休闲区的设置,改建扩建,易其名称,此乃
规模较小的措理。其一群玉堂,据《南宋馆阁续录》卷二载:"本名群
玉亭,嘉定元年三月秘书少监汪逵改建,规模视旧增广,遂易名曰堂。
吏部尚书楼钥书榜。"其二芸香亭,也是秘书少监汪逵改建。其三蓬
莱,仍出自秘书少监汪逵手笔,旧名"锦隐",经过改建易以今名,由
礼部尚书倪思书榜。其四天教,本名"汗青轩","嘉定二年著作佐

① 《孟子译注》,杨伯峻译注,中华书局 2005 年,第 170 页。
② 李心传《建炎以来朝野杂记》,徐规点校,中华书局 2000 年,第 78 页。
③ 佚名《南宋馆阁续录》卷二,张富祥点校,中华书局 1998 年,第 169 页。

郎杨简易之,仍书榜"。其五汗青轩,由于著作庭东的三间藏书屋"积年颓毁"①,于是嘉定三年(1210)七月重建,仍以"汗青轩"旧榜命名。

嘉定六年,馆阁因年久破弊而重修,《南宋馆阁续录》卷二曰:"嘉定六年夏,三馆以积久颓弊,申蒙朝廷降钱,委工部并本省长、贰计置修盖。以六月十八日兴工,八年七月毕,共约费钱九万余贯,中外一新焉。"②这项工程由朝廷出资,工部和秘书省秘书监、少监商讨修建,历时二年完成,馆阁以崭新的面貌呈现。其中,为了保障秘书省的外围区域不被民房私占,嘉定六年十一月,令秘书省将墙外居民私盖浮屋全部拆除,"省门东、西拦马墙外各置杈子一带";而且种植槐树十二株,以保证其地不被侵占。另外对部分设施进行了布局调整和翻新加固,原来著作庭后偏右一带的射圃,"嘉定八年因徙于园外内外墙之间"③,因地形狭长,所以建亭立垛,便于习射。三馆竣工后,又修葺了旧有之园圃,将其左右二个大池上的木桥易以石桥,更加坚固耐用。

绍定四年(1231)秋天,"居民遗火延燎",导致三馆被毁,"仅存著作庭及后园"。秘书省向朝廷申请拨款重建,后委任转运司和临安府计置建造。为了防患于未然,"自大门至殿门基址增高二尺,与官路平"。兴工于"十一月一日",毕役于"五年十月",耗时约一年,支出费用"三十五万余贯",恢复旧貌,"中外鼎新,规模一如旧式"④。其间,绍定五年七月,重建秘阁,七月九日秘阁上梁,秘书郎李心传《上梁文》曰:

---

① 佚名《南宋馆阁续录》卷二,第169页。
② 佚名《南宋馆阁续录》卷二,第170页。又见《玉海》卷一六五,第3044页。
③ 佚名《南宋馆阁续录》卷二,第170页。
④ 佚名《南宋馆阁续录》卷二,第170—171页。又见《玉海》卷一六五,第3044页。

伏以汉家天禄，萃九流《七略》之篇；唐室集贤，广四库万签之目。孰如昭代，夐掩前闻！当淳化之兴隆，表崇文之钜丽；高皇再造，册府肇迁，洪惟睿主之嗣功，粤若先王之稽古。细游广厦，既能熙绝学之光明；延阁石渠，尚欲较诸儒之同异。临幸将踵绍兴之武，延燔忽类祥符之间，思复旧规，可稽更创。而况琅函宝轴，存九朝簪笔之书；金陀玉阶，具二圣经行之迹。至其分职，尤谓得人，朋来科目之英，特起山林之逸。自中天及是时凡百六禩，而宰相由此选已十四人，岂惟增馆殿之光，抑亦著邦家之美。通遵先志，作新爰考于鲁经；动协彝章，胜服非从于越俗。不愆于素，匪棘其成，隔人间风日之凡，觉天上星辰之近。矧复编摩钜典，赖硕辅之提纲；领校秘文，有名儒之率属。天相规模之杰特，人欣气象之峥嵘。游龙夭矫以翔空，雌霓连卷而照海。曷佐儿郎之伟，齐抗修梁；少纾工役之勤，来歌善颂：

抛梁东，晓看金轮出海红；瑞气氤氲来广内，缉熙堂上喜秋风。
抛梁西，万里岷峨一望齐；画栋不知高几许，夜阑浑觉玉绳低。
抛梁南，直面吴峰拥翠岚；海后川灵遥稽首，璇题高揭与天参。
抛梁北，仰视众星皆拱极；皇朝德政似姬周，化成允赖人文力。
抛梁上，帝典辉煌天所相；试看今夜斗牛间，定有光芒腾万丈。
抛梁下，劝讲名儒来广厦；玉音宣取御前书，先教十行催供写。

伏愿上梁之后，帝德诞敷，儒风益振，尽复淳熙之壮观，载章绍定之宏模。拱秘殿以前临，严道山而后翼。同文同轨，毕来未见之书；系日系年，早就不刊之典。博延鸿硕，共致升平。①

————

① 佚名《南宋馆阁续录》卷二小注，中华书局 1998 年，第 170—171 页。

这篇上梁文以骈文体式书写,追本溯源,从汉代天禄阁荟萃九流《七略》,写到唐代集贤院藏书甚丰,再叙述本朝淳化年间对三馆的翻新改造,并赐佳名。后面着力赞扬宋代馆阁作为图书之府、英才萃聚之所,得人之盛,令人叹为观止。接着叙写文人进入馆阁后身份变化,精神面貌焕然一新,缘于跻身清流而地位尊贵,因同名宿硕儒相与切磋而气宇轩昂、意气风发,犹如游龙雌霓自在舒展。后面以"抛梁东""抛梁西""抛梁南""抛梁北""抛梁上""抛梁下"的套语套式展开,歌颂上梁的壮观宏丽、吉祥顺意,希望能够恢复淳熙秘书省的壮丽,彰显绍定新省的气派,使天下图籍网罗于此、史书大典成就于斯,天子与文人学士共同缔造升平之世。文字洋洋洒洒,气象恢宏。

第二节　南宋馆阁沿革及馆职设置

一、秘书省沿革

1. 秘书省职掌与馆职限额、不限额之争

北宋秘书省分四案管理,《麟台故事》卷二载:"元丰官制行,秘书省分四案:曰国史案,掌编修日历事;曰太史案,掌太史天文浑仪等事;曰经籍案,掌典籍之事;曰知杂案,掌本省杂事。大概如此。政和中,增置道教案。"①南宋秘书省亦分四案,有知杂案、经籍案、祝版案和太史案。具体职事:知杂案,"掌行本省官到替、通理迁改关升批书、祠祭差官行事,及人吏迁补应知杂等事"。经籍案,"掌行秘阁御制御书、图画、经史子集书籍并朝廷检阅典故,及御前取降图画、书籍及修撰祠祭乐章等事"。祝版案,"掌行每岁祭天、地、社稷、宗庙及应大、中、小祀祝版,并分撰祝辞以及轵祭文等事"。太史案,"掌行太史

---

① 程俱《麟台故事校证》,张富祥校证,中华书局 2000 年,第 92 页。

局历日、文德殿钟鼓院、测验浑仪刻漏所应官生迁补事"①。道教案的设立,乃徽宗崇尚道教的极致表现,南宋并没有此案,增添了祝版案,主管祭祀礼仪和祝辞、轪祭文撰写。另外南宋也延续北宋之制,秘书省设有国史案,后被国史日历所取代。

秘书省馆职人员限额与不限额,反反复复,讨论不休。建炎三年(1129)四月庚申,秘书省被罢,"秘书少监方闾罢为秘阁修撰、知台州,其余丞、郎、著佐、正字十余人,皆为郎出守,或奉祠而去。于是馆、学、寺、监尽废"②。据《南宋馆阁录》卷二所记,方闾于建炎二年十月除秘书少监,三年五月除秘阁修撰、知台州③。由于秘书省被罢,故而馆阁文人秘书丞、著作郎、著作佐郎、正字等离馆外任。

绍兴元年(1131)二月十九日,复置秘书省,定额八人。《宋会要辑稿》职官一八云:"权以秘书监或少监一员,丞、著作郎、著作佐郎各一员,校书、正字各二员为额。"④《建炎以来系年要录》卷四二亦云,秘书监、秘书少监"不并置",只设其一,复置缘于范宗尹建言,"'无史官,诚朝廷阙典。'由是复置"⑤。史官不置或限额过少,导致朝廷典章制度、历史记载的完整性和延续性缺乏。秘书省初置后,范同等人即被召试馆职,刘时举《续宋中兴编年资治通鉴》卷三载:"(绍兴元年二月)置秘书省,寻召范同等试馆职。"⑥

绍兴四年(1134)六月丙申,礼部侍郎陈与义建言:"陛下留神治道,急于人才,收召未已。而远方之士,方且麇至,诚恐未足以待之。今郡县添差之官,莫知其数。一通判、钤辖之俸,不啻养三四馆职;一

---

① 《南宋馆阁录》卷一〇,第151—152页。
② 《建炎以来系年要录》卷二二,第2册,第552页。
③ 《南宋馆阁录》卷二,第82页。
④ 《宋会要辑稿》职官一八,第3484页。
⑤ 《建炎以来系年要录》卷四二,第2册,第906页。
⑥ 刘时举《续宋中兴编年资治通鉴》卷三,王瑞来点校,中华书局2014年,第53页。

监当、掾尉之俸,足以养一馆职而有余也。若更以一州添差之费,待天下之英才,诚未为过。"①"添差",即于差遣员额外增添的差遣。在陈氏看来,高宗留意治道,当务之急在于网罗人才,而人才从四方汇聚而来,朝廷未能以诚待之。郡县额外增添的差遣之官众多,文职通判、武官钤辖之俸禄,不亚于奉养三四名馆职;而一监当、掾尉的俸禄供养一名馆职是绰绰有余的。所以变更一州的添差冗费来奉养天下英才,是理性可行的。在陈氏建议之下,朝廷诏秘书省增置秘书郎、著作佐郎各一员,校书郎、正字各二员②,加上旧有的八人,总计十四人。

虽然绍兴四年(1134)六月以来馆阁人数有所增加,但论者指出仍然缺员,"唐太宗当兵戈抢攘之际,置文学馆学士凡十有八人,其后皆为名臣。祖宗辟三馆,以储养人才,盖本于此。今国步艰难,时方右武,故馆职犹多阙员。然临事每有乏才之叹,则储养之方,亦不可以兵戈而遽已也"③。建言者以为,唐太宗于社会动荡情形下依然设置十八学士,后来他们都成为国之名臣;北宋帝王肇开三馆,宗旨仍是储才。如今国家举步维艰,以尚武为主,所以馆阁缺人。临事则捉襟见肘、无人可用,所以培育人才之举不能因战时而停止。这个颇有说服力的建议最终得到采纳,绍兴五年八月三日诏,馆职人数增加以十八人为限,"诏馆职依祖宗故事通以十八人为额,著作郎二员,秘书郎二员,著作佐郎二员,校书郎、正字通除一十二员"④。

绍兴三十二年(1162),孝宗已即位(未改元),十一月二日,诏:"馆职学官,祖宗设此,储养人材。朕亦欲待方来之秀,不可定员数。"⑤大臣留正等赞扬孝宗的明智之举:"大哉王言!岂徒为儒生光

---

① 《建炎以来系年要录》卷七七,第4册,第1461页。
② 《宋会要辑稿》职官一八,绍兴四年六月十八日,第3485页。
③ 《建炎以来系年要录》卷九二,绍兴五年八月甲辰,第4册,第1766—1767页。
④ 《宋会要辑稿》职官一八,第3485页。
⑤ 《宋会要辑稿》职官一八,第3487页。又见《宋会要辑稿》职官二八,第3775页。

宠,宸衷欲培壅人材,为国家无穷之用! 彼议者岂知所轻重哉?"①不过,孝宗在隆兴元年(1163)又改变了观念,强调馆职应有定额。五月十九日,诏:"秘书省系育材之地,且以七员为额,不妨兼领他局。"八月八日,诏:"秘书省除少监、秘丞外,以七员为额。"②秘书少监、秘书丞计算在内,馆职不足十人,较绍兴五年的十八人裁减了不少。隆兴二年闰十一月三日,诏今后馆职并依祖宗旧法,更不立额,缘于中书门下省奏:"馆职系祖宗育材之地,近因立额,至召试之人无阙可差。"③故有是命,又恢复了馆职不立限额之旧制。总之,馆职人数确立,始终徘徊在祖宗不立限额的美政和现实删减的对立中,处于涵育人才和精减人员的矛盾里。

2.史馆与日历所、实录院、国史院的沿革变迁

北宋前期,史馆和昭文馆、集贤院统称"三馆",地位重要。元丰官制行,统归秘书省,日历、国史均由秘书省的史馆掌修。绍兴元年(1131),诏复置秘书省。在"采求阙文,补缀漏逸,四库书略备"④的形势下,绍兴三年八月乙巳,诏:"复置史馆,以从官兼修撰,余官兼直馆、检讨。"⑤可见史馆馆职,皇帝近侍之臣兼领修撰官,其余由秘书省官兼领直史馆、检讨等职。宋人李攸《宋朝事实》卷九载,绍兴五年,"又移史馆于省之侧,别为一所,以增重其事"⑥。由机构附属于秘书省到别为一所,人员由秘书省官兼领的变化,目的乃增重事体。虽然有增重处置,但总体而言史馆的命运起起浮浮,难有持久的独立

①《建炎以来系年要录》卷二〇〇,第8册,第3964页"十一月甲午"条注释。
②《宋会要辑稿》职官一八,第3487页。
③《宋会要辑稿》职官一八,第3487页。
④《宋史》卷一六四《职官四》,中华书局1985年,第12册,第3876页。
⑤《建炎以来系年要录》卷六七,第3册,第1318页。
⑥ 另《玉海》卷一二一、《宋史》卷一六四、《文献通考》卷五一均系年绍兴五年移史馆于省之侧。

性,《玉海》卷一六五《绍兴史馆》详细记述了史馆的变迁,其文如下:

> （绍兴）元年四月八日,诏修日历（以修日历所为名,元丰之制,日历归秘省国史案）。三年十一月十六日,以修国史日历所为名。四年五月二十四日,改为史馆。六月二十四日,置编修校勘。八年八月二十一日,以重修《神宗哲宗实录》、正史及《徽宗实录》增校勘一员。十年三月二十二日,并归秘省国史案。以著作郎、佐纂日历,其史馆官皆罢。见修渊圣及今上日历,命宰臣提举（名监修国史）。四月,复为国史日历所（从王扬英之言）。史馆在省之东,九年二月二十二日,修《徽录》,即以为实录院……二十九年八月二十四日,诏史馆修撰、检讨官更不置,都大提举、承受并罢。①

又《宋会要辑稿》职官一八载:"（绍兴）九年二月二十二日,诏史馆见修《徽宗实录》,以实录院为名,置提举官一员,修撰、同修撰、检讨官无定员,应干事件并依史馆例。"②熊克《中兴小纪》卷二八曰:"（绍兴十年二月）初,秦桧请下有司,讨论史馆之制。至是礼部言,依元丰制合并,归秘书省国史案,以著作郎修纂《日历》。遇修《国史》即置国史院。修《实录》亦置实录院。所有见今史馆,罢归元处。既而著作佐郎、丹阳王扬英又言,国史案移文诸处多不报。于是复以国史、日历所为名。"③

　　据上引材料可知:绍兴元年（1131）四月八日,以修日历所为名;

---

① 《玉海》卷一六五,第3043—3044页。又见《宋会要辑稿》运历一,第2697—2698页。
② 《宋会要辑稿》职官一八,第3511页。
③ 《中兴小纪》卷二八,顾吉辰、郭群一点校,福建人民出版社1985年,第326页。

三年十一月十六日,改为修国史日历所;四年五月二十四日,修国史日历所改名史馆,六月设置编修校勘人员;八年八月,增校勘一名;九年二月,诏史馆修《徽宗实录》,以实录院为名,相关事件依史馆模式处置;十年三月,并归秘书省国史案,而且秘书省著作郎、佐郎负责修纂日历,其余史馆官员均罢。四月,由于王扬英的建议,并归秘书省国史案的史馆恢复国史日历所之名;绍兴二十九年八月,史馆修撰、检讨等职名,都大提举等差遣名均被罢废。史馆由绍兴初期下辖实录、国史的统一,演变为实录院和国史院单独表现、史馆的消亡。实录院、国史院地位明显得到提升增强,这也在南宋馆阁编修史书的卓越成就上得到充分体现。

日历所:据《玉海》卷四七载:"绍兴元年四月,置修日历所。七月,命秘书长、贰通修纂日历。三年六月,左相吕颐浩兼提举修国史。时修日历,张纲言,秘省权轻,难以取会。又孙近言,景德二年王旦为相,领史职,请宰辅提举,故有是命。八月,又诏郎、佐以郎官兼领。十年二月,并归国史案,以著作郎、佐修纂,遇修正史、实录,即置国史、实录院。见修日历,宰相提举,以监修国史系衔。"①绍兴元年(1131)置修日历所,由于秘书少监程俱建言,打破元丰六年(1083)秘书长、贰不与编修日历之制,命秘书监、少监编修。《宋史·程俱传》亦云:"绍兴初,始置秘书省,召俱为少监。奏修日历,秘书长贰得预修纂,自俱始。"②绍兴三年六月,考虑到秘书省权轻,加之北宋景德年间宰辅提举之先例,由左仆射吕颐浩"兼提举修国史"③。绍兴十年二月,日历所并归秘书省国史案,而且日历由著作郎、佐郎修纂,由宰相提举,所衔职名为监修国史,以示重视。到四月,又恢复"国史日历

① 《玉海》卷四七,第 895 页。
② 《宋史》卷四四五,第 37 册,第 13136 页。
③ 《宋会要辑稿》运历一,第 2695 页。

所之名"①。至于二度恢复此名,前加"国史"二字,无疑是强调与史馆的隶属关系,以秘书省言,"日历、国史自祖宗以来系本省史馆掌修,以宰相监修……而日历归秘书省国史案,其所修日历系史馆旧制"②。

会要所:南宋会要所基本依附于秘书省。李攸《宋朝事实》卷九曰:"以省官通任其事。"绍兴元年(1131),"诏秘书省官,雠校国朝会要"。乾道四年(1168),诏尚书右仆射陈俊卿,兼提举编修国朝会要,而且"提举诸司官、承受官、主管诸司官,并令国史日历所官兼"。乾道五年,令秘书省官再加删定,"以《续修国朝会要》为名"。乾道九年,"秘书少监陈骙言,编类建炎以后会要,成书以《中兴会要》为名。并从之。其后接续修纂,并隶秘书省"③。会要的编纂、删定、校勘,均由秘书省官兼领,而其他职事则由国史日历所官兼理。

实录院、国史院:《宋会要辑稿》职官一八云:"绍兴初,实录、国史皆寓史馆。后罢史馆,遇修实录即置实录院,遇修国史即置国史院。"④也就是说,实录院、国史院由最初隶属史馆到取消附属性而独立存在。具体而言,绍兴九年二月,修《徽宗实录》,在史馆开实录院,"置提举一员,修撰、同修撰、检讨无定员"。从此,一统于史馆的实录、国史,有了置此废彼之分。绍兴十年二月二十九日,罢除史馆,并入实录院。四月二十一日,"诏实录院就编《徽宗御制》"。绍兴二十八年七月十九日,"诏置修国史院",位于秘书省门内东边,修神、哲、徽三朝《正史》,"命宰臣监修,侍从同修,庶僚编修"⑤。《玉海》卷一六八载,孝宗乾道二年(1166)十二月十四日,修纂《钦宗实录》,复置

① 《宋会要辑稿》运历一,第 2697 页。
② 《宋会要辑稿》运历一,绍兴三年十一月十六日,第 2696 页。
③ 李攸《宋朝事实》,中华书局 1955 年,第 151 页。
④ 《宋会要辑稿》职官一八,第 3511 页。
⑤ 均见《玉海》卷一六八,第 3083 页。

实录院,以国史院官兼修。乾道四年四月二十二日,《钦宗实录》完成,实录院又并入国史院①。据《宋朝事实》所记,淳熙四年(1177)罢除实录院,专置史院。淳熙十五年,《四朝国史》成书,诏罢史院,复开实录院编修《高宗实录》。宁宗时期,二度置实录院,后来又出现国史院与实录院并置格局,"庆元元年,开实录院,修纂《孝宗实录》……嘉泰元年,开实录院,修纂《光宗实录》。二年,复开国史院,自是国史与实录院并置矣。实录院史,兼行国史院事,点检文字一人,书库官八人,楷书四人"②。国史院、实录院的置此废彼,目的乃提高修史效率,避免人浮于事,但实际功效却是有违初衷。

二、南宋馆阁职名

张宓绍兴十年(1140)七月所做《馆阁续题名记》曰:"上即位之五年,实绍兴改元……其复秘书省直监若少监一人,丞、著作郎、佐郎各一人,校书、正字各二人,以待四方隽杰之士。又参酌旧制,校书郎、正字召试学士院而后命之。自是采求阙文,补缀漏逸,而四库书籍亦云略备矣。越三载,即秘书省复建史馆,以修神宗、哲宗两朝实录,选本省官兼检讨、校勘官,侍从官充修撰。明年,诏仿唐十八学士之制,监、少、丞外置著作佐郎、秘书郎各二员,校书郎、正字通十二员,立为定额。又明年,移史馆于省之侧,别为一所,以增重其事,而校勘官或以他官兼之。至绍兴九年修徽宗皇帝实录,乃即史馆开实录院,以本省官或他官兼检讨,以修撰官如史馆例。明年,未修正史,诏罢史馆,并为实录院,以正名实,而著作局唯修纂日历焉。凡在兹选,均谓之馆职,所以储蓄英髦,以备任使。"③这里提到的馆职,包括

---

① 参见《玉海》卷一六八,第 3083 页。
② 《宋朝事实》卷九,第 152 页。
③ 《全宋文》卷三三二〇,第 154 册,第 283—284 页。

秘书省,史馆、实录院人选,而且职事官以学士称呼,费衮《梁溪漫志》卷二云:"中兴以来,复建秘书省,而三馆之职归之。开元故事,校书官许称学士。本朝三馆职事皆称学士,绍兴初犹仍此称,盖旧典也。"①以下为了论述方便,将馆职分为秘书省、史馆、实录院等类别,其实总属秘书省。

1. 秘书省

提举秘书省:《建炎以来系年要录》卷一五二曰:绍兴十四年(1144)七月壬戌,"尚书礼部侍郎、兼直学士院秦熺提举秘书省,掌求遗书"②。《建炎以来朝野杂记》甲集卷一〇云:"提举秘书省者,官制以来无之。政和中初置,以命蔡攸。其后秦伯阳继居是任。绍兴末,高宗召信安孟王忠厚为醴泉观使,乃命提举秘书省以宠之,月过局,如宰执例。孟王薨,亦省。"③此职名依官制本无,徽宗政和初授于蔡攸,绍兴中期授予秦熺,绍兴末期授予孟忠厚,忠厚死,此职名省去不除。

秘书监:《玉海》卷一二一曰:"淳熙二年三月,初除,莫济为监。"④

秘书少监:据《南宋馆阁录》卷七,林迹,建炎二年(1128)九月除秘书少监。

秘书丞:据《南宋馆阁录》卷七,王绍,建炎二年六月除秘书丞⑤。

著作郎:《宋会要辑稿》运历一载,绍兴三年十月六日,"以祠部

①　费衮《梁溪漫志》,金圆校点,上海古籍出版社1985年,第17—18页。
②　《建炎以来系年要录》卷一五二,第6册,第2868页。又见《玉海》卷一二一,第2245页。
③　《建炎以来朝野杂记》,第208页。
④　《玉海》卷一二一,第2245页。又见《南宋馆阁录》卷七,第81页。
⑤　《南宋馆阁录》卷七,第82、86页。

员外郎虞淳兼秘书省著作郎,礼部员外郎舒清国兼秘书省著作佐郎"①。

秘书郎:《宋会要辑稿》职官一八载,绍兴四年(1134)六月十八日,"诏秘书省增置秘书郎、著作佐郎各一员……从礼部侍郎陈与义之请也"②。绍兴四年六月丁酉,"左承议郎主管江州太平观林季仲行秘书郎"③。

著作佐郎:据《南宋馆阁录》卷七,上官愔于建炎二年(1128)六月除著作佐郎。

校书郎:《南宋馆阁录》卷八载,建炎二年二月,上官愔除秘书省校书郎④。

秘书省正字:《建炎以来系年要录》卷六载,建炎元年六月,"以迪功郎富直柔为秘书省正字"⑤,直柔乃富弼之孙。

秘阁校勘:《南宋馆阁续录》卷九云:"国朝有馆阁校勘、史馆校勘,绍兴间独置史馆校勘,非专职。今此职乃特创,序位在正字之下。"此职,始自宝庆三年(1227)十一月,李心传,"特补从政郎、差充秘阁校勘"⑥。

以上所列为正式馆职。至于秘书省读书,北宋称之为"三馆读书""秘阁读书""馆阁读书",龚延明《宋代官制辞典》将其列为"准馆职"。南宋秘书省读书,亦是准馆职。据《南宋馆阁续录》卷九载,

---

① 《宋会要辑稿》运历一,第 2696 页。
② 《宋会要辑稿》职官一八,第 3485 页。
③ 《建炎以来系年要录》卷七七,第 4 册,第 1462 页。又见《南宋馆阁录》卷七,第 91 页。
④ 《南宋馆阁录》卷八,第 95、109 页。
⑤ 《建炎以来系年要录》卷六,第 1 册,第 192 页。又见《南宋馆阁录》卷八,第 117 页。
⑥ 《南宋馆阁续录》卷九,第 354、355 页。

秘书省读书有六人：王克勤于淳熙二年（1175）十一月赐童子出身，补从事郎，令就秘书省读书。又有嘉定十六年（1223）的陆持之、沈省曾，淳祐元年（1241）的杨世奕，淳祐十一年的孟之缙，宝祐六年（1258）的王人英①。北宋馆阁读书12人，属于权贵乞请者4人；上书自陈者1人；因才质美妙被选者7人②。南宋6人中，因召试和童科试出身者4人，而沈省曾以沈焕之子、陆持之以陆九渊之子直接令赴秘书省读书。

　　由于馆阁地近清密，藏书丰富，又是育才之所，故而准馆职亦为士人所重。唐士耻《代童子谢秘书省读书表》云："稚年观国，惭非早慧之才；明绰疏恩，俾诵秘藏之简。欲其有造，开以多闻。臣某仰咸平邵焕之恩，洎景德晏殊之泽，端我寖昌之旦，读乎未见之书。如臣者不善养蒙，焉能求益？宁有百药诵郦子之博，初无甘罗悟不韦之奇。曾谓误恩，俾从藏室。远发中经之奥，近窥肆笔之成。青裾朝拜于木公，朱锦夕荣于藜照。连珍群玉，接采九雏。恩重孔门，将终保互乡之往；事如东观，盖上追黄香之游。超凌尾弱水之蜇，优渥过舞雩之咏。兹盖伏遇皇帝陛下与参化育，乐长人材。念愚衷早慕于简编，故远虑欲培其芽蘖，致兹琐薄，获此叨逾。臣敢不周览瑰奇，旁搜隐奥。酰鸡陋见，殆未免金根之讹；管豹窃窥，乌能及朋字之正。"③代言中，以李百药知郦子藉稻的广博、甘罗懂得吕不韦的奇才作比，谦逊自己一无所是，蒙恩优选进入馆阁，完全是出于天子化育人才的恩渥。表白决心，当博览群书，探究深奥的哲理，不负重托。结尾以酰鸡的陋见寡闻、管中窥豹的狭隘片面再次强调自己感恩之深。

　　相较而言，首先南宋秘书省读书的数量远不及北宋；其次准馆职

---

① 《南宋馆阁续录》卷九，第356页。
② 成明明《北宋馆阁与文学研究》，中国社会科学出版社2007年，第64页。
③ 唐士耻《灵岩集》卷二，影印文渊阁《四库全书》集部第1181册，第520页。

后来的成就也相去甚远,北宋杨亿、宋绶、晏殊、李淑诸人后来均为宰辅名臣、著名学士,而南宋准馆职则发展平平;第三,选拔方式重视召试,注意限制权贵乞请,这一点上两宋相似。另外,南宋王克勤受到指斥,依格出官,《宋会要辑稿》职官一八载,淳熙十二年(1185)五月二十六日,"诏秘书省读书王克勤,令赴吏部依格出官",原因是右正言蒋继周道:"克勤秘书省读书,请给、人从视正字之半。窃禄十有余岁,考其实年,亦不下二十,犹且不知去就。或谓其初补官用晏殊故事,殊在景德初以童子俊秀赐进士出身,权为秘书省正字,秘阁读书。克勤赐童子出身,固与殊字(校注以为"字"似当作"事")不同。日来尝买侍妾,怒而徙之。殊之元夕不出游观,必不为此。坐縻廪禄,且自附于馆职之列,只益其过。乞将克勤赴部,依格出官。"[1]蒋氏以为,克勤作为秘书省读书,买侍妾后怒而徙之,此行为不合礼节,有失体统。而北宋馆阁读书晏殊,即便众人欢娱的元夕也不外出游观,勤勉读书,相形而下自有高低区别。克勤在馆阁也只是白费俸禄,更加增益其过错而已,故而令其依格出官。

秘书省检阅文字:据《南宋馆阁续录》卷九,淳祐十一年(1251)十二月,林光世充秘书省检阅文字[2]。

编定书籍官:《玉海》卷一二一载,绍兴十五年(1145)闰十一月,置编定书籍官。绍兴二十六年(1156)十月十四日,并归秘书省[3]。洪迈《容斋随笔·五笔》卷二云:"然秘省自有校书郎、正字,使正名责实足矣。绍兴中,以贵臣提举秘书省,而置编定书籍官二员。"类同于唐代"东台侍郎赵仁本等,充使检校,置详正学士以代散官"[4]之性

---

① 《宋会要辑稿》职官一八,第 3494 页。

② 《南宋馆阁续录》卷九,第 357 页。

③ 《玉海》卷一二一,第 2245 页。

④ 《容斋随笔》,孔凡礼点校,中华书局 2005 年,第 853 页。

质。编定书籍官和秘书省检阅文字,均非正式馆职,相当于北宋的编校秘阁书籍之馆阁实事官名。程俱《麟台故事》卷一之一〇载:"嘉祐四年正月,置馆阁编定书籍官,以秘阁校理蔡抗、陈襄、集贤校理苏颂、馆阁校勘陈绎,分史馆、昭文馆、集贤院、秘阁书而编定之。元丰官制行,既皆罢而不置;至元祐中,秘书省职事官与馆职之外,又置校黄本书籍,盖校书之比也。"①编定书籍官,北宋仁宗时期就设置了,以初级馆职校理、校勘四人来承担,元丰官制改革,就废而不置了,后来的校定黄本书籍,就类似于校书之职。唐士耻《编定书籍官箴》曰:"国家因唐,并列三馆,弘文、集贤,洎史鼎分,崇文总焉。元丰定制,秘书有省。建炎以来,简陋弗宏。迄绍兴十四年,轮奂一新,七月十三日用政和故事,命礼部侍郎臣熺提举秘书省,铸印庀局焉。明年闰十一月二十六日,复诏校书郎沈介、正字汤思退充编定书籍官,庸以右文稽古,搜阙遗焉。由乾元四部,世道日降,屡从寇炀,五闰弗皇,崇文有目,亶号略举。兹焉分攘,投戈息马,不忘搜辑,昭昭设官之意,一时膺是选者不闻将顺之作,以烜耀来嗣,是敢追为之箴。"②提及建炎以来秘书省颇为简陋,到绍兴十四年(1144)制作一新,然后以秦熺提举秘书省,以增重其事。绍兴十五年闰十一月,认命编定书籍官由初级馆职的沈介和汤思退担任,设官之意在于搜辑典册、考察古事、崇尚儒学。可惜的是,后面的箴词已阙。当然据常理推测,即顺势助成功业、自我规诫而已。

馆阁校理:《建炎以来朝野杂记》乙集卷一三云:"馆阁校理,未改官制前有之。嘉定初,留舍人元刚召试,除秘书省正字。元刚,仲至之孙也,以祖讳辞,乃命权以馆阁校理系衔,此亦元丰以来所未有。"③因

①《麟台故事校证》,第 232 页。
② 唐士耻《灵岩集》卷六,影印文渊阁《四库全书》集部第 1181 册,第 564 页。
③《建炎以来朝野杂记》,第 719 页。

元刚以祖讳辞去秘书省正字,故而命以馆阁校理,此职以前未有,只是便宜设之。

　　2. 史馆

　　史馆修撰:《玉海》卷一六五载,绍兴四年(1134)二月辛丑,"翰林学士綦崇礼兼史馆修撰,始除修撰官也"①。

　　直史馆:《南宋馆阁录》卷八载,绍兴四年八月,范冲以宗正少卿充此职②。

　　史馆校勘:《建炎以来系年要录》卷七七载,绍兴四年六月壬寅,"初置史馆校勘员,以右迪功郎邓名世为敕令所删定官,充校勘"③。《南宋馆阁录》卷八作绍兴四年八月,《玉海》卷四〇、五〇,均以为绍兴四年九月赐进士出身,充史馆校勘。三者时间均不同,存疑待考。刘克庄《王人英将作簿兼史馆校勘制》云:"先朝以童科擢士,如亿如殊,后皆为名卿相。尔妙龄美质,来游木天,与闻修纂,亦已久矣。夫固使之读尽未见之书,而养成有用之器也。列属雄监,兼秉麟笔。《诗》不云乎:'景行行止。'杨晏何人哉!可。"④以杨亿、晏殊来鼓励新除史馆校勘者王人英,仰望高山、勤奋读书以修养器识。

　　史馆检讨:《建炎以来系年要录》卷七五载,绍兴四年夏四月庚寅,"秘书丞环中兼史馆检讨"⑤。《南宋馆阁录》卷八载绍兴四年八月,俟考。

　　史馆检阅:《南宋馆阁续录》卷九载,黄梦松,淳祐十一年(1251)

① 《玉海》卷一六五,第3044页。又见《建炎以来系年要录》卷七三,第3册,第1401页。《南宋馆阁录》卷八作绍兴三年四月,有误。
② 《南宋馆阁录》卷八,第127页。又见《建炎以来系年要录》卷七九,第1487页。
③ 《建炎以来系年要录》卷七七,第4册,第1464页。
④ 刘克庄《刘克庄集笺校》卷六五,辛更儒校注,中华书局2011年,第3074页。
⑤ 《建炎以来系年要录》卷七五,第3册,第1430页。

十月,"以史馆检阅除(秘阁校勘)"①。南宋诗僧释道璨《和谢君直新除史馆检阅》曰:"久矣常峨豸角冠,未应上缀史臣班。名高自是难推去,才大如何爱得闲。斋阁不须垂绛帐,精神留取上蓬山。散人梦落沧浪外,白鸟冥冥去不还。"②表达了对谢直除职馆阁的祝福和欣羡,说明才大名高之人终究是无法清闲的,当抖擞精神进入馆阁。

3. 国史院

监修国史:《宋会要辑稿》运历一载,绍兴三年(1133)六月二十七日,"诏尚书左仆射吕颐浩兼提举修国史",缘于修纂日历中书舍人张纲建言,"秘书省权轻,关会难集",加之秘书少监孙近言,景德二年(1005)王旦以宰相领史职,因而诉求"宰府提举"③,故有是命。又据李焘《国史监修提举题名序》,"中兴之六年,始命吕颐浩兼提举修国史。当时国史但指日历,颐浩引元祐故事并及正史,自是首相即兼监修,监修之名废于元丰,而复于绍兴也。逮修《徽宗实录》,秦桧亦以监修兼提举。绍兴二十六年,沈该、万俟卨并为左右仆射,始分监修及提举为二,至今因之"④。可知绍兴三年,朝廷初命吕颐浩兼"提举修国史",而非"监修国史",吕颐浩引证元祐典故,说明首相兼监修国史之职,最终吕氏是以尚书左仆射的身份既"监修国史",又"提举国史"。后来秦桧亦是"监修国史"兼"提举国史"。一直到绍兴二十六年,因左、右仆射存在,分监修国史、提举国史为二。

提举国史:《南宋馆阁录》卷七载,绍兴三十年(1160)正月,陈康伯"以右仆射提举修《三朝国史》";三十一年三月,"为左仆射,仍兼"⑤。

---

① 《南宋馆阁续录》卷九,张富祥点校,中华书局 1998 年,第 356 页。
② 《全宋诗》第 65 册,北京大学出版社 1998 年,第 41173 页。
③ 《宋会要辑稿》运历一,第 2695—2696 页。又见《玉海》卷一六八,第 3083 页。
④ 《全宋文》卷四六六四,第 210 册,第 222 页。
⑤ 《南宋馆阁录》卷七,第 79 页。

　　修国史：据《南宋馆阁录》卷八，绍兴二十九年闰六月，周麟之以翰林学士身份兼修国史①。

　　同修国史：《宋会要辑稿》职官一八载，绍兴二十八年（1158）八月十四日，"诏置国史院……吏部尚书贺允中、兵部侍郎周麟之并差兼同修国史"②。一般而言，庶官不除此职，《建炎以来朝野杂记》乙集卷一三云："同修国史，故事未有以庶官为之者。隆兴初，胡邦衡以起居郎兼权中书舍人，始特命焉。乾道二年冬，洪景卢亦以起居舍人兼同修，盖用此例。四年九月，胡长文自右司除起居舍人，明年，有旨升带，长文引故事力辞。乃命兼编修如旧。自赵温叔后，修注官无复兼同修者矣。"③此职，庶官不除，胡邦衡（铨）、洪景卢（迈）等都是特例。

　　国史院编修官：《宋会要辑稿》职官一八载，绍兴二十八年八月十四日，"诏置国史院……吏部员外郎叶谦亨、胡沂、秘书省校书郎汪澈并差兼国史院编修官"④。另据《建炎以来系年要录》卷一五〇，绍兴十三年十月，"庚寅，秘书丞、兼国史院编修官严抑转对，言：《国朝会要》……"⑤云云，可知此职绍兴十三年已经除授。

　　国史院检讨官：《建炎以来系年要录》卷一四八载，绍兴十三年二月，"秘书省校书郎、兼益王府教授严抑守秘书丞，秘书省校书郎、兼吴王府教授张阐为秘书郎、兼国史院检讨官，专修《祖宗宝训》"⑥。可知绍兴十三年此职除授，以秘书省官兼此。

----

① 《南宋馆阁录》卷八，第 129 页。
② 《宋会要辑稿》职官一八，第 3503 页。
③ 《建炎以来朝野杂记》，第 713 页。
④ 《宋会要辑稿》职官一八，第 3503 页。
⑤ 《建炎以来系年要录》卷一五〇，第 6 册，第 2833 页。
⑥ 《建炎以来系年要录》卷一四八，第 6 册，第 2798 页。又见《南宋馆阁录》卷八，第 134 页。

提举编修国朝会要:淳熙五年(1178)四月,史浩以右丞相兼此职①。

提纲史事:宝祐二年(1254)十月,除端明殿学士提举秘书省尤焴,提纲史事兼侍读,特与执政恩数②。

4. 实录院

提举实录院:《建炎以来系年要录》卷一二七载,绍兴九年(1139)三月,"壬寅,尚书右仆射、监修国史秦桧兼提举史馆、实录院,以史馆见修《徽宗实录》故也"③。

实录院修撰:绍兴十年四月十九日,"权吏部侍郎范同兼实录院修撰。始除修撰官也"④。

实录院同修撰:《南宋馆阁录》卷八以为,张嵲绍兴十年八月以中书舍人兼⑤。但《宋会要辑稿》职官一八载,绍兴二十七年十一月二十六日,"中书舍人周麟之兼实录院同修撰。始除同修撰也"⑥。二说不一,存疑俟考。

实录院检讨官:《南宋馆阁录》卷八记载,朱翌绍兴九年十月以校书郎兼此职⑦。

5. 日历所

提举编类圣政:《南宋馆阁录》卷七云:"绍兴三十二年九月,诏敕令所改为编类圣政所,以右仆射陈康伯提举,参知政事史浩同提

---

① 《南宋馆阁续录》卷七,第 240 页。
② 《南宋馆阁续录》卷七,第 243 页。
③ 《建炎以来系年要录》卷一二七,第 5 册,第 2397 页。
④ 《建炎以来系年要录》卷一三五,第 6 册,第 2516 页。又见《宋会要辑稿》职官一八,第 3512 页。
⑤ 《南宋馆阁录》卷八,第 136 页。
⑥ 《宋会要辑稿》职官一八,第 3513—3514 页。
⑦ 《南宋馆阁录》卷八,第 137 页。

举。隆兴元年七月,并归日历所,就差监修国史提举。"①这一职名,由执政提举。

日历所检讨官:绍兴二十七年十一月,"庚寅,秘书省正字林之奇兼权国史、日历所检讨官"②,这是初级馆职兼任。

日历所编类圣政检讨官:王东里,隆兴元年(1163)七月以正字兼此职③。

北宋馆职有高低之分,《容斋随笔》卷一六云:"国朝馆阁之选,皆天下英俊,然必试而后命。一经此职,遂为名流。其高者,曰集贤殿修撰、史馆修撰、直龙图阁、直昭文馆、史馆、集贤院、秘阁。次曰集贤、秘阁校理。官卑者,曰馆阁校勘、史馆检讨,均谓之馆职。"④南宋亦如之,《宋会要辑稿》运历一载,绍兴四年(1134)二月十八日,诏:"修书官吏依例各破御厨食一分有差。监修史第一等,史馆修撰、直史馆、本省长贰第二等,史馆检讨、著作郎佐第三等。"⑤我们从饮食待遇完全能看出其职名差异,监修国史为第一等,史馆修撰、直史馆等为第二等,至于史馆检讨、著作郎、著作佐郎为第三等。馆阁职名虽有高低之别,但南宋人重视程度一如北宋,曾由基《贺林正字》云:"道山群玉聚,前辈说乾淳。近代岂乏士,清时赖有君。谁传艾轩派,喜得嫡孙亲。所欠非荣进,名流万古芬。"⑥以群玉萃聚道山,比喻秘书省乃育才之地;用万古流芳之名,类比馆职声誉。可见一斑。

另外,北宋馆阁还有一些官名,如编校昭文馆书籍、编校史馆书

---

① 《南宋馆阁录》卷七,第 80—81 页。
② 《建炎以来系年要录》卷一七八,第 7 册,第 3414 页。又见《南宋馆阁录》卷八,第 126 页。
③ 《南宋馆阁录》卷八,第 126 页。
④ 《容斋随笔》卷一六,第 208 页。
⑤ 《宋会要辑稿》运历一,第 5 册,第 2696 页。
⑥ 《全宋诗》第 57 册,北京大学出版社 1998 年,第 36082 页。

籍、编校集贤院书籍、编校秘阁书籍等，龚延明先生称为"馆阁实事官名"①。北宋馆阁还有如都大提举抄写校勘馆阁书籍、提举三馆、监三馆书籍秘阁图书、点检三馆秘阁书籍等若干馆阁差遣名，这些都仅存于北宋馆阁历史中，南宋阙如。当然我们从这些实事官的空缺中，也能看出南宋馆阁在编辑、校勘方面与北宋馆阁的差距。

三、南宋宰执与高级馆职之关系

依据《南宋馆阁录》《南宋馆阁续录》所载，监修国史、提举国史、提举实录院、提举编修国朝会要、提举编类圣政等，均在馆阁官联内容中，而实质上均为宰辅执政所兼领之高级职名，以下具体论之。

1. 宰执兼领馆阁高级职名普遍，且同一职名数次兼领

南宋馆阁高级职名均由宰执兼领，而且宰执数次兼领同一职名屡见不鲜。高宗绍兴期间，秦桧二度职掌监修国史，"八年十一月以右仆射兼，十一年六月又以左仆射兼"。汤思退，"（绍兴）二十八年八月以右仆射兼监修国史，三十年正月以左仆射兼"②。陈康伯，分别在绍兴三十年（1160）正月以右仆射提举修《三朝国史》，三十一年三月以左仆射仍兼提举国史③。

孝宗隆兴期间，陈康伯二次提举编类圣政，"（隆兴）元年七月以左仆射兼"，"二年闰十一月复以左仆射兼"。淳熙期间，王淮二度提举国史，"四年六月以参知政事权提举国史院"④，"八年八月以右丞相兼"⑤。

① 龚延明《宋代官制辞典》，中华书局 1997 年，第 147 页。
② 《南宋馆阁录》卷七，第 77 页。
③ 参见《南宋馆阁录》卷七，第 79 页。
④ 《南宋馆阁录》卷七，第 80、81 页。
⑤ 《南宋馆阁续录》卷七，第 237 页。

宁宗庆元时期,余端礼、谢深甫二度兼监修国史,《南宋馆阁续录》卷七载,余氏,"元年三月以知枢密院事兼参知政事兼权,二年正月以左丞相兼"。谢氏,"二年四月以参知政事兼权;四年八月除知枢密院事兼参知政事,仍兼权"①。京镗,庆元间二度兼领编修国朝会要,"元年三月以参知政事兼权,二年正月以右丞相兼"。京氏亦二度兼提举实录院,"元年三月以参知政事兼权,二年二月以右丞相兼"②。张岩二度兼权监修国史,分别在嘉泰二年(1202)十一月和开禧元年(1205)四月,以参知政事兼权。钱象祖二度兼监修国史,"(开禧)三年十二月以参知政事兼权,嘉定元年正月除右丞相兼"③。史弥远,嘉定期间二度兼提举实录院,"元年十月以右丞相兼,十一月丁母忧;二年五月起复右丞相,十二月仍兼"。同期,史氏二度兼提举国史。郑昭先,嘉定期间三度兼权监修国史,"八年三月以签书枢密院事兼权参知政事兼权;七月为参知政事,仍兼权","十二年五月以知枢密院事兼参知政事兼权"④。

理宗朝,乔行简曾五次兼修国史,可谓罕见。分别是绍定六年(1233)十月以参知政事兼同知枢密院事权,端平二年(1235)六月以知枢密院事兼参知政事兼,端平三年十二月以左丞相兼枢密使兼,嘉熙二年(1238)五月以特进左丞相兼枢密使肃国公监修,三年正月以少傅平章军国重事仍监修⑤。范锺、赵葵淳祐期间二度监修国史。范氏,"二年三月以知枢密院事兼参知政事权,四年十二月拜左丞相兼枢密使监修"。赵葵,"六年二月以知枢密院事兼参知政事权监修;七年

① 《南宋馆阁续录》卷七,第 232 页。
② 《南宋馆阁续录》卷七,第 241、238 页。
③ 《南宋馆阁续录》卷七,第 232、233 页。
④ 《南宋馆阁续录》卷七,第 239、237、233 页。
⑤ 均见《南宋馆阁续录》卷七,第 234 页。

四月除枢密使兼参知政事、督视江淮京西湖北军马,依旧权监修"①。

由上可见,高宗时 3 人二度兼领高级馆职,为秦桧、汤思退和陈康伯。孝宗时 2 人二度兼领高级馆职,为陈康伯、王淮。宁宗时 7 人兼领高级馆职,而且郑昭先三度兼领,其他文人如余端礼、谢深甫、京镗、张岩、钱象祖、史弥远二度兼领。理宗时 3 人兼领高级馆职,范锺、赵葵二度兼领,乔行简五次兼修国史,可谓仅有。宁宗、理宗朝宰执兼领高级馆职人数、次数明显增多。

2. 宰执兼领多种史职

南宋除吕颐浩、朱胜非、赵鼎、沈该、钱端礼、叶颙、姚宪、钱良臣、谢廓然、萧燧、许及之、薛极、赵葵、王伯大等人只兼监修国史高级职名外,其他宰执均曾兼领多种高级馆阁职名。

绍兴年间,秦桧不仅二度监修国史,而且在绍兴九年(1139) 二月,"以右仆射兼(提举实录院)"。汤思退绍兴期间二度监修国史外,绍兴二十七年七月,"以右仆射兼"提举实录院。陈康伯,绍兴期间二度提举国史,隆兴期间二次提举编类圣政外,于绍兴三十一年四月,"以左仆射兼(监修国史)"②。

孝宗时期,汤思退,隆兴元年(1163)七月,以尚书右仆射提举修《三朝国史》③;隆兴二年正月,"以左仆射兼"提举编类圣政。陈俊卿,乾道四年(1168)十月"以右仆射提举《四朝国史》";乾道五年八月,"以左仆射兼"监修国史④。虞允文,乾道元年三月,"以参知政事权"提举编类圣政;乾道八年二月,"以左丞相兼"监修国史⑤。曾怀,

---

① 《南宋馆阁续录》卷七,第 234 页。
② 《南宋馆阁录》卷七,第 80、77 页。
③ 参见《南宋馆阁录》卷七,第 100 页校记第 6 条。
④ 《南宋馆阁录》卷七,第 81、79、78 页。
⑤ 《南宋馆阁录》卷七,第 81、78 页。

乾道八年十二月，"以参知政事权"监修国史；乾道九年十月，"以右丞相提举国史院"提举国史、"以右丞相兼"提举实录院①。叶衡，淳熙元年（1174）六月，"以参知政事权"监修国史；淳熙元年十一月，"以右丞相提举国史院"、"以右丞相兼"提举实录院。李彦颖，淳熙二年闰九月，"以参知政事权提举国史院"；淳熙四年（1177）六月，"以参知政事权"监修国史②。赵雄，淳熙五年六月，"以参知政事兼权"监修国史；淳熙五年十一月，"以右丞相兼"提举国史、"以右丞相兼"提举编修国朝会要③。王淮，除淳熙期间二度提举国史外，淳熙八年八月，"以右丞相兼"提举编修国朝会要；淳熙九年九月，"以左丞相兼"监修国史④。周必大，淳熙十四年二月，"以右丞相兼"提举编修国朝会要、"以右丞相兼"提举国史；淳熙十五年六月，"以右丞相兼"提举实录院；淳熙十六年正月，"以左丞相兼"监修国史⑤。王蔺，淳熙十六年闰五月，"以知枢密院事兼参知政事兼权"监修国史和提举编类圣政。留正，淳熙十六年正月，"以右丞相兼"⑥提举编修国朝会要和提举实录院。

　　光宗时期，留正，绍熙元年（1190）七月，"以左丞相兼"监修国史和提举编类圣政。余端礼，绍熙五年七月，"以参知政事兼权"⑦提举编修国朝会要和提举实录院。

　　宁宗时期，余端礼除庆元时期二度兼监修国史外，庆元元年（1195）四月，"以右丞相兼"提举实录院和提举编修国朝会要。谢深

① 《南宋馆阁录》卷七，第 78、79、80 页。
② 《南宋馆阁录》卷七，第 78、79、80、79、78 页。
③ 《南宋馆阁续录》卷七，第 231、237、240 页。
④ 《南宋馆阁续录》卷七，第 240、231 页。
⑤ 《南宋馆阁续录》卷七，第 240、237、238、231 页。
⑥ 《南宋馆阁续录》卷七，第 231、240、238 页。
⑦ 《南宋馆阁续录》卷七，第 232、240、241、238 页。

甫二度兼监修国史外，庆元五年十月，"以知枢密院事兼参知政事兼权"提举编类圣政；庆元六年闰二月，"以右丞相兼"提举实录院；嘉泰二年（1202）二月，"以右丞相兼"①提举国史。京镗，庆元时期二度兼监修国史、提举实录院外，"（庆元）元年三月以参知政事兼权，二年正月以右丞相兼"提举编修国朝会要。陈自强，嘉泰元年（1201）七月，"以参知政事兼权"监修国史外，嘉泰三年五月，"以右丞相兼"②提举国史和提举实录院。钱象祖，二度兼监修国史外，嘉定元年（1208）七月，"以右丞相兼"提举国史和提举实录院。史弥远，嘉定初期除兼提举国史、提举实录院外，嘉定元年七月，"以知枢密院事兼参知政事兼权"③监修国史。

　　理宗朝，乔行简五次兼修国史外，端平二年（1235）六月，"以右丞相兼"提举编修国朝会要。嘉熙期间，"二年五月以特进左丞相兼枢密使肃国公提举，三年正月以少傅平章军国重事仍提举"实录院。"二年五月以特进左丞相兼枢密使肃国公兼，三年正月以少傅平章军国重事仍提举"编修国朝会要；游似，嘉熙四年（1240）闰十二月，"以知枢密院事兼参知政事权"监修国史。淳祐五年（1245）十二月，"以知枢密院事兼参知政事拜右丞相兼枢密使提举"④实录院；郑清之，淳祐七年四月，"以右丞相兼枢密使越国公提举"编修国朝会要。淳祐九年闰二月，"以左丞相兼枢密使魏国公监修（国史）"⑤；董槐，宝祐三年（1255）八月，"以右丞相兼枢密使"监修国史和提举日历所；程元凤，宝祐四年八月，"以右丞相兼枢密使"监修国史和提举日历

① 《南宋馆阁续录》卷七，第 238、241、240、238、237 页。
② 《南宋馆阁续录》卷七，第 241、232、237、238 页。
③ 《南宋馆阁续录》卷七，第 237、239、233 页。
④ 《南宋馆阁续录》卷七，第 242、239、242、234、239 页。
⑤ 《南宋馆阁续录》卷七，第 243、235 页。

所；丁大全，宝祐六年四月，"以右丞相兼枢密使"①监修国史和提举日历所；吴潜，淳祐十二年十月，"以右丞相兼枢密使提举"日历所。开庆元年（1259）十月，"以观文殿大学士醴泉观使许国公兼侍读除左丞相兼枢密使监修"②国史。

　　由以上可见，孝宗、宁宗、理宗朝宰执兼领高级馆职较为集中，理宗朝宰执多兼或提领二种高级馆职，宁宗朝宰执多兼或提领三种高级馆职，孝宗朝宰执多兼或提领二种、三种高级馆职均衡。以人而论，先后兼领四种高级职名的有：汤思退：提举实录院、监修国史、提举国史、提举编类圣政。周必大：监修国史、提举国史、提举实录院、提举编修国朝会要。留正：监修国史、提举实录院、提举编类圣政、提举编修国朝会要。谢深甫：监修国史、提举国史、提举实录院、提举编类圣政。

　　相较而言，北宋馆阁宰执兼领高级馆职明显较少，而且职任清晰，因为史馆单独存在，且修史者地位较高；南宋则重重叠叠，繁复不堪，史馆被取消了独立存在的身份。南宋高级馆职均由宰执充当，主要是出于增重事体考虑，张纲《乞诏大臣兼领史事札子》云："臣闻自古帝王之兴，必有信史，备载一时行事，所以昭示天下后世，不可缺也。恭惟陛下缵绍丕图，于今七年，勤劳万机，夙夜不怠，将以恢中兴之业，比迹周宣、汉光，而东观日历，未有述焉。顷因臣僚上言，尝诏论撰。然自艰难以来，简编散逸，时政、起居，本末不备。方且重行搜访，内则关问于百司，外则取会于州郡。既以节目繁夥，供报为难；又缘秘省权轻，诸处视为不急。虽复文移往返，未有汗青之期，深恐岁月侵久，事或失实，愈难考正。窃见今之著作局，乃昔之史馆，祖宗时尝以宰臣兼之，故史权增重。臣愚欲望圣慈若稽故实，特诏大臣兼领

----

① 均见《南宋馆阁续录》卷七，第 235、236 页。
② 均见《南宋馆阁续录》卷七，第 235 页。

史事,而委以笔削之功。庶几圣朝盛典,粲然备举,天下幸甚!"①张纲提到信史之于昭告天下后世的不可或缺性,由于靖康之难,典籍亡佚,收集史料颇为不易。访之百司,求之州郡,供报艰难,加之秘书省权力轻微,传达的任务诸司不予重视,极为拖延,导致史书难以修成。所以张氏建议,仿效先朝由宰臣兼领以增重史权,用不了多久典籍就会清晰齐备。当然在增重史权的同时,这种兼领又造成人员冗滥且不负其责的弊端。这些兼领职名的设置,同样也清晰地说明南宋馆阁工作的重心在于修史而不在编校书籍。

---

① 《全宋文》卷三六六九,第 168 册,第 234—235 页。

第二章 南宋馆职的选任与除授

　　《宋史·选举二》曰："制举无常科，所以待天下之才杰，天子每亲策之。然宋之得才，多由进士，而以是科应诏者少。惟召试馆职及后来博学宏词，而得忠鲠文学之士。或起之山林，或取之朝著，召之州县，多至大用焉。"①说明宋代人才的选拔多由进士一科，而甄别杰出人才的制举应试者颇少。相较于制科选人的屈指可数，宋代召试馆职和博学宏辞科得人极多，于人才选拔贡献颇大。

　　至于馆阁取士，李光《上馆职启》曰："盖图籍秘藏，上帝名之册府；而贤能萃聚，前古谓之道山。岂徒搜罗文章翰墨之流，实欲涵养辅弼公卿之器。"②说明馆阁图籍鼎盛，贤俊萃聚，誉之册府道山。与其说馆阁是选拔文字翰墨优长者，不如说是于此培育涵养国之栋梁、宰辅公卿。北宋馆阁取人有三个来源，欧阳修《又论馆阁取士札子》云："旧制，馆阁取人以三路：进士高科，一路也；大臣荐举，一路也；岁月畴劳，一路也。"③南宋馆阁选人承袭北宋之制，魏了翁《除正字谢宰相启》云："惟延阁之清游，实儒林之美秩。地邃西昆之玉府，天垂东壁之华星。历代所崇，我朝尤重。自昭文直馆至秘阁校勘，列职有

----

① 脱脱等《宋史》卷一五六，中华书局1985年，第11册，第3645—3646页。
② 《全宋文》卷三三一六，上海辞书出版社、安徽教育出版社2006年，第154册，第214页。
③ 欧阳修《欧阳修全集》卷一一四，第4册，李逸安点校，中华书局2001年，第1728页。

差;虽制科入等及进士三人,必试而命。或被眷知而特召,或由论荐以选除,诗颂杂文以考其能,汉唐问目以观所蕴。自熙宁之初,策以世务;逮绍兴而后,踔为旧章。盖扬以语言,所以旌其进用之殊;而职以典籍,所以广其见闻之益。选抡固重,责望匪轻。"①说明馆职恩宠甚渥,地位尊崇,因而选人尤为慎重,有召试而除、特召、荐举而除几种。考试内容,北宋初期有诗、颂、杂文、汉唐问目,神宗熙宁初改为策论,南宋绍兴以后专试以策。既然选拔慎重,要求和期待也就不轻。制科、博学宏辞科都与馆阁取士关系密切,以下详细讨论。

第一节　制科、博学宏辞科与馆阁除职

一、制科与馆阁除职

北宋时制举入四等,直除馆职。真宗时的查道、王曙、丁逊、孙仅就以制举第四等成绩而除授馆职,《宋会要辑稿》选举一〇云:"咸平四年四月三十日,帝御崇政殿试贤良方正秘书丞查道、著作佐郎李邈……进士陈越……道、越入第四等,曙入第四次等。以道为左正言、直史馆……曙为著作佐郎。"同年八月十日,崇政殿试贤良方正,"(丁)逊、(孙)仅入第四等……以逊、仅并为光禄寺丞、直集贤院"②。

南宋朝廷屡屡下诏求试贤良方正能直言极谏科,应者寥寥。绍兴二年(1132)复置此科,士无应者。绍兴七年,诏以太阳有异,氛气四合,令中外侍从官各举能直言极谏一人,吕祉举荐选人胡铨、汪藻

---

① 魏了翁《鹤山先生大全文集》卷六六,《四部丛刊初编》本第 1252 册。
② 徐松辑《宋会要辑稿》选举一〇,刘琳、刁忠民、舒大刚、尹波等校点,上海古籍出版社 2014 年,第 9 册,第 5457—5458 页。

推举布衣刘度,高宗即日除胡铨枢密院编修官,而刘度不召。乾道五年(1169)三月,翰林学士汪应辰推举眉山布衣李垕,七年九月召试中书,后入第四等,赐制科出身,临轩推恩①。淳熙四年(1177),李垕之弟李塾、赵汝愚所举姜凯、唐仲友所推郑建德、赵粹中所荐马万顷应诏,均被罢,举者周必大等皆放罪。淳熙十一年,被举荐者庄治、滕峨试六论皆四通,而考官颜师鲁以为其文理平凡,不应近制,又罢之,"自是荐绅重于特举,山林耻于自耀,衰然而起者鲜矣"②。南宋制科召试者凤毛麟角,合格者亦未直除馆职,制科入四等的李垕于淳熙二年正月除秘省正字③。虽然制举待天下杰出人才,"盖责之至备,而应之者难,求之不广而来者有隔尔"④,因要求之完备,应试之高难,求人渠道之不畅,故而此科选人成效有限。

二、博学宏辞科与馆阁除职

博学宏辞科在南宋的设置,缘于工部侍郎李擢于绍兴三年(1133)七月的建议。此建议规定了考试内容、录取等级及选拔方式,《宋会要辑稿》选举一二有详细记载:

> 绍兴三年七月六日,都司言:"工部侍郎李擢奏乞取绍圣宏词与大观词学兼茂两科别立一科等事,看详绍圣法以宏词为名,大观后以词学兼茂为名,今欲以博学宏词科为名,以制、诰、诏书、表、露布、檄、箴、铭、记、赞、颂、序一十二件为题。古今杂出六题,分为三场,每场一古一今。愿试人先投所业三卷,朝廷降

---

① 王应麟《玉海》卷一一六,广陵书社 2007 年,第 2151—2152 页。
② 马端临《文献通考》卷三三,中华书局 1986 年,第 316 页。
③ 陈骙《南宋馆阁录》卷八,张富祥点校,中华书局 1998 年,第 126 页。
④ 《文献通考》卷三三苗昌言所奏,第 315 页。

付学士院，考其能者召试。依宣和六年指挥，以三年一次，附省试院试，不用从臣荐举。应命官不以有无出身，除归明、流外、进纳人及犯赃罪人外，并许应诏。命官非见任外官，许径赴礼部自陈；若见在任，经所属投所业，应格召试，然后离任。每次所取不得过五人。若人材有余，临时取旨，具合格等第字号，同真卷缴纳中书省看详。内制、诏书依例宰执进呈。推恩则例比旧制更加优异。以三等取人：试入上等，有出身人转一官，选人与改京官，无出身人赐进士及第，并免召试除馆职。中等，有出身人减三年磨勘，与堂除差遣，无出身人赐进士出身，择其尤召试馆职。下等，有出身人减二年磨勘，与堂除差遣一次，无出身人赐同进士出身，遇馆职有阙，亦许审察召试。"从之。①

从考试内容来看，以制、诰、诏书、表等实用文体为主，而且通考古今，有利于选拔博通人才。就考试程序而言，首先让学士院考察有应试诉求之人所习文章三卷，然后择优召试，增加了选拔的针对性。应试时间，类比进士科考试的三岁一次，可见其慎重与严肃。应试人不问出身，除归明、流外、进纳人及犯赃罪人外都可以应诏，表明选择的广泛与平等。流外，指九品以下官员。归明，指西南少数民族首领到宋代朝廷补官，宋人赵升《朝野类要》卷三云："谓元系西南蕃蛮溪峒人，纳土出来本朝，补官或给田养济。"②每次选拔人数限制在五人之内，可谓精益求精。考试等级列为三等，根据不同级别、出身有无，加以甄别奖赏。博学宏辞科上等，免试直除馆职；中等之中选择优秀者召试；下等遇馆职阙员时允许审察后召试。以下，我们以表格形式讨

---

① 《宋会要辑稿》选举一〇，第 9 册，第 5500 页。又见李心传编撰《建炎以来系年要录》卷六七，胡坤点校，中华书局 2013 年，第 3 册，第 1305—1306 页。
② 赵升编《朝野类要》卷三，王瑞来点校，中华书局 2007 年，第 67 页。

论博学宏辞科与馆职关系。

此表据《建炎以来系年要录》《南宋馆阁录》《续录》《玉海》《宋会要辑稿·选举》编制。有些存等级,有些则阙,有些仅曰合格。

博学宏辞科除授馆职表

姓名	博学宏辞科时间	等级	初授馆职时间	职名	再授(兼)馆职时间	职名
王璧	绍兴五年	下	绍兴九年八月	秘省正字	绍兴十一年十二月	校书郎
石延庆	绍兴五年	下				
詹叔羲	绍兴八年	中				
陈岩肖	绍兴八年	中	乾道元年	秘书少监		
王大方	绍兴八年	下				
洪遵	绍兴十二年	中	绍兴十二年五月	秘省正字		
沈介	绍兴十二年	下	绍兴十三年二月	秘省正字	绍兴二十六年九月	秘书少监
洪适	绍兴十二年	下	绍兴十三年二月	秘省正字		
汤思退	绍兴十五年	中下	绍兴十五年四月	秘省正字	绍兴十九年	秘书少监
					绍兴二十七年	提举实录院
					绍兴二十八年八月以右仆射兼,三十年正月以左仆射兼	监修国史
					隆兴二年正月以左仆射兼	提举编类圣政

姓名	博学宏辞科时间	等级	初授馆职时间	职名	再授(兼)馆职时间	职名
王曮	绍兴十五年		绍兴十五年四月	秘省正字	乾道八年七月以翰林学士承旨兼	修国史
					乾道八年七月以翰林学士承旨兼	实录院修撰
洪迈	绍兴十五年		绍兴二十八年三月	校书郎	绍兴二十九年四月以校书郎兼,三十年七月以礼部员外郎再兼	国史院编修官
					乾道二年十二月以起居舍人兼	同修国史
					乾道二年十二月以起居舍人兼	实录院同修撰
					乾道三年六月以中书舍人兼	实录院修撰
					乾道三年十月以起居舍人再兼	国史院编修官
					淳熙十二年六月以敷文阁待制提举佑神观兼	同修国史
					淳熙十三年九月以翰林学士兼	修国史

姓名	博学宏辞科时间	等级	初授馆职时间	职名	再授(兼)馆职时间	职名
周麟之	绍兴十八年	下	绍兴二十一年十月	秘省正字	绍兴二十五年十二月	著作佐郎
					绍兴二十六年八月	著作郎
					绍兴二十七年十月以中书舍人兼	实录院同修撰
					绍兴二十八年八月以中书舍人兼	同修国史
					绍兴二十九年闰六月以翰林学士兼	修国史
季南寿	绍兴十八年	下	绍兴二十六年八月	校书郎		
莫冲	绍兴二十一年	下	隆兴元年三月	秘省正字	隆兴二年十月	校书郎
叶谦亨	绍兴二十一年	下	绍兴二十五年十二月	秘省正字	绍兴二十六年二月以正字兼	实录院检讨官
					绍兴二十七年二月	校书郎
					绍兴二十八年八月以吏部员外郎兼	国史院编修官
莫济	绍兴二十四年	下	隆兴二年	校书郎	乾道元年三月	著作佐郎
					淳熙二年三月	秘书监
					淳熙二年四月以监兼	国史院编修官、实录院检讨官

姓名	博学宏辞科时间	等级	初授馆职时间	职名	再授(兼)馆职时间	职名
王端朝	绍兴二十四年	下	绍兴二十八年正月	秘省正字		
周必大	绍兴二十七年	下	绍兴三十年十月	秘省正字	绍兴三十一年十月以正字兼	国史院编修官
					乾道六年七月	秘书少监
					乾道六年七月以少监兼	国史院编修官、实录院检讨官
					乾道七年六月以权礼部侍郎兼	同修国史、实录院同修撰
					淳熙四年七月以翰林学士兼,五年三月为礼部尚书,六年十一月为吏部尚书,并兼	修国史
					淳熙十六年正月以左丞相兼	监修国史
唐仲友	绍兴三十年	下	隆兴二年十二月	秘省正字	乾道六年十一月	秘省正字
					乾道七年七月以正字兼	实录院检讨官
					乾道八年五月	著作佐郎
吕祖谦	隆兴元年	下	乾道七年九月	秘省正字	乾道六年十二月以太学博士兼,七年九月为正字兼	国史院编修官

姓名	博学宏辞科时间	等级	初授馆职时间	职名	再授(兼)馆职时间	职名
吕祖谦	隆兴元年	下	乾道七年九月	秘省正字	乾道六年十二月以太学博士兼,七年九月为正字,亦兼	实录院检讨官
					淳熙三年十一月	秘书郎
					淳熙三年十一月以秘书郎兼	国史院编修官、实录院检讨官
					淳熙五年四月	著作佐郎
					淳熙五年十月	著作郎
鲁可宗	乾道二年	下				
姜凯	乾道五年	下				
许苍舒	乾道五年	下	乾道四年七月	著作郎	淳熙三年二月	校书郎
傅伯寿	乾道八年	下	淳熙二年八月	著作佐郎	淳熙二年十二月以著作佐郎兼,三年九月为著作郎,亦兼	实录院检讨官
					淳熙三年九月	著作郎
					绍熙元年十一月以礼部员外郎兼	实录院检讨官
					庆元二年正月以翰林学士兼,三年二月	实录院修撰

续表

姓名	博学宏辞科时间	等级	初授馆职时间	职名	再授(兼)馆职时间	职名
傅伯寿	乾道八年	下	淳熙二年八月	著作佐郎	为吏部尚书仍兼,嘉泰三年二月以端明殿学士兼	
					嘉泰二年五月以宝文阁学士提举佑神观兼	同修国史、实录院同修撰
					嘉泰三年二月以端明殿学士兼	修国史
汤邦彦	乾道八年	下	淳熙元年九月	秘书丞		
李巘	淳熙二年	合格	淳熙五年八月	国史院编修官	淳熙六年四月为秘书郎,七年七月为著作佐郎,九年六月为著作郎,并兼	国史院编修官
					淳熙六年四月	秘书郎
					淳熙七年七月	著作佐郎
					淳熙九年六月	著作郎
					淳熙十五年六月以中书舍人兼	同修国史
					淳熙十五年六月以中书舍人兼,八月为给事中,仍兼	实录院同修撰
					绍熙四年八月以翰林学士兼	实录院修撰

续表

姓名	博学宏辞科时间	等级	初授馆职时间	职名	再授(兼)馆职时间	职名
赵彦中	淳熙二年	合格	淳熙五年六月	秘省正字	淳熙六年十月	校书郎
					淳熙七年七月以校书郎兼,九年六月为著作佐郎,十年二月为起居舍人,并兼	国史院编修官
					淳熙九年六月	著作佐郎
周泊	淳熙五年	合格				
倪思	淳熙五年	合格	淳熙十一年十月	校书郎	淳熙十三年正月	秘书郎
					淳熙十四年二月	著作郎
					淳熙十五年十一月以著作郎兼,十六年五月为将作少监,仍兼	实录院检讨官
					绍熙元年十月以中书舍人兼,三年六月为礼部侍郎,仍兼	实录院同修撰
					嘉定元年正月以兵部尚书兼,五月为礼部尚书,仍兼	修国史、实录院修撰

续表

姓名	博学宏辞科时间	等级	初授馆职时间	职名	再授（兼）馆职时间	职名
莫叔光	淳熙八年	合格	淳熙十一年十月	校书郎	淳熙十三年正月	秘书郎
					淳熙十五年三月	著作佐郎
					淳熙十六年五月	著作郎
					绍熙三年六月以权吏部侍郎兼	秘书监
李拱	淳熙十一年	合格				
陈岘	淳熙十四年	合格	绍熙五年闰十月	秘省正字	庆元二年正月	校书郎
					庆元元年十二月以正字兼，二年正月为校书郎，三年三月为秘书郎，并兼。嘉泰三年六月以礼部员外郎兼，十二月为秘书少监，开禧元年四月为秘书监，并兼	实录院检讨官
					庆元三年三月嘉泰二年三月	秘书郎（两度除授）
					嘉泰三年六月以礼部员外郎兼，十二月为秘书少监，开禧元年四月为秘书监，并兼	国史院编修官

续表

姓名	博学宏辞科时间	等级	初授馆职时间	职名	再授(兼)馆职时间	职名
陈岘	淳熙十四年	合格	绍熙五年闰十月	秘省正字	嘉泰三年十二月	秘书少监
					开禧元年四月	秘书监
陈晦	绍熙元年	下	嘉泰四年七月	秘书郎	嘉泰四年十二月以秘书郎兼,开禧元年七月为著作佐郎,仍兼	国史院编修官、实录院检讨官
					嘉定元年正月以礼部员外郎兼,八月为枢密院检详文字,仍兼	实录院检讨官、国史院编修官
					开禧元年七月	著作佐郎
陈宗召	绍熙四年	合格	庆元元年十二月以国子博士兼	实录院检讨官	庆元二年三月为秘书郎,三年三月为著作佐郎,十一月为起居舍人,四年二月为起居郎,并兼	实录院检讨官
					庆元二年三月	秘书郎
					庆元三年三月	著作佐郎
					庆元二年三月为秘书郎,三年三月为著作佐郎,十一月为起居舍人,四年二月为起居郎,并兼	实录院检讨官

续表

姓名	博学宏辞科时间	等级	初授馆职时间	职名	再授(兼)馆职时间	职名
陈宗召	绍熙四年	合格	庆元元年十二月以国子博士兼	实录院检讨官	庆元五年七月以中书舍人兼,六年七月为礼部侍郎,嘉泰元年十二月为翰林学士,并兼	实录院同修撰
					嘉泰二年四月以翰林学士兼	同修国史
					嘉泰二年八月以工部尚书兼	修国史、实录院修撰
陈贵谦	嘉泰二年		嘉定二年三月	秘省正字	嘉定三年二月以正字兼,四年三月为校书郎,仍兼	国史院编修官、实录院检讨官
					嘉定四年三月	校书郎
					嘉定四年十月	秘书郎
					嘉定五年十月	著作佐郎
					嘉定六年八月	著作郎
真德秀	开禧元年	试中	嘉定元年闰四月	秘省正字	嘉定二年二月	校书郎
					嘉定三年四月	秘书郎
					嘉定四年三月	著作佐郎
					嘉定十七年十一月以礼部侍郎兼	同修国史、实录院同修撰
					端平元年十一月以翰林学士兼	修国史、实录院修撰

姓名	博学宏辞科时间	等级	初授馆职时间	职名	再授(兼)馆职时间	职名
留元刚	开禧元年	试中	嘉定元年闰四月除,辞避祖讳,诏以秘阁校理系衔	秘省正字	嘉定二年五月以太子舍人兼,九月为军器少监,三年二月为起居舍人,并兼	国史院编修官、实录院检讨官
陈贵谊	嘉定元年		嘉定七年正月	秘书郎	端平元年六月以参知政事兼,同知枢密院事权	监修国史
王应麟	宝祐四年		景定五年五月以太常博士除	秘书郎	景定五年十二月以秘书郎除	著作佐郎
					咸淳元年七月以著作佐郎除兼权翰林权直,十二月除军器少监,兼职依旧	著作郎
					咸淳三年十月四日以将作监兼侍立修注官,权直学士院兼崇政殿说书除,兼职依旧	秘书少监
王应凤	开庆元年					

据上表统计,南宋博学宏辞科入等者总计40人,其中高宗时19人,孝宗13人,光宗2人,宁宗4人,理宗2人。其中入馆供职者32人,

占80%；没有馆阁职名者8人，占20%。8人中，高宗朝3人，孝宗朝4人，理宗朝1人。由博学宏辞科直除馆职者3人，为洪遵、王曮、汤思退，均为高宗朝文人，占7.5%。其余文人博学宏辞科短者半年，长者十余年才入馆，如洪迈入等十三年才入馆供职。博学宏辞科出身的馆阁文人王曮、汤思退、周麟之、洪遵、洪适、洪迈、莫济、周必大都曾职掌翰苑，或为两制词臣，或为宰辅执政。博学宏辞科出身，成为南宋馆阁文人的一个重要身份特点，而且多跻身高位，诚如《文献通考》卷三三所云："自复科以来，所得鸿笔丽藻之士多有至卿相翰苑者。"①

　　熊克《中兴小纪》卷三〇载，绍兴十二年（1142）三月，高宗评价博学宏辞召试合格者洪遵、沈介、洪适三人，"遵之文于三人中最胜。朕谓文贵适用，若不适用，譬犹画虎刻鹄，何益于事哉？"②《文献通考》卷三三曰："初洪遵入中等，洪适入下等，高宗览其文叹曰：'此洪皓子邪？父在远能自立，忠义报也。'即以遵为秘书省正字，适为枢密院编修官。词科即入馆，自遵始。"③按规定，只有词科入上等者方能直除馆职，词科中等的洪遵直接入馆，缘于高宗嘉叹其父洪皓远在金国而子弟勤勉自立，故而带有浓厚的褒奖性质。除此而外，高宗看重洪遵之文最优，缘于符合其"文贵适用"的主张。另真德秀、留元刚应选，有司对二人文章均有指摘，"有司书德秀卷曰：'宏而不博。'书元刚卷曰：'博而不宏。'"不过因宁宗喜爱二人文章，故而擢置异等。此后，博学宏辞科的选拔除擢还是坚持严格把关、择优录取的原则，

---

① 马端临《文献通考》卷三三，中华书局1986年，第317页。

② 熊克《中兴小纪》卷三〇，顾吉辰、郭群一点校，福建人民出版社1985年，第358页。

③ 马端临《文献通考》卷三三，第317页。又见李心传编撰《建炎以来系年要录》卷一四四，胡坤点校，中华书局2013年，第6册，第2717页。

"其后有司值郡试,必摘其微疵,仅从申省或降旨升擢而已"①。

　　叶适对博学宏辞科提出了严厉批评,"朝廷诏诰典册之文,当使简直宏大,敷畅义理,以风晓天下,典、谟、训、诰诸书是也……自词科之兴,其最贵者四六之文,然其文最为陋而无用,士大夫以对偶亲切,用事精的相夸,至有以一联之工而遂擅终身之官爵者,此风炽而不可遏七八十年矣。前后居卿相显人,祖父子孙相望于要地者,率词科之人也。其人未尝知义,其学未尝知方也,其才未尝中器也……士何所折衷,故既以为宏词,则其人已自绝于道德性命之本统,而以为天下之所能者,尽于区区之曲艺,则其患又不特举朝廷之高爵厚禄,轻以与之而已也,反使人才陷入于不肖而不可救……盖进士、制科,其法犹有可议而损益之者,至宏词则直罢之而已矣"②。叶适指出,博学宏辞科看重四六,是一种陋而无用的文体,讲究对偶工整、用事精确的形式之美。在此风气引导之下,士人学子不顾道德性命之根本,不行仁义,行为偏差,只求富贵显达,而朝廷则轻予高官厚爵,使得人才陷于不可挽救的境地。这种风气盛行长达七八十年,危害颇大。相较而言,进士和制科仍有值得讨论和增损之处。至于博学宏辞科则诚谓无益,不如直接罢去。不过,从博学宏辞科出身的馆阁两制文人来看,周麟之、周必大、洪遵等都是极为出色的朝廷典册之文的高手。

第二节　校书郎、正字除职研究

　　南宋馆职的除授,作为初级馆职的秘书省正字和校书郎需召试而除,据洪迈《容斋随笔》卷一六载:"南渡以来,初除校书正字,往往

---

① 马端临《文献通考》卷三三,第 317 页。
② 《文献通考》卷三三,第 317—318 页。

召试,虽曰馆职不轻畀……"①李弥逊《常明秘书省正字制》云:"朕储书中秘,以萃群英,推择成材,出为时用……其往游于藏室,以纵览于秘文。藏器待时,嗣有褒宠。"②许应龙《徐元杰除校书郎诰》曰:"魁伦之英,荣进素定,擢升秘府,犹以序迁,盖所以养其望而硕其用也。以尔文谐韶濩,行粹珪璋,姓名独冠于儒科,器识远参于前辈。兹由是正,晋典校雠,岂但读平生未见之书,抑以成贤人可久之业。"③李氏和徐氏高度评价了作为秘书省正字、校书郎的职业意义,不仅是校正文字、编辑典册,而且更在于储养德业、待时而用。作为典校之选,实乃仕宦清途,因而需召试而用。

一、召试除职概况

高宗建炎三年(1129)四月十三日,诏秘书省权罢,馆职文人或出守,或奉祠,"秘书少监方闉罢为秘阁修撰、知台州,其余丞、郎、著佐、正字十余人,皆为郎出守,或奉祠而去。于是馆、学、寺、监尽废"④。绍兴元年(1131)二月,秘书省恢复,馆职人员选任也纳入日程。北宋,进士高科直接除授馆阁职名,而南宋则有差异,据《建炎以来系年要录》卷一七〇载,绍兴二十五年(1155)十二月辛卯,"左奉议郎、通判绍兴府黄中为秘书省校书郎。中,进士廷试第一,官州县近二十年,至是始召"⑤。《南宋馆阁录》卷八记载,黄中除校书郎在绍兴二十六年(1156)三月⑥,二者所记有差,但廷试第一而沉沦州县近二十年才予以召试馆职,可见滞抑。孝宗时,因不利储才而取消召试馆职

---

① 《容斋随笔》卷一六,孔凡礼点校,中华书局 2005 年,第 208 页。
② 《全宋文》卷三九四五,第 180 册,第 146 页。
③ 许应龙《东涧集》卷三,影印文渊阁《四库全书》集部第 1176 册,第 432 页。
④ 李心传编撰《建炎以来系年要录》卷二二,第 2 册,第 552 页。
⑤ 李心传编撰《建炎以来系年要录》卷一七〇,第 7 册,第 3244 页。
⑥ 陈骙《南宋馆阁录》卷八,第 113 页。

的名额之限，隆兴二年（1164）闰十一月，诏，"今后馆职并依祖宗旧法，更不立额"，缘于中书门下省奏，"馆职系祖宗育材之地，近因立额，至召试之人无阙可差"①，故而有是命。

《南宋馆阁录》校书郎、正字条目下没有区分召试与否，只是注明除授时间。据《南宋馆阁录》卷八所载，秘书省正字除授：建炎以后3人，绍兴以后83人，隆兴以后7人，乾道以后31人，淳熙元年至四年（1174—1177）3人。校书郎：建炎以后8人，绍兴以后66人，隆兴以后6人，乾道以后20人，淳熙元年至四年11人。

《南宋馆阁续录》记载有所区别，有些小注中明确标示召试，有些则无。据该书卷九统计，正字：淳熙五年以后12人，庆元以后9人，嘉泰以后7人，开禧以后9人，嘉定以后19人；理宗宝庆以后3人，其中注2人召试；绍定以后6人，注3人召试；端平以后7人召试；嘉熙以后9人，注7人召试；淳祐以后20人，注16人召试；宝祐以后6人，注5人召试；开庆以后2人召试；景定以后11人，6人召试。即理宗朝除正字64人次，其中召试除职48人，占75%。度宗咸淳以后除7人，5人召试，占70%。

据《南宋馆阁续录》卷八统计，校书郎：淳熙五年以后16人；绍熙以后7人；庆元以后11人；嘉泰以后9人；开禧以后6人；嘉定以后28人；理宗宝庆以后4人，注明2人召试；绍定以后6人，注1人召试；端平以后5人，注2人召试；嘉熙以后7人；淳祐以后22人，注3人召试；宝祐以后7人，注3人召试；开庆以后1人；景定以后9人，注1人召试。理宗朝总除校书郎61人，其中注明召试除职者12人，约占20%。度宗咸淳以后9人，1人召试，占11%。

---

① 徐松辑《宋会要辑稿》职官一八，上海古籍出版社2014年，第3487页。

南宋馆阁初级职名除授（人次）

	高宗	孝宗	光宗	宁宗	理宗	度宗
正　字	86	53	11	44	64	7
校书郎	74	53	7	54	61	9

从此表可见，南宋秘书省正字、校书郎除授，除了光宗、度宗在位时间较短，除授较少，其他各朝大体相当，高宗朝和理宗朝较多。从明确数据来看，正字，理宗、度宗朝召试除授占比均达到70%；校书郎，这二朝召试占比均不高，不逾20%。可见，馆阁初级职名必须要召试而后除的"初衷"并没有严格执行，而是有不少折中。下面，我们就来考察其选拔准则。

二、德行器识优先、文学优长并重的选拔标准

南宋馆阁选拔人才和北宋相比大同小异，无外乎文与学兼著，名与识交茂，行为粹和，器用冲厚。看重入馆供职前文人的才能与修行，选拔符合统治集团需要的人才，希冀入馆后能够与朝廷保持思想一致，行为统一。

绍兴元年（1131）十二月，林叔豹除秘书省正字①，程俱《林叔豹除秘书省正字制》云："兰台册府，前世所以纪善恶、聚图书，英俊之地也……非直取文艺之能而已，亦以观器识焉。以尔早以宾贡，掞辞南宫，则忧时论治之言，其陈义已高矣。雠书之职，才识具宜，益励厥修，以称朕所以详延之意。"②强调文艺之才与器量见识的兼重，特别提及林叔豹忧时论治的文字所表现出来的高情厚谊。绍兴二年（1132），召试馆职虞㠟、沈长卿和李纲三人，高宗以为试卷良莠不齐，

① 陈骙《南宋馆阁录》卷八，第117页。
② 程俱《北山小集》卷二六，《四部丛刊续编》本。

"如沈长卿策,尚怀朋附,又不指陈实事,朕不欲令供析";吕颐浩提出,"石公揆文词荒略,惟虞澐答所问,欲除校书郎"。高宗强调"试馆职人,当取实有文学议论"①的录用标准,而且杜绝结党营私,最后只取虞澐为校书郎。据《南宋馆阁录》卷八,虞澐绍兴三年正月除校书郎②。张嵲,绍兴五年八月除正字③,胡寅《斐然集》卷一二《张嵲秘书省正字制》道:"夫有志于世者,立德立功是谓不朽。若夫词章末技,非予所以望于多士也。"④强调选拔进入馆阁虽文学与德行并重,但立德立功方能不朽,相较而言辞章只是小技而已。绍兴十三年(1143)二月,沈介等四人同除正字⑤,张扩《沈介洪适潘良能游操并除秘书省正字制》曰:"尔等咸以时望,擢秀儒林,或中国家词艺之科,或蕴父兄渊源之学,器识可以致远,议论可以济时。朕尝俾尔删定律令,时王之制既知之矣;兹复命为判正之职,抑将使尔博极群书,日新闻见。"⑥提及四人或具博学宏辞科的资历,或有家学渊源的内蕴,故而器识远大、议论济用,加以培养使之谙熟典章制度,博览群书,以期日日更新见闻。

绍兴二十六年(1156)六月乙酉,诏左从政郎、新楚州州学教授刘度,左迪功郎林之奇,并召试馆职。后御史中丞汤鹏举言刘度品行不良,为他人谋利,"素无行义,亲丧未除,兄弟析居",并且"受韩世忠使臣之嘱,欲取世忠之子得解",后刘度被罢召试⑦。据《南宋馆阁录》卷八载,林之奇,绍兴二十六年(1156)九月除正字,二十九年六

---

① 《宋会要辑稿》选举三一,绍兴二年十一月八日,第 5850 页。
② 《南宋馆阁录》卷八,第 110、118 页。
③ 《南宋馆阁录》卷八,第 118 页。
④ 胡寅《斐然集》卷一二,影印文渊阁《四库全书》集部第 1137 册,第 435 页。
⑤ 《南宋馆阁录》卷八,第 120 页。
⑥ 张扩《东窗集》卷八,影印文渊阁《四库全书》集部第 1129 册,第 75 页。
⑦ 《建炎以来系年要录》卷一七三,第 7 册,第 3308 页。

月为校书郎;刘度,绍兴二十九年六月除正字,三十二年四月为校书郎①。唐春生《翰林学士与宋代士人文化》说:"至南宋高宗执政初期始恢复了学士院馆职试,但在绍兴年间一段相当长的时间里,朝廷多不行馆职试,直至绍兴三十年九月,周必大、程大昌试于学士院而为馆职后,才重新走上正轨。"②这个论述大体准确,不过恢复时间应当在绍兴二十六年。绍兴三十一年七月癸酉,左迪功郎、新德安府府学教授王质已降召试馆职指挥更不施行,缘于"始登第,即召试。而言者论其学术肤浅,日游权门,乃罢之"③,即资历尚浅而且学术空疏,品行不端,有奔竞之嫌。

百事待举的南宋初期,馆阁选人仍优先考虑行止端正,学术与人品兼美始终是衡量馆职的重要前提。当然也有若干例外,刘度第一次因品行问题被罢召试,第二次召试成功,其间相隔三年,原因不得而知,邓小南先生说,中国古代的官方制度,"归根结底仍是统治阶级意志的体现",至于"这些'意志'能否不折不扣地贯彻",是"受到综合文化环境的制约"的④。刘度的成功,至少说明了制度执行中的折中弹性特点,也不排除刘度第一次召试受挫后的"改邪归正",说明召试除职不以一次定生死,给了文人进入馆阁的更多希望。

高宗朝以后,各朝选拔标准几乎没有大的改变,仍然强调德行器识优先与文学才能兼重。

孝宗朝,唐仲友乾道六年(1170)十一月除正字⑤,洪适《唐仲友秘书省正字制》曰:"刘晏言天下之文,惟朋字未正,朕既擢尔父于风

---

① 《南宋馆阁录》卷八,第 121 页。

② 唐春生《翰林学士与宋代士人文化》,中国社会科学出版社 2011 年,第 157 页。

③ 《建炎以来系年要录》卷一九一,第 8 册,第 3703 页。

④ 邓小南《再谈走向"活"的制度史》,《史学月刊》2022 年第 1 期。

⑤ 《南宋馆阁录》卷八,第 125 页。

霜之地,破党与之私矣。尔弟兄鼎立,白眉最良,登策玉堂,奏篇甚善。宜居中秘,雠校群书,归休从容,必无异同之论。"①提及唐仲友的父亲为官清廉正直,唐氏兄弟均有才华而仲友最为优秀,策文出色。乾道九年二月,王淮《林枡等除秘书省正字告词》,强调林枡"博学而多闻",侧重知识;史弥大"方重而有立",赞扬其端方持重的气质;崔敦诗"闳毅而不回"②,赞许其志向远大、意志坚强的品格,除此之外,他们的策文都焕然可观。

　　光宗朝,李壁绍熙二年(1191)二月除正字,十月丁母忧,五年七月,服阕再除正字③。楼钥《李壁秘书省正字制》云:"惟尔父尔兄,并游英俊之躔,有皋、绥之遗风,无歆、向之异论。能继厥后,尔惟其人。自登世科,亟置册府。衔恤万里,素冠三年。召收来归,复畀旧物。岂惟以是正简册,望汝史事甚重。尔有家传,朕将于汝乎求之。"④强调李壁父亲、兄弟十分出色,有宋皋、宋绥家族之遗风,李壁本人有家学渊源,期待他发挥家学之长,以史学才能贡献朝廷。陈邕,绍熙五年闰十月除正字⑤,他是以武学身份召试馆职,陈傅良《止斋先生文集》卷一八《太学博士陈岘武学博士陈邕并除秘书省正字制》云:"尔邕科别其条而昌言之,不枉于执事。文词拳拳,皆可观也。"⑥说明馆职不仅受到文人重视,武学也关注,亦说明光宗朝召试没有文武之歧视。

　　宁宗朝,陈舜申、林至开禧三年(1207)十一月除正字⑦,蔡幼学

① 洪适《盘洲文集》卷二二,《四部丛刊初编》本。
② 《全宋文》第225册,第158—159页。
③ 佚名《南宋馆阁续录》卷九,第344页。
④ 楼钥《攻愧集》卷四一,《四部丛刊初编》本。
⑤ 《南宋馆阁续录》卷九,第344页。
⑥ 陈傅良《止斋先生文集》卷一八,《丛书集成续编》第104册,第817页。
⑦ 《南宋馆阁续录》卷九,第346页。

《陈舜申林至正字制》,评价舜申"老成之彦,气志不衰";林至"沉厚之资,词华日进"①,仍然是行为老成持重、富有文采并重的标准。

理宗朝,江万里端平二年(1235)三月除正字②,吴泳《王迈授秘书省正字江万里授秘书省正字制》赞赏二人,"直气不挠,浩浩沛乎词源;古心自鞭,奇奇见于笔力"③,看重的是文字中流露出来的浩然正气、笔力中的古道之心。文天祥,景定二年(1261)十月以主管建昌军仙都观除正字,三年四月供职④。刘克庄《文天祥除正字制》,称赞文天祥名满天下,有高风懿德、远大志向,并以古语"居大名难""保晚节难"⑤来勉励其进入馆阁后继续发扬优长,成为敢言之士、国之栋梁。可见高宗朝以后,各朝选拔标准几乎没有大的改变,仍然践行德行器识优先与文学兼重标准。

三、除职方式

南宋馆阁正字、校书郎的除授,作为"初衷"有召试除职、荐举试职二种,作为"折中"有免试直除方式,以下分类论之。

(一)召试除职

南宋馆阁正字、校书郎,在绍兴初期召试除职较为严格,甚至出现请辞现象。中间有所松动,绍兴末期又重申严格执行。孝宗初期,依旧延续严格召试。隆兴元年(1163),有等待馆职阙员再予以召试的改变。而被直除的文人往往自谨自律,不敢承受特殊化。请辞召试现象的出现,亦能说明文人对馆阁召试的慎重与顾虑,自然也是对

---

① 《全宋文》第 289 册,第 152 页。

② 《南宋馆阁续录》卷九,第 349 页。

③ 吴泳《鹤林集》卷七,《宋集珍本丛刊》第 74 册,舒大刚主编,线装书局 2004 年,第 343 页。

④ 《南宋馆阁续录》卷九,第 353 页。

⑤ 刘克庄《刘克庄集笺校》卷六七,辛更儒校注,中华书局 2011 年,第 3139 页。

馆职神圣性、权威性的维护与尊崇。

绍兴元年（1131）五月，翰林学士汪藻上《召试馆职合行事件奏》，得到采纳，汪氏建言如下：

> 准尚书省札子，召试馆职。其本院条令案牍，昨因渡江烧毁殆尽，今省记到合行事件：一、试时务策一道；一、试人合避祖宗庙讳，预行告示；一、试前一日，进所试题，试官锁宿；试前五日，关内侍省差内臣一员，至日监门搜检；一、告示赴试官预行纳家状、试卷、草纸；一、关仪鸾司预行排办帐设；一、试讫，实封各报，送尚书省施行；一、合依例差点检、录事、手分共四人行遣；一、有省记未尽，乞比附中书门下后省见行召试等条例施行。①

从中可见，由于南渡初期刚刚恢复馆阁选拔，故而考试内容较北宋明显简化，仅为时务策一道。考试程序较为规范严格，所避祖宗庙讳提前告知；考试前一日提交试题，考试官锁宿；内臣在监门搜检，赴试官提前纳举子家状、试题、草纸等；考试结束，试卷密封上报尚书省。绍兴三十年（1160），馆阁除职重申"自今除授馆职，并先召试学官，依格选除"的制度规定，增加召试学官这一环节，缘于士大夫建言，"儒林册府之官，祖宗以来，必试可而后授。比年召用人材，故事浸废，使州县小吏，皆有侥幸超躐之心。望特命大臣举行召试之典"②，要求尽量杜绝州县小官心存侥幸、越级拔擢现象发生，以期长久维护朝廷馆职除授的严肃性和权威性。

周必大与程大昌召试馆职，最初欲除较高一级的校书郎之职，由

---

① 《宋会要辑稿》选举三一，第 5850 页。
② 李心传编撰《建炎以来系年要录》卷一八四，绍兴三十年三月辛巳，第 8 册，第 3564 页。

于"或谓选人特除,止有徽宗朝李邴一二人"之论而被制止,结果是止除正字,而且规定"其后无不试者"①。据《南宋馆阁录》卷八,二人均在绍兴三十年(1160)十月除正字一职②。周必大《玉堂杂记》卷下记录了南宋初期召试馆职的细节,特别提及高宗绍兴末坚持召试的原则,以及周氏自己前后作为被试者和主考官的两番心情:

> 祖宗试文多在学士院,近岁惟试馆职耳。既得省札子召某人试,即下太史局,择日报内侍省,差官一员充监门。前一日,学士宿院,进策题,俟内批依,次早乃引试……试毕录策题并试卷,依绍兴元年指挥,用咨禀封送尚书省,然后取旨除授……太上谕汤丞相思退等,择二人必令试,且云:"苏轼中制科犹试,况余人乎?"于是以予及同年程泰之大昌应诏,具宣上旨,乃不敢辞……乾道六年九月,予以秘书少监寓直翰苑,发策试王仲衡希吕,尝赋诗寄程同年云:"当年给札踏金銮,重到依然九月寒。学士策询学士策,秘书官试秘书官。自怜绿鬓非前度,尚喜青衫总一般。寄语浙东程阁老,莫矜红旆笑儒酸。"程答诗,末句云:"有底滑稽堪羡处,金莲烛底话穷酸。"③

从周氏记载来看,召试地点多在学士院,程序和上文所引汪藻《召试馆职合行事件奏》大同小异,考试结束后誊录策题和试卷送尚书省,然后领旨除授。高宗告谕宰相汤思退等择人而试,特别强调中制科三等的苏轼尚且召试馆职,何况他人。后来周、程二人应试。乾道六

---

① 周必大《馆职召试》,《周必大集校证》卷一八〇,王瑞来校证,上海古籍出版社 2020 年,第 2763 页。
② 《南宋馆阁录》卷八,第 122 页。
③ 《周必大集校证》卷一七六,第 2720—2721 页。

年(1170)九月,周氏以秘书少监身份寓直学士院,出策题试王仲衡,有感于被试和试人经历寄诗程大昌感慨颇多。程氏答诗道,如今在华美的金莲烛下谈论往日的穷酸落魄,觉得这种情状虽滑稽但也值得称美。周氏又提到,"旧制云,试前一日,学士宿院。故元祐中苏文忠公与邓文惠公温伯各进策题,禁中点用文忠所作。及予与程同试,时学士洪景严、兵部尚书兼权学士杨元老椿亦并入。至是,予与郑仲益同直,郑为长官,典故浸移,乃始轮入,不敢强之。其后,予再直,丙申二月,召试许苍舒,遂修故事,约程元成叔达并入,策题则轮撰"①。可见北宋考试馆职,策题由学士二人分别撰写,由宫中点选其一。南宋周氏与程氏召试时,学士洪遵(字景严)、杨椿并入学士院。后来周氏与郑闻(字仲益)同直学士院时,由于郑氏曾为监修国史,系史院长官,又曾任秘书监,故而开始轮流进入。当周氏再直玉堂,淳熙三年(1176)召试馆职许苍舒时恢复故事,邀约程叔达一同宿院,策题则轮流撰写。

孝宗初期,词科第一名左承议郎莫济并未直接召试,而是等待有阙额时再试。隆兴元年(1163)九月,诏"候馆职有阙日召试"②。隆兴二年闰十一月,被直授馆职的范成大、郑升之坚持辞谢优待,要求依制而试,太学博士郑升之进言,"准尚书省札子,秘书省正字欲望朝廷依例召试"。枢密院编修官范成大回应直授馆职,"先准指挥,候馆职有阙诏除。今忽被除目,未敢安职。乞检会召试指挥,容成大就试待命"③。另据《南宋馆阁录》卷八,范、郑二人均于乾道元年(1165)除校书郎④。

---

① 周必大《玉堂杂记》卷下,《周必大集校证》,第 2721 页。
② 《宋会要辑稿》选举三一,隆兴元年九月十四日,第 5851 页。
③ 《宋会要辑稿》选举三一,隆兴二年闰十一月十三日,第 5851 页。
④ 《南宋馆阁录》卷八,第 115 页。

绍兴初期和后期馆阁除职较为严格,文人既有希望召试而除的堂堂正正和自负自得,又有辞去召试的自知之明和谨慎谦逊。如绍兴二年(1132)闰四月,诏枢密院编修官舒清臣、御史台检法官晏敦复并召试馆职。五月,晏以"去场屋逾二十年,加以年齿寖衰,旧学荒废"①乞罢召试,最后诏别与差遣。绍兴三十年,诏太常博士朱熙载,诸王宫大小学教授刘仪凤,左奉议郎、新知巢县许必胜,并召试馆职。后殿中侍御史汪澈上言,指出必胜乃张常先之客,因而许氏被罢。其后朱熙载、刘仪凤以"久去场屋辞"②。刘仪凤字韶美,对于其辞试行为馆阁文人王十朋以为,刘氏有真才实学竟然放弃召试令人意想不到,自己在文馆供职只有蒹葭般的才质,无由能在碧玉般的朋友身边,其《刘韶美辞试馆职》道,"学问称博洽,向后无此刘……西风吹蒹葭,倚玉嗟无由"③。

(二)荐举而试

北宋馆阁荐举召试也是常态,例如治平三年(1066),韩琦、曾公亮、欧阳修等所举刘攽、章惇、胡宗愈、王存、李常凡二十人,英宗皆令召试。后韩琦认为荐举太多,先令召试蔡延庆等十人,其余后试。元祐元年(1086)六月,一批优秀的文人经荐举而召试馆职,如司马光举张舜民、孙准、刘安世;吕公著荐孔平仲、毕仲游、孙朴;李清臣推晁补之、李昭玘;范纯仁举毕仲游、张耒等,并堪馆阁之选④。南宋馆阁也延续此法,不过没有北宋馆阁荐举成效之明显。

绍兴元年(1131)六月丁丑,枢密院编修官林待聘召试馆职,"遂以为秘书省校书郎"。为"秦桧所荐"⑤。绍兴四年六月丁酉,左承议

---

① 《宋会要辑稿》选举三一,第5850页。
② 《建炎以来系年要录》卷一八五,绍兴三十年七月癸巳,第8册,第3588页。
③ 王十朋《王十朋全集》卷一四,上海古籍出版社2012年修订本,第225页。
④ 参见拙著《北宋馆阁与文学研究》,第81—84页。
⑤ 《建炎以来系年要录》卷四五,第3册,第954页。

郎、主管江州太平观林季仲行秘书郎,季仲为赵鼎所荐。同年六月己亥,左承事郎李公懋守秘书省正字,为刘大中所荐①。绍兴五年闰二月壬申,诏右承奉郎徐度,令中书舍人试策一道;左迪功郎胡珵,左朝散郎、主管江州太平观钱叶,新授太常博士张宬,并召试馆职。龙图阁直学士汪藻荐徐度,显谟阁待制、提举亳州明道宫葛胜仲荐胡珵、张宬,龙图阁直学士沈与求荐钱叶。后胡珵除正字,张宬除秘书郎,徐度改除正字,"中兴后,士以十科荐用者,自此始"②。勾龙如渊,据《宋史》本传载,沉浮州县二十年,以张浚荐召试馆职,绍兴六年除秘书省校书郎③。绍兴十年五月丁丑,左从政郎、台州州学教授张阐召试馆职,以中书舍人林待聘荐举而试④。龚茂良,据《宋史》本传,以同知枢密院事黄祖舜荐召试馆职,除秘书省正字⑤。赵汝谈,《宋史》本传载,以参知政事李壁荐召试馆职,擢正字⑥。林光朝,《宋史》本传载,隆兴元年(1163)进士及第,后大臣论荐,召试馆职,为秘书省正字⑦。荐举而试,既有中央官员的举荐,也有地方官员的推举。所荐之人,或品行出众,或博学通才,当然也不排除举荐者别有他图的私心,这种荐举由于人情因素比较容易结成某种情谊相通的信任与扶助,从而成为影响政治、学术的利益集体。

（三）"折中"下的不试直除

虽然正字、校书郎须召试而除,但状元及第、隐士贤人、诸王宫教授等直除,这种"折中"方案避免了一刀切的不近情理,而且可以网罗

① 《建炎以来系年要录》卷七七,第 4 册,第 1462 页。
② 《建炎以来系年要录》卷八六,第 4 册,第 1654—1655 页。
③ 《宋史》卷三八〇,第 33 册,第 11717 页。
④ 《建炎以来系年要录》卷一三五,第 6 册,第 2519 页。
⑤ 《宋史》卷三八五,第 34 册,第 11842 页。
⑥ 《宋史》卷四一三,第 35 册,第 12394 页。
⑦ 《宋史》卷四三三,第 37 册,第 12862 页。

更多人才,对国家统治秩序起到有力的维护作用。

绍兴十年(1140)十一月己未,左承奉郎何逢原为秘书省正字,是"免召试"①。周必大《馆职召试》云:"绍兴己卯,谏官何溥请馆职学官皆试而后除。学官固不容试,馆职人亦以为惮,遂碍进拟。久之,王十朋始以大魁直除校书郎不试……其后无不试者。至乾道元年诸王宫教授黄石轮对,论东宫不宜以诗文为学。上大喜,擢授校书郎,仍特免试,俄除著作佐郎。自廷魁之外不试者,惟石而已。"②周氏所言,即绍兴二十九年何溥建言馆职须召试而除,文人有所畏惧而放弃召试,于是妨碍馆阁选人。王十朋绍兴二十七年状元及第,据《南宋馆阁录》卷八,绍兴三十年二月直授校书郎。黄石,乾道元年(1165)九月轮对,以为东宫身份特殊,不应以诗文作为为学旨趣,深得孝宗心意而直授校书郎③。

直除馆职者,布衣出身而潜心儒术、理学造诣深厚亦是鲜明特征。绍兴四年(1134),王苹以布衣入馆,因师出理学名家杨时之门,而且高宗希望通过擢引隐士以奖劝天下,《四朝闻见录》甲集云:"震泽王苹,少师事龟山。高宗宿闻其名,又以诸郎官力荐,驾幸吴门,起召赐对,以布衣赐进士出身,正字中秘。"制词曰:"朕于一时人才,苟得其名目,稍有自见……于是从而求所未试者,至于岩穴之士,庶几有称意焉。尔学有师承,亲闻道要。蕴椟既久,声实自彰。行谊克修,溢于朕听。延见访问,辞约而指深。师友渊源,朕所嘉尚。赐之高第,职是校雠。岂特为儒者一时之荣,盖将使国人皆有所矜式。"④特别提及王苹学有渊源、声名自显、对答言辞简约而意旨深厚,故而

---

① 《建炎以来系年要录》卷一三八,第 6 册,第 2602 页。
② 《周必大集校证》卷一八〇,第 2763 页。
③ 《南宋馆阁录》卷八,第 114、115 页。
④ 叶绍翁《四朝闻见录》,中华书局 1989 年,第 10 页。

直除校雠职名,以见国家尊崇儒学风气。理宗朝,布衣钱时、隐士吴如愚被王公荐举不试直除,《南宋馆阁续录》卷六曰:"嘉熙二年五月十五日,左丞相乔行简奏:'严州布衣钱时山居读书,理学淹贯,欲望圣慈且与钱时特补迪功郎,畀以秘阁校勘。'又奏:'成忠郎吴如愚堕身右列,寻即隐居,虽居都城,杜门不出。欲望圣慈特与如愚换授从事郎,并充秘阁校勘。'有旨,从之,并充秘阁校勘。"①乔行简所荐二人,布衣钱时爱好读书,理学博通;吴如愚,甘愿淡泊。这一直除行为,具有社会舆论的引领作用,当然理宗朝直除馆职级别在正字之下,《南宋馆阁续录》卷九云:"国朝有馆阁校勘、史馆校勘,绍兴间独置史馆校勘,非专职。今此职乃特创,序位在正字之下。"②除此而外,李心传,理宗宝庆二年(1226)正月以布衣召,三年十一月特补从政郎,差充秘阁校勘。王休,绍定六年(1233)以奉议郎差充秘阁校勘。曾三异,端平元年(1234)以承务郎、主管潭州南岳庙,差充秘阁校勘等③。国家对精通儒术、深谙理学的布衣、隐士的直除奖掖,更多是出于吸引知识分子的政治意图,对理学社会地位的提高无疑是有推动作用的。从这个意义上讲,"折中"虽然对"初衷"造成冲击,但又成为其有效的补充,综合来看是利大于弊。

四、馆职召试策文要求与对策实状及其影响

北宋馆职召试内容变化较大,太宗、真宗时期,召试科目并不固定,有诗、颂、论、杂文等。数量、等级也无严格规定。仁宗朝以来,召试内容逐渐趋于稳定,大体不出诗赋策论四种。英宗治平时期,除了苏轼试策外,基本以试诗赋为主。神宗初期,罢诗赋而试策论。哲宗

①《南宋馆阁续录》卷六,中华书局1998年,第228页。
②《南宋馆阁续录》卷九,第354页。
③《南宋馆阁续录》卷九,第355页。

元祐初期,以试策为主①。南宋召试馆职仅试策一道,相较北宋稳定而单一,说明人才需求的迫切和务实。

(一)作为"初衷"的馆职召试策文要求

1. 试策主题的现实性与当下性

徐师曾《文体明辨序说》云:"然对策存乎士子,而策问发于上人,尤必通达古今、善为疑难者,而后能之。不然,其不反为士子所笑者几希矣。"②说明策题一定要博通古今、善发疑问,否则出题不当反为所讥。南宋半壁河山,内忧外患严重,馆阁试策要求熟悉国家形势,善于发问,引导应试者做出切实回答,故而策题中的关键词是"可""急""何"等。

其一,阐释缘由与总结历史经验

南宋军事实力不振,国家财运不足,民族矛盾突出,及时总结历史经验,为当下国家指明方向和进路极为重要,故而馆职试题在这方面突出。乾道六年(1170)九月二十七日,周必大《召试馆职策题·试选人王希吕》,以"古今通患有三:人材不足,邦用不赡,甲兵不众也"设题,提及春秋战国之际鲁、卫等小国地方狭小,又遭遇战事,学校之政、井田之法大坏的情势下,"未闻以钱谷甲兵为病",原因何在?两汉之际,辅佐大臣出身卑微,"非刀笔屠贩,则盗贼败降之余",百姓能勤勉耕作者少,士兵身经百战,血流于川谷,"然亦不闻以是三者为病",是何缘故?三国之时,"壤地益编,而其人材愈众,邦用亦充,甲兵亦加多",并非如后世孜孜科举,营营理财,大肆募兵,是何道理?希望应试者留心史学,博古通今,考察古人"以优游应变者何道",后人"所以力劳效寡者何尤"③。又如唐仲友《馆职策》三,问:"历代屯

---

① 参见拙著《北宋馆阁与文学研究》,第96—99页。
② 徐师曾《文体明辨序说》,罗根泽校点,人民文学出版社1962年,第130页。
③ 《周必大集校证》卷一二〇,第1863页。

田皆有成绩,今日兼行官庄募民之法,得不偿失,何也?"①若要百姓与士兵各乐其业,耕战兼顾,节省费用,有无良策?

其二,军事防御与河山恢复

绍兴二年(1132),綦崇礼《召试馆职题策一》(召试对象为舒清臣,《南宋馆阁录》作舒清国),问面对"今寇仇横肆,中国寖微,祸乱之暴,视古无有"的艰难局面如何复兴,是等待上天垂怜,"未可以力图而遽取",还是"救焚拯溺",及时出手? 其间以汉高祖决策东向,成就帝业发问,面对中原沦陷未久,将帅士卒多西北人,有强烈恢复之志,整师进攻对错与否? 又以越王勾践十年生聚、十年恢复为例,询问若待二十年,"生聚而教训之"是否恰当②? 许应龙《召试馆职策问一》,提及当天下多事之秋而打算兴起治功,其大要有四,"曰国论,曰人才,曰民心,曰军政",特别提及国论的重要性,"国论不定,则无以为立治之规"。当时的国论就是主战、主和、主守,"言战者则曰整师修戎可以挫敌锋而强国势,而和岂足恃;言守者则曰深沟固垒可以捍外侮而安边境,而战未可轻;言和者则曰与其驱民于锋镝而胜负未可知,孰若结好以金缯而战争为可息"③。议论蜂起,各执一端,要求应试者做出判断,国家将何去何从? 洪咨夔《召试馆职策》等,仍然是战略防备问题。

其三,治国理政与全面提升国家实力

胡寅《中书门下省试馆职策问》提出三个问题:其一,天下官吏人数众多,有司无缺以处,欲置而不用则有失职之叹;若满足其欲,为民设官则对百姓有所残害,如何解决? 其二,天下之兵分而统之已久,若因袭而不革新势必造成尾大难以调度,若有所变革,"则乘塞者以

---

① 唐仲友《悦斋文钞》卷二,胡宗楙校锓,《金华唐氏遗书》,《续金华丛书》本。
② 綦崇礼《北海集》卷三三,影印文渊阁《四库全书》集部第1134册,第734页。
③ 许应龙《东涧集》卷一〇,影印文渊阁《四库全书》集部第1176册,第517页。

力寡为言,分阃者以不专为患",难以改变。其三,天下资材若取于百姓,则源头已枯竭,民力已困顿,"露根可畏也";若轻徭薄赋与民休息,则数十万之师捍卫寇敌,"不可一日而无食",况且军功所赏若不取之于民从何而出? 这三个问题作为当今急务,希望应试者"渴仵崇论,愿茂明之,将以告于上焉"①。又如卫泾《召试馆职策问》、吴泳《召试馆职策问》等,都是询问当今事务孰缓孰急,希望应试者以高识远见于时裨补。策题既表明了当下急务和亟待解决的问题,又代表了国家的政治立场。即便是殿试、馆职召试,储才待用乃明确目的,而直截了当地表达和宣传政治趋向则更是不容忽视的目标,例如绍兴十五年(1145)三月戊辰廷试,高宗强调,"策题盖欲入仕者皆知趋向之正"②。

2. 对策技艺的切直严密与恢宏温润

其一,鲠亮切直,忠谠无偏

对策最终目的是为统治者提供可资借鉴的经验,华而不实、夸夸其谈,不如实实在在地解决问题,提出言之有理的解决方案,故而刚正诚实、切中时病是必要的。绍兴二年(1132)三月,策试诸路类试奏名进士,高宗谓辅臣曰:"朕此举将以作成人才,为异日之用。若其言鲠亮切直,他日必端方不回之士。"对崇宁以来,"恶人敢言,士气不作"的流弊坚决革除,手诏考官,以"直言者置之高等,尤诣佞者居下列"③为标准,这也是南宋初年百废待兴的窘迫境地所决定的,表明了国家重用端方人士的决心和努力。

绍兴元年(1131)五月丙午,承议郎范同,宣教郎、敕令所删定官刘一止,修职郎王洋并召试馆职。后刘一止为校书郎,王洋为正字。刘氏

---

① 胡寅《斐然集》卷二九,影印文渊阁《四库全书》集部第 1137 册,第 733 页。
② 《建炎以来系年要录》卷一五三,第 6 册,第 2893 页。
③ 《建炎以来系年要录》卷五二,第 3 册,绍兴二年三月甲寅,第 1077 页。

所上策论,其中有曰:"天下事不克济者,患在不为,不患其难。圣人不畏多难,以因难而图事尔。如其不为,而俟天命自回,人事自正,敌国自屈,盗贼自平,岂有此理哉?"①语气斩钉截铁,陈述天下之事不能成功的根本原因在于不去作为,而不在其难做。若等待天命、人事自行好转,天下没有这种道理。高宗称善,故有除命。绍兴二年十二月,左宣教郎洪兴祖为正字,其策论正直敢言,揭示时弊,为高宗赞赏,据《建炎以来系年要录》卷六一载,洪氏曾与左承事郎孔端朝、周林等四人俱召试,"上览策,谓大臣曰:'兴祖所论谠直,切中时病,当为第一。'"②朱松,绍兴四年三月除正字③,策问中兴难易,朱氏以"乞顺人心,任贤才,正纪纲"作答,累数千言,得到高宗嘉许,遂除正字。郑鉴,淳熙三年(1176)七月除校书郎④,据《山堂肆考》卷五八,郑氏召试馆职时本应除正字,但孝宗以为,"可除校书郎,赏其尽言",因其策"所言或是或非,大率剀切不易"⑤。可见,忠诚、正直、恳切是南宋馆职对策的基本要求和特点。

其二,深于事理,逻辑严密

《文心雕龙·议对》曰:"又对策者,应诏而陈政也……对策揄扬,大明治道。使事深于政术,理密于时务。"⑥作为应诏陈述政治策文,重在对理论进行宣扬,以阐明治理天下的道理,引述史实要深谙政治方略,解说道理需切合当今政务。周必大作为馆职主考官,特别强调对策不能汗漫无边而无实论,"有司承诏发策,其敢泛为虚文而

① 《建炎以来系年要录》卷四四,第 2 册,第 940—941 页。
② 《建炎以来系年要录》卷六一,第 3 册,第 1214 页。
③ 《南宋馆阁录》卷八,第 118 页。
④ 《南宋馆阁录》卷八,第 116 页。
⑤ 彭大翼《山堂肆考》卷五八,影印文渊阁《四库全书》子部第 975 册,第 163 页。
⑥ 刘勰《文心雕龙注》,范文澜注,人民文学出版社 1958 年,第 439—440 页。

求无实之论乎？"①

唐仲友《馆职策》一：

> 问：今日之患，在于员多缺少，欲严取士之式，裁任子之令，可乎？军籍冒滥，欲核虚伪之籍，汰老疾之人，可乎？用度乏急，欲括田多之赢，更钱重之弊，可乎？贪吏肆行，欲行鞭棰之令，用黥墨之刑，可乎？

唐氏对策首先提出谋的重要性，谋为主要，断为辅助，主次先后是决定天下大事成功与否的关键，"图事之道，以谋为主，断为辅，谋善而断从之，天下之事未有不成者也。谋不善而断先之，天下之事，未有能济者也"。其次，唐氏指出当今天下问题在于，"入仕多而缺不足以给，军籍滥而财不足以赡，用度广而赋不足以供，贪吏肆而法不足以禁"，并且申明"天下之理，利与害相生，爱与恶相攻"的伴生特点。随后分析法令不是不可以执行，而是有诸多顾虑掣肘的地方，例如欲严取士之式，裁任子之令，"或未免遗才之虑"；核实不虚之籍，淘汰老疾之人，"或未免致怨之虞"；更改多田之赢，钱重之弊，"或恐重吾民之扰"，执行鞭棰之令，使用黥墨之刑，"或恐伤好生之仁"。接着列举说明，"大抵为天下者，当务乎经远可行之谋，不当狗乎权宜一切之制"，即权宜一切，左顾右盼反而为其所累，不如制订那些长远可行之策。文中提出核心观点："请去泰甚，精考课，以清入仕之流；请择将帅，明赏罚，以革军籍之滥；请兴屯田，省浮费，以济用度之急；请尚风化，奖廉洁，以变贪墨之风。"文中最重要的部分，就是集中论述了以下问题：

---

① 周必大《召试馆职策题·试赴召胡晋臣》，《周必大集校证》卷一二〇，第 1864 页。

　　　　何谓去泰甚？……何谓精考课？……二策诚行，入仕之流
　　虽欲不清，不可得也。

　　　　何谓择将帅？……何谓明赏罚？……二策诚行，军籍之滥
　　虽欲不去，亦不可得也。

　　　　何谓省浮费？……何谓屯田理财之道？……二策既行，而
　　用度不足，愚不信也。

　　　　何谓尚风化？……何谓奖廉洁？……二策既行而贪墨不
　　止，愚不信也。

最后总结道："虽然，此八策者皆法而已。法者，治之流，非治之源；君
身者，治之源也。精神之运，心术之动，不离乎方寸之间，而四方万里
被其祸福矣。"①可谓逻辑严密，条分缕析，贴切实际，不做空言。当
然，也是恪守君王至上原则，以君为治之源，以法为治之流。

　　其三，文气恢宏，辞藻温润

　　对策观点需要明确清晰，不能模棱两可，但是文气要恢宏，辞藻
需温润。文气恢宏，即立场坚定，满满的正能量，能够起到鼓舞人心、
振作士气的作用。辞藻温润，指语言不叫嚣怒张、咄咄逼人，而是娓
娓道来，以理服人。

　　孙道夫，绍兴六年（1136）正月除正字②，《宋史》本传载，张浚荐
于高宗，诏对，进言："今欲进兵陕右，当先经营汉中……今守江当先
措置荆南，时至则蜀汉师出秦关，荆楚师出宛洛，陛下亲御六军，由淮
甸与诸将会咸阳，孰能御之？"高宗嘉赏，召试馆职，谕宰相曰："自渡
江以来，文气未有如道夫者，涵养一二年，当命为词臣。"③可见高宗

①　唐仲友《悦斋文钞》卷二，《续金华丛书》本。
②　《南宋馆阁录》卷八，第111、119页。
③　《宋史》卷三八二，第34册，第11765—11766页。

的赏识,无疑为孙氏除职馆阁作了保障。张嵲除正字,缘于策文温润典雅,胡寅《张嵲秘书省正字》曰:"尔赐对便朝,策文制苑,辞藻温润,议论正平。擢置书林,俾益涵养。"①魏了翁开禧元年(1205)三月除正字②,其《答馆职策一道》全文 4700 余字,洋洋洒洒,善用譬喻,语气坚定,毫不拖泥带水,例如,"国是归一,士心不偷,则纪纲一定,自可以立万世法程而无变",否则,"四肢虽强,而脉已受病,庸医之喜,而仓、扁之惊也"。为了增强气势,文中多用排比句式,例如:"纪纲一定,故择帅不挠于私,而绩用咸著……纪纲一定,故财用不病于耗,而公私俱利……纪纲一定,故司臬者各供其职,而狱讼用稀。"又如:"姑以将帅言之……姑以财用言之……姑以刑狱言之……"③这种极富力量的表达,也展示了作者颇为自信的论辩风采。

(二)现实"折中"下的馆职对策样态与功能效应

1.实务与颂圣结合的成功套路

《文心雕龙·议对》云:"酌三五以镕世,而非迂缓之高谈;驭权变以拯俗,而非刻薄之伪论。"④作为对策,能够斟酌错综复杂的情况来重铸世俗,而非不切实际的高谈阔论;以作者的通达权变来拯救世俗,而非尖酸刻薄的伪论歪理。刘勰的标准对南宋策文而言,恐怕是要打折扣的。既不能漫无边际,不关实情,又不能鞭辟入里,触时中讳,所以适度歌颂、敏锐捕捉国家意识形态颇为关键,亦是成功的窍门。

绍兴二年(1132)刘一止召试馆职,三年张嵲召试,四年朱松召试,何玉红以为,围绕南宋如何"绍开中兴"的现实发问,对策者"不

---

① 胡寅《斐然集》卷一二,影印文渊阁《四库全书》集部第 1137 册,第 434—435 页。
② 《南宋馆阁续录》卷九,第 346 页。
③ 魏了翁《鹤山先生大全文集》卷二一,《四部丛刊初编》本。
④ 《文心雕龙注》,第 440 页。

约而同地采用以古喻今的方式作答"①。除了何文提及的以上试题，还有绍兴五年(1135)张嵲《试馆职策》。其对策赞誉高宗神武之资，躬自节俭，受到上天的垂怜眷顾，年谷丰登且海内清晏，"恭惟主上以神武之资，抚艰难之运，躬节俭以绍开中兴，劳宵旰以洪宣祖业，驻跸七年于兹矣。三时不害，而年谷屡丰，此天之所以爱主上也……此天之所以祐主上也。得天之赞，得民之助……续宣化之业，弛生民之忧久矣"②。蔡戡乾道七年(1171)《馆职策》指出，当今诸多问题存在的缘故是天子有宏伟志向而士大夫、将帅、地方官员不作为，"主上欲丰财，而群臣无心计""主上欲强兵，而诸将无远略""主上欲裕民，而郡守县令专尚刻剥，略无恤民之心""主上欲求才，而卿士大夫习成苟且，殊无体国之意"③。这些文字不乏溢美，没有一本正经地批评最高统治者，而是把责任理所当然地推到大臣将帅身上，充分体现了策文的"揣摩艺术"，"必须把功利目的与用世目的结合起来，把劝上与颂圣结合起来。要搔到痒处，而非痛处；用力合度，轻重适中"④，否则极易落选。

　　对策要求，是面对当下急务做出合理有效的谋划处置，要求有针对性、尖锐性和时效性，祝尚书师在《宋代科举与文学》一书中论道："方、直、易是策的特点，盖因进策多为措置当世，故需具有锋芒，立说尖锐，直截了当，又要让人易懂。"⑤的确如此。不过关涉科名的重要场合，许多对策作者是多用譬喻来阐释道理，明白清楚有余，尖锐锋芒有所匮乏，或者说是有意回避了。例如张嵲《试馆职策》，开头以富

① 何玉红《南宋高宗朝科举试策中的"光武故事"》，《史学集刊》2018年第6期。
② 张嵲《紫微集》卷二一，影印文渊阁《四库全书》集部第1131册，第524页。
③ 蔡戡《定斋集》卷一一，影印文渊阁《四库全书》集部第1157册，第685—686页。
④ 吴承学《中国古代文体形态研究》，中山大学出版社2002年，第61页。
⑤ 祝尚书《宋代科举与文学》，中华书局2008年，第306页。

人作室、良农治田譬喻,说明只要精心策划,细致安排,有条不紊,自然能够坐享其成、获利良多。以为富人、老农并不具备卓绝的识见,竟然能够事前合理规划,事后坐享成果,何况圣人!文中引用少康、光武、晋元帝事例说明:"由是观之,势不在强弱,得人则昌;时不在于治乱,失士则弊。"①这个论断看起来没有任何瑕疵,似乎放在任一时段均可适用,那么其针对性和有效性就有所不足了。

2. 策文召试的价值意义与社会效应

官方试策,特别是馆职召试,期待选拔优秀人才参与治国理政,而事实上对策存在颂圣劝世、注重技巧程式的特点,故而呈现出来的实际效果可能是有限的。这种状况的形成,主考官、应试者和社会文化生态均有干系。

南宋出现了《永嘉八面锋》《群书会元截江网》等对策之书,作为科举考试专言时务,具有鲜明的括套特征,有提纲有子目②。前者,清代四库馆臣以为,当是南宋文人陈傅良所作,"皆预拟程试答策之用"③,策试题目搜罗殆尽,诚谓一册在手,应试无忧。杜范《辛丑知贡举竣事与同知贡举钱侍郎曹侍郎上殿札子》曰:"策则誊写套类,虚驾冗辞,装饰偶句,绝类俳语。"④作为知贡举和同知贡举者,提出举子对策存在的问题:套类书写、驾驭冗辞、对偶文饰。综合评价就是对策绝似骈文,而非得体,希望朝廷"委监官学精选经、赋、论、策各数十篇,付书肆板行,以为四方学者矜式"。同时要求中外学官、考试官精加考校,最后达到"士类向风,文体复旧"的样态。建言仅从文体角度来谈,并未涉及深刻的社会效应,其实在制度运行的时空里,总会

---

① 张嵲《紫微集》卷二一《试馆职策》,影印文渊阁《四库全书》集部第1131册,第522、524页。

② 祝尚书《宋代科举与文学》,第311—314页。

③ 永瑢等《四库全书总目》卷一三五,中华书局1965年,第1148页。

④ 杜范《清献集》卷一一,影印文渊阁《四库全书》集部第1175册,第701页。

出现不同的力量来助力推动，或修正纠错，或阻碍抵制①，总之都是使制度保持生命力和持久性。王夫之《宋论》一针见血地指出宋代策文之弊端：

> 夫苟以策问进之，则士皆以策问习之。陈言不适于时，则倚先圣以护其迂；邪说不准于理，则援往事以文其悖。足未越乎闾门，而妄计九州之盈诎；身未试乎壁垒，而辄争一线之安危。于是诡遇之小夫，心胥吏之心，学幕宾之学，依附公门以察其条教，窥探时局以肆其褒讥。人希范、蔡之相倾，俗竞仪、秦之互辩，而淳庞简静之休风，斩焉尽矣。其用也，究以无于裨用也；其利也，乃以成其害也。言诡于下，听荧于上，而民不偷、国不仆者，未之有也。②

大意是说，应试者言论陈旧，依靠圣贤之言来隐藏其迂腐。邪说不合事理，则征引往事来掩饰其悖论。孤陋寡闻，足不出户，而妄计天下之盈虚；从未经历壁垒，而争论前线之安危。所以信口开河，目光短浅，依附公卿之门而窥探时局，肆意褒贬。人人期望如魏人范雎、燕人蔡泽般相互竞争，追逐苏秦、张仪般的雄辩，而淳厚简澹的风气荡然无存。这种行止的功用，终究是没有任何裨益，反而成了危害。言说欺诈于上，而听闻迷乱于下，百姓不苟且、国家不覆亡者，从未有之。王夫之的批评，言辞颇为激烈，说明策问考试存在很大的投机性和剽掠性，不仅没有真才实学的选拔，反而助长了追名逐利的歪风邪气。不过，这类考试亦非全无益处，关注时事，提高识见，增加辨析历史是非、措置当世能力等方面是有裨补的，特别是起到统一思想、维

---

① 邓小南《再谈走向"活"的制度史》，《史学月刊》2022 年第 1 期。
② 王夫之《宋论》卷四，中华书局 1964 年，第 98 页。

护统治意志成效明显①。

馆职召试策文，虽然无法摆脱制度文化背景，但毕竟召试数量有限，多数召试者或为进士及第，或为博学宏辞科出身，或多或少具备担任具体事务的履历，算得上是有一定眼界和实际能力的，选拔可谓优中择优，加之对召试者道德品质的较高要求，故而南宋馆职策文水平还是要高于一般试策。一方面，馆职对策亦存在套路，不乏纸上谈兵、隔靴搔痒之嫌；另一方面，多数试中者入馆前就博闻强记，拥有真才实学和政治抱负，策类书写对他们而言是容易掌握和精通的，并不影响其入馆后勤勉敬业和提升自己。任正一《谢试中馆职启》，诚挚地表达了不期召试除职的诚惶诚恐和感激涕零，低调谦逊地说自己文章卑弱，没有贾谊《过秦论》的风采；名声寂寂，鲜少陆机入洛的美誉；欠缺傅毅属文的思智，匮乏马周论事的才华，唯有兢兢业业，不负朝廷期待，"固当澡雪滞昏，锲磨顽鲁，黾勉平生之志，激昂君子之风。不独丹铅点勘之为工，必使事业语言之可用"②。尤其强调勉励志向、发扬君子风格的决心，特别是对自己的期许，不仅在典籍校勘的基本素质上，更在能够立功立言、于世有补的更高追求中。

如果说召试成功或多或少存在一些套路准备，但入馆供职后的平台特质和职业要求、培养历练的多维多层、优秀文人间的砥砺切磋，馆阁文人还是表现出了应有的学术品格和敬业精神，诚如胡寅《答李校书启》所云："尝谓西昆册府，南极星躔，集冠冕之名流，实朝廷之妙选……既富之简编，使博其闻见，以尽卓约之守；又淹之岁月，使积其进修，而期器业之成。凡风望之所加，实纪纲之攸赖。进居廊

---

① 祝尚书《宋代科举与文学》，第 314—316 页。
② 魏齐贤、叶棻同编《五百家播芳大全文粹》卷三六，影印文渊阁《四库全书》集部第 1352 册，第 677 页。

庙,必能熙帝载而亮天工;退处江湖,亦可立懦夫而敦薄俗。"①职业的要求、社会的期待、个人的自律,使胡宪、王十朋、陆游、杨万里等馆阁文人,"器识远大,德行美好,成为群英中的楷模;铸就文化精神,锤炼文化品格,成为推动社会发展的强劲中坚","无论身居朝堂还是退居江湖,均以榜样的力量呈现对社会风气的干预引领"②,可见南宋馆阁选才育人的成效和影响之大。

　　总之,秘书省正字、校书郎除授,是南宋馆阁制度的重要组成部分,鉴于为国储备公卿之才的"初衷",故而程序严谨、除职慎重,每年召试不过寥寥,可谓遴选之至。保证国家图书之府、育才中心的良好运转,同时标榜国家崇儒重文的政治策略。选拔方式,有召试除职、荐举试职、免试直除三种,前二种体现制度制订的"初衷",而作为"折中"的直除馆职,身份具有状元及第,诸王宫教授,潜心儒术、理学造诣深厚的布衣特征。不试直除,标榜了重用人才、求贤若渴的国家形象,对理学社会地位的提升无疑有促进作用。南宋召试馆职仅试策一道,相较北宋稳定而单一。策题集中在历史经验总结,军事防御与河山恢复,治国理政与全面提升国家实力诸多方面;要求博通古今,善发疑问,引导应试者做出切实回答,为国家提供实在有效的策略方案。馆职对策则要求具有鲠亮切直、忠谠无偏、深于事理、逻辑严密、文气恢宏、辞藻温润等特征。当然,功利性导向,使得对策中的颂圣谀世屡见不鲜,特别是南宋对策之书的出现,使得包括馆职类策题考试变得有套路可循。虽然馆阁对策从实际作用来衡量,含金量未必很高,但由于召试者的身份特征和品质要求,其水准还是高于一般试策。这种方式确实甄选了一批优秀文人,进入馆阁后既能履行

---

① 胡寅《斐然集》卷七,影印文渊阁《四库全书》集部第 1137 册,第 364 页。
② 成明明《南宋馆阁制度滋育与规约下的休闲文化研究》,程章灿主编《古典文献研究》第 24 辑上,凤凰出版社 2021 年,第 20—21 页。

代王立言、润色鸿业的基本职任，又能承担"深思治乱，指陈得失"①的使命责任，彰显"惟国家大利害，可因事纳忠"②的君子品格，推动馆阁机构的有效运转。

南宋馆阁正字、校书郎召试除职，制度的初衷和现实的折中并非总是对立，而是在不同的融渗调和中国家机构有序运转，各种关系协调牵制，社会被赋予了多元活力，文学呈现出多维向度，孕育激发着变革的力量。邓小南先生说："相对静态的制度规定与动态的现实需求之间存在一定的空间，空间里面有变形，扭曲，有各种不曾预料的故事发生；这种空间中的活动，往往决定着制度的走向，也可能带来制度'平稳有效'的感觉。"③对南宋馆阁除职制度而言，亦如之。

五、馆职迁转

南宋馆职的升迁，《容斋随笔》卷一六《馆职名存》载："南渡以来，初除校书正字，往往召试，虽曰馆职不轻畀，然其迁叙，反不若寺监之径捷。至推排为郎，即失其故步，混然无别矣。"④南宋校书郎、正字，因其颇受重视而召试除职，但其迁转反不如寺、监之便捷。至于随着时间推移为郎官，则失去了原有的升迁步调，和他司没有区别了。《容斋随笔·容斋五笔》卷六《馆职迁除》提及南宋馆职的迁转除授，"其迁出它司，非郎官即御史。唯林之奇以疾，王十朋以论事，皆徙越府大宗正丞。自乾道以后，有旨，须曾任知县，始得除台、察，曾任郡守，始得为郎。三馆之士固无有历此者，于是朝廷欲越次擢用

---

① 《苏轼文集》卷二五《谏买浙灯状》，孔凡礼点校，中华书局1986年，第727页。
② 《建炎以来系年要录》卷一四四，绍兴十二年三月辛酉，第6册，第2721页。
③ 邓小南《再谈走向"活"的制度史》，《史学月刊》2022年第1期。
④ 《容斋随笔》，第208页。

者,乃以为将作、军器少监,旋进为监,即班在郎上,则无所不可为。欲径跻清要者,则由著廷秘郎而拜左右二史,不然,不过兼权省郎,年岁间求一郡而去,而御史之除,皆归六院矣。尔后颇靳其选,俟再迁寺监丞簿,然后命之。向时郡守召用,虽自军垒亦除郎,今资浅望轻者,但得丞及司直,或又再命,始入省云"①。说明馆职升迁他司,不是郎官就是御史,唯独林之奇、王十朋升迁有别。孝宗乾道以来有旨,馆职必须有曾任县令的经历才能除台、察之类官职;有任郡守的履历,方能为郎官。因为馆阁文人缺乏此履历,所以朝廷想超擢录用,故以之为将作少监、军器少监,不久进为将作监或军器监,序位在郎官之上。馆职想要直接跻身清贵重要机构,须由著作郎迁为秘书郎,再拜为起居郎、起居舍人。否则,不过是兼权省之郎官,然后一年左右求补外郡。而御史的除授,出自登闻检院、审计院等六院。此后馆职迁转颇为吝惜,等到再迁为寺监丞簿,然后任命。以前有郡守经历的升迁,虽然来自军营也除为郎官;而如今资历名望轻浅者,仅得为丞和司直,等再有任命,才入中书、门下省。

馆职因上疏论事契合统治者心意而获得升迁,可以说较为常见。绍兴元年(1131)九月辛酉,秘书省校书郎刘一止为监察御史,因为刘氏首先上疏论及君子小人用否之辨,提出"天下之治,众君子成之不足,一小人败之有余。君子虽众,道则孤;小人虽寡,势易蔓"②,很有见地。馆职的升迁迅速,当然与依附权贵有很大关系,《建炎以来系年要录》卷一七○载:"如董德元、汤思退、林机、葛立方、王曦皆桧所亲厚者,曦入馆逾年,立方、思退皆二年,机二年半,方除郎。德元亦二年半方除察官,则(赵)逵亦未为滞也。"③无论是皇帝的赏识,抑或

① 《容斋随笔》,第 903—904 页。
② 《建炎以来系年要录》卷四七,第 3 册,第 998 页。
③ 《建炎以来系年要录》卷一七○,绍兴二十五年十一月壬申,第 7 册,第 3231 页。

权贵的亲近而获升擢,也不能掩盖这些馆阁文人自身的文学、学术成就。

第三节　南宋馆职的总体除授

一、南宋馆职除授概况

	高宗	孝宗	光宗	宁宗	理宗	度宗
监修国史	8	18	2	19	20	
提举日历所					7	1
提举国史	2	18		6		
提举实录院	3	8	5	8	5	
提举编类圣政	1	6	1	1		
同提举编类圣政	1					
提举编修国朝会要		7	5	10	8	
提举秘书省	2	1			1	1
提纲史事					1	1
秘书监		8	4	26	22	1
秘书少监	42	16	2	28	53	5
秘书丞	29	30	7	55	69	2
著作郎	13	33	8	55	79	10
秘书郎	27	42	10	84	119	9
著作佐郎	38	45		61	97	10
校书郎	74	53	7	54	61	9
正字	86	53	11	44	64	7
秘阁校勘					9	

	高宗	孝宗	光宗	宁宗	理宗	度宗
秘书省读书		1		2	3	
秘书省检阅文字					1	
日历所检讨官	1					
日历所编类圣政检讨官		5	1	1		
史馆修撰	13					
直史馆	2					
史馆校勘	9					
史馆检讨	1					
修国史	1	6		14	8	
同修国史	4	21		51	21	
国史院编修官	13	57		102	37	
国史院检讨官	3					
实录院修撰	9	3	4	18	8	
实录院同修撰	2	14	8	70	21	
实录院检讨官	13	34	17	141	37	
总计	397	479	92	850	751	56

本表据《南宋馆阁录》《南宋馆阁续录》以及该书"校记"列成。除授为次数,而非人数,因为一人有多次被除授不同馆职的经历,亦有在不同时段除授同一馆职的经历,故统计时按次数而非人数来计。从上表可见,馆职除授次数最多者为宁宗、理宗、孝宗、高宗时期,分别为 850 次、751 次、479 次、397 次。馆职仅见高宗朝所设的有:日历所检讨官,除 1 人次;史馆修撰,除 13 人次;直史馆,除 2 人次;史馆校勘,除 9 人次;史馆检讨,除 1 人次;国史院检讨官,除 3 人次。而且所设,均以修国史为中心。理宗时所增设的有:提举日历所,除 7 人

次;提纲史事,除 1 人次。仅见于理宗朝的有:秘阁校勘,除 9 人次;秘书省检阅文字,除 1 人次。

监修国史除授数量,孝宗、宁宗、理宗朝基本持平,为 18、19、20次,高宗朝为 8 次,光宗朝为 2 次。《续资治通鉴长编》卷五乾德二年(964)正月,"壬寅,敕赵普监修国史。先是宰相兼职,皆内出制处分,今止用敕,非旧典也。国朝因唐及五代之故,命相分领三馆,首相为昭文馆大学士,其次为监修国史,其次为集贤院大学士"①。《容斋随笔·容斋四笔》卷一曰:"率以上相领昭文大学士,其次监修国史,其次领集贤。若只两相,则首厅兼国史。唯秘阁最低,故但以两制判之。"②北宋时期馆阁由三馆和秘阁构成,级别最高的馆职为昭文阁大学士,其次监修国史,再次集贤院大学士,均由宰相兼任;而南宋馆阁实指秘书省,没有昭文馆、集贤院之名,自然最高馆阁职名为监修国史,由宰辅充当。监修国史,淳熙以前主要由左、右仆射兼(13次);淳熙至淳祐,由参知政事兼权(45 次)。其中以知枢密院事兼参知政事兼权除授 14 次,以丞相兼 18 次,其中左丞相 14 次,右丞相 4次。淳祐九年(1249)以后,均由丞相兼枢密使兼。

修国史类馆职,有修国史、同修国史、国史院编修官、国史院检讨官,集中于宁宗、孝宗、理宗三朝。宁宗朝总计除授这类馆职 167 次,孝宗朝除授 84 次,理宗朝除授 66 次。

实录院馆职除授,有实录院修撰、实录院同修撰、实录院检讨官三种。实录院馆职官除授,主要集中在光宗、理宗和孝宗时,特别是宁宗朝达到顶点,为 229 次之多。理宗朝 66 次,孝宗朝 51 次。而且与之对应的是,这三朝修实录也最多。

秘书监除授,宁宗朝、理宗朝最多,分别为 26 次和 22 次之多。

---

① 李焘《续资治通鉴长编》卷五,中华书局 2004 年,第 120 页。
② 洪迈《容斋随笔》,第 633 页。

秘书少监,理宗朝、高宗朝、宁宗朝位列前三,分别为53次、42次、28次。

秘书丞除授,排列次序为理宗朝、宁宗朝、孝宗朝、高宗朝,依次为69次、55次、30次、29次。

著作郎除授,理宗朝、宁宗朝和孝宗朝最多,分别为79次、55次、33次。

秘书郎除授,居前三甲的为理宗朝、宁宗朝、孝宗朝,分别为119次、84次、42次。

著作佐郎除授,居前列者仍为理宗朝、宁宗朝、孝宗朝、高宗朝,依次为97次、61次、45次、38次。

综合起来看,监修国史、秘书监、秘书少监、秘书丞、著作郎、秘书郎、著作佐郎除授,理宗朝和宁宗朝都位居前列,值得思考。

二、其他馆职除授要求

1. 文学优长,练达世故

楼钥《攻愧集》卷四一《秘书省正字颜棫秘书郎项安世吴猎并校书郎制》道,一日为馆阁选拔三位英才,可谓盛举,“然秀颖之才,将于此乎养之以待用。若棫之声名发于上庠,猎之才略著于剧县,安世之节概又士论之所推,是三人者不惟老于文学,又俱练于世故,举而用之,何所不可?”①这里论及颜棫典司中秘,项安世、吴猎为校雠之职,在于三人勤勉于文学,而且通练人情世故,委以馆职以育才而待用。

2. 学术上符合传统,博学广闻

绍兴五年(1135)六月戊辰,秘书丞环中知临江军,缘于他尝进《春秋年表》,高宗赐辅臣审察,沈与求以为书中先鲁而后周,甚非春秋尊王之意。后又令朱震校勘,辅臣进呈后,高宗一番言论将环中调

---

① 楼钥《攻愧集》卷四一,《四部丛刊初编》本。

出馆阁,"中荒陋一至于此! 士大夫著述讹舛容有之,此不足罪。中为人臣,乃不知尊王之义,岂可置之三馆?"①言下之意,环中作为馆职文人,基本的尊王、尊重正统不知,类似于政治立场不清、头脑混乱,没有学术原则,这个自然是不能容忍的。

3. 政治上不妄议朝政,清介守约

绍兴元年(1131)六月癸巳,诏秘书丞李元瀹通判湖州,缘于"学无根源,妄议典礼"。李心传怀疑,"瀹尝上殿,恐是议昭慈升祔事,当考"②。如若是妄议朝政,那便是触时中讳。绍兴十一年九月己酉,秘书省著作佐郎邓名世被罢,"以言者论名世初本无官,缘谄事刘大中,遂力荐之于朝,自入馆以来,蔑视同列,窃议时政故也"③。秘书省校书郎王佐坚守节操,时秦桧专政,其子秦熺以前执政提举秘书省,馆中有些文人趋炎附势,以为升迁捷径,唯独王佐简静淡定,未尝妄交一语。尝语同舍曰:"三馆故事,丞相与赤县尉均为学士,安得安自屈哉!"秦熺闻之心中不平,教唆言者论去之。秦桧死,秦熺被斥,王佐"起家拜秘书郎兼玉牒所检校官,迁尚书吏部员外郎"④。绍兴十年四月乙丑,太常少卿、兼实录院检讨官刘昉,秘书少监、兼崇政殿说书陈渊二人并罢,缘于谏官以为刘昉是骑墙派,交游公卿;陈渊,结党朋比,诋毁士大夫,出语不逊,"右谏议大夫何铸论昉鼓唱是非,前此敌使之来,未有定议,巧持两说,遍游公卿。渊特奏补官,备位谏员,但知朋附,数对士大夫非毁臣僚,其语尤为不逊。去岁小生上书,狂妄至甚,书中荐渊颇力,安知其不预谋?"⑤

---

① 《建炎以来系年要录》卷九〇,第 4 册,第 1745—1746 页。
② 《建炎以来系年要录》卷四五,第 3 册,第 962 页。
③ 《建炎以来系年要录》卷一四一,第 6 册,第 2661—2662 页。
④ 施宿等纂《嘉泰会稽志》卷一五,沈作宾修,《宋元方志丛刊》第 7 册,中华书局 1990 年,第 6999 页。
⑤ 《建炎以来系年要录》卷一三五,第 6 册,第 2517 页。

杨偰字子宽,因为其父关系,绍兴二十七年越级拔擢高级馆职,遭到馆阁文人的集体抗议,“不入局三日”,最后朝廷迫于舆论压力另改他职,《建炎以来朝野杂记》乙集卷一一云:“杨偰子宽,和王存中长子也,其父久掌殿岩,既补以京秩。绍兴二十四年,又奏乞令与其弟倓子靖并特赴殿试,高宗勉从之。盖是年秦埙为南省举头,故效之也。二十七年正月,偰除少蓬(秘书少监),士论甚骇。既供职,馆阁之士不入局者三日。时唐立夫为秘书郎,黄通老、王时亨为著作佐郎,季元衡、陈文仲为校书郎,胡周伯、张安国、林少颖、汪明远、叶伯益为正字,大抵多名人也。朝廷闻之,亟徙偰宗正少卿,而以刘文孺代之,物论乃息。”①杨偰没有突出的文学成就和学术才能,被拔擢为馆阁要职,自然会受到非议和抵触。对重要馆职的除授而言,即便有关系加持,名副其实也是必要的。

三、宗室除馆职

馆职除授,有很大的面向性,为国家储才待用乃其宗旨。当然宗室除职,因身份特殊,嫌疑较大,故而更为谨慎。徐度《却扫编》卷下载,北宋时期年少有俊名,多与名士交游的宗室之子赵令畤,“元祐间,执政荐之帘前,欲用以为馆职,曰:‘令畤非特文学可称,吏能亦自精敏。其为人材,实未易得。’宣仁后曰:‘皇亲家惺惺者直是惺惺,但不知德行如何?不如更少待。’于是遂止”②。赵令畤既有出众的文学才华,又有精敏的行政能力,可是被英宗的皇后以不知德行如何的借口阻拦在馆阁门外。李心传《建炎以来系年要录》卷一五二载,绍兴十四年(1144)十一月壬申,秦桧请以军器监赵子厚兼权吏部侍郎,秦桧言:“今日宗室不可不崇奖,令聚于朝。”高宗曰:“宗室中之贤

① 李心传《建炎以来朝野杂记》,徐规点校,中华书局2000年,第678页。
② 徐度《却扫编》卷下,尚成校点,上海古籍出版社2012年,第143页。

者,如尝中科第,及不生是非之人,可收置行在。如寺、监、秘书省,皆可以处之。祖宗以来,不用宗室作宰相,其虑甚远,可用至侍从而止。"①秦桧建言奖掖宗子,令其在朝。高宗认同,提出人品贤良、有科第者、而且恬淡忠厚不生是非者可处之寺、监或秘书省。但是高宗特别强调,不能用宗室作宰相,还是多有防范。

南宋宗室入馆阁值得一提,《建炎以来朝野杂记》乙集卷一一云:"本朝宗室入馆者五人,自乾道五年赵忠定始。其后,赵从道侍郎、赵大本舍人皆尝为之。开禧末,赵汝谈除正字,言者论列,以为中兴后宗室入馆者才二人,汝愚以大魁,彦中以词科,然后得之,而不及从道,盖失于考详也。从道名师训,安定郡王令荡孙,绍兴甲戌岁登科,乾道壬辰冬,始以近臣荐,召为太常寺主簿。明年夏,除秘书郎。未两月,迁起居舍人。其冬,权工部侍郎。甲午秋,引疾丐祠,除敷文阁待制。履历如此,言路乃不知,何也?嘉定之初,赵履常崇宪入馆,蔡行之当制,亦云中兴后宗室入馆者凡三人,亦误矣。"②李心传所论入馆宗室五人,以下逐一论之:

赵汝愚:据《宋史》卷三九二本传,字子直,汉恭宪王元佐七世孙。早有大志,乾道二年(1166)状元及第。学务有用,常以司马光、富弼、韩琦、范仲淹自期,以张栻、朱熹、吕祖谦、汪应辰、王十朋、胡铨、李焘、林光朝等为师友。所著诗文十五卷,另有《太祖实录举要》若干卷,《宋朝诸臣奏议》三百卷。其馆阁经历,乾道五年五月,除秘书省正字。六年六月,为校书郎③。七年七月,除著作佐郎④。淳熙七年(1180)九月,除秘书少监⑤。绍熙三年(1192)六月,以吏部尚书兼实

---

① 《建炎以来系年要录》卷一五二,第6册,第2880页。
② 《建炎以来朝野杂记》,第677页。
③ 《南宋馆阁录》卷八,第124页。
④ 《南宋馆阁录》卷七,第98页。
⑤ 《南宋馆阁续录》卷七,第250页。

录院修撰。五年十月，以右丞相兼提举实录院，兼提举编修国朝会要①。

赵汝谈：字履常，宋太祖八世孙。据《宋史》卷四一三本传，淳熙十一年（1184）进士及第。丞相周必大得其文异之，语参知政事施师点曰："是子他日有大名于世。"尝从朱熹订疑义十数条，朱熹嗟异之，佐丞相赵汝愚定大策。其论楮法尤中时弊，宁宗叹其"文学高世，宜代予言"②。赵汝谈天资绝人，性嗜读书，思识卓绝特立，为文章有天巧，笃于伦谊，宽以待人。著述有《易》《书》《诗》《论语》《孟子》《周礼》《礼记》《荀子》《庄子》《通鉴》《杜诗注》。馆阁经历，开禧三年（1207）八月，除秘书省正字。端平元年（1234）四月，除秘书少监③。十一月，以宗正少卿，兼国史院编修官和兼实录院检讨官④。

赵彦中：《南宋馆阁续录》卷八载，字大本，乾道五年（1169）郑侨榜进士出身，治《周礼》。淳熙五年（1178）六月，除秘书省正字。六年十月，为校书郎。九年六月，除著作佐郎⑤。另外，淳熙七年七月，以校书郎兼国史院编修官，九年六月为著作佐郎，十年二月为起居舍人，并兼国史院编修官⑥。

赵崇宪：据《宋史·赵汝愚传之附赵崇宪传》，乃汝愚长子，字履常。淳熙八年以取应对策第一，十一年进士及第。天性笃孝，能守家法，所至有惠政。《南宋馆阁续录》卷八载，治《礼记》。嘉定三年（1210）二月，除秘书郎。四年正月，为著作佐郎⑦。

---

① 《南宋馆阁续录》卷九，第 378 页；卷七，第 238、241 页。
② 《宋史》第 35 册，第 12393、12396 页。
③ 《南宋馆阁续录》卷九，第 346 页；卷七，第 253 页。
④ 《南宋馆阁续录》卷九，第 376、402 页。
⑤ 《南宋馆阁续录》卷九，第 343 页；卷八，第 312 页。
⑥ 《南宋馆阁续录》卷九，第 366 页。
⑦ 《南宋馆阁续录》卷八，第 296 页。

赵师训：据《建炎以来朝野杂记》所载，字从道，安定郡王令荡孙，绍兴二十四年（1154）进士登科，乾道八年，召为太常寺主簿。九年夏，除职秘书郎①。四库全书本《南宋馆阁录》作"赵师诎"，校点本《南宋馆阁录》同之，记载赵师诎："字从道，贯《玉牒》，张孝祥榜进士出身，治《书》。（乾道）九年三月除（秘书郎），五月为起居舍人。"②《宋会要辑稿》和《玉海》，没有赵师诎，而有赵师训。《南宋馆阁录》所记"赵师诎"恐误。

据《南宋馆阁录》《南宋馆阁续录》《宋史》记载，赵汝愚、赵汝谈治诗赋，赵彦中治《周礼》，赵崇宪治《礼记》，赵师训治《书》，可见入馆阁的宗室或精于诗赋，或长于经学。尤其是赵汝愚，状元及第，位及宰辅，而且所编《宋朝诸臣奏议》流播后世，可谓文学、政事都占声名。赵汝谈著述颇多，见识迥拔流俗，文章天然工巧，可谓学者型人才。赵彦中，召试博学宏辞科合格；赵崇宪，曾于淳熙八年（1181）取应对策第一，表现了宗室识见广博、长于文章的特点。总之，南宋五位入馆供职的宗室，学有所长，为人笃信，品行自高，可谓名副其实。

---

① 参见《建炎以来朝野杂记》乙集卷一一，第 394 页。
② 《南宋馆阁录》卷七，第 94 页。

第三章　南宋馆阁图书之府的重建

南宋文人王应麟《玉海》曰："图书之府，著作之庭，与夫校文之处，三者各有司存。譬之蓬瀛方壶，鼎峙瀛海，台观金玉，邻居往来，而均为道家山焉。"[1]北宋馆阁鼎盛时期，图书收藏、文字校勘、著作编修这几类工作均得到了很好的开展，对涵育馆阁人才、繁荣文化事业、引领文坛风气起到了相当的作用。北宋馆阁藏书丰富，从目录书可以看出。景祐元年（1034），欧阳修等人编撰《崇文总目》，著录图书"凡三万六百六十九卷"[2]。政和七年（1117），孙觌、倪涛等人所修《政和秘书总目》，包括《崇文总目》所收书和"几万余卷"的所访遗书。另有《秘书总目》，著录图书由这几部分组成：《崇文总目》著录仁宗庆历以前北宋馆阁收藏的 30699 卷图书；《秘书省续编到四库阙书目》著录哲宗元祐二年以后秘书省陆续采编典藏的图书 14900 多卷；《秘书总目》著录的仁宗庆历初至哲宗元祐初 40 多年间馆阁新增图书 317 部 1368 卷；熙宁间馆阁新增图书 440 部 6939 卷，这些图书总数为 53800 卷，再加元丰馆阁新增，估计不超过 60000 卷[3]。宣和年间，馆阁呈现典籍"充仞栋宇"[4]的盛况。历靖康之难，壮丽的馆阁

---

① 王应麟《玉海》卷一六五，广陵书社 2007 年，第 3042 页。

② 江少虞《宋朝事实类苑》卷三一，上海古籍出版社 1981 年，第 394 页。

③ 郑华栋《〈秘书总目〉略论》，《河北北方学院学报》2015 年第 2 期。"著录数量在 6000 卷以下"笔误，当为 60000 卷。

④ 施宿等纂《嘉泰会稽志》卷一六，沈作宾修，《宋元方志丛刊》第 7 册，中华书局 1990 年，第 7023 页。

荡然无存,藏书损毁严重。

第一节 南宋政府征收图书考察

李心传《建炎以来系年要录》卷一载,建炎元年(1127)正月,"丙辰,金人来索法驾、仗卫。自帝蒙尘,二帅日遣萧庆须索城中物,胁帝传旨取之,至是殆尽。又遣鸿胪卿康执权、秘书省校书郎刘才邵、国子博士熊彦诗等,押监书及道释经板、馆阁图籍纳敌营"①,这里明确提到押解金营的图籍就有馆阁藏书。同年四月辛酉,由于勤王兵集结,金人迅速撤走,金帛遗落遍地,"践之如粪壤";秘阁图书更是"狼籍泥土中",令人触目惊心,李心传感叹道:"二百年积蓄,一旦扫地。凡人间所须之物,无不毕取以去。"②不仅是馆阁图籍,即便是御前书籍多零落不存,施宿《嘉泰会稽志》卷一六曰:"至宣和中,册府所藏,充仞栋宇。而禁中藏书尤盛,设官校勘,谓之御前书籍。中更变故,丧亡略尽。至高宗巡幸至吴中,虽祖宗谥号亦亡之,但称庙号。建炎三年,因考求字训,而有司言止有《广韵》,俟求,访得《集韵》,乃可尽见其散亡乃至于是。"③战乱带来图书的损毁相当惨重:高宗至吴中,连祖宗谥号都亡佚了;建炎三年(1129)考求字训,仅有《广韵》,后寻得《集韵》,可见一斑。高宗新立,面对典籍零落稀缺之窘境,延续了前朝崇文尚儒之策,着力恢复打造图书之府。

一、政府行为

1. 多次下诏,优赏献书

---

① 李心传编撰《建炎以来系年要录》卷一,胡坤点校,中华书局 2013 年,第 1 册,第 33 页。
② 李心传编撰《建炎以来系年要录》卷四,第 1 册,第 105 页。
③ 施宿等纂《嘉泰会稽志》卷一六,第 7023 页。

　　高宗将重建馆阁、广收图籍作为"崇儒尚文,治世急务"①,频频下诏求书。建炎四年(1130)六月二日,"诏令婺州,于进士李季处取索所献编次传习异书。选见任官一员,官给纸札誊写。即令所委官同李季点对,申送前来。内李季日给食钱一贯"②。说明最初所收图书,重在鼓励进书之举,并不讲究图书性质。而且委官点对,选官给纸誊写。绍兴三年(1133)四月二十一日,右司员外郎刘岑请访求四方遗书以充实三馆,得到采纳,《宋会要辑稿》崇儒四载,"切惟祖宗创业之初,开三馆以储未见之书。艰难以来,兵火百变,文书之厄,莫甚今日。虽三馆之制具在,而向来之书尽亡。乞诏四方求遗书,以实三馆。果得异书,且应时用,则酬以厚赏"③。刘岑强调靖康之难于馆阁图书的毁灭之灾,希望诏告四方以求遗书,重建图书之府。另外,强调异书若具以济时用的特点,则给予重赏。

　　绍兴十三年(1143)秋七月,高宗对大臣道,"昨访遗书,今犹未有至者。朕观本朝承五代之后,文籍散逸,太宗留意于此,又得孟昶、李煜两处所储益之,一时始备。南渡以来,御府旧藏皆失,宜下诸路搜访。其献书者,或宠以官,或酬以帛,盖教化之本,莫先于此也"④。可见高宗对访求图书的高度重视,提至教化之本的首要之务。七月九日,诏求遗书曰:"国家用武开基,右文致治。自削平于僭伪,悉收籍其图书,列圣相承,明诏屡下。广行访募,法汉氏之前规;精校遗亡,按开元之旧目。大辟献书之路,明张立赏之科,简编用出于四方,卷帙遂充三馆。藏书之盛,视古为多;艰难以来,散失无存。朕虽

----

① 徐松辑《宋会要辑稿》崇儒四,绍兴十四年七月二十九日,刘琳、刁忠民、舒大刚、尹波等校点,上海古籍出版社2014年,第5册,第2831页。
② 《宋会要辑稿》崇儒五,第2851页。
③ 《宋会要辑稿》崇儒四,第2828页。另见李心传《建炎以来系年要录》卷六四,第3册,第1266页,所记简略。
④ 《建炎以来系年要录》卷一四九,七月戊午条,第6册,第2819页。

处干戈之际,不忘典籍之求;虽下令于再三,十不得其四五。今幸臻于休息,宜益广于搜寻。夫监司总一路之权,郡守寄千里之重,各谕所部,悉上送官。苟多献于遗编,当优加于褒赏。"①此诏强调北宋右文政策得到了很好的贯彻执行,故而藏书极盛,超越往昔。如今虽处兵乱之际,朝廷仍然不忘求书,但是执行绩效不甚明显。故而要求广搜博求,监司郡守各司其职,奖励多献者。绍兴十四年(1144)七月二十九日,高宗又谕辅臣:"秘府书籍尚少,宜广求访。"②绍兴十六年七月十八日,高宗谓辅臣曰:"书籍尚未备,宜有以劝诱之。可令秦熺措置,立定赏格,镂板行下。"既而秘书省制订行赏格,"如投献到晋、唐墨迹真本者,取旨优异推恩。秘阁阙书善本及二千卷者,有官人与转官,士人与永免文解,或免解。不及二千卷以上者,比类增减推赏。如愿给者,总计工墨纸札,优与支给。诸路监司守臣求访到晋、唐真迹及善本书籍,应得上件赏格者,比类推赏。其投献到书籍,先下秘书省校对,如委是善本,方许收留"③。明确提出,自愿投献晋、唐墨迹真本、秘阁所阙善本者,有官人和士人区分对待,诸路监司守臣求访到的,也依类行赏。投献书籍,要经过秘书省的校对审查,确为善本方予收藏。绍兴十六年十月十二日,高宗面对秘府书籍增多之状谕示宰辅,"前日所立赏格,宜更加劝诱,庶几继有来者"④,要求努力规劝,通过物质、官位的赏赐吸引来广献书籍。由于高宗屡下诏旨,多方广求,馆阁收藏颇有成效,《宋史·艺文志序》载,"高宗移跸临安,乃建秘书省于国史院之右,搜访遗阙,屡优献书之赏,于是四方之藏,稍稍复出,而馆阁编辑,日益以富矣。当时类次书目,得四万四千

① 陈骙《南宋馆阁录》卷三,张富祥点校,中华书局 1998 年,第 22 页。
② 《宋会要辑稿》崇儒四,第 2831 页。
③ 《宋会要辑稿》崇儒四,第 2831 页。又见《建炎以来系年要录》卷一五五,第 6 册,第 2511 页。
④ 《宋会要辑稿》崇儒四,第 2832 页。

四百八十六卷"①。

2. 据书目求书,有的放矢

南宋政府的求书行为,既有广泛性,又有针对性,以书目求书即是。绍兴十三年(1143)十二月二十五日,权发遣盱眙军向子固建议以两《唐书》之《艺文志》及《崇文总目》为据,查其所阙制成目录,镂板降付各州军依此搜访,"比降旨,令秘书省以《唐艺文志》及《崇文总目》,据所阙者,榜之检鼓院,许外路臣庶以所藏上项之书投献。尚恐远方不知所阙名籍,难于搜访抄录,望下本省,以《唐艺文志》及《崇文总目》应所阙之书,注阙字于其下,镂板降付诸州军,照应搜访"②。这种方法可谓目标明确,效率较高。绍兴十七年,郑樵按秘书省所颁阙书目录,集为"《求书阙记》七卷,《求书外记》十卷"③。

孝宗淳熙十三年(1186)九月二十五日,秘书郎莫叔光建言,监司、郡守臣各以本路、本郡书目发至秘书省,以《中兴馆阁书目》点对取索,充实秘府所藏,"国家崇建馆阁,文治最盛,太上皇帝再造区夏……图籍于是备矣。然至于今又四十年,承平滋久,四方之人益以典籍为重,凡搢绅家世所藏善本,外之监司、郡守搜访得之,往往镂板以为官书。然所在各自板行,与秘府初不相关,则未必其书非秘府之所遗者也。臣愚欲乞诏诸路监司、诸郡守臣,各以本路、本郡书目解发至秘书省,听本省以《中兴馆阁书目》点对。如见得有未收之书,即复移文本处取索印本,庶广秘府之储,以增文治之盛"。九月二十七日,诏"秘书省将未收诸路书籍径自关取"④。莫氏指出,历经绍兴初借书分校、绍兴十三年下诏求遗书、十六年献书推赏格的订立,馆阁

---

① 脱脱等《宋史》卷二○二,中华书局 1985 年,第 4 册,第 43366 页。
② 《宋会要辑稿》崇儒四,第 2830 页。
③ 王应麟《玉海》卷五二,广陵书社 2007 年,第 998 页。
④ 佚名《南宋馆阁续录》卷三,中华书局 1998 年,第 174 页小注。

所储典籍已趋完备。至淳熙十三年(1186)已有四十年,天下重视图书的风气已形成,在此形势下官宦之家所藏善本目录,各郡、各路所有书目当上报秘书省,据《中兴馆阁书目》比对,收其所阙,从而达到"庶广秘府之储,以增文治之盛"的功效,莫氏建言颇有针对性和时效性。

宁宗嘉泰三年(1203)五月十六日,资政殿学士傅白寿建言,国史所据虽以金匮石室之藏为主,但天下散失之旧闻亦需网罗以备参照,诸如史馆所收《三朝北盟会编》《中兴遗史》《中兴小历》之书,恐多有之,"宜发明诏,广加求访。如有以书闻者,下之史馆看详,果有可采,少赐旌赏。其有家不能缮写者,官给以笔札。庶几群言毕萃,正史不日可成矣"①,强调史书类当广采博收以备参照,旌赏优待,以利正史编修。特别提出,官方提供纸笔,以助缮写典籍。

3.令州县积极配合,督促落实

朝廷颁布的求书诏令,最终还是要通过中央秘书省、地方州县的配合得到贯彻执行。绍兴五年(1135)闰二月十二日,尚书兵部侍郎兼史馆修撰王居正建言,"四库书籍多阙,乞下诸州县,将已刊到书板,不拘经史子集小说异书,各印三帙赴本省。系民间者,官给纸墨工价之值"②,要求州县据四库所阙书将已刊到书板各印三套送秘书省,内容不拘。《宋会要辑稿》崇儒四载,绍兴九年五月四日,史馆建议:"见阙《神宗正史》地理而下十三志,及哲宗一朝纪、志、列传全书。窃见中原初复,东京及诸州旧史必有存者。望委留司,于国史院、秘书省等处检寻上件正史。如无正本,但有副本净草,或部秩不全,并差人津发前来。仍乞下臣僚之家,搜访投进,降付本馆,优

---

① 《宋会要辑稿》职官一八,第6册,第3510页。
② 《建炎以来系年要录》卷八六,第4册,第1420页。另见《宋会要辑稿》崇儒四,所载稍异。

与推恩。"①这里提到三个重要信息：其一东京、诸州、臣僚之家的访寻对象；其二国史院、秘书省、留司的配合部门；其三访求正史，若无正本，则副本或不全者均可收集的宽泛要求。绍兴十五年（1145）十一月庚申，秘书省正字王曮建议，"今访求遗书，而州县施行，未称上旨。提举秘书省官，即古修图书使之任，宜以求书之政令，命以专行，优加赏劝"②，以为州县执行力度不够，缘于没有专行的求书政令，缺少优赏之法。继而同年闰十一月七日，提举秘书省秦熺提出赏劝之法，"奉诏下诸路搜访遗书及先贤墨迹图画……不愿投献者，令所在州军借本，专委见任官一员，依本所定下册样字体传写……及臣僚藏书之家，仍乞从本所说谕，置历逐旋关借，令所在州军差人如法送秘书省，候抄录毕给还……今措置，欲行下逐路专委转运司，逐州军专委知、通广行搜访。仍每季具见行抄录名件申所"③。对州军有具体要求：对于不愿献书者，州军要专门委任官员依册样字体传抄；官宦藏书之家的书，借到后令州军差人送秘书省抄录，抄录后归还本家；令州军专门通知奖赏措施，从而提高搜访效率。

　　绍兴十六年八月二十九日，高宗下诏对监司郡守的不积极作为提出批评，诏："昨降指挥，求访书籍，至今投献尚少。盖监司郡守视为不急，奉行灭裂，可检举申严行下。"④孝宗乾道七年（1171）正月十日，国史院建言，诸路州县臣僚士庶之家有《四朝正史》等未肯投献，缘于杨志发上书获赏特补荣州文学出官之事不为人知，故希望加大宣传力度，使士庶百姓勇于献纳，"乞朝廷特降指挥下礼部，将杨志发推恩事理镂板，遍下诸路州军，专委知、通多出文榜晓谕搜访，许令投

---

① 《宋会要辑稿》崇儒四，第 2829 页。
② 《建炎以来系年要录》卷一五四，第 6 册，第 2919 页。
③ 《宋会要辑稿》崇儒四，第 2831 页。
④ 《宋会要辑稿》崇儒四，第 2832 页。

献,优与推恩"①。

二、征收对象

南宋政府访求征收图书对象广泛,藏书家、前朝公卿宰辅之家、中央地方官吏,除此之外就是民间百姓。

政府征收藏书家的藏品,有平江府贺铸家,绍兴府陆置家。绍兴二年(1132)二月二日,诏收御府散亡图书,要求平江府守臣收购贺铸家所卖书籍以充实馆阁,"御前图籍,以累经迁徙,散亡殆尽。访闻平江府贺铸家所藏,见行货之于道途。可委守臣尽数收买,秘书省送纳"②。据《宋史·贺铸传》载,贺氏"家藏书万余卷,手自校雠,无一字误"③,因而成为政府访求的重点。贺氏藏书为子孙所售,成为秘府藏书。而藏书家王性之的后代,拒绝官位诱惑守书不献,《老学庵笔记》卷二记载,"王性之读书,真能五行俱下,往往他人才三四行,性之已尽一纸……既卒,秦熺方恃其父气焰熏灼,手书移郡,将欲取其所藏书,且许以官其子。长子仲信,名廉清,苦学有守,号泣拒之曰:'愿守此书以死,不愿官也。'郡将以祸福诱胁之,皆不听。熺亦不能夺而止"④,与贺氏子孙的选择有天壤之别。绍兴十三年闰四月十二日,诏:"绍兴府陆置家藏书甚多,令本府取目录缴申秘书省,据现阙数,许本家投进。仍委帅臣关借,誊写缴奏。陆置子孙散居它州,令守臣依此施行。"⑤要求绍兴府取陆置家书目上报秘书省,允许本家

---

① 《宋会要辑稿》崇儒四,第 2832 页。
② 《宋会要辑稿》崇儒四,第 2827 页。又见《建炎以来系年要录》卷五一,第 3 册,第 1054 页,所记简略。
③ 《宋史》卷四四三,第 37 册,第 13104 页。
④ 陆游《老学庵笔记》卷二,中华书局 1979 年,第 20 页。
⑤ 《宋会要辑稿》崇儒四,第 2830 页。又见《建炎以来系年要录》卷一四八,第 6 册,第 2807 页,所记简略。

投进馆阁所阙书籍。另外,委派有司借本誊录后进纳秘书省。

故相宰辅因身份职任的特殊关系,收藏图书便利,自然也成为征收重点。绍兴二年(1132)十一月二十三日,秘书少监洪炎建言,谕令州郡进纳故相宰辅之家藏书,加以恩眷优渥,得到采纳,"福州故相余深、泉州故相赵挺之,家藏《国史》、《实录》善本。严州前执政薛昂,收书亦广。太平州芜湖县僧寺寄收蔡京书籍。望下逐州,谕令来上,优加恩赉。内有蔡京寄书,乞令本路转运使司差官前去根取"①。这里洪炎提到的,实为前朝宰辅福州人余深、诸城人赵挺之、余杭人薛昂、兴化仙游人蔡京,他们家藏国史、实录条件优越,加之藏书嗜好,使其成为政府征收的重点。绍兴三年二月六日,臣僚建言收取韩琦家所藏《二府忠义》,令秘书省抄录后退还原本,"切知韩琦家书有《二府忠义》百卷,所谓嘉谋嘉猷,皆在于是,而世不传,独琦之孙椅有之。乞诏椅取索真本,付秘书省誊录投进。候录毕,却行给还本家"②。由于吉阳军使杨雍请求,绍兴十一年六月二十四日,"诏万安军于蔡攸家收取徽宗皇帝御笔《立皇太子诏》,叙宣和末策立渊圣皇帝事……宣付史馆、实录院编类,送敷文阁藏之"③。绍兴十二年十二月十二日,诏:"福州故相余深家有收藏监书,可委方庭实说谕投进,据所进取旨推恩。"④

高宗皇帝御制的编集,文献搜访工作安排可谓细致,淳熙十五年(1188)七月十一日,实录院言:"奉旨编集高宗皇帝御制,今来合要臣僚士庶之家并僧道等处被受或收藏高宗皇帝御笔、手诏,及诗、颂、杂文、注解经义等文字照使。内行在从本院取索抄录,其临安府并诸

---

① 《宋会要辑稿》崇儒四,第 2828 页。
② 《宋会要辑稿》崇儒四,第 2828 页。
③ 《宋会要辑稿》崇儒六,第 2871 页。
④ 《宋会要辑稿》崇儒四,第 2830 页。另见《建炎以来系年要录》卷一四七,第 6 册,第 2786 页。

州军,欲乞令逐路转运司,严切遍下所管州军县镇等处搜访,借本抄录。仍出赏,募人投献,如稍多者,从本县保明,优与推恩。"①征收的对象包括臣僚、百姓之家、僧道群体。另外,实录院、临安府、地方州县等处也要搜访抄录。

三、征收区域

南宋政府征集图书的区域,主要集中在四川、闽中等远离战火之地,藏书家萃聚的吴越等地。袁同礼《宋代私家藏书概略》云:"印书之地,以蜀、赣、越、闽为最盛,而宋代私家藏书,亦不出此四中心点之外。"②

越地藏书家,施宿《嘉泰会稽志》卷一六《藏书》曰:"越藏书有三家,曰左丞陆氏、尚书石氏、进士诸葛氏。中兴秘府始建,尝于陆氏就传其书,而诸葛氏在绍兴初颇有献焉,可以知其所蓄之富矣。陆氏书特全,于放翁家尝宦两川,出峡不载一物,尽买蜀书以归,其编目日益巨。诸葛氏以其书入四明,子孙犹能保之……而至今最盛者惟陆氏。"③书中提到陆氏、石氏、诸葛氏三家藏书丰富,特别是陆氏藏书广博。陆游仕宦蜀地时,购买了大量书籍以归。诸葛氏将其藏书携至浙江四明,子孙仍能保住。石氏指石公弼,图书后来不能克守,好在子孙四处寻访有所收获。绍兴十三年(1143)始建秘书省,诏求遗书,"首命绍兴府录朝请大夫、直秘阁陆宰家所藏书来上,凡万三千卷有奇"。此前绍兴五年(1135)六月,会稽布衣诸葛行仁,"进所藏书八千五百四十六卷"而赏以官。陆氏所进图书几倍于诸葛氏,终因李光所荐而受牵累,秦桧当国而未受褒赏,"时秦桧当国,以其尝为李光

---

① 《宋会要辑稿》崇儒四,第 2833 页。

② 《图书馆学季刊》1928 年第 2 期。

③ 施宿等纂《嘉泰会稽志》卷一六,第 7023—7024 页。

所荐，故不复议褒录"①。

　　文人士夫渊薮之地，主要集中在东南部。《建炎以来系年要录》卷二〇载，建炎三年（1129）二月庚午，右谏议大夫郑毂言："……况平江、常、润、湖、杭、明、越，号为士大夫渊薮，天下贤俊，多避地于此。"②庄绰云："建炎之后，江、浙、湖、湘、闽、广，西北流寓之人遍满。"③《宋会要辑稿》刑法二载，建炎四年正月二十八日，"访闻士大夫避难入福建者"，守隘之人"以搜检为名，拘留行李，又不听去，稍自辨明，至有被害者，不免复还温、台，而逐州不许入城，至今县镇有不得安泊之禁"，希望"戒饬逐州"，从宽处理，昭示天子"存恤衣冠之意"④，可知福州、台州、温州成为士大夫避难的重要场所。北方士大夫的南迁，势必将物质文化和精神文化带往流寓之地，所谓"衣冠方南奔，文献往往在"⑤，改变了流寓之地的文化生态和文学生态。

　　湖州士大夫家藏书较全，汪藻《日历》成书得力于此。绍兴二年（1132）十一月壬午，龙图阁直学士、知湖州汪藻言，徽宗、钦宗至建炎改元，三十余年没有《日历》，"苟旷三十年之久，无一字之传，何以示来世？"而湖州文献保存很好，"不被寇，元符后所受御笔、手诏，赏功罚罪等事皆全"，于是汪氏"因以为张本。又访诸故家士大夫以足之，凡六年乃成"⑥。《建炎以来系年要录》卷一四八载，绍兴十三年四月庚寅，上谕大臣曰："近右朝请大夫吴说上殿，言湖、台之家，士大夫多藏书者，缘未立赏，故不肯献。卿等可求太宗朝访遗书

---

① 施宿等纂《嘉泰会稽志》卷一六，第 7023 页。
② 李心传《建炎以来系年要录》卷二〇，第 1 册，第 471 页。
③ 庄绰《鸡肋编》卷上，中华书局 1983 年，第 36 页。
④ 《宋会要辑稿》刑法二，第 8338 页。
⑤ 陆游《剑南诗稿》卷三〇《谢徐居厚汪叔潜携酒见访》，钱仲联《陆游全集校注》第 4 册，浙江教育出版社 2011 年，第 221 页。
⑥ 《建炎以来系年要录》卷六〇，第 3 册，第 1204—1205 页。

故事,依仿行之。"①可见湖、台之地藏书颇多。

闽地藏书也颇丰富,绍兴十五年(1145)二月丁亥,兵部郎中叶庭珪建言于闽中等地访求图书,"陛下比者专尚文德,天下廓廓无事,然芸省书籍未富,切见闽中不经残破之郡,士大夫藏书之家,宛如平时,如兴化之方、临彰之吴,所藏尤富,悉是善本,望下逐州搜访抄录"②。宋代福建藏书家之多令人叹为观止,有杨徽之、蔡襄、苏颂、黄伯思、郑樵、方渐、李纲、廖莹中、吴与等98人③,自然也是访求的重点。

绍兴期间,高宗曾两次下诏于四川求访图籍。绍兴十六年八月四日,诏:"闻四川藏书甚多,宜委逐路帅臣恪意搜访。仍令提举秘书省,每月检举催促。"④绍兴十八年六月乙卯,高宗曰:"秘府见求遗书古迹,四川不经兵乱,可委诸司寻访,仍令提举官每月趣(取)之。"⑤孝宗淳熙六年(1179)六月二十七日,吏部侍郎阎苍舒建议,令四川制置司参对秘书省抄录见有书目和四川诸路州军官书目,录其所阙,抄送秘书省收藏,"伏见四川州郡藏书最多,皆是边防利害、修城制度、军器法式、专司法令,不可悉数,皆三馆所当有。臣在蜀时,见泸州《军器榘模》一书,最为详备。乞下秘书省,录见有书目,送四川制置司,参对四路州军官书目录。如有所阙,即令本司抄写,赴秘书省收藏"⑥。当然四川藏书颇多,缘于此地多出人才,而且靖康之难以来出现人才回流现象,綦崇礼《乞搜访收用川蜀人才札子》道,"臣窃观蜀地自昔盖多英才,由汉司马相如、王褒、杨雄相继之后,世不乏人。

---

① 《建炎以来系年要录》卷一四八,第6册,第2806页。
② 《建炎以来系年要录》卷一五三,第6册,第2891页。
③ 李晓花《宋代福建私家藏书考论》,福建师范大学2007年硕士学位论文。
④ 《宋会要辑稿》崇儒四,第2832页。另见《建炎以来系年要录》卷一五五,第2940页。
⑤ 《建炎以来系年要录》卷一五七,第7册,第2990页。
⑥ 《宋会要辑稿》崇儒四,第2833页。

至于皇朝,尤赖其用。如陈氏尧叟、尧佐、尧咨,范氏镇、百禄、祖禹,苏氏洵、轼、辙,皆蜀人也,其余知名者未易悉数。兵兴以来,衣冠奔播(波),川蜀士人,多还故乡"①,这种人才回流,势必夯实激发原本就丰厚富赡的图书生态。

四、搜访内容

1.帝王御制、翰墨

天子翰墨御制,关乎国威体面,收集的意义不言而喻,而前朝宰辅之家,寺庙道观都是收藏中心。开元寺、天圣寺、报本寺、天章寺等所藏御书,成为南宋馆阁重建时图籍的重要来源之一。绍兴三年(1133)正月十二日,诏曰:"湖州管下故执政林摅家有道君皇帝御书、太祖以来《国史》、《实录》、《国朝会要》等书,及历代经、史、子、集书籍全备。开元寺有仁宗皇帝御书一大匣,道场山天圣、报本二寺各有祖宗御书。令本州守臣劝诱献纳。"②《宋会要辑稿》崇儒六载,绍兴九年二月十二日,"诏:'绍兴府天章寺祖宗御书,令守臣取进。'先是,建炎四年巡幸江浙,御书凡五百五十轴卷,悉留越州。至是,驻跸临安,降诏取焉"③。绍兴十年,检讨官朱翌建言,诏告天下搜访徽宗圣制,编类成册,"四方以徽宗圣制来上者时见一二,缺而不录,则史官之罪也。愿诏天下,广行搜访,命史臣编类成秩,仿五阁之制,藏于无穷"④。朱氏的建议得到采纳,《宋会要辑稿》职官一八载,绍兴十年四月二十一日,"诏实录院就编徽宗御制,令礼部行下诸路州军搜访送院"⑤。绍兴十六年(1146)七月十八日,诏:"明州奉化县陈泰初

① 《全宋文》卷三六五二,第167册,第385页。
② 《宋会要辑稿》崇儒四,第2828页。
③ 《宋会要辑稿》崇儒六,第2871页。
④ 《宋会要辑稿》职官七,第3213页。
⑤ 《宋会要辑稿》职官一八,第3512页。

投进神宗皇帝、哲宗皇帝御集,共一百一十八册,与转一官。"①

淳熙十三年(1186)九月,洪迈上《乞取索何㮚家所藏钦宗遗翰奏》,认为收取的目的之一是付之史馆,其二则以应中兴之兆,"窃以靖康之难,诸王皆留京师,唯太上皇帝持节河北,用能光启中兴,符一马化龙之兆。近者忽得钦宗遗翰石刻一纸于故相何㮚家。盖靖康元年闰十一月,北骑攻都城,中外不可复通。太上奉使至磁州而有王云之变,中夕还相州,迤逦东如济、郓。当是时,㮚为开封尹,首建元帅之议。及在相位,遂拟进蜡书之文。其语云:'访知州郡纠合军民,共欲起义,此皆祖宗百年涵养忠孝之俗,天地神祇所当佑助。檄到日,康王可充兵马大元帅,陈亨伯充兵马元帅,宗泽、汪伯彦充副元帅,同力协谋,以济大功。'钦宗批云:'依奏施行。'又批云:'康王指挥已黄帛书讫。'又批云:'康王指挥已付卿,系黄帛书,必已到。'盖闰月十三日所行也。欲乞行下何㮚家取索,布之史馆,以彰示万世,为炎德复辉之符"②。淳熙十五年七月十一日,实录院建议编修高宗皇帝御制,征收搜访臣僚、士庶之家以及僧道等处收藏的高宗皇帝御笔手诏,以及诗、颂、杂文、注解、经义等文字,"其临安府并诸州军,欲乞令逐路转运司,严切遍下所管州军县镇等处搜访,借本抄录。仍出赏,募人投献,如稍多者,从本县保明,优与推恩"③,得到采纳。

2. 实录会要,奏对语录等相关史料

汪藻《进书札子》云:"自乘舆南渡以来,史官无一字之传。当时大臣时政记既不可复得,而诸司所谓案牍者尽委于兵火。朝廷每举一事,率幽冥而莫知其原,往往临时取决于胥吏之口,谓之'省记',况史官欲得其岁月之真哉?"④汪藻提出,皇室南渡以来,史官无文字流

① 《宋会要辑稿》崇儒四,第 2831 页。
② 《全宋文》卷四九一四,第 222 册,第 5—6 页。
③ 《宋会要辑稿》崇儒四,第 2833 页。
④ 《历代名臣奏议》卷二七七,黄淮、杨士奇编,上海古籍出版社 1989 年,第 3612 页。

传,时政记不可得,诸司案牍被毁,故而朝廷讨论事务每每捉襟见肘,取决于文书小吏之口,可靠性难以凭定。故而亟须搜访年表、官阀、凡例等史料,以为朝廷举事的依据和参照。

实录、会要等都是编修国史的重要史料来源,实录秉笔直书而无隐情的编修原则,会要可以稽考故实的体例优长,决定了其可信度较高,故而需搜罗完备。绍兴三年(1133)七月六日,秘书少监曾统等建言,前任秘书省官洪楫处有神宗、哲宗《两朝国史》《哲宗实录》等,希望官方借本抄写,选官校对后收付秘书省,"望取索名件,官给纸札,借本缮写各一部。仍选差官校对,赴本省收藏"①。绍兴四年六月二十三日,起居郎常同指出,收藏重点仍在正史、实录、会要诸类,补缺实为不易。馆阁等地贮藏不精,又有迁址之虑,加之邻近住宅有火灾之忧,建议史馆抄录二本,一本纳入,一本交付秘书省,确保所收图书安全,"渡江以来,始命搜访典籍、祖宗《正史》、《实录》、《宝训》、《会要》,得于搢绅士庶之家,残缺之余,补缉仅足,良亦艰矣。然今三馆、秘阁、尚书、佛庐,签轴苟简,藏贮不精。且宅都未定,有迁徙之虑;闾阎相比,有延烧之虞。一旦守护不谨,则累朝盛典,又复散落矣。臣愚谓宜少给笔札之费,别录副贰之书,藏之名山道观、僧寺,依收掌御书例,量赐拨放,以酬守护之劳。庶使国朝之书,永久常存,不至散缺","诏比搜访到祖宗《正史》、《实录》、《宝训》、《会要》,令史馆各抄录二本。一本进入,一本付秘书省"②。绍兴五年五月三日,"诏令婺州取索故直龙图阁赵明诚家藏《哲宗皇帝实录》缴进"③。绍兴六年(1136)五月二十八日,在史馆修撰范冲的请求下,元祐期间所缺实录文字许臣僚百姓交付史馆,有转官升擢之优待,诏:"史馆见阙元祐

①《宋会要辑稿》崇儒四,第 2828 页。
②《宋会要辑稿》崇儒四,第 2828—2829 页。
③《宋会要辑稿》崇儒四,第 2829 页。

七年十一月至十二月，元祐八年一全年《实录》文字，应臣僚士庶有收藏者，许赴史馆送纳。其先到者，与转一官。如不愿转官，或白身人，与恩泽一资，仍并与升擢差遣。"①绍兴九年八月二十三日，起居舍人王和建言，《国朝会要》乃一国大典，包罗广博，礼乐制度、职官变易、赏罚之文等粲然完备，乃朝廷讨论故事所据之书，希望秘书省访求善本，加以精校，传之后世，《宋会要辑稿》崇儒四记载，"窃见《国朝会要》备载祖宗以来良法美意，凡故事之损益，职官之因革，与夫礼乐之文，赏罚之章，宪物容典，纤细毕具，粲然一王之法，永贻万世之传。今朝廷讨论故事，未尝不遵用此书。比经兵火之余，公私所藏，类皆散逸。深虑岁月既久，寖成湮坠，望诏秘书省，令访求善本，精加雠校"②。

除了实录、会要等访求外，还有日历、奏对语等。绍兴元年五月己未，秘书少监程俱建言见修《日历》，乞下诸州搜访邸报、朝旨，《日历》合载事件等据实抄录，"仍于中外臣僚，先且取会二年事实。应曾任宰执至行在职事官，有《日历》合载事件，如政事弛张、臣僚黜陟、刑赏征战，凡所见闻，或私自记录，或亲承圣语，及所上章疏，并被受诏敕，与公案官文书之类，并令诣实抄录回报，以凭修纂"③。绍兴六年六月辛酉，诏："以曾布《记熙宁市易本末》及《绍圣以来奏对语录》真迹送史馆。"其子右奉议郎曾惇受到赏赐，"迁惇一官，赐银帛百匹两"④。

本朝文人所修史书亦在访求之列，有利治道，增广见闻，诏收付馆阁。建炎四年（1130）七月二十九日，礼部尚书谢克家等建言，故翰林学士范祖禹所著《仁皇训典》《帝学》二书，"有益治道，可备睿览"，

---

① 《宋会要辑稿》崇儒四，第 2829 页。
② 《宋会要辑稿》崇儒四，第 2829—2830 页。
③ 《建炎以来系年要录》卷四四，第 2 册，第 944—945 页。
④ 《建炎以来系年要录》卷一〇二，第 5 册，第 1935 页。

希望诏下衢州,提供笔札,令其子范冲"勘读投进",得到许可①。郑樵,《宋史》卷四三六本传载,"初为经旨、礼乐、文字、天文、地理、虫鱼、草木、方书之学,皆有论辨,绍兴十九年上之,诏藏秘府"②。孝宗乾道三年(1167)八月二十九日,诏给札左朝散郎李焘,抄录其著述《续资治通鉴》太宗朝以后文字,缘于四川制置汪应辰的奏议,以为该书搜罗广泛且考证精当,希望藏之秘府,"于实录、正史之外,凡传记小说,采撷殆尽。考其异同,定其疑谬,精审切当,皆有依据。其太祖一朝编年,已经投进,蒙付国史日历所外,所有太宗已后文字,伏乞朝廷给札,付本官抄录,发送秘书省校勘,藏之秘阁",诏从之③。淳熙三年五月九日,礼部侍郎兼同修国史李焘建言,编修《四朝正史》,需要名臣墓志、行状、奏议、著述等文字照使,而史部侍郎徐度著有《国纪》一百余卷,"其子行简见在湖州寄居。乞下所属,给札抄录赴院,以备参照"④。淳熙三年(1176)十一月二十四日,参知政事龚茂良建言,严州近刊有袁枢所编《资治通鉴纪事》一书,"有补治道,或取以赐东宫,增益见闻",诏"本州印十部,仍以印本先次来上"⑤。淳熙十三年八月二十六日,"诏新知龙州王称所进《东都事略》一百三十卷,计四十册,目录一册,付国史院"⑥。

3. 经传

经传的进献,主要是符合帝王崇儒重道之意。建炎二年(1128)六月戊辰,"兵部员外郎江端友请下湖州取(崔)子方所著《春秋传》,

① 《宋会要辑稿》崇儒五,第2851—2852页。一见《建炎以来系年要录》卷三五,第805页。
② 《宋史》卷四三六,第37册,第12944页。
③ 《宋会要辑稿》崇儒五,第2856页。一见《宋会要辑稿》崇儒四,第2823页。
④ 《宋会要辑稿》崇儒四,第2833页。
⑤ 《宋会要辑稿》崇儒四,第2833页。
⑥ 《宋会要辑稿》崇儒五,第2858页。

藏于秘书监",后绍兴六年(1136)八月,"子方之孙岩进献"①。绍兴二年十月九日,右司谏刘棐建言,眉州进士杜锷荟萃八十余家《春秋》之说,"又自立说以断之","愿诏宣抚处置使司上其书各十部,留之禁中,颁之经筵,赐秘书省、国子监等处"。高宗下诏张浚,"如有本,令津发前来"②。绍兴五年四月一日,诏徽猷阁待制、提举江州太平观胡安国以其所著《春秋传》纂述成书进入,"十年三月,书成来上",奖励推恩,"除宝文阁直学士,仍赐银绢三百匹两"③。绍兴九年正月一日,诏左朝奉郎、新差通判阆州勾龙庭实编类《春秋三传》至《十七史》等二十部,"令临安府给纸札,缮写以进"④。

绍兴五年六月戊辰,秘书丞环中被驱除馆阁知临江军,缘于献纳《春秋年表》有原则性差误。沈与求以为,"恐不当先鲁而后周,甚非《春秋》尊王之意"。高宗曰:"中荒陋一至于此!士大夫著述讹舛容有之,此不足罪。中为人臣,乃不知尊王之义,岂可置之三馆?"⑤环中对进书没有严格把关,故有此严重后果。

4.本朝文人文集等撰述

宣和三年(1121)九月二十日,秘书省官员翁彦深等有感馆阁所藏"唐人文集至多",本朝著作"罕得与秘府之藏"⑥,建议搜求名臣文集,后得到朝廷采纳,"当代著作正式列入典藏范围"⑦。但是,要正式列入收藏,还是有著述质量、理念立场要求。绍兴元年(1131)九月

---

①《玉海》卷四〇,第760页。一见《建炎以来系年要录》卷一六,第1册,第389页。

②《宋会要辑稿》崇儒四,第2827—2828页。

③《宋会要辑稿》崇儒五,第2852页。

④《宋会要辑稿》崇儒五,第2853—2854页。

⑤《建炎以来系年要录》卷九〇,第4册,第1745—1746页。

⑥《宋会要辑稿》职官一八,第3482页。

⑦李更《宋代馆阁校勘研究》,凤凰出版社2006年,第72页。

二十一日，张冲等进《太乙光照辩误归正论》十首，送赵公竑看详，结果不理想，缘于占术命理之书非治世之要道，富直柔与高宗观念一致，"上曰：'朕从来不好问占卜术数，此皆无益于治要，当修人事，以承天命耳。'直柔曰：'人主造命，固不当问命。'上曰：'极是。'"①

绍兴二十六年正月辛未，秘书省正字、兼权国子司业张震建言，朝廷施行宽大政策，异时疑似涉谤的士大夫得以赦除，流落他乡者得以生还，除名者得以叙录，"人神欢悦，天下翕然，此治世之事也"。但是昨降指挥，"取索福建、四川等路私雕印文书，赴监看详，取之未已。恐妄以私意，将近世名公文集，尽行毁板"，这种不问是非、玉石俱焚的行为，"真伪两失，不足以称朝廷宽大本意"。张震希望特降指挥，福建、四川等路如有私自雕印文字者，"委自所属，依法详定，更不须发赴国子监，及提举秘书省。庶几知圣朝无有所讳，天下幸甚"，得到采纳②。张震建议朝廷，闽、蜀等地私自雕印的文字、文书、文集，不必报送国子监、秘书省详定，去除文士、商人的忌讳之心，以彰扬朝廷宽大本意，这个建设性的意见得到采纳，意味着文人文集将可能得到较为宽松的传播境遇。

张守《乞宣取司马温公文集札子》，以为司马光议论忠厚正直、有补治道，其文集可以备天子乙夜之观，故建议道，"臣伏见本路提刑司近得《司马光文集》，镂板已毕。缘光初被遇神祖，为台谏侍从，启沃居多。所上章疏，具载《文集》……欲望圣慈下提刑司宣取，仍乞以副本藏之秘阁"③。淳熙三年（1176），周必大上《乞取唐仲友尤袤书目札子》，指出北宋《崇文总目》的编定，"学士大夫尚知其名数者"，实赖此书之力。绍兴以来虽然恢复藏书之府，设置校雠之官，但"阙书

---

① 《宋会要辑稿》崇儒五，第 2852 页。
② 《建炎以来系年要录》卷一七一，第 7 册，第 3265 页。
③ 《全宋文》卷三七八九，第 173 册，第 372—373 页。

脱简,浸充秘府,而未尝编次,散无统纪",学者不能区分类别,不晓本原终始。好在秘书省正字唐仲友、秘书丞尤袤曾将四库典籍仿《崇文》旧目而编为一书,如今二人离馆外任,"欲望圣慈下臣此章,许以其书来上,然后付之馆阁官,重加考定,赐以嘉名,斯中兴之盛典也"①。

南宋政府广求图书收效明显,李焘《南宋馆阁录序》云:"六龙驻跸临安逾四十年,三省、枢密院制度尚稽复旧,惟三馆、秘阁岿然杰出,非百司比。"②说明经过四十多年的努力经营,到淳熙初年馆阁迥然有别于其他机构,所指既有馆阁建筑宏伟的物理特征,又有图籍丰富、文人汇聚的文化硬核。淳熙五年(1178),陈骙所进《中兴馆阁书目》三十卷,著录见在图书44486卷,比《崇文总目》多13817卷。嘉定十三年(1220),由于新收图籍充斥馆阁,诏秘书丞张攀等续编书目,即《中兴馆阁续书目》,得书14943卷。这个数字中,"太常、太史、博士之藏,诸郡诸路刻板而未及献者不预"。著录之多,缘于时代承平,遗书被广泛收纳,又有当下士大夫著书立说的极大热情使之然,"自绍兴至嘉定,承平百载,遗书十出八九,著书立言之士又益众",故而"往往多充秘府"③。

总之,南宋政府广求典册的行为是积极有效的,表现在多次下诏、确立优赏格的诏令制度保障;据书目以求书的目标明确,有的放矢;令秘书省、州县密切配合,督促落实的措施得力。图书征收对象的广泛与不拘一格,征收区域,集中于远离战火的四川、闽中等地,藏书家萃聚的吴越、湖北等区域,士大夫避难的两浙等地。图书内容,

---

① 周必大《周必大集校证》卷一三九,王瑞来校证,上海古籍出版社2020年,第1245页。
② 陈骙《南宋馆阁录》,第3页。
③ 马端临《文献通考》卷一七四,中华书局1986年,第1510页。

囊括帝王御制、史书经传等。可以说,南宋政府的收书之举是务实而高效的,为馆阁图书之府、育才中心的良好运作奠定了坚实的基础。

第二节　南宋文人士夫、百姓学子献纳图籍书画考论

下表据《宋会要辑稿》《建炎以来系年要录》《玉海》《南宋馆阁录》《南宋馆阁续录》等制成。

南宋献纳图籍书画等处置奖赏表

时间	身份姓名	献纳内容	处置与奖赏
绍兴元年三月十八日	进士何克忠	《太祖皇帝实录》四册,《国朝宝训》十二册,《名臣列传》二册,《国朝会要》三册	诏何克忠所献书《会要》虽系节本,当文籍残缺之际首先授进,可特与补下州文学,其书付秘书省,仍令录本进入。
绍兴元年六月三日	迪功郎诸葛行言	《国朝训典》	诏补其兄行仁将仕郎。
绍兴元年六月十六日	故右金吾卫上将军张楙妻镇国夫人王氏	以亡夫家藏《六朝实录》《会要》《国史志》等书计二百二十二册上	诏令礼部降度牒十道付张楙家,书付秘书省。
绍兴元年七月七日	监行在都进奏院章俶	欧阳修纂《太常因革礼》一百卷	诏降付太常寺,令秘书省逐旋借本校勘抄录,藏于本省。
绍兴元年七月二十四日	处州缙云县若澳巡检唐开	王珪《重修国朝会要》三百卷	再与转一官,书降付秘省,令本省录本进入。
绍兴元年九月十一日	进士黄朝美	仁宗皇帝御书明堂牌碑本二轴	诏送秘书省藏之。

时间	身份姓名	献纳内容	处置与奖赏
绍兴元年九月十三日	将仕郎黄濛	《太祖皇帝实录》五十卷,《太宗皇帝实录》八十卷,《真宗皇帝实录》一百五十卷,《仁宗皇帝实录》二百卷,《英宗皇帝实录》三十卷,《天圣南郊卤簿册记》十册	诏送秘书省。赐濛空名度牒五道,不受,乞白身补官恩例,诏与循一资。
绍兴元年九月十九日	秘书少监程俱	《麟台故事》五卷	诏送秘书省。
绍兴二年三月四日	故太常少卿曾旼男温夫	上家藏累朝典籍二千余卷	诏并送秘书监收管,温夫与补将仕郎。
绍兴二年闰四月二十八日	将仕郎贺廪(贺铸子)	献书五千卷	诏吏部添差廪监平江府粮料院,官其家一人。
绍兴二年七月一日	太平州芜湖县进士韦许	上家藏太宗皇帝御书并书籍	诏特补迪功郎。
绍兴三年五月一日	承奉郎林俨	上家藏道君皇帝御书、御画、御笔札答共七轴,祖宗《实录》《国朝会要》《国史》等,及古文文籍二千一百二十二卷	诏与本家将仕郎恩泽一名,俨仍令吏部先次令合入近便差遣。
绍兴三年十月二十三日	知静江府许中	《政和重修国朝会要》《政和修定谥法》《宣和重修卤簿记》各一部	《国朝会要》送中书门下省,准备检照,《谥法》并《卤簿图记》送秘书省。
绍兴四年五月十一日	资政殿大学士左中奉大夫提举亳州明道宫颜岐、龙图阁直学士朝请大夫致仕路允迪	各以省记《建炎时政记》史稿上之	诏送修国史日历所。

续表

时间	身份姓名	献纳内容	处置与奖赏
绍兴四年七月辛酉	知湖州汪藻	上所编《建炎中兴诏旨》三十七册	诏送史馆。
绍兴四年八月三日	处州进士杨缴	进太宗皇帝御书诗二轴,计一十篇	诏令户部支赐绢二十匹。
绍兴四年八月九日	秦鲁国大长公主	上家藏仁宗皇帝在东宫时真宗皇帝所赐御制亲书《元良述》一轴	诏送史馆、秘书省。
绍兴四年九月六日	史馆校勘邓名世	所著《春秋四谱》六卷、《辨论谱说》十篇、《古今姓氏书辨证》十四卷	赐进士出身。
绍兴五年三月乙酉	观文殿大学士李纲	进《省记列》《建炎时政记》二册	上谓大臣曰:朕已看过,皆是实事。纲近日论事,非往时之比。
绍兴五年三月十九日	承节郎毛刚中	上仁宗皇帝康定中所纂《鉴古图记》十卷	诏特转一官。
绍兴五年四月一日	徽猷阁待制提举江州太平观胡安国	令以所著《春秋传》纂述成书进入	推恩除宝文阁直学士,仍赐银绢三百匹两。
绍兴五年四月庚午	直宝文阁新福建路提点刑狱公事曾纡	上其父布所著《三朝正论》二卷	诏付史馆。
绍兴五年七月八日	衢州进士毛邦彦	献《春秋正义》	诏赐绢三十匹。
绍兴五年七月二十八日	僧宝月	上《李卫公必胜集》《兵钤》《水镜》《武略要义》《管子》《青田记》《墨子》《鬼谷子》《风云论》,曹武祖《新书》,诸葛亮《玉局通关秘诀》,郭元振《安边策》《六宾	诏特补下州文学。

时间	身份姓名	献纳内容	处置与奖赏
		集》《平胡策》,论天地、龙虎、风云、鸟水、六花、八阵等营图阵图凡三十九种	
绍兴五年九月四日	大理评事诸葛行仁	献家藏书籍《册府元龟》等一万一千五百卷	补其家将仕郎一资,行仁辞,乞为父恺升通直郎,仍旧致仕,从之。
绍兴六年二月六日	迪功郎林傃	诏以纂述《易》书来上	特循两资,与堂除差遣。
绍兴六年三月六日	江南西路安抚制置大使兼知洪州李纲	上靖康间编修到《奉迎录》	诏送史馆。
绍兴六年五月十二日	左朝请大夫充秘阁修撰提举临安府洞霄宫林虚	以先臣希元丰中所修《宝训》副本缮写来上	诏送史馆。
绍兴六年五月二十四日	成忠郎李沇	以高祖文易所编《皇宋大典》三卷来上	其书送秘书省,李沇与转一官。
绍兴六年八月三日	右中奉大夫直宝文阁曾纡男右通直郎惇	以祖布所著《三朝正论》真迹投进	送史馆,诏惇与转一官,户部支赐银绢一百匹两。
绍兴六年八月六日	文旦	上《春秋要义》	诏文旦转一官,岩补上州文学。
	校正崔岩	上祖先子方著《春秋经解》	
绍兴六年八月十九日	前国子学生冯邦杰	进《注孙子》	文详意备,实见用心,可赐绢二十匹。
绍兴六年九月二十七日	进士何畴	进《孙子解》	见其用心,粗可观览。
	成忠郎徐衡	进《诸葛武侯书》	恐后人附托,或可存之。二人令户部赐束帛。

续表

时间	身份姓名	献纳内容	处置与奖赏
绍兴六年十一月己丑	故翰林侍读学士王洙之孙楚老	献仁宗皇帝所赐飞白字及御书	赐银帛百匹两。
绍兴七年二月二十一日	提举广南市舶林保	献《中兴龟鉴》	可特赐紫章服，其书令进入。
绍兴七年七月十二日	左朝请大夫充徽猷阁待制邵博	上伯温所著《辨诬》	诏送史馆。
绍兴七年闰十月三日	江浚明	献《阵图策》	颇有可采，赐绢十匹。
绍兴七年十一月二十三日	右迪功郎李时雨	上《玉垒忠书》	文采议论俱有可采，可循一资。
绍兴八年四月庚午	徽州布衣王㸦	献《孝经解义》	诏赐绢三十匹。
绍兴八年五月六日	布衣柴宗愈	上《中兴圣统》	博采传记，次序详明，其言有补，与免文解一次。
绍兴八年六月五日	知简州李授之	上所著《易解》	诏送秘书省，与除直秘阁。
绍兴九年正月一日	左朝奉郎新差通判阆州勾龙庭实	编类《春秋三传》至《十七史》，共二十部	令临安府给纸札，缮写以进。
绍兴九年正月十五日	右承事郎主管台州崇道观王铚	诏以编集哲宗皇帝《元祐八年补录》及《七朝国史》来上未及半，为秦桧所沮，不克成	特迁一官。
绍兴九年四月二十五日	平江府吴江县进士李德光	上《真宗皇帝语录》及《五帝功臣绘像图》共二册	诏送史馆。

续表

时间	身份姓名	献纳内容	处置与奖赏
绍兴九年十一月壬辰	选人魏申	《太一总鉴》一百卷	可与循资，仍赐钱五百缗。
绍兴十年正月二十九日	布衣欧阳安永	上《祖宗龟鉴》	令户部赐束帛，仍令秘书省录本进入。
绍兴十年七月一日	左朝请大夫邓郘	献《稽古武备集》	所献文字援引该贯，备见用心。诏升等差遣。
绍兴十年十月十六日	泉州进士王文	献注解《司马法》二万余言	用心精专，颇有文理，其间时有舛误。诏特与免解一次。
绍兴十年十二月十日	国学永免解进士程金一	进《孝经解》	发明经意，有足观采。诏与差充太学职事。
绍兴十年	杨时之子杨适	上其父解《中庸篇》及《论语义》	与适升等差遣。
绍兴十一年六月十五日	抚州布衣吴曾	进《春秋左氏传发挥》等书	据立议证，多有可观，特与补右迪功郎。
绍兴十一年十一月二十七日	布衣林独秀	进《孝经指解》	释义虽不尽明，而文理稍通，令户部倍赐束帛。
绍兴十二年十二月二日	进士董自任	上《春秋总鉴》	委有可采，与永免文解，差充太学职事。其书送秘书省，录本进。
绍兴十三年正月戊午	右迪功郎监潭州南岳庙毕良史	献《春秋正辞》二十卷	诏右谏议大夫兼侍讲罗汝楫、国子司业高闶看详来上，遂特改京官。
绍兴十三年正月二十四日	左朝散大夫主管台州崇道观王普	进先臣宾讲《论语口义》	议论纯正，有补治道。诏送史馆。

时间	身份姓名	献纳内容	处置与奖赏
绍兴十三年闰四月一日	沈嘉猷	进监本《春秋三传》	令户部倍赐束帛。
绍兴十三年闰四月二十一日	进士蔡直方	撰《椒房通览》二册	与永免文解。
绍兴十三年八月二十三日	湖南路安抚司参议官王铨	上《太玄经解义》等	令户部赐银三百两。
绍兴十四年三月戊寅	右宣教郎湖南安抚司参议官王铨	献《祖宗八朝圣学通纪论》	诏迁一官。
绍兴十四年十二月十三日	左朝奉郎知荣州杨朴	进《礼部韵括遗》	诏转一官。
绍兴十五年三月十七日	左朝奉郎知建州李德昭	上家藏南齐褚渊墨迹一轴	赐银绢一百匹两。
绍兴十五年九月二十一日	明州进士陈旸	投献书籍七百五十六卷	并是本省合用之数，诏与永免文解。
绍兴十五年十月二十七日	贵州文学刘翔	进《易解》	通达经旨，与教授差遣。
绍兴十五年十一月三日	忠训郎张抡	投献书籍五十一种	并系本省见阙数目，奉诏与转一官。
绍兴十六年三月八日	左宣教郎郑邦哲	进《左氏韵类部》	诏邦哲与转一官。

时间	身份姓名	献纳内容	处置与奖赏
绍兴十六年三月二十二日	处州学生耿世南	以编类徽宗朝诏诰、宰执以下词章来上	赐绢二十匹。
绍兴十六年四月十七日	左奉议郎郭伸	上所著《易解》	议论亦粗通，可略加旌劝，于是诏伸与转一官。
绍兴十六年七月四日	饶州进士董凌	上编集徽宗皇帝御笔手诏两册	赐绢二十匹。
绍兴十六年七月十八日	明州奉化县陈泰初	投进神宗皇帝、哲宗皇帝御集共一百一十八册	诏与转一官。
绍兴十六年八月二十四日	守监察御史王镃	上编述《戚里元龟》三卷	诏迁一官。
绍兴十六年九月六日	抚州布衣吴澥	进《宇内辨》《历代疆域志》各十卷，《寡见论》《贵实论》各二卷，《谨始论》五卷	文理皆有可采，诏吴澥与永免文解。沆以书犯庙讳，故赏不及。
	抚州布衣吴沆	《易璇玑》《三坟训义》各三卷，《群经正论》四卷	
绍兴十六年十月十九日	右文林郎贺廪	献碑刻二百七十三本	与堂除差遣。
绍兴十六年十一月二十五日	眉州进士苏藻	献《苏元老文集》二十五册，柳公权等书画三轴	诏与永免文解。
	彭州进士王偓	献蔡襄、米芾书，黄筌、孙知微画共一十五轴	
绍兴十七年十月二十九日	宗室秉义郎不惬	以家藏米芾临王羲之《破羌帖》来上	诏与优便差遣。

续表

时间	身份姓名	献纳内容	处置与奖赏
绍兴十七年十一月八日	右迪功郎前严州建德县主簿钱云骙家	首先关借到阙书二千九百九十余卷	诏与循一资。
绍兴十八年二月二日	进士武杰	献李邕《披云帖》	诏与免文解一次。
绍兴十八年二月十七日	福州进士陈梦协	进《十七史蒙求》	文理可采,可加赐束帛以为奖劝。
绍兴十八年三月一日	左迪功郎新成都府司参军郭师心	献唐褚遂良临《黄庭经》一轴	诏与循一资。
绍兴二十五年十月二日	右朝请郎张永年	以故父阁文集来上	诏永年除直秘阁。
绍兴二十六年十二月二十八日	新知池州贵池县陆沇	上宝藏哲宗皇帝赐故外祖翰林学士顾临御书《即事诗》一轴	诏送秘阁。
绍兴二十七年五月二日	故左朝散大夫洪兴祖男葳	以父兴祖编纂《徽宗皇帝御集》七十二卷上之	已缮付史馆,诏兴祖特赠直敷文阁。
绍兴二十七年五月九日	兴化军免解进士彭与	上所撰《周易义解》十册,《神授易图》四册,《太极歌》一册,《易证诗》一册,《羲文图》二轴	馆学看详,谓潜心象数,训释卦爻,辞义淹贯,诏补上州文学。特许免解,令赴省试。
绍兴二十八年二月乙巳	郑樵	所著《通志》二百卷	令有司给札写进,授迪功郎。
绍兴二十九年七月十七日	知成都府双流县李焘	有《皇朝公卿百官表》一百一十二卷,内九十卷系私自编纂	国史院言欲从朝廷下本路漕司借本抄录赴院,乞下所属给笔札催工抄录,以备参照,从之。

续表

时间	身份姓名	献纳内容	处置与奖赏
绍兴三十年三月七日	同州进士王及甫	上《天经》二十册	秘省看详,其人洞晓星历,诏令与特奏名试。
绍兴三十年三月七日	免解进士宋大明	上《周易解》	文理简当,极有可采。诏大明该今次特奏名殿试,候唱名日与升等。
孝宗隆兴二年十月三日	右朝请郎直龙图阁权发遣两浙路计度转运使朱夏卿	先父观文殿大学士左光禄大夫致仕胜非手录渡江、复辟事迹各一帙,乞令本家缮写投进	诏从之。
乾道二年六月四日	尚书兵部员外郎张行成	进《易》	可采,除直徽猷阁、知潼川府。
乾道四年五月一日	尚书礼部员外郎李焘	宰执进呈李焘《续资治通鉴长编》一百八卷	纂述有劳,特转两官。
乾道七年九月二十一日	广南东路转运判官王梁材、孙卫卿	进崇宁以来手诏十六册,并编录诏旨宽恤文字七册	与免解一次。
乾道七年十二月三日	右修职郎处州龙泉县丞方拟	诏进徽宗皇帝御笔手诏等六十三项	与减二年磨勘,比类施行,从国史院请也。
乾道八年六月二日	诏右修职郎监临安府都盐仓李丙	所录到《丁未录》一百册,计二百卷	淹贯该博,用功甚多,特转右承事郎。
乾道九年二月二日	故尚书刑部侍郎程振孙饶州乡贡进士邸	进故祖存日闻见、抄写崇宁以来诏旨等文字,誊录成二十册,并御制御书,通计一百一十三件	诏与补下州文学。

时间	身份姓名	献纳内容	处置与奖赏
淳熙元年五月二十九日	明州进士沈忞	上《海东三国史记》五十卷	诏免文解一次,仍赐银绢一百匹两,其书付秘阁。
淳熙元年十二月十四日	修职郎方拟	上其父阁所藏《神宗御集》	诏付秘府。
淳熙三年正月二十日	监临安府粮料院钱阅	上父周材著《毛诗解》一部	诏候任满日,与堂除差遣一次。
淳熙三年五月十六日	知资州冯震	上其父建炎初被蒙太上皇帝御笔一轴	诏付国史日历所。
淳熙三年十月八日	通判潭州潘焘	进裒集到祖宗以来因革法令,并《条法枢要》	诏与转一官。
淳熙四年七月九日	刑部侍郎程大昌	上所著《禹贡论》五十二篇,《后论》八篇	诏付秘阁。
淳熙五年六月九日	军器少监张珫	上所著《论语拾遗》二十篇	诏付秘阁。
淳熙六年八月八日	新知池州王日休	上所撰《九兵总要》三百四十卷	诏与转一官,添差沿海制置司参议官。先投进二十卷降付国史院看详,可采,令宁国府给札录写以书来上,故有是命。
淳熙七年	龚敦颐	《元祐建中列传谱述》一百卷	周必大修国史,荐之得旨,给札缮写以进。后七年洪景卢以翰林学士领史事,复荐之,得上州文学。
淳熙八年六月七日	知剑州王章	上《圣朝赦令德音》一部	诏送秘阁。

续表

时间	身份姓名	献纳内容	处置与奖赏
淳熙八年八月五日	知阆州吕凝之	上《易书》四十卷	上曰可与寺监丞差遣。
淳熙九年	知福州赵汝愚 知宁国府陈骙	得飞白"秘阁"二字碑本于州治止戈堂，得御制御书赞序碑本于昭亭山	各送上本省。
淳熙十一年十二月四日	知台州熊克	进《九朝通略》六十册	诏特转一官，其书付秘书省。
淳熙十一年十二月四日	知潭州林栗	进所著《春秋经传集解》三十二卷	诏特转一官，书付秘省。
淳熙十二年二月一日	迪功郎任清叟	进曾祖伯雨所撰《春秋绎圣传》	诏付秘书省。
淳熙十二年四月二十六日	知潭州林栗	进《周易经传集解》三十二卷，《系辞》上下二卷，《文言》《说卦》《序》《杂》本文共为一卷，《河图洛书八卦九畴大衍总会图》《六十四卦立成图》《大衍揲蓍解》共一卷，总三十六册	诏付秘书省，令学士院敕书奖谕。
淳熙十二年十月二十一日	权发遣江阴军胡介	进父世将措画川陕边防战守钱粮奏议三十卷	诏付史馆。
淳熙十三年正月一日	知福州赵汝愚	名臣奏议一百五十卷，目录五卷	取进。
淳熙十三年三月五日	宰执进呈郑大中	进其父建德著作《汉规》	上曰：建德虽甚能文，议论可采，付秘书省。大中与免文解。
淳熙十三年八月二十六日	新知龙州王称	诏进《东都事略》一百三十卷，计四十册，目录一册	付国史院。十四年三月十八日，诏王称除直秘阁。

续表

时间	身份姓名	献纳内容	处置与奖赏
淳熙十四年九月十七日	荆湖北路提点刑狱公事朱佺	进伯父长文所著《春秋通志》十一册	诏付秘书省。
淳熙十五年三月八日	右谏议大夫谢谔	进编集《孝史》五十卷，并序及目录共十一册	诏付秘书省。
淳熙十五年七月二十五日	郑钧	进《钦天要略》	编次有伦，评论切于事理，委有可采，诏郑钧循文林郎，与近阙教授差遣。
淳熙十六年正月二十三日	太傅史浩	进《尚书讲议》二十二卷	诏付秘书省。
淳熙十六年四月七日	故太师秦申王府	进纳高宗皇帝御书二轴	诏送实录院。
绍熙三年十一月二十四日	显谟阁学士通议大夫韩彦直	上《水心镜》一百六十七卷	诏彦直与转两官，其书宣付史馆。

从上表我们可以看出以下特征：

一、献纳人员身份多样

百名献书者中，有京城官员，地方官员；秘书省官员，皇室成员；官宦子弟，民间学子，还有缁流、女性。

值得一提的是释子宝月，国家危难之际献书三十九种：有《李卫公必胜集》《兵钤》《水镜》《武略要义》《管子》《青田记》《墨子》《鬼谷子》《风云论》、曹武祖《新书》、诸葛亮《玉局通关秘诀》、郭元振《安边策》《六宾集》《平胡策》、论天地、龙虎、风云、六花、八阵等。《宋会要辑稿》崇儒四载，绍兴五年（1135）七月二十八日，"诏宝月特补下州文学"。枢密院评价宝月道,"乃国初功臣史珪之后,自来传习家藏古今兵书。当国家艰难之时,不吝所有,尽出投献,其志可嘉,仍能通晓意义"①,故有此任命。

女性献书者,皇室秦鲁国大长公主绍兴四年(1134)八月九日,上"家藏仁宗皇帝在东宫时真宗皇帝所赐御制亲书《元良述》一轴","诏送史馆、秘书省"②。绍兴元年六月十六日,故右金吾卫上将军张㮚妻镇国夫人王氏,"以亡夫家藏六朝《实录》、《会要》、《国史志》等书计二百二十二册来上",诏"令礼部降度牒十道付张㮚家,其书付秘书省"③,可见女性亦响应朝廷征书号召。

布衣献书者,绍兴八年四月十五日,徽州布衣王㫤献《孝经解义》,诏赐帛三十匹,因"推广孝弟,言有可采"④。同年五月六日,衢州布衣柴宗愈上《中兴圣统》,因"博采传记,次序详明,其言有补"⑤而免文解一次。绍兴十年正月二十九日,诏布衣欧阳安永上《祖宗龟鉴》,"令户部赐束帛,仍令秘书省录本进入"。绍兴十一年六月十五日,抚州布衣吴曾进《春秋左氏传发挥》等书,因"据立议证,多有可观"⑥而特与补右迪功郎。绍兴十六年九月六日,抚州布衣吴澥进《宇内辨》《历代疆域志》各十卷,《寡见论》《贵实论》各二卷,《谨始论》五卷,"文理皆有可采,诏吴澥与永免文解"⑦。和州布衣龚敦颐,著有《元祐建中列传谱述》一百卷,淳熙七年(1180)周必大修国史,

① 《宋会要辑稿》崇儒四,第 2829 页。
② 《宋会要辑稿》崇儒六,第 2870 页。一见《玉海》卷二八,第 561 页。
③ 《宋会要辑稿》崇儒四,第 2827 页。一见《南宋馆阁录》卷三,第 21 页。
④ 《宋会要辑稿》崇儒五,第 2853 页。一见《建炎以来系年要录》卷一一八,第 5 册,第 1921 页。
⑤ 《宋会要辑稿》崇儒五,第 2853 页。
⑥ 《宋会要辑稿》崇儒五,第 2854 页。
⑦ 《宋会要辑稿》崇儒五,第 2855 页。

荐之朝廷，"给札缮写以进"，淳熙十四年三月十八日，修国史洪迈请甄录，授"上州文学"①。还有衢州布衣柴冀、抚州布衣吴沇等，从布衣献书可以看出，南宋朝廷下达的求访图书政策还是得到了较好的执行，颇有成效。

家族献书者，有子献父辈、祖辈所撰书，如绍兴二年闰四月戊午，将仕郎贺廪乃贺铸子，献家族藏书五千卷，"诏吏部添差廪监平江府粮料院，仍官其家一人"②。绍兴五年四月庚午，直宝文阁、新福建路提点刑狱公事曾纡上其父曾布所著《三朝正论》二卷，"诏付史馆"③。绍兴六年五月二十四日，成忠郎李沇以高祖文易所编《皇宋大典》三卷来上，"其书送秘书省，李沇与转一官"④。淳熙十四年九月十七日，荆湖北路提点刑狱公事朱佺进伯父朱长文所著《春秋通志》十一册，"诏付秘书省"⑤。

二、进献图籍品类丰富

民间、文人士夫献纳有碑帖、书画、帝王御制、史书、经传等，颇为丰富。北宋兴建秘阁，庋藏的碑帖、书画盛极一时，南宋馆阁重建时，碑帖书画依然成为进献重点，列举如下：

> 绍兴元年九月十一日，进士黄朝美上仁宗皇帝御书"明堂"牌碑本二轴，诏送秘书省藏之。（《宋会要辑稿》崇儒六，第 2869

---

① 《玉海》卷五八，第 1107 页。《玉海》作"龚端颐"，《文献通考》《宋史》等作"龚敦颐"。
② 《建炎以来系年要录》卷五三，第 3 册，第 1105 页。
③ 《建炎以来系年要录》卷八八，第 4 册，第 1706 页。另见《玉海》卷六二，第 1182 页。
④ 《宋会要辑稿》崇儒五，第 2853 页。
⑤ 《宋会要辑稿》崇儒五，第 2858 页。

页）

绍兴二年七月一日，太平州芜湖县进士韦许上家藏太宗皇帝御书并书籍，诏特补迪功郎。（《宋会要辑稿》崇儒四，第 2827页）

绍兴三年五月一日，承奉郎林俨上家藏道君皇帝御书、御画、御笔札答共七轴。（《宋会要辑稿》崇儒四，第 2828 页）

绍兴三年夏六月，明州阿育王山住持净昙以宸奎阁所藏仁宗御书诣行在，所献书凡五十三轴，字体有三，一曰真书，二曰飞白，三曰梵书。其上二书，世多见之，而梵书亦自奇古可骇愕也。（马永卿《嬾真子》卷五）

绍兴四年八月三日，处州进士王杨缴进太宗皇帝御书诗二轴，计一十篇。诏令户部支赐绢二十匹。（《宋会要辑稿》崇儒六，第 2870 页）

绍兴六年三月六日，江南西路安抚制置大使、兼知洪州李纲上家藏道君皇帝御笔真迹，诏送史馆。（《宋会要辑稿》崇儒六，第 2870 页）

绍兴六年十一月二十五日，故翰林侍读学士王洙孙男楚老上庆历、皇祐御札手诏飞白等，赐银绢各一百匹两。（《宋会要辑稿》崇儒六，第 2870—2871 页）[1]

绍兴十六年十月十九日，诏："右文林郎贺廪献碑刻二百七十三本，与堂除差遣。"（《宋会要辑稿》崇儒四，第 2832 页）

绍兴十六年十一月二十五日，提举秘书省秦熺言："眉州进士苏藻献《苏元老文集》二十五册、柳公权等书画三轴。又彭州进士王偓献蔡襄、米芾书，黄筌、孙知微等画，共一十五轴。望赐推恩。"诏与永免文解。（《宋会要辑稿》崇儒四，第 2832 页）

---

[1]　一见《建炎以来系年要录》卷一〇六，第 5 册，第 2002 页。

　　绍兴十八年三月一日,提举秘书省秦熺言:"左迪功郎、新成都府司理参军郭师心献唐褚遂良临《黄庭经》一轴,已缴进。"诏与循一资。(《宋会要辑稿》崇儒四,第 2832 页)

　　绍兴十九年十二月二十八日,新知池州贵池县陆沈上宝藏哲宗皇帝赐故外祖翰林学士顾临御书《即事诗》一轴,诏送秘阁。(《宋会要辑稿》崇儒六,第 2873 页)

　　淳熙九年,知福州赵汝愚得飞白"秘阁"二字碑本于州治止戈堂,知宁国府陈骙得御制御书《赞》、《序》碑本于昭亭山,各送上本省。(《南宋馆阁续录》卷三,第 173 页)

　　帝王御制御集的进献,绍兴二十七年(1157)五月二日,故左朝散大夫洪兴祖之子洪蒇,以父先前所编《徽宗皇帝御集》七十二卷上之,"已降付史馆,未蒙推恩。诏兴祖特赠直敷文阁"[1]。淳熙元年(1174)十二月十四日,"修职郎方拟上其父阅所藏(《神宗御集》),诏付秘府"[2]。

　　经书、史传类第一节有论,此处简略论之。史书、御笔进献,王铚值得一提。绍兴九年正月十五日,右承事郎、主管台州崇道观王铚,"以编集哲宗皇帝元祐八年补录及《七朝国史》来上",诏"特转一官"[3]。刘一止《王铚进七朝国史列传重加添补成书共二百一十五册特与转一官制》曰:"朕修废典于风尘之后,访遗书于煨烬之余,既累岁矣。顾中秘所得,外有愧于士大夫之家,而史氏阙文,亦或未补,朕心闵焉。尔好古博雅,自其先世,属辞比事,度越辈流。乃者裒集累朝故实,而附益以其所闻,成书来上,有嘉其勤。序进官联,以为尔

①《宋会要辑稿》崇儒五,第 2855 页。
②《玉海》卷二八,第 548 页。
③《宋会要辑稿》崇儒五,第 2854 页。

宠,且以为多士之劝。"①嘉奖其勤奋搜集、添补阙文,以劝来者。孝宗乾道七年正月十日,国史院奏议里提到资州助教杨志发,因缴进"元祐宰臣吕大防家所藏神宗皇帝、哲宗皇帝两朝御笔,元祐皇太后遗诏"②而蒙优赏,特补荣州文学之事。

另外,南宋献书中文集鲜少,恐是党争文字之祸的顾忌。献纳图籍书画者百人,布衣、进士、故家官宦子弟,除此多为中央、地方官员。其子进父所著、所藏图书,其孙进其祖之藏书、著述。缁流、女性、皇室也响应号召,参与其中。

三、缴进形式自愿为主,诏旨取书、抄录为辅

从上表来看,图书缴进形式以自愿献纳为主,但也有少数是诏旨取书,抄录后返还本家。建炎四年(1130)六月十日,张守曰:"臣昨闻圣训,欲就苏迟宣取苏轼书。迟近将到数轴,未敢投进。"高宗曰:"可令进来。轼书无非正论,言皆有益,朕不独取其字画之工而已。"③可见苏家因苏轼党争之祸而记忆犹新,没有主动献书之举,只是政府"宣取"压力下的被动投进,且数量不多。高宗表态令进献,提出苏轼著述有益世道,自己并非只看重其字画之优长,打消献书者的顾虑。绍兴五年(1135)六月三日,"起居郎兼侍讲朱震言:'故龙图阁直学士、左朝请大夫致仕杨时,学有渊源,行无瑕玷,尝著《三经义辨》,有益于学。日者许令本家进入,诏旨方颁,时已沦谢,恐此书遂致散落,诚为可惜。望下南剑州取索,抄录投进。'从之。至绍兴十年,时子适止以父解《中庸篇》及《论语义》来上,与适升等差遣"④。

---

① 《全宋文》卷三二六六,第 152 册,第 4 页。
② 《宋会要辑稿》崇儒四,第 2832 页。
③ 《宋会要辑稿》崇儒四,第 2827 页。
④ 《宋会要辑稿》崇儒五,第 2852 页。

朱震说,杨时《三经义辨》有益学者,许令本家进入,可当诏旨颁布时杨时已故。担心此书散逸,希望取索,抄录以进。直到绍兴十年,杨时之子杨适仅以其父解《中庸篇》及《论语义》来上,并未提供全本,当然不排除文字之祸的忧虑。秘书省从右迪功郎、前严州建德县主簿钱云骙家,"首先关借到阙书二千九百九十余卷",绍兴十七年(1147)十一月八日,提举秘书省秦熺言,"望量与推恩,以劝来者",诏"与循一资"①。可见钱氏并没有心甘情愿地进献书籍,而是秘书省以暂借的方式实现了钱氏推恩"与循一资"的赏赐。

　　绍兴元年七月七日,监行在都进奏院章俰上欧阳修纂《太常因革礼》一百卷,"诏降付太常寺,仍令秘书省逐旋借本校勘抄录,藏于本省"②。章俰所进书因性质特点被降付太常寺,不过仍令秘书省借其他版本校勘抄录,收藏于秘书省。由此可知,南宋政府对所收图书的处置还是较为合理而适当的。知成都府双流县李焘著有《皇朝公卿百官表》一百一十二卷,绍兴二十九年七月十七日,国史院言:"内九十卷系私自编纂,乞下所属给笔札,雇工抄录。欲从朝廷下本路漕司,借本抄录赴院,以备参照。"③得到采纳。李氏之书部头庞大,加之部分内容私自编纂,故而在国史院修史"以备参照"的干预之下"借本抄录",实现了缴进。当然还有忧惧时政牵连焚书不献的,如《建炎以来系年要录》卷一五六载,绍兴十七年十二月,"言者论会稽士大夫家藏野史,以谤时政。于是李光家藏书万余卷,其家皆焚之"④,十分可惜。

四、赏赐总体优厚,审查严格慎重

　　为了奖励进书献书,南宋政府的赏赐大体优厚,无论是节本,还

---

①《宋会要辑稿》崇儒四,第 2832 页。
②《宋会要辑稿》崇儒五,第 2852 页。
③《宋会要辑稿》崇儒五,第 2855 页。
④《建炎以来系年要录》卷一五六,第 6 册,第 2977 页。

是文理、议论粗通者均受奖赏。绍兴元年三月十八日,进士何克忠进献《太祖皇帝实录》四册、《国朝宝训》十二册、《名臣列传》二册、《国朝会要》三册,其中所上《会要》虽为节本,诏:"当文籍残缺之际,首先授进,可特与补下州文学。其书付秘书省,仍令录本进入。"①可见奖励的是"首先授进"的示范效应。泉州进士王文献注解《司马法》二万余言,绍兴十年(1140)十月十六日,枢密都承旨周聿言,"用心精专,颇有文理。其间时有舛误",诏"特与免解一次",看重的是献书人之学业态度和著作的文辞义理。绍兴十一年十一月二十七日,布衣林独秀因进《孝经指解》稍通文理而获束帛之赐,"释义虽不尽明,而文理稍通,令户部倍赐束帛"②。绍兴十六年四月十七日,左奉议郎郭伸上所著《易解》,高宗宣谕辅臣曰:"《易》象深微,极难穷究。近时学者皆蹈袭前人之说,大率须有自得之学,仍不穿凿,始可谓之通经。郭伸议论亦粗通,可略加旌劝。"于是郭氏获得"与转一官"③奖劝。在高宗看来,《易经》深奥难通,鲜有自得之学,郭伸算不得通经,但因议论粗通而稍加鼓励,所以才有转官之优待。

　　南宋朝廷的献书赏赐虽然较为优渥,但书籍内容质量的审查也是颇为严谨,对妄立新说、过度穿凿、旧史不载、毫无传授者严格把关。建炎四年(1130)六月辛未,通直郎万俟咏,"至是因所亲携书入禁中,乞进官二等,上览而掷之"④,未蒙赏赐,恐是其书质量与"进官二等"的过高要求不符相关。绍兴十三年二月癸亥,高宗曰:"近代献书者,时有怪诞祥瑞之说,此兴讹之渐,不可长也。前代往往喜闻图谶,朕所不取。"⑤绍兴十三年九月十八日,衢州布衣柴冀上《春秋尊

---

① 《宋会要辑稿》崇儒四,第 2827 页。
② 以上二条,均见《宋会要辑稿》崇儒五,第 2854 页。
③ 《宋会要辑稿》崇儒五,第 2855 页。
④ 《建炎以来系年要录》卷三四,第 2 册,第 777 页。
⑤ 《建炎以来系年要录》卷一四八,第 6 册,第 2794 页。

王聚断》,并未得到赏赐,缘于高宗评价其立说无甚意义,而且强调解说经书要围绕三纲五常为中心的标准,标新立异、穿凿附会不足取,"柴冀所进《春秋》,止是编成门类,后立说甚无意思。朕以为大率说经,不可远三纲五常之道。若好立异,便须穿凿,不足道也"①。抚州布衣吴沆进《易璇玑》《三坟训义》各三卷、《群经正论》四卷,绍兴十六年(1146)九月六日,秘书省、国子监言"文理皆有可采",而《易璇玑》"犯仁宗皇帝旧名,诏吴沆为犯庙讳"②,而且太学博士王之望认为,"三坟书无所传授,疑近世好事者所为"③,故而沆没有得到赏赐。曾统所进《神宗皇帝实录》,"脱落不全,又九卷不载旧史",绍兴七年十月十三日,高宗下诏"付史馆再加研考,仍专令胡珵、李弥正等校勘"④。绍兴十七年四月十七日,上谓秦桧曰:"近览迪功郎吴适所进《大衍图》,辨证《易》中差误。可令秘书省看详,如委有可采,卿更询审其人,当处以庠序之职。"⑤可见,对献书内容审查还是十分慎重的。

陆佃《陶山集》卷一《依韵和王微之学士》云:"闻说进书归秘阁,绝胜流落在山岩。"⑥说明馆阁是图籍重要的收纳机构,要远远优于流落民间。进献者多得优赏,赏赐类别为官职、银两绢帛、紫章服、度牒等不一而足。所献典籍处置妥当,审核看详,考查其用心态度、文辞条理、经义宗旨、排比编次、节本全本等,合格者入国史院、秘书省、史馆、日历所,可见南宋政府访求的措施得力。

---

①《宋会要辑稿》崇儒五,第 2854 页。

②《宋会要辑稿》崇儒五,第 2855 页。

③《建炎以来系年要录》卷一五五,第 6 册,第 2942 页。

④《宋会要辑稿》崇儒四,第 2822—2823 页。

⑤《宋会要辑稿》崇儒五,第 2855 页。

⑥《全宋诗》第 16 册,北京大学出版社 1995 年,第 10656 页。

第三节　南宋馆阁文人的编校工作

南宋馆阁图书之府的重建,馆舍修葺、典籍征收、学士选任都是其中的重要内容。除此而外,最重要的功业便是修史和校勘。张刚《乞诏大臣兼领史事札子》云:"臣闻自古帝王之兴,必有信史,备载一时行事,所以昭示天下后世,不可缺也。"①孔武仲《谢正字叶学士启》曰:"步奎壁之高躔,证鲁鱼之误简。"②修史的目的在于弘扬伟业,昭示万世,不掩善恶。对于馆阁文人而言,踵武文苑英才,校正文字讹误,都是份内职责。蔡崇榜说,宋代统治者高度重视修史,"而垂训借鉴,消除异说,控制舆论,颂扬德政,倡导教化"③是其重要目的。

一、编修史书类

1.宝训

神宗宝训:100 卷。绍兴十三年(1143),置国史院而专修《神宗宝训》,书未成。后又经绍兴二十六年编修,于二十八年完成。《南宋馆阁录》卷四载:"初,绍兴十三年,诏编修《神宗宝训》,置国史院于秘书省,书未成而罢局。"④绍兴二十六年四月丙戌,"诏秘书少监杨椿,著作佐郎赵逵、周麟之,同共编修《神宗皇帝一朝宝训》"⑤。绍兴二十八年三月七日,馆阁上《神宗宝训》一百卷,《玉海》卷四九载,"监修沈该、秘书少监曾几、著作佐郎陈俊卿、正字林之奇上《神宗宝

---

① 《全宋文》卷三六六九,第 168 册,第 234 页。
② 《全宋文》卷二一八九,第 100 册,第 216 页。
③ 蔡崇榜《宋代修史制度研究》,文津出版社 1991 年,第 201 页。
④ 《南宋馆阁录》卷四,第 29 页。
⑤ 《建炎以来系年要录》卷一七二,第 7 册,第 3289 页。

训》一百卷"①。前后参与修书的人员有张阐、杨椿、赵逵、周麟之、沈该、曾几、陈俊卿、林之奇等。

　　哲宗宝训:60 卷。绍兴二十八年八月辛亥,"中书舍人王刚中兼史馆修撰,掌修《哲宗》、《徽宗宝训》,秘书少监沈介兼编修官"②。乾道三年(1167)五月,《哲宗皇帝宝训》完成进纳,"国史院上《哲宗皇帝宝训》六十卷"③。参与修书人员有王刚中、沈介等。

　　高宗宝训:70 卷。《玉海》卷四九载,嘉泰二年(1202)二月十二日,学士陈宗召请用天圣、元丰故事,辑《高宗宝训》。七月命史院修纂。嘉定六年(1213)闰九月二十七日,进奉七十卷④。

　　孝宗宝训:70 卷。《玉海》卷四九载,嘉定十一年三月壬辰,任希夷等奏修《孝宗宝训》,七月乙酉命袁燮编类⑤。嘉定十四年五月九日,"国史实录院上《孝宗皇帝宝训》七十卷"⑥,编修人员有袁燮等。

　　光宗、宁宗宝训:40 卷。据《续宋中兴编年资治通鉴》卷一五记载,嘉定十四年七月丁未,"修《光宗宝训》"。淳祐十一年(1251)二月乙未,上"光、宁《宝训》四十卷"⑦。

　　2. 日历

　　神宗日历:200 卷。《宋史》卷二〇三著录二百卷,由赵鼎、范冲重修。

　　钦宗日历:75 卷。绍兴三十二年(1162)闰二月编修,乾道元年十二月完成。《宋会要辑稿》运历一载,乾道元年十二月五日,汪大猷

---

① 《玉海》卷四九,第 929 页。
② 《建炎以来系年要录》卷一八〇,第 3452 页。另见《玉海》卷四九,第 930 页。
③ 《南宋馆阁录》卷四,第 37 页。
④ 《玉海》卷四九,第 931 页。
⑤ 《玉海》卷四九,第 931 页。
⑥ 《南宋馆阁续录》卷四,第 205 页。《玉海》卷四九作"六十卷",未知孰是,俟考。
⑦ 《玉海》卷四九,第 931 页。

言："日历所修纂钦宗皇帝一朝《日历》，缘渡江之后简编散逸，前来官吏冥搜博采，今已成书，凡七十五卷。今承国史院画降指挥，令本所将已修成《钦宗日历》发赴本院。缘本所绍兴三十二年闰二月十七日已降指挥，从本所纂录缴进，降付国史院，以备将来修纂实录。"①

高宗日历：1000 卷。淳熙三年（1176）三月三日，"国史日历所上《太上皇帝日历》一千卷"②。绍兴三十二年（1162）闰二月丙戌，秘书省著作佐郎张震言："自建炎元年至绍兴十二年，《日历》已成者五百九十卷，多所舛误。而十二年以后迄今，所修未成书者，至八百三十余草卷，未立传者七百七人。切虑日久益以废弛，望令本监长贰同共修纂，正其差误。内因故相所作，《时政纪》所修者，并审订事实，签贴修改。"③得到采纳。《玉海》卷四七指出，由秘书监李焘编次④。

孝宗日历：2000 卷。第一次编修 1155 卷，《南宋馆阁续录》卷四载，淳熙六年三月，"国史日历所修《孝宗皇帝日历》成一千一百五十五卷"，修自绍兴三十二年六月十一日起，终至淳熙四年。第二次续修，淳熙十六年六月，著作郎黄唐等建言，"淳熙五年正月以后《日历》，见行接续编修，乞依例责限修纂成书"，"仍限半年"。至绍熙元年（1190）八月十六日，"国史日历所上《孝宗皇帝日历》二千卷"⑤。此 2000 卷数字，当是第一次所修 1155 卷和第二次续修之和。

光宗日历：300 卷。《南宋馆阁续录》卷四载，"（庆元）六年二月二十二日，国史日历所上《光宗皇帝日历》三百卷"。小注："先是，庆元元年，著作郎王奭等言：'见修《太上皇帝日历》，自淳熙十六年二月登极，至绍熙五年七月禅位，见行编修，乞责限修纂成书，庶得圣父

①《宋会要辑稿》运历一，第 2699—2700 页。
②《南宋馆阁录》卷四，第 38 页。另见《宋会要辑稿》职官一八，第 3540 页。
③《建炎以来系年要录》卷一九八，第 8 册，第 3888 页。
④《玉海》卷四七，第 900 页。
⑤《南宋馆阁续录》卷四，第 197、200 页。

一朝典册早遂进呈,以副主上事亲之意。'诏从之,仍限一年。至是书成。"①嘉泰二年(1202)十一月十四日,秘书监曾晚以为,"《圣安寿仁太上皇帝日历》,缘其间多有重复纷错,欲乞再行修润","仍乞以光宗皇帝日历为名"②。

宁宗日历:第一次编修510卷,重修500卷。《南宋馆阁续录》卷四载:"(嘉泰)二年十一月十六日,国史日历所上《宁宗皇帝日历》五百一十卷。"小注:"先是,嘉泰二年七月,秘书监曾晚等言:'见修《今上皇帝日历》,起自绍熙五年七月登极,迄今九年,至嘉泰元年十二月,见行编修,乞责限修纂成书。'得旨,限一季。至是书成。"③第二次重修500卷,《南宋馆阁续录》卷四载:"同日(嘉定十四年五月九日),国史日历所上《重修宁宗皇帝日历》五百卷。"④《宋史》卷二○三著录:"《宁宗日历》五百一十卷,重修五百卷。"⑤

从以上所述可见,南宋所修日历,"莫详于建炎、绍兴之所录"⑥,这与汪藻建言朝廷选人编修建炎以至绍兴年间的日历有很大关系,汪藻《乞修日历状》提出不可不纂述的五大理由:其一,史官当广记备言,以垂一代大典,"若太上皇帝、渊圣皇帝及陛下建炎改元,至今三十余年,并无日历。乞诏有司纂述,未见施行……若旷三十年之久,漫无一字之传,将何以示来世乎?"其二,作为中兴之君,"乃一代典章,残缺如此,恐于理未安"。其三,若无书纪实,"徒见一朝陵迟之祸亟,不知二圣积累之功深。兹事非轻,群臣当任其责"。其四,史官之

---

① 《南宋馆阁续录》卷四,第 201 页。
② 《宋会要辑稿》职官一八,第 3543 页。
③ 《南宋馆阁续录》卷四,第 202 页。又见《宋会要辑稿》职官一八、《玉海》卷四七。
④ 《南宋馆阁续录》卷四,第 205 页。
⑤ 《宋史》卷二○三《艺文志二》,第 15 册,第 5090 页。
⑥ 章如愚编撰《山堂考索》续集卷一六,中华书局 1992 年,第 1014 页。

责无所不录,若无记载,则朝廷设置、豪杰谋略、政事兴废湮没无闻,不具规范和奖励性质,"一法弛而不书则一法熄,一事略而不载则一事隳。且当时群臣,间有在者。以为忠贤耶,不条其懿行,安知其可嘉? 以为邪佞耶,不条其宿奸,安知其可弃? 苟因散逸,遂废其书,岂孔子及阙文之义哉?"其五,由于风俗衰薄、公论不立,士大夫往往凭个人爱憎著书立说,造成舆论混淆、是非颠倒,"则数世之后,信以传信,疑以传疑,是非混淆,白黑颠倒,小人之说行而君子受其诬矣,可不惧哉?"①

3. 实录

神宗皇帝实录:南宋第一次重修 200 卷。绍兴五年(1135)九月十五日,"监修国史赵鼎进呈《重修实录》五十卷",绍兴六年正月进全本,"史馆上《重修神宗皇帝实录》二百卷"②。前后预修的人员,有修撰范冲,直史馆任申先,著作佐郎张九成、李公懋,校勘李弥正、喻樗、合(胡)程、王苹、邓名世等,前史官常同、王居正、刘大中、熊彦诗、环中③。第二次修改,规模较小,以增补史实为主。《建炎以来系年要录》卷一一一记载,"绍兴七年六月丙申,御笔:'史馆重修《神宗皇帝实录》,尚有详略失中,去取未当,恐不可垂信传后。宜令本馆更加研考,逐项贴说进入,以俟亲览。'先是,秘书著作郎何抡面对,乞刊正《新录》(范冲所修)讹谬"④。此次参与人员,有著作郎何抡、著作郎兼史馆校勘张嵲、秘书省正字兼史馆校勘李弥正、胡程等。蔡崇榜

---

① 《历代名臣奏议》卷二七七,黄淮、杨士奇编,上海古籍出版社 1989 年,第 3611—3612 页。

② 《南宋馆阁录》卷四,第 27 页。

③ 《建炎以来系年要录》卷九三,绍兴五年九月乙酉,第 4 册,第 1785 页。"合程",据《南宋馆阁录》卷八当为"胡程",第 128 页。《玉海》卷四八亦作"胡程"。

④ 《建炎以来系年要录》卷一一一,第 5 册,第 2085 页。

认为,"此次重修的结局,大概由于只是何抡所进朱墨本增补史实,'修整'《新录》。'别无同异之嫌',所以工作量不大,很快即告完成"①。

哲宗实录:150卷。绍兴八年九月,"史馆上《重修哲宗皇帝实录》一百五十卷"②。参与人员,有左仆射监修赵鼎,修撰勾涛,秘书少监尹焞,著作郎张嵲,佐郎胡珵,校勘朱松、李弥正、高闶、范如圭(一作"珪")等,重修之因,"先是,宰臣朱胜非言,《哲宗实录》经京、卞之手,议论不公,遂诏史官看详重修。后邵溥(当为博)上其父伯温《辨诬》,王铚上《元祐八年补录》,送史馆参修。初《旧录》系二百卷,勾涛言请依《英宗实录》例目通融裁减卷帙"③。王明清《挥麈录·后录》卷一云:"(徐)度在馆中时,见重修《哲宗实录》。其旧书,崇宁间帅多贵游子弟以预讨论,于一时名臣行事既多所略,而新书复因之。于时急于成书、不复广加搜访,有一传而仅载历官先后者,且据逐人碑志,有传中合书名犹云'公'者,读之使人不能无恨。"④重修的《实录》,由于急于成书、搜访不广,故而疏漏颇多。重修之因,缘于《旧录》多载蔡京等人对元祐大臣的诋毁之词,议论偏颇。

徽宗实录:前后编修三次,第一次进60卷,第二次150卷,第三次200卷。《玉海》卷四八记载较详,如下:

绍兴七年,诏修(《徽宗实录》)。八年秋,即史馆开实录院。十一年七月戊戌,进六十卷(自元符三年至大观四年。)……所修疏略。二十八年二月癸巳,修撰贺允中等请重修大观以前实录。

---

① 蔡崇榜《宋代修史制度研究》,第95页。
② 《南宋馆阁录》卷四,第27页。
③ 《玉海》卷四八《绍兴重修哲宗实录》,第911页。
④ 王明清《挥麈录》,上海书店出版社2021年,第54页。

八月戊戌十一日，提举汤思退等上一百五十卷，以左仆射沈该为礼仪使（自八年秋开院，逾二十年乃成，再加增润，犹多疏略。）……癸卯，思退迁左正奉大夫，丙午同修国史周麟之奏副本在有司者，宜谨其藏，不许关借传写……（乾道）五年十二月，秘书少监李焘请重修徽录。六年置院重修。淳熙四年三月九日，上重修《徽录》二百卷，《考异》二十五卷，《目录》二十五卷，进呈如二十八年之制。（焘荐吕祖谦为检讨，审订增删数百条，书遂成。汪藻纂元符以来诏旨，至宣和凡八百六十五卷，实录所取十盖七八，然犹多脱略，焘增修之。）①

《徽宗实录》编修前，绍兴八年（1138）开实录院，九年二月二十二日，诏史馆见修《徽宗实录》，"以实录院为名，置提举官一员。修撰、同修撰、检讨官无定员，应干事件并依史馆例"②。在人员配备上充分从优，十一年进呈《徽宗实录》六十卷，时段从元符三年至大观四年（1100—1110）十年间，缺点是"疏略"。绍兴二十八年二月，在贺允中的建议下重修大观以前的《徽宗实录》，同年八月，汤思退等上一百五十卷，王应麟评价道"再加增润，犹多疏略"。乾道五年（1169）十二月，秘书少监李焘请重修《徽宗实录》，六年四月，就国史院置实录院重修。淳熙四年（1177）三月完成，重修为二百卷③。这次重修之因，是绍兴二十八年所修《徽宗实录》虽取自汪藻修纂元符以来诏旨之十之七八，但脱略犹多，所以李焘请重修，助手是吕祖谦，主要工作是"审订增删数百条"。

钦宗实录：40卷。《玉海》卷四八载，"乾道四年四月甲寅，上《钦

---

① 《玉海》卷四八，第911—912页。
② 《宋会要辑稿》职官一八，第3511页。
③ 《南宋馆阁录》卷四，第38—39页。另见《宋会要辑稿》职官一八，第3521页。

宗实录》四十卷"①。李心传评价道："洪景卢因龚实之所补《日历》
而修之，文直而事核。"②编修人员有洪迈等，洪迈修《实录》，借鉴了
龚茂良所修之《日历》）。

高宗实录：第一次进献280卷，第二次220卷，总计500卷。据
《南宋馆阁续录》卷一载，淳熙十五年（1188）五月二十三日，诏实录
院编修《高宗皇帝实录》。庆元元年（1195）五月，"诏实录院权增置
检讨官三员"，以提高修书进度，"开院已及七年，功绪悠悠，汗青无
日……深恐日月寖久，递互积压"。开院六年以来，编修人员队伍庞
大，"修撰、检讨官共计三十一员"，但由于"史官迁改，去住不常"，编
修中存在"已修下者亦多首尾不接，未成年分"的问题，故而编修者要
求增员限期，一年了毕，以符"圣朝所以追扬远烈、昭示万世之意"③。
前后修撰达十六年，分二次进献，数量总五百卷，《南宋馆阁续录》卷
四载，"庆元三年二月五日，实录院上《高宗皇帝实录》二百八十卷
（起藩邸，止绍兴十六年）"。嘉泰二年（1202）正月二十一日，"实录
院上《高宗皇帝实录》二百二十卷（起绍兴十七年，止三十二年）"④。
第一次编修人员有修撰傅伯寿等，第二次有修撰袁说友等。

孝宗实录：500卷。《南宋馆阁续录》卷四载，嘉泰三年四月十七
日，"实录院上《孝宗皇帝实录》五百卷（起自藩邸，止淳熙十六年二
月）"⑤。编修过程，《玉海》卷四八载，诏修始于庆元元年（1195）七
月二十日，嘉泰二年，"诏傅伯寿、陆游同修，专以委之"，三年四月完
成，王应麟评价道"《孝录》比他书尤疏驳"⑥。陈振孙《直斋书录解

---

① 《玉海》卷四八，第911页。
② 《建炎以来朝野杂记》甲集卷四，徐规点校，中华书局2000年，第110页。
③ 《南宋馆阁续录》卷一，第166页正文和小注。
④ 《南宋馆阁续录》卷四，第200、202页。另见《玉海》卷四八，第912页。
⑤ 《南宋馆阁续录》卷四，第202页。
⑥ 《玉海》卷四八，第912页。

题》卷四亦云："中兴以来,两朝五十余载事迹,置院既久,不以时成,涉笔之臣,乍迁忽徙,不可殚纪。及有诏趣进,则匆遽钞录,甚者一委吏手,卷帙猥多,而纪载无法,疏略抵牾,不复可稽据。故二《录》比之前世,最为缺典,观者为之太息。"①显然,此书编修质量不高。

光宗实录:100 卷。《南宋馆阁续录》卷四载,嘉泰三年四月十七日,实录院上"《光宗皇帝实录》一百卷(起藩邸,止绍熙五年七月)"②。《建炎以来朝野杂记》甲集卷四载,"嘉泰二年,诏宝文阁学士傅伯寿、直华文阁陆游同修,盖专以委之。先是,和州布衣龚敦颐者,元祐党人原之曾孙也,尝著《符祐本末》、《党籍列传》等书数百卷。淳熙末,洪景卢领史院奏官之,后避光宗名,改颐正。朝廷以其有史学,嘉泰七年七月,赐出身,除实录院检讨官,盖付以史事。未几,而颐正卒,乃外召傅、陆还朝"③。编修人员有傅伯寿、陆游。

宁宗实录:数量不详。《玉海》卷四八载:"淳祐二年二月上。"④蔡崇榜以为,"《宁宗实录》前后进书可考者计有四次。《宋史·艺文志》著录四百九十九册,估计为历次所上总数"⑤。

南宋所修《实录》数量,大大超过北宋。北宋 168 年,不超过一千余卷,而南宋仅高宗、孝宗六十多年就达一千卷之多。

4. 会要

续会要:300 卷,一说 200 卷。《玉海》卷五一载:"乾道五年四月戊子,秘书少监汪大猷言,蔡攸所修(《会要》),自元丰至政和,吉礼妄有删改,欲再删定,以《续会要》为名。从之。六年五月己未,宰臣虞允文上之。断自神宗之初,讫于靖康之末,凡六十年,总二百卷。

① 《直斋书录解题》,上海古籍出版社 1987 年,第 131—132 页。
② 《南宋馆阁续录》卷四,第 202 页。
③ 《建炎以来朝野杂记》甲集卷四,第 110 页。
④ 《玉海》卷四八,第 912 页。
⑤ 《宋代修史制度研究》,第 109 页。

分二十一类,六百六十六门。"①《直斋书录解题》著录三百卷,《南宋馆阁录》载秘书省所上亦为三百卷②,与《玉海》所计有差,未知孰是,存疑待考。

国朝中兴会要:200卷。《南宋馆阁录》卷四载,乾道九年(1173)九月六日,"秘书省上《国朝中兴会要》二百卷"③。《宋史》卷三四载,乾道九年九月丙申,"梁克家等上《中兴会要》"④。

孝宗会要:第一次进纳158卷,第二次130卷,第三次80卷,总计368卷。后删减成200卷。《宋会要辑稿》职官一八载,淳熙六年(1179)七月十八日,秘书省上《今上皇帝会要》一百五十八卷⑤。《南宋馆阁续录》卷四曰:"乾道九年九月,诏自绍兴三十二年六月以后编修。淳熙五年六月,复诏修至乾道九年,限以一年成书。至是,秘书少监施师点等言:'会要为书,载礼乐政令之大纲,仪物事为之凡目,以备讨论,与国史、日历不许进呈,事体不同。合依典故,修写进呈。'从之,诏以《今上皇帝会要》为名,体例视《中兴圣统》。"⑥淳熙十三年十一月,"秘书省上《续孝宗皇帝会要》一百三十卷",编修时段,"自淳熙元年正月至淳熙十年十二月"⑦。绍熙三年(1192)十二月四日,秘书省上《孝宗皇帝会要》八十卷,所修时段"自淳熙十一年正月修至十六年二月禅位",诏见修书以《至尊寿皇圣帝会要》为名"⑧。三次编修的孝宗朝《会要》总计368卷,庆元六年(1200)闰二月,秘

---

① 《玉海》卷五一,第975—976页。
② 《直斋书录解题》卷五,第162页;《南宋馆阁录》卷四,第38页。
③ 《南宋馆阁录》卷四,第38页。
④ 《宋史》卷三四《孝宗本纪》,第3册,第656页。
⑤ 《宋会要辑稿》职官一八,第3493页。
⑥ 《南宋馆阁续录》卷四,第197—198页。
⑦ 《南宋馆阁续录》卷四,第199页。另见《宋会要辑稿》职官一八,第3494页。
⑧ 《南宋馆阁续录》卷四,第200页。另见《宋会要辑稿》职官一八,第3528页。

书丞邵文炳等建议比类汇次全书,删繁增补,"(《孝宗会要》)三书计三百六十八卷,事虽备载,而首尾未曾贯穿,至遇检寻典故,前后纷错,殊失会要之义。乞差省官一、二员专一兼总,统为一书,内有可并可删者从长修润,庶使一朝大典得以成书。仍乞以《孝宗皇帝会要》为名",后诏"秘书郎杨济、锺必万,限两月了毕"①。经过删烦润色,嘉泰元年(1201)七月十一日,书成 200 卷上之,眉目清晰,"事详文省,纪纲制度粲然有章"②。

光宗会要:100 卷。庆元六年(1200)二月戊寅,"上《太上会要》(光宗)一百卷,京镗等上。自淳熙己酉二月,迄绍熙甲寅七月,总二十三类,三百六十四门"③。

嘉定国朝会要:自国初至孝宗朝为一书,588 卷。淳熙七年(1180)十月九日,秘书少监赵汝愚建言,"《国朝会要》、《续会要》、《中兴会要》、《今上会要》分为四书,去取不同,详略各异,请合而为一,俾辞简事备,势顺文贯"④。后有张从祖纂辑,秘书省抄写投进之事,嘉定三年(1210)六月十六日,"秘书省誊写张从祖纂辑《国朝会要》五百八十八卷、《目录》二卷投进"⑤。

宁宗会要:第一次进 115 卷,第二次进 100 卷,第三次进续修 110 卷,同时进改正本 115 卷。嘉泰三年(1203)八月二十一日,"秘书省上《皇帝会要》(宁宗)一百一十五卷(起自绍熙五年七月登极,至嘉泰元年十二月)"。嘉定六年(1213)闰九月二十七日,"秘书省上《宁宗皇帝会要》一百卷"⑥。此前秘书监陈武等建言,《会要》实为朝廷

---

① 《南宋馆阁续录》卷四,第 201 页。
② 《玉海》卷五一,第 976 页。
③ 《玉海》卷五一,第 976 页。
④ 《玉海》卷五一,第 976 页。
⑤ 《南宋馆阁续录》卷四,第 203 页。
⑥ 《南宋馆阁续录》卷四,第 202、203 页。另见《玉海》卷五一,第 976 页。

巨典,按例数年进呈一次,不至于年久而遗逸,"今自嘉泰二年正月纂修,至嘉定四年十二月终,首尾已经十年,委是岁久"①,故而有嘉定六年的进书。嘉定十四年五月九日,"秘书省上《宁宗皇帝会要》一百一十卷,并上《改正宁宗皇帝绍熙甲寅登极以后七年会要》一百一十五卷"②。

国朝会要总类:588卷。陈振孙云:"《国朝会要总类》五百八十八卷,李心传所编,合三书为一。刻于蜀中,其板今在国子监。"③这部《会要》,据《宋史·高斯得传》和《宋史·牟子才传》,乃李心传在成都辟官置局所修纂。

当今学者高度评价了宋代修纂会要的规模、举措和成效,"赵宋一代,会要之辑,前后共历十次,成书凡二千二百余卷,开历代会要体史书未有之记录。政府于秘书省设立会要所以专司其事,与国史、实录院、日历所互为唇齿,规模之大,惟元修经世大典,差可比拟。若明清两代之修会典,体制经纬,远不及焉"④。相较北宋,南宋所修会要规模、体量还是颇大。

5. 国史

神、哲、徽、钦四朝正史:350卷。编修时间颇长,始于绍兴二十八年(1158),成于淳熙十三年(1186),其间提举编修官员建议责任到人,朝廷有增加编制和减少编制的调整变化,目的是加强监督、提高效率。

《宋会要辑稿》职官一八载:"绍兴二十八年七月十九日,诏置修国史院,修神宗、哲宗、徽宗三朝正史。"同年八月十四日,"诏置国史

①《南宋馆阁续录》卷四,第203页。
②《南宋馆阁续录》卷四,第205页。另见《玉海》卷五一,第976页。
③《直斋书录解题》卷五,第163页。
④《宋会要辑稿·影印缘起》,中华书局1957年。

院,差宰臣汤思退监修国史,吏部尚书贺允中、兵部侍郎周麟之并差兼同修国史,吏部员外郎叶谦亨、胡沂,秘书省校书郎汪澈并差兼国史院编修官……"同年八月二十五日,国史院编修官定员,"诏修国史、同修国史通以二员,编修官以四员为额"。二十九年八月二十四日,诏编修人员裁减一半,"国史院宰臣提举,置修国史、同修国史共二员,编修官二员……人吏存留一半"①。

乾道二年(1166)闰九月二十九日,国史院上《三朝帝纪》三十卷,提举修《三朝国史》乃陈康伯②。乾道四年(1168)四月二十四日,尚书右仆射、提举修三朝国史、提举实录院蒋芾建言,"国史院见修《三朝国史》志、传,依乾道二年十二月二日指挥,并修钦宗一朝,名为《四朝国史》"。乾道四年六月十五日,诏国史院添置编修官两员,缘于提举修四朝国史蒋芾的建议,"《四朝国史》自绍兴二十八年开院,至今十有一年,仅成帝纪,所有诸志并传文字卷帙最繁,并未曾措辞。谨按本朝修太祖、太宗、真宗三朝正史,不过四年。修仁宗、英宗两朝正史,不过五年。今四朝史既逾十年,而志、传茫然未有次序。臣已将诸志分委所属修纂,惟是编修官旧系四员,后来裁减其半,臣欲量事添置一员"③。蒋氏以北宋编修三朝正史、二朝正史做类比,以为四朝国史开院编纂已有十一年,进度缓慢,尤其是最繁复的诸志和传类文字并未编修,次序茫然。蒋氏将诸志专门委派馆职编修,希望增添人员一名保证进度,最后获准,诏令添置两员。

淳熙七年(1180)十二月十二日,"国史院上神宗皇帝、哲宗皇帝、徽宗皇帝、钦宗皇帝正史志一百八十卷"④。在此之前,淳熙五年

---

① 《宋会要辑稿》职官一八,第3503页。另见《玉海》卷一六八,第3083页。
② 《南宋馆阁录》卷四,第35页。
③ 《宋会要辑稿》职官一八,第3508页。
④ 《宋会要辑稿》职官一八,第3509页。另见《南宋馆阁续录》卷四,第198页。

四月,权礼部侍郎兼同修国史兼实录院同修撰李焘曾建言下旨督促完工,"今修《四朝正史》,开院已十七年。乞降睿旨,责以近限,庶几大典早获备具",后诏限一年完成。淳熙六年正月,国史院申请延期半年,"今来见行分修,系涉熙宁至靖康六十余年,文字浩瀚,乞宽展日限",诏更延期半年。七年十月,《四朝正史志》完成,十二月进呈。淳熙十三年十一月,"国史院上《四朝国史列传》一百三十五卷"①。《四朝国史》历时二十八年有余,"计纪三十五、志一百八十、列传一百三十五,总三百五十卷",编修人员,"以李焘、洪迈、吕祖谦、周必大数人功劳为大"②。

中兴四朝国史:成书较晚,诸家目录书均未著录,卷数不详。高、孝、光、宁四朝国史的高宗朝正史修纂,始于宁宗嘉泰二年(1202)二月丁亥,四朝帝纪书成于淳祐二年(1242),志传成书于宝祐二年(1254),五年润色进献,前后长达四十余年。《玉海》卷四六《淳祐四朝史》载:"淳祐二年二月,进(四朝史)纪。十一年,命史官分撰《志》、《传》,编修官王撝撰《舆服志》四卷。宝祐二年八月二十三日癸巳,进《志》、《传》。五年闰四月四日,修润上之。"③李心传参与编修,程元凤等参与进书,据《宋史·理宗纪二》载,嘉熙二年(1238)三月壬子,"以李心传为秘书少监、史馆修撰,修高宗、孝宗、光宗、宁宗《四朝国史》、《实录》"④。《宋史·理宗纪四》载,"(宝祐五年)闰四月己丑,程元凤等进《玉牒》、《日历》、《会要》、《经武要略》及《中兴四朝志传》"⑤。李心传修书时,组织了一个得力的团队,"辟牟子才、

---

① 《南宋馆阁续录》卷四,第 198 页"七年十二月"条小注。

② 蔡崇榜《宋代修史制度研究》,第 135、136 页。

③ 《玉海》卷四六,第 878 页。

④ 《宋史》卷四二,第 816 页。

⑤ 《宋史》卷四四,第 859 页。

高斯得、钱时为史馆检阅,辟赵汝腾、刘汉弼、徐元杰为属官"①。据
《南宋馆阁续录》所载,高斯得、牟子才习诗赋,赵汝腾、徐元杰治诗
赋,刘汉弼治《书》。

史书类还有玉牒、圣政等,此处从略。南宋修史的数量超过北宋,
既有文治传统的延续性,又有现实败绩的遮蔽性和转移性,张富祥指
出:"不仅在于他们要维护其祖宗标榜'文治'的传统,有时反而要用
'文治'的幌子来遮掩他们在战场上的败绩。"更为重要的是,"他们力
图通过修史,来达到他们'崇成钜典,昭示无极'"②的政治目的。

二、编修御集类

1. 徽宗御集

绍兴十年(1140)四月二十一日,"诏实录院就编徽宗御制,令礼
部行下诸路州军搜访送院。从检讨官朱翌之请也"③。朱翌请搜访
徽宗皇帝圣制,"命史臣编类,仿五阁之制,藏于无穷"④。绍兴二十
四年九月己巳,太师、尚书左仆射、提举实录院秦桧等进呈徽宗皇帝
御集,"凡百卷,上自序之,权奉安于天章阁"。具体内容:"凡诗百五
十有五,词二百,赋一,序十有二,记十,碑四,策问九,文七,乐章三,
挽词二十有七,杂文十有五,《诗》解九,《论语》解二,《道德经》解八,
《南华真经》解八,《冲虚至德真经》解十有二,《广济经》十,金箓科仪
二,政事手札千五百五十,边机手札二百四十有四。"⑤

2. 高宗御集

---

① 来可泓《南宋史家李心传行述考略》,《文献》1991 年第 3 期。
②《南宋馆阁录·前言》,第 12 页。
③《宋会要辑稿》职官一八,第 3512 页。
④《南宋馆阁录》卷四,第 28 页小注。
⑤《建炎以来系年要录》卷一六七,第 7 册,第 3171 页小注。

　　开禧元年（1205）七月二十四日，"实录院上《高宗御集》一百卷"。编修始于淳熙十五年（1188）六月二十九日，同年七月十一日，"诏臣僚各上御制手诏等"①。

　　《高宗御集》的编修并不顺利，据《宋会要辑稿》职官一八记载，庆元二年（1196）七月十四日，实录院提出，早在淳熙十五年六月二十七日奉旨编修《高宗皇帝御集》，已行下诸路州军搜访资料，"虽间有缴进，而名件甚少"，故而建议：

> 　　今乞下内侍省，于曾任德寿宫提举、提点之家，御制、御笔、手札、石刻等文字搜访，应有宝藏真本，并元有抄录下但干文字，并令抄录，径送本院，并内诸司及臣僚士庶之家、应僧道有被受或收得前件御制等文字者，内外官司从本院取索，诸州军委守贰遍下所管县镇、城寨、宫观、寺院等处搜访，挨排年月抄录，点对无差漏，实封申发本院。如无处，亦取诣实文状供申。乞令逐路转运司催促，月具有无供申。仍令三省、枢密院将建炎、绍兴所得御笔尽行录送，以凭编类，庶几早得就绪。②

　　从以上文字可以看出，搜访对象颇有针对性，是曾任德寿宫提举、提点之家，内诸司及臣僚士庶之家、受到赏赐的僧道徒等；搜访区域颇为广泛，有内外官司、县镇、城寨、宫观、寺院等；搜访名件，涉及御制、御笔、手札、石刻等。而且按照时间排列抄录，查验无错漏后发付实录院。要求三省、枢密院等通力配合，将所得御笔全部录送，据此编类，早日完工。

　　3. 孝宗、光宗、宁宗御集

① 《玉海》卷二八，第549页。
② 《宋会要辑稿》职官一八，第3524页。

淳祐五年（1245）二月，"孝宗、光宗《御集》成，上之"。景定二年（1261）三月，"《宁宗御集》成，上之"①，三帝御集具体卷数不详。

北宋所编御集，《宋史·艺文志七》著录"《太宗御集》一百二十卷"《真宗御集》三百卷，《目录》十卷，又《御集》一百五十卷"《仁宗御集》一百卷，《目录》三卷"《英宗御制》一卷"（神宗）《御集》一百六十卷"《哲宗御制前、后集》共二十七卷"。南宋所编皇帝御集有《徽宗御集》百卷，《高宗御集》一百卷，孝宗、光宗、宁宗御集卷数不详，钦宗御集未编成，理宗、度宗御集"似并无编纂"②。

三、编修目录书

南宋馆阁所编目录书，略少于北宋。北宋有《淳化秘阁群书》《咸平馆阁图籍目录》《太清楼四部书目》《龙图阁四部书目》《崇文总目》《元祐秘阁书目》《政和秘书总目》等，南宋有《中兴馆阁书目》《中兴馆阁续书目》等，具体见下：

1.《求书阙记》

绍兴十七年（1147），郑樵依据秘书省所颁阙书目录，"集为《求书阙记》七卷，《外记》十卷"③。郑樵虽非馆阁人员，但所阙书目信息由秘书省提供，某种意义上说此书目是以南宋朝廷意志为主、郑樵个人理念为辅的图书目录。

2.《乾道秘府群书新录》

唐仲友著，八十三卷。《两宋名贤小集》卷一五九载，唐仲友字与政，金华人，登绍兴进士，复中宏辞科，所著有《六经解》《九经发题》

---

① 《玉海》卷二八，第549页。
② 王曾瑜《宋帝御集和御笔述论》，《兰州学刊》2015年第3期。
③ 《玉海》卷五二，第998页。

《经史难答》《乾道秘府群书新录》等①。《南宋馆阁录》卷八载唐氏馆阁经历如下：隆兴二年（1164）十二月除正字，乾道元年（1165）二月监南岳庙。乾道六年十一月第二次除正字。乾道七年七月，以正字兼实录院检讨官。乾道八年五月，为著作佐郎②。此目录，极有可能为唐氏供职秘书省时所编。

3.《中兴馆阁书目》

淳熙四年（1177）十月，秘书少监陈騤等建言修书目，"中兴以来，馆阁藏书，前后搜访，部帙渐广，循习之久，未曾类次书目，致有残缺重复，多所讹舛。乞依《崇文总目》，就令馆职编撰，更不置局"。淳熙五年六月，秘书省上"《中兴馆阁书目》七十卷，《序例》一卷"③。

《南宋馆阁录》卷三所载书目情况，秘阁诸库书目，"经、史、子、集四类一万三千五百六卷，三千九百五十八册"；御前书，"经、史、子、集四类二千五百二卷，六百十四册"；四库书，"经、史、子、集二万三千五百八十三卷，六千五百十二册"；续搜访库，"经、史、子、集二万三千一百四十五卷，七千四百五十六册"；诸州印版书，"六千九十八卷，一千七百二十一册"④。除去重复，该书"凡五十二门，计见在书四万四千四百八十六卷，较《崇文》所载多一万三千八百十七卷。复参《三朝史志》，多八千二百九十卷，《两朝史志》多三万五千九百九十二卷"⑤。陈振孙评曰："中兴以来庶事草创，网罗遗逸，中秘所藏，视前世独无歉焉，殆且过之。大凡著录四万四千四百八十六卷。盖亦盛

---

① 陈思编，陈世隆补编《两宋名贤小集》卷一五九，《宋集珍本丛刊》第 102 册，线装书局 2004 年，第 148 页。
② 《南宋馆阁录》卷八，第 123、125、138 页。
③ 《南宋馆阁续录》卷四，第 197 页。
④ 《南宋馆阁录》卷三，第 23—24 页。另见《玉海》卷五二，第 999 页。
⑤ 《玉海》卷五二，第 999 页。另见马端临《文献通考》卷一七四，第 1510 页。

矣。其间考究疏谬,亦不免焉。"①既赞许了南宋馆阁网罗搜寻之功,
又客观评价了考究之谬。

4.《御制御札目录》

嘉定三年(1210),编次《御制御札目录》,具体收录数量,《南宋
馆阁续录》卷三道:"秘阁旧藏御制御札六百七轴、三十五册、五道,及
节次续藏六百五十二轴、十一册;挂屏扇面九十有九。旧集止有总
数,未曾详记名件,嘉定三年重行编次,作为《目录》,藏之秘阁。"②

5.《中兴馆阁续书目》

该书目编修始于嘉定十二年(1219)闰三月,秘书省言,"今来本
省自淳熙五年以后续次搜访书籍数目亦多,见今编类,渐成次第,欲
望敷奏,许从本省检照前例施行"。嘉定十三年四月二十日,秘书省
上"《中兴馆阁续书目》三十卷"③。该书目由秘书丞张攀等续修,
"得书七百五十二家,八百四十五部,凡一万四千九百四十三卷"④。
据《南宋馆阁续录》卷七载,张攀字从龙,平江常熟人,淳熙十一年卫
泾榜进士出身,治诗赋,"(嘉定)十三年二月除(秘书丞),九月为尚
右郎官"⑤。陈振孙《直斋书录解题》评价此书目道,"以淳熙后所得
书纂续前录,草率尤甚"⑥。

6.《中兴国史艺文志》

著录了南宋高宗、孝宗、光宗、宁宗朝馆阁藏书。赵士炜《宋国史
艺文志辑本序》以为:"《中兴志》乃以《馆阁书目》《续书目》铨次而

---

①《直斋书录解题》卷八,第 236 页。
②《南宋馆阁续录》卷三,第 175 页。《玉海》卷五二,第 999 页,所记简略。
③《南宋馆阁续录》卷四,第 204—205 页。《宋史》卷二〇四,第 5148 页。
④《玉海》卷五二,第 999 页。
⑤《南宋馆阁续录》卷七,第 263 页。
⑥《直斋书录解题》卷八,第 236 页。

成……盖《中兴志》乃纪南渡后重收图籍,故有重复也。"①又:"盖撰于理宗绍定以后也……此志序及每类总数,并载《通考》中,又有逸文若干条,均具《解题》。此宋世国史之异于前朝诸志也。"②赵士炜《中兴国史艺文志辑本》分四部五二类,共计 5351 家,卷数为 78312③。

另有《秘省续编四库阙书》,张固也、王新华《〈秘书省续编到四库阙书目〉考》,认为是北宋后期秘阁采编入藏图书之目录,不能说成"绍兴书目"。此目有一个编撰、改定、增补过程。约编撰于宋徽宗政和七年(1117),著录图书 3295 部,14900 多卷;绍兴十四年至十七年间(1144—1147)添注"阙"字,并未增加图书,是为绍兴改定本;孝宗以后出现多种增补本,其中一种著录图书 3557 部、18000 卷,是为今本④。

四、校勘图籍

司马迁子承父业,刘向父子校书天禄,令狐德棻三朝为史官,郑樵《通志·校雠略》以为,"校书之任不可不专",并以历史上著名史官为例说明:"若欲图书之备,文物之兴,则校雠之官岂可不久其任哉?"⑤说明校书职任,业务上一定要精专,时间上需持久,方有其效。南宋馆阁校勘事业,较北宋显得冷清。

就校勘经部书而言,汝企和认为,北宋馆阁校经部书共计 10 次,而南宋专校只有 2 次,表现在数量、总量上大不如前;所校书的重要

---

① 《图书馆学季刊》1933 年第 2 期。

② 赵士炜辑《中兴国史艺文志》,《国立北平图书馆馆刊》1932 年第 6 卷,第 44 页。

③ 乔衍琯《宋代书目考》,文史哲出版社 1987 年,第 15 页。

④ 《古典文献研究》第 12 辑,凤凰出版社 2009 年,第 332 页。

⑤ 郑樵《通志二十略》,王树民点校,中华书局 1995 年,第 1812—1813 页。

性、校勘的计划性、复校方面等无法与北宋同日而语①。校勘史书，北宋 12 次，南宋 9 次。史书比重大为增加，集中于高、孝、理宗三朝，内容多为实录、会要、日历。校勘史书计划性较差，复校、刻印方面远不及北宋②。汝氏所引材料为以下二条：

绍兴六年（1136）八月六日，翰林学士知制诰兼侍读兼资善堂翊善朱震言：“奉诏看详文旦《春秋要义》，及校正崔岩上祖先子方著述《春秋经解》，乞与推恩。”诏文旦转一官，岩补上州文学。

《玉海》卷四五载：“淳熙《礼部韵略》五卷。元年，国子监言：‘前后有增改删削及多差舛。’诏校正刊行。”

这二条材料均未明言是由馆阁文人进行校正。第一条类似者还有，秘书丞环中曾进《春秋年表》，高宗赐辅臣，沈与求以为：“不知谁诠次，恐不当先鲁而后周，甚非《春秋》尊王之意。”③高宗更令朱震校勘进呈。高宗批评环中学术荒陋，不当在馆阁，于是绍兴五年（1135）六月戊辰，环中外任。考《南宋馆阁录》卷七，朱震绍兴五年二月除秘书少监，四月为起居郎，再也没有在馆阁任职，所以看详校勘者非馆阁文人。第二条，校正刊行者存疑俟考。

校勘子部书：《宋会要辑稿》崇儒四载，绍兴二十七年八月十五日，“昭庆军承宣使致仕王继先上《重加校定大观证类本草》书，诏令秘书省官修润讫，付国子监刊行。初，以《本草》之书经注异同，治说讹舛，令继先辟御医张孝直、柴源、高绍功检阅校勘”，继先说：“今之为书……通前合一千七百四十八种，以为定数。乃至旁搜方书，钩探经典，续历世之或阙，释古今之重疑，目曰《绍兴校定经史证类备急本

---

① 参汝企和《宋代馆阁之校勘经部书》，《中国文化研究》2003 年春之卷，第 82—91 页。

② 参汝企和《论两宋馆阁之校勘史书》，《史学史研究》2001 年第 1 期。

③ 《建炎以来系年要录》卷九〇，第 4 册，第 1745—1746 页。

草》。其卷目品类并校定序说,依前三十二卷,及新添《释音》一卷。"①《南宋馆阁录》卷五记载了秘书省修润文人名单:"一至三卷,秘书郎王佐;四至六卷,著作佐郎杨邦弼;七至九卷,著作佐郎陈俊卿;十至十二卷,校书郎季南寿;十三至十五卷,校书郎陈祖言;十六至十九卷,校书郎胡沂;二十至二十二卷,校书郎叶谦亨;二十三至二十五卷,校书郎张孝祥;二十六至二十九卷,正字汪澈;三十至三十二卷并《释音》,正字林之奇。"②

　　南宋校定医书者均为医官,医官完成后由馆阁文人修饰润色,而北宋是医官与精通医书的馆阁文人合作校勘,二者差别较大。《宋会要辑稿》崇儒四云:"(天圣)四年十月十二日,翰林医官副使赵拱等上准诏校定《黄帝内经素问》、《巢氏病源》、《难经》,诏差集贤校理晁宗悫、王举正、石居简、李淑、李昭遘,依校勘在馆书籍例,均分看详校勘。"③校勘特点、合作方式、文人水准,决定了北宋馆阁在校勘中医典籍上成就突出。

　　南宋馆阁校勘图籍值得一提的是绍兴二年(1132)四月,诏御府书籍和曾旼家藏书充实秘阁,因数量较大委派专人校勘,立考核制度,《南宋馆阁录》卷三载:"诏分经、史、子、集四库,仍分官日校。"权秘书少监王昂建言:"本省承节次降下御府书籍四百九十二种,今又有曾旼家藏书二千六百七十八卷,未经校正。欲依故例,分库拨充秘阁,专人各行主管。置进账簿、库牌经,日校二十一板,于卷尾亲书'臣某校讫'字。置课程,每月结押,旬申本省照会。遇入伏,传宣住校。内有损坏脱落、大段错谬、不堪批凿者,许将别本参考,重行补写。所有进账簿纸并装背物料等,及校书朱红、雌黄、纸札,欲从本

---

① 《宋会要辑稿》崇儒四,第 2823 页。
② 《南宋馆阁录》卷五,第 57—58 页。
③ 《宋会要辑稿》崇儒四,第 2818 页。

省,遇合用,报户部下左藏库支供。"诏:"可。"①建议其一,以私人藏书充实秘阁,按类校勘,分人主管。其二,有日课要求,登记在册,责任到人,严格监管。其三,脱落错谬较多者,参考别本补写。其四,校勘所需物资,向户部申报由左藏库支出。

绍兴五年九月十九日,赐新进士《儒行篇》以励士行,"有旨,添赐《中庸》,送秘府校勘。正字张嵲校《中庸》,高闶校《儒行篇》"②,可见高宗对新进士传承儒学的重视。绍兴六年六月,史馆修撰范冲、秘书少监吴表臣参订了《校雠式》,如下:

> 诸字有误者,以雌黄涂讫,别书。或多字,以雌黄圈之;少者,于字侧添入。或字侧不容注者,即用朱圈,仍于本行上下空纸上标写。倒置,于两字间书乙字。
>
> 诸点语断处,以侧为正。其有人名、地名、物名等合细分者,即于中间细点。
>
> 诸点发字,本处注释有音者,即以朱抹出,仍点发。其无音而别经传子史音同有可参照者,亦行点发……
>
> 点有差误,却行改正,即以雌黄盖朱点,应黄点处并不为点。
>
> 点校讫,每册末各书"臣某校正"。
>
> 所校书,每校一部了毕,即旋申尚书省。③

这种校雠方式影响深远,岳珂《九经三传沿革例》道:"监、蜀诸本皆无句读,惟建本始仿馆阁校书式,从旁加圈点,开卷了然,于学者为

---

① 《南宋馆阁录》卷三,第 21 页。另见《宋会要辑稿》崇儒四,第 3822 页。
② 《玉海》卷五五,第 1056 页。
③ 《南宋馆阁录》卷三,第 23 页。

便,然亦但句读经文而已。"①可知建本受馆阁校书加圈点影响。张富祥高度评价了这一校雠方式的价值功效,"这是我国古代文献学史上最早确定的较为完整的校勘条例,不仅对纠正魏晋以来众人校书各出己意、式例驳杂、符号不能统一等弊病有重要的实际意义,而且对后世校书有着深刻的影响"②。

秘阁本《文苑英华》的校正,朝廷委任校勘者虽非现任馆职,但有着丰富的馆阁经历。据《南宋馆阁录》卷六至卷八、《南宋馆阁续录》卷七所载,周必大曾任正字、实录院同修撰、实录院检讨官、修国史、国史院编修官、秘书监、监修国史、提举国史、提举实录院、提举编修国朝会要馆职,因而编校、修纂、提领等职任,对其而言得心应手。《玉海》卷五四曰:"孝宗以秘阁本(《文苑英华》)多舛错,命周必大校雠以进。淳熙八年正月二十二日,以一百十册藏秘阁。"③周必大《〈文苑英华〉跋》云:"臣因及《英华》虽秘阁有本,然舛误不可读。俄闻传旨取入,遂经乙览。时御前置校正书籍一二十员,皆书生,稍习文墨者月给餐钱,满数岁补进武校尉。既得此为课程,往往妄加涂注,缮写装饰,付之秘阁,后世将遂为定本。臣过计有三不可:国初文集虽写本,然雠校颇精,后来浅学改易,浸失本指。今乃尽以印本易旧书,是非相乱,一也;凡庙讳未祧,止当阙笔,而校正者于赋中以商易殷、以洪易弘,或值押韵,全韵随之。至于唐讳及本朝讳,存改不定,二也;元阙一句或数句,或颇用古语,乃以不知为知,擅自增损,使前代遗文幸存者,转增疵类,三也。"④从周必大所述来看,这批御前校正书籍官水平有限,经验不足,妄加涂注,敷衍了事,故而秘阁本舛

---

① 影印文渊阁《四库全书》经部第 183 册,第 571 页。
② 《南宋馆阁录》《南宋馆阁续录》之前言,第 16 页。
③ 《玉海》卷五四,第 1022 页。
④ 《文苑英华·卷首》,中华书局 1966 年,第 9 页。

错颇多，表现在不查版本精粗优劣，以印本来易旧书；避讳处理不当，没有定法；不懂装懂，擅自增删，造成了新的讹误。因其如此，故有后面命周氏校正《文苑英华》之任。

第四节　南宋馆阁庋藏书画与古器物

北宋端拱元年（988）五月辛酉，太宗诏置秘阁于崇文院中堂，庋藏古画、墨迹，建成后史馆所藏图画 114 轴尽付秘阁，程俱《麟台故事》卷一记载："有晋王羲之、献之、庾亮、萧子云、唐太宗、明皇、颜真卿、欧阳询、柳公权、怀素、怀仁墨迹，顾恺之画维摩诘像、韩幹马、薛稷鹤、戴松牛，及近代东丹王李赞华千角鹿、西川黄筌白兔，亦一时之妙也。"①馆阁藏品，曝书会时文人有机会大饱眼福。仁宗皇祐五年（1053），梅尧臣受馆阁学士江邻几之邀观三馆书画，其诗《二十四日江邻几邀观三馆书画，录其所见》云："世间难有古画笔，可往共观临石渠……羲献墨迹十一卷，水玉作轴光疏疏，最奇小楷《乐毅论》，永和题尾付官奴。又看四本绝品画，戴嵩吴牛望青芜，李成寒林树半枯，黄筌工妙白兔图。不知名姓貌人物，二公对弈旁观俱，黄金错镂为投壶，粉障复画一病夫。后有女子执巾裾，床前红毯平围炉，床上二姝展氍毹，绕床屏风山有无。画中见画三重铺，此幅巧甚意思殊，孰真孰假丹青模，世事若此还可吁。"②此次经历，估计是令梅尧臣终生难忘，王羲之、献之的墨迹十一卷、小楷书写的《乐毅论》、戴嵩《吴牛图》、李成《寒林枯树图》、黄筌《白兔图》，以及不知名姓的二公对弈图，画中见画，构思颇为巧妙，意蕴特殊。诗人惊叹书法画作之精

---

① 张富祥《麟台故事校证》，中华书局 2000 年，第 19 页。
② 梅尧臣《梅尧臣集编年校注》卷二三，朱东润编年校注，上海古籍出版社 1980 年，第 676—677 页。

美无比,应接不暇的他一一记录在案。靖康之难,导致北宋馆阁图籍书画损失惨重,南宋政府对书画的搜访极为用心,经过君臣数代努力,馆阁储藏可谓丰赡。

一、南宋馆阁所藏名贤书法

南宋馆阁储藏名贤墨迹颇多,据《南宋馆阁录》卷三载,有"一百二十六轴,一册"①;《南宋馆阁续录》卷三所载,有"八十九轴",总计215轴。具体名录如下:魏1轴,晋17轴,齐1轴,梁1轴,唐64轴,唐朝不知名者68轴,五代14轴,宋朝49轴②。

从朝代来看,名贤墨宝以唐代最多,达132轴,其次是宋代。就人物而言,唐代除了颜真卿(3)、张旭(6)、柳公权(1)等书法名家作品外,还收有帝王唐玄宗、肃宗,文人褚遂良、欧阳询、狄仁杰、李白、白居易、李商隐等作品,还有若干禅衲释子之作,如禅月大师贯休、僧亚栖、齐己、高闲、怀素等。五代墨宝,有李煜、杨凝式、宋齐丘、徐铉等。宋代总计49轴,收录除了钟离景伯(1)、蔡襄(2)外,其余都是米芾作品,达46轴之多,可见南宋馆阁对米芾作品的重视,也说明其作品留存较多。晋代所藏以王羲之书帖最多,为13帖。从翰墨品类而言,有帖、经文、简尺、启状、诗等。以收录作者而论,书法名家赫然在列,米芾高居榜首,其次是王羲之、张旭、怀素。另外帝王墨迹因其身份关系,也居其中。唐代诗僧释子大盛,他们的作品被收藏亦是情理之中。

二、南宋馆阁所藏法帖

宋代出现了汇集历代名家书法墨迹,镌刻石上,然后拓成墨本并

---

① 《南宋馆阁录》卷三,第24页。
② 《南宋馆阁续录》卷三,第176—177页。

装裱成卷或册的刻帖，既使文人书法得以流传，又使世人学习有范本可据，故而称之为法帖。北宋文人秦观《法帖通解序》曰："《法帖》者，太宗皇帝时遣使购摹前代法书，集为十卷，摹刻于版，藏之禁中。大臣初登二府，诏以一本赐之。其后不复赐，世号官帖。"①宋代掌管军事的枢密院称为西府，掌管政务的中书门下称为东府，合称"二府"，共同行使行政领导权，《法帖》赏赐给这些具有高级行政领导权的官员，普通文士则没有此待遇。后因不赏赐，故而又被称为官帖。

《皇朝祖宗御书法帖》，《南宋馆阁续录》卷三著录有"十卷，五十六段"，有太祖、太宗、真宗、仁宗、英宗、神宗、哲宗、徽宗、钦宗作品，另有秘书监沈揆等人的跋文，"以上石刻，嘉定三年改会要所楷书案为库置架设之"②。

《淳熙秘阁续法帖》，《南宋馆阁续录》卷三著录有"十卷，七十三段"，其中有钟繇、王羲之、王献之二卷，其余八卷均为唐代文人书法，有欧阳询、颜真卿、唐明皇、李阳冰、李白、白居易、李商隐、高闲、齐己等共 24 人，这些石刻保存在"西廊史库之南碑石库"③。

《群玉堂法帖》，《南宋馆阁续录》卷三著录有"十卷，共一百四十一段"，其中第一卷为高宗、孝宗、光宗等御书，第二卷、三卷、四卷为宋前文人书法作品，有王羲之、李北海、僧智永、怀素等人。从第五卷至第十卷除了李后主、钱俶、徐铉等由五代入宋者，其余基本都是宋代文人，其中苏轼、黄庭坚、米芾各占一卷，又有石曼卿、苏舜钦、张舜民、薛道祖等名家书法，又有杨亿、沈括、曾巩、林逋、王仲至、杨杰、秦观、张耒、晁补之、李之仪、周邦彦、陈与义等文人作品。这些碑刻，嘉

---

① 周义敢、程自信、周雷《秦观集编年校注》卷二五，人民文学出版社 2001 年，第 565 页。
②《南宋馆阁续录》卷三，第 189 页。
③《南宋馆阁续录》卷三，第 189 页。

定三年(1210),"以著庭东廊屋三间为库置架设之"①。可见南宋馆阁对名家书法的重视与保护比较到位,对本朝文人书法也极为关注。除了名家作品,其他文人如毛滂、苏庠、张商英、韩驹等的书法作品也予以了刻石拓印,促其流传,可见收录宽泛。

《法帖》流传于世,得力于朝廷赏赐。秦观《法帖通解序》载:"故丞相刘公沆守长沙日,以赐帖摹刻二本,一置郡斋,一藏于家,自此《法帖》盛行于世。士大夫好事者,又往往自为别本矣。今可见者《潭》、《绛》二郡,刘丞相家,潘尚书师旦家,刘御史次庄家,宗将世章家,凡六本。虽有精粗,然大抵皆官帖之苗裔也。"秦观提到刘沆将赏赐之帖摹刻二本,促使官帖流行。一些好事的文人士夫又自为别本,如潘师旦、刘次庄等家,总计六本。秦观又指出,有些官帖也是伪迹赝品,"颇有伪迹滥厕其间","至于标题、次序,乖错逾甚",缘于集帖之人敷衍了事,不加精考。另外,士大夫以书法为小技的态度也起了一些作用。秦观在馆阁任正字时一览真品,"见诸帖墨迹,有藏于秘府者,字皆华润有肉,神气动人,非如刻本之枯槁也"。馆阁条件便利,促使秦氏对《法帖》产生了浓厚的兴趣,故而被贬后一一考论,以填补人生迁转带来的内心的空虚失落,"投荒索居,无以解日,辄以其灼然可考者疏记之,疑者阙之,名曰《法帖通解》云"②。

米芾元祐三年(1088)《跋秘阁法帖》,指出法帖之真伪、错乱之处,希望有知音相赏:"余抱疾端忧,养目文艺,思而得之,粗分真伪,因跋逐卷末,以贻好事同志。百年之后,必有击节赏我者。余无富贵愿,独好古人笔札。每涤一砚、展一轴,不知疾雷之在旁,而味可忘。"③这种爱好兴趣使作者沉潜其中,忘记了口腹之欲,屏蔽了自然

---

① 《南宋馆阁续录》卷三,第 189—190 页。
② 《秦观集编年校注》卷二五,第 565—566 页。
③ 《全宋文》卷二六〇一,第 121 册,第 14—15 页。

声响。后又有黄伯思撰有《法帖刊误》二卷,在米芾基础上后出转精,更为细致。黄伯思大观二年(1108)做《法帖刊误序》,指出米氏跋语"颇有条流",但"概举其目,疏略甚多"。具体说来米氏之失,有"虽审其伪而讥评未当者""讥评虽当,主名昭然而不能辩者""误著其主名者"①等等,黄氏遗憾米芾不见自己之评鉴。据《宋史》本传,黄伯思自幼好学嗜书,精通经史,好古文奇字,致力于金石书画。进入馆阁后更是如鱼得水,"纵观册府藏书,至忘寝食"②。由以上数例可以看出馆阁的收藏于文人学术兴趣涵养之重要意义。相形而下,南宋馆阁文人在这方面的作为较少。

三、南宋馆阁庋藏文人画作

南宋馆阁所藏画作,《南宋馆阁录》卷三载:"御画十四轴,一册。人物百七十三轴,一册。鬼神二百一轴。畜兽百十八轴。山水窠石百四十四轴。花竹翎毛二百五十轴。屋木十一轴。"③总计911轴。《南宋馆阁续录》卷三著录有"一百八十七轴"④。旧藏和新藏总计1098轴,其中本朝文人画收录有燕文贵(5轴)、郭熙(6轴)、赵大年(7轴)、文与可(6轴)、苏轼(1轴)、惠崇(5轴)、李公麟(5轴)等,收录最多的当为五代宋初画家李成(14轴)。所收画作基本反映了文人绘画特长,例如文与可和苏轼的墨竹、惠崇的雪雁、李公麟的马、郭熙的山水寒林等。

佛道像173轴,其中有张僧繇、展子虔、李昭道、阎立本、吴道子等名家画作,内容为观音、罗汉、道教诸仙、星辰等。人物139轴,有

---

① 《全宋文》卷三三五六,第156册,第165页。
② 《宋史》卷四四三,第37册,第13106页。
③ 《南宋馆阁录》卷三,第24页。
④ 《南宋馆阁续录》卷三,第179页。

道士骑牛、楼台仕女、胡旋女、秋山畋猎、弈棋捕鱼等各种生活题材。其中《杜甫观梅春景》《陶潜高卧夏景》，表明文士风雅题材得到绘画的关注。另有《罗斛职贡图》《真腊职贡图》《交趾职贡图》等，体现藩属或异域对于宋廷的按时贡纳，具有宣示主权及德威远播的政治意涵。

徽宗画作和题画诗值得一提，南宋馆阁收录徽宗画品 14 轴，题材为禽鸟花木，如《鹭鸶》《野鸭》《野雀》《早梅小禽》《寒鸦栖木》等。《宣和画谱》卷一五《花鸟叙论》曰："所以绘事之妙，多寓兴于此，与诗人相表里焉。故花之于牡丹芍药，禽之于鸾凤孔翠，必使之富贵。而松竹梅菊、鸥鹭雁鹜，必见之幽闲。至于鹤之轩昂，鹰隼之击搏，杨柳梧桐之扶疏风流，乔松古柏之岁寒磊落，展张于图绘，有以兴起人之意者，率能夺造化而移精神，遐想若登临览物之有得也。"①表明在绘画中，花木禽鸟既要符合其物理属性，又要寄寓着文人雅兴和文化品格。徽宗画作表达林泉之趣、江湖之思，对文人画和工笔花鸟画产生了不小的影响，成为南宋馆阁的收藏重点。

馆阁收录徽宗御题画 31 轴，其中自题其画的有《海棠通花凤》《芙蓉锦鸡》《杏花鹦鹉》《千叶碧桃苹茄》《金林檎游春莺》等 8 轴。如《海棠通花凤》，徽宗题诗云："锦棠天与丽，映日特妖娆。五色绚仪凤，真堪上翠翘。"写其妖娆富丽之姿。《芙蓉锦鸡》题诗云："秋劲拒霜盛，峨冠锦羽鸡。已知全五德，安逸胜凫鹥。"《韩诗外传》卷二载："伊尹去夏入殷……田饶事鲁哀公而不见察，谓哀公曰：……'君独不见夫鸡乎？头戴冠者文也，足傅距者武也，敌在前敢斗者勇也，见食相呼者仁也，守夜不失时者信也。'"②徽宗诗歌用此典故来赞美锦鸡：有华美之羽，有抵抗秋霜之品性，加之有五德之美，故其安然闲

① 《宣和画谱》卷一五，俞剑华标点注译，人民美术出版社 1964 年，第 239 页。
② 韩婴《韩诗外传集释》卷二，许维遹校释，中华书局 1980 年，第 60—61 页。

逸胜却凫鹥之类。《桃竹黄莺》题诗云："出谷传声美,迁乔立志高。故教桃竹映,不使近蓬蒿。"①赞叹黄莺出自幽谷,歌喉婉啭,立志高远,所以与桃花翠竹相映,而远离蓬蒿。徽宗在其画作上题诗,诗歌、画品相映成辉,相互点染,寄托文人情趣,影响深远,周积寅评论道:"唐代及其以前的题画诗,并未题在画上。宋代,由于文人画运动的掀起,题画诗有了进一步的发展。文同、苏轼、米芾、米友仁等,作了大量的题画诗,但多数可能是题在画前或跋在画后的。有画迹可考,在画上题诗的,当推宋徽宗为第一人。"②北宋秘阁所藏墨迹、图画数量有限,馆阁典籍的记载显得疏略,而南宋馆阁墨迹、图画收藏颇丰,记录细致且条分缕析。

四、南宋馆阁庋藏古器

《南宋馆阁录》卷三记载有古器"四百十八",还有"砚七十五,琴七"③。《南宋馆阁续录》卷三著录有古器四十、商器七十六、周器一百六十五、秦器六、汉器一百十二、唐器二、不知年代者九十七。古器名目有敦、觚、鼎、钲、钟、镭、香奁、焦斗、方壶、花瓶等等,既有实物,又绘图记载,"庆元四年绘画为图,其样制、高广、小大、有无款识悉皆记载,共成五册,藏于经库"④。南宋馆阁庋藏古器实物与图谱并俱,详细登记在册,可见其慎重与讲究。郑樵《通志·图谱略》曰:"图,经也。书,纬也。一经一纬,相错而成文。图,植物也。书,动物也。一动一植,相须而成变化。见书不见图,闻其声不见其形;见图不见书,见其人不闻其语。"⑤说明文本和图像之间相辅相成的关系,合则

---

① 所引徽宗诗均见《南宋馆阁续录》卷三,第179—180页。
② 周积寅《中国画论辑要》,江苏美术出版社2005年,第509页。
③ 《南宋馆阁录》卷三,第24页。
④ 《南宋馆阁续录》卷三,第178—179页。
⑤ 《通志二十略》卷七二,第1825页。

双美,离则两伤。事实上,图像由于色彩、构图、技法等因素,吸引读者生发丰富的想象力,跨越时空而形成对话,完成文本阐释,可以说是丰富和拓展了文本。而文本的记录,有助于读者较为清晰地了解实物的形制、大小、年代、收藏等信息。文本与图画对于实物的保存与流传,是大有裨益的。

　　这些古画、墨迹、古器,在曝书会时和图籍一并对馆阁文人、其他与会者开放,《南宋馆阁录》卷六记载绍兴十三年(1143)七月的秘书省曝书会盛况,"令临安府排办,侍从、台谏、正言以上及前馆职、贴职皆赴"。绍兴二十九年(1159)闰六月的曝书会,"是日,秘阁下设方桌,列御书、图画。东壁第一行古器,第二、第三行图画,第四行名贤墨迹;西壁亦如之。东南壁设祖宗御书;西南壁亦如之。御屏后设古器、琴、砚,道山堂并后轩、著庭皆设图画。开经史子集库、续搜访库,分吏人守视"①。

　　除了曝书会,天子临幸秘书省时也开放秘阁,令侍驾文人、秘书省文人观览秘阁书画与古器。绍兴十四年七月二十七日,高宗临幸秘书省,诏示:"朕嘉与学士大夫共宏斯道……以示右文之意。"随后至秘阁,"宣群臣观累朝御书御制、书画、古器等"②。天子右文之意,以宏大的气魄和妥妥的实惠展现出来。文人士夫在观览器物、品鉴书画时,激发出不少感恩戴德之情和心意诚诚的应制之作。

　　馆阁文人因职业便利,平时还是有机会接触这些藏品的。陆游《老学庵笔记》卷二记载,自己阅读《梁书·欧阳頠传》,称頠在岭南"多致铜鼓,献奉珍异",而陆游在宣抚司时所见西南夷铜鼓质地精良,"极薄而坚,文镂亦颇精,叩之冬冬如鼓,不作铜声"。陆氏称自己在秘阁也曾见过此物,"秘阁下古器库亦有二枚",所以他提出,这种

---

① 《南宋馆阁录》卷六,第68—69页。
② 《南宋馆阁录》卷六,第62页。

铜鼓少数民族至今都用于战争和祭祀，"初非古物，实不足辱秘府之藏"①，大意是说这种器物本不是古旧之物，竟然收置馆阁，选择不精，与其他馆藏器物无法比肩。周密《齐东野语》卷一四《馆阁观画》，记载乙亥（1275）秋，秘书监丞黄怡邀请周密旬点蓬省，最后的精彩活动是步石渠、登秘阁、观法书名画，"两旁皆列庋藏先朝会要及御书画，别有朱漆巨匣五十余，皆古今法书名画也。是日仅阅秋、收、冬、余四匣。画皆以鸾鹊绫、象轴为饰，有御题者，则加以金花绫"。周密提到所观画中佳者，有董源画《孔子哭鱼邱子图》和唐模顾恺之《洗经图》，"此二图绝高古"。称得上"古妙"的是李成《重峦寒溜》、孙太古《志公》、展子虔作《伏生》和无名氏的《三天女》。精致者有燕文贵纸画山水小卷，至于符道隐山水、关全山水、胡瑰马、陈晦柏、文与可古木便面，"亦奇"。除此而外，"余悉常品，亦有甚谬者"。周密以为，馆阁书画"每卷表里，皆有尚书省印，防闲虽甚严"的情况下，仍然出现"以伪易真"的状况，令人费解。周密此次观画，"通阅一百六十余卷，绝品不满十焉"，即便如此也不虚此行，"暇日想象书之，以为平生清赏之冠也"②。

南宋馆阁重建实属不易，因而图籍的日常管理也格外重要。叶禾嘉定十七年（1224）九月除秘书监，绍定元年（1228）九月致仕③。叶氏建言，馆阁之于人才的长育成就可与天地同功，馆阁图器储藏自然应严格管理，以匹配朝廷"崇严邃阁之意"。馆阁图籍日常管理中存在的问题不容忽视，"近之士夫，至有借出馆书携而去国者，是久假不归，恶知其非有也；有人所未见之书，私印其本，刊售于外者，是以秘府之文为市井货鬻之利也"。叶氏提出，自己奉职之初点阅检视诸

---

① 《老学庵笔记》卷二，第 21 页。
② 《齐东野语》卷一四，张茂鹏点校，中华书局 1983 年，第 249—250 页。
③ 《南宋馆阁续录》卷七，第 247 页。

库,"类皆因循弛慢,荡无缄镐,而启闭出入,一付吏手",问题严重,故而他建议,"非系省官,毋得借书。许从监、少置簿,有欲关文籍为检阅校正等用,即先批簿,以凭请取。俟还本库,随与点收。或借出已久,亦须检举,以察隐遗。庶可谨藏于中秘,戢弊于将来矣"①。大意是说:其一,馆阁图籍被借用的范围当缩小,仅限于秘书省官员;其二,在秘书监、少监那里设置借阅登记簿,先申请批簿,按凭据拿取,用完归还,即时收纳。久借不还者,还要随时检察举报,杜绝遗失。总之,馆阁建设实属不易,日常管理是绝对不能忽视的。

---

① 《南宋馆阁续录》卷三,第 191—192 页。

第四章 南宋馆阁的育才
功能与馆职恩遇

北宋馆阁得人颇多,如当时的文坛领袖王禹偁、杨亿、欧阳修、苏轼、黄庭坚等,名相公卿晏殊、范仲淹、韩琦、司马光、苏颂等,学者名宿宋敏求、赵彦若、沈括、罗畸等,均出自馆阁。陈师道云:"恭惟祖宗之远猷,创为馆阁之清选……凡百年,名世之士莫不由是以兴,而一代致平之功,其原盖出于此。名虽文学之选,实为将相之储。"①北宋馆阁得人之盛,于一代致平之功皆出于此,南宋馆阁亦延续了北宋馆阁的储才育才之功能,我们从人才的选拔成效和授职者的谢启表达可以看出。

程俱《北山小集》卷二一《谢著作佐郎启》曰:"是故祖宗以典籍之司,以为公卿与侍从之选。期奖成于望实,斯致慎于柬求。以褎然晁、董之流,犹试言而后授;虽卓尔轲、雄之学,有陈义而力辞……典坟具在,纵观海宇之奇书;策牍兼资,多识朝廷之故事。抑磨砻其气质,且殚洽其见闻。或许从宴间之游,或访以图回之务。唯其养之有素,则亦用之弗疑。鸿惟上圣之临,益著右文之效。股肱心膂,既相与立太平之基;杞梓珪璋,又兼收为无穷之用。"②说明图书之府,以

---

① 陈师道《后山居士文集》卷一三《谢正字启》,上海古籍出版社 1984 年影宋本,第 645—646 页。
② 程俱《北山小集》卷二一,《四部丛刊续编》本。

为国家培育公卿和侍从之臣为宗旨，因期许之高故选择尤慎。即便是才能出众如晁错、董仲舒之流，仍然召试而除职。虽然学识卓而不群如孟子、扬雄，仍然有陈述大义而竭力辞却职任者。馆阁典藏丰富，使入选者纵览海内奇书；简策文牍兼以提供，以便熟悉朝廷典故。或者磨练其气质，博洽其见闻。或者允许其侍从宴赏之游，或者被咨询于治世之务。唯有持久的涵育，使用起来方能绝对信任。成为君王的得力助手，齐心协力，共建太平的基石。滋育各类人才，获致无穷的功效。刘一止《苕溪集》卷二〇《谢馆职启》云："窃以东壁图书之府，上列经躔；道家蓬莱之山，内藏秘录。开百王盛衰之绪，为四海风化之原。虽复丧乱日寻，艰难代有，未见中秘之文多阙，不闻外史之职弗修。踵事增华，于今为盛。祖宗分三馆以居豪杰有为之士，辟四库以储古今未见之书。切近禁严，维容啸诺。使其胸次扬榷，吞太史氏之九流；笔下渊源，备国师公之七略。故于采用，皆本作成。两禁侍臣，步武先于借路；一时名辈，事契拟于通家。气习尚传，风流可想。惟选除之甚重，则名实之加优。"[1]刘氏以主文章、天下图书之秘府的东壁二星、道家蓬莱仙山来比喻馆阁，庋藏大量珍贵的典籍，肇开国家盛衰之端，为四海风化之本原。即便是经历丧乱，中秘图书也相继得以恢复，外史之职也在履行，馆阁如今变得更加完善美好。国家选拔豪杰有为之士进入馆阁，开辟四库以储藏古今未见之书。馆阁文人经过培植涵育，希冀胸次广博，有太史公并吞九流之气魄；学问渊源，具备刘歆《七略》之卓识。所以择优入馆，以期成就功业。两禁侍从之臣，一时名家，均出自此途。气习相传，风流可羡。因为格外看重选才，故而职名待遇颇为优厚。程、刘二人的谢启，都强调了南宋馆阁崇儒尚文政策的承继性，选拔培育人才的前瞻性。

---

[1] 刘一止《苕溪集》卷二〇，影印文渊阁《四库全书》集部第 1132 册，第 111 页。

第一节　南宋馆阁的育才功效与具体措施

南宋馆阁文士的选任，文学才能仅占其一，宰辅卿相之储备涵养乃其重点。南宋文人，名相公卿赵汝愚、周必大、文天祥，学者才士洪兴祖、陈骙、李焘、程大昌、李心传、马廷鸾、王应麟，著名文士胡铨、葛立方、王十朋、洪迈、张九成、杨万里、范成大、尤袤、陆游、吕祖谦、朱敦儒，理学家陈傅良、魏了翁、真德秀等皆有馆阁经历。以下我们来讨论南宋馆阁育才的实际功效和具体措施。

一、育才实际功效

1. 南宋宰辅与馆阁关系

据《中国历代藏书史》，"南宋 230 余名宰执人物，其中大半来源于秘书省"①。本人据《宋宰辅编年录》《续宋宰辅编年录》等统计，南宋宰执人员 252 名，没有任何馆阁职名者 91 人；以宰执身份提领、兼领高级馆阁职名者 30 人，担任宰执前有馆阁经历者 131 人，约占 52%。

例如汪澈，高宗绍兴三十二年（1162）任参知政事，此前历任校书郎、正字、国史院编修官、实录院检讨官。绍兴二十六年八月除正字，二十八年正月为校书郎，二十六年八月以正字兼实录院检讨官，二十八年八月以校书郎兼国史院编修官②。

陈俊卿，孝宗乾道二年（1166）同知枢密院事兼权参知政事，之前任校书郎、著作佐郎、著作郎。绍兴二十七年正月除校书郎，七月为著作佐郎③，二十八年七月为著作郎④。

---

① 徐凌志主编《中国历代藏书史》，江西人民出版社 2004 年，第 165 页。
② 陈骙《南宋馆阁录》卷八，张富祥点校，中华书局 1998 年，第 121、137、131 页。
③ 《南宋馆阁录》卷八，第 113 页。
④ 《南宋馆阁录》卷七，第 97 页。

　　赵汝愚,光宗绍熙三年(1192)同知枢密院事,历任正字、校书郎、秘书少监、实录院修撰、提举实录院、提举编修国朝会要等职名。赵氏乾道五年(1169)五月除正字,六年六月为校书郎。淳熙七年(1180)九月除秘书少监,绍熙三年六月,以吏部尚书兼实录院修撰①。

　　傅伯寿,宁宗嘉泰三年(1203)签书枢密院事,曾任著作佐郎、著作郎、实录院检讨官、修国史等。淳熙二年八月除著作佐郎,三年九月为著作郎。傅氏为著作佐郎、著作郎时又兼实录院检讨官②。

　　曾从龙,理宗端平元年(1234)擢参知政事,此前历任正字、校书郎、秘书郎、著作佐郎、修国史、国史院编修官、实录院修撰等职名。嘉泰二年七月除正字,三年二月为校书郎,四年正月除秘书郎,七月为著作佐郎,十一月为著作郎,并兼国史院编修官。嘉定七年(1214)三月,以礼部尚书兼实录院修撰③。

　　文天祥,德祐元年(1275)除签书枢密院事,曾于景定二年(1261)十月除正字,三年四月供职,兼景献府教授,五月为校书郎④。李光《上馆职启》曰:"伏审给札禁林,校文天禄,来副朝廷之妙选,是为儒者之至荣。盖图籍秘藏,上帝名之册府;而贤能萃聚,前古谓之道山。岂徒搜罗文章翰墨之流,实欲涵养辅弼公卿之器。"⑤说明供职册府道山,实为文士无尚之荣光。而选才的目的,并非仅为搜罗文章之士,而是滋育公卿宰辅之器,以上宰辅与馆阁关系的数据就能

---

① 《南宋馆阁录》卷八第124页,《南宋馆阁续录》卷七第250页,《南宋馆阁续录》卷九第378页。
② 《南宋馆阁录》卷七第99页,卷八第139页。
③ 《南宋馆阁续录》卷九,第345、368、379页。
④ 《南宋馆阁续录》卷九,第353页。
⑤ 《全宋文》卷三三一六,曾枣庄、刘琳主编,上海辞书出版社、安徽教育出版社2006年,第154册,第214页。

说明。

2. 南宋翰林学士与馆阁关系

据唐春生《翰林学士与宋代士人文化》一书统计,高宗朝翰林学士62人、孝宗朝36人、光宗朝5人、宁宗朝34人、理宗朝35人、度宗朝12人、恭宗朝5人[①]。本人据《南宋馆阁录》《南宋馆阁续录》等材料,对南宋翰林学士曾拥有的馆职身份做一考察,数据如下:

高宗朝翰林学士62人:有馆职身份者31人,占50%。

孝宗朝翰林学士36人:有馆职身份者29人,占80%。

光宗朝翰林学士5人:有馆职身份者4人,占80%。

宁宗朝翰林学士34人:有馆职身份者30人,占88%。

理宗朝翰林学士35人:有馆职身份者29人,占83%。

度宗朝翰林学士12人:有馆职身份者10人,占83%。

恭宗朝翰林学士5人:有馆职身份者2人,占40%。

唐春生的统计数字中,有些文人是在几朝任翰林学士,所以统计时按人次来计算。若按南宋整个翰林学士除授189人次算,那么有馆职身份者135次(比实际数字要多),占71%。从以上数字可见南宋馆阁育才功能之强大。特别是除了高宗朝、恭宗朝,其他几朝有馆阁经历的翰林学士占80%以上,可见翰林学士与馆阁文人之关系,以下举例说明:

高宗朝翰林学士周麟之,绍兴二十一年(1151)十月除正字,二十五年十二月除著作佐郎,二十六年八月为著作郎。二十七年十月,以中书舍人兼实录院同修撰。二十八年八月,以中书舍人兼同修国史。二十九年闰六月,以翰林学士兼修国史[②]。

---

① 唐春生《翰林学士与宋代士人文化》,中国社会科学出版社2011年,第310—311页。

② 《南宋馆阁录》卷八第121页,卷七第96页,卷八第136、129页。

　　孝宗朝翰林学士张孝祥,绍兴二十六年(1156)正月除正字,二十七年二月为校书郎①。翰林学士周必大,绍兴三十年十月除正字,三十一年十月以正字兼国史院编修官②,乾道六年(1170)七月除秘书少监,同时以少监兼实录院检讨官③。乾道七年七月,以权礼部侍郎兼同修国史。淳熙四年(1177)七月,以翰林学士兼修国史等④。

　　光宗朝翰林学士尤袤,乾道七年五月除秘书丞,八年五月为著作郎。淳熙十五年六月,以权礼部侍郎兼实录院同修撰⑤。

　　理宗朝翰林学士刘克庄,淳祐五年(1245)八月以太府少卿除秘书少监,兼国史院编修官、实录院检讨官兼崇政殿说书。十年十二月,以秘阁修撰服阕除秘书监,十一年四月供职⑥。

　　度宗朝翰林学士王应麟,景定五年(1264)五月以太常博士除秘书郎,十二月为著作佐郎。咸淳元年(1265)七月为著作郎。咸淳三年十月四日,以将作监兼侍立修注官权直学士院兼崇政殿说书除秘书少监⑦。

　　翰林学士绝大多数都有馆阁经历,有的逐级升迁,从正字、校书郎、秘书郎等开始升为较高的著作佐郎、著作郎,到高级的秘书少监、秘书监等职任。有的则仅供职一二项,就有升迁。在馆阁期间,从事编订校勘、撰写应制应酬文字、论思献策,使他们在翰林学士任上能够游刃有余,从容胜任。

---

① 《南宋馆阁录》卷八,第 121 页。

② 《南宋馆阁录》卷八,第 122、131 页。

③ 《南宋馆阁录》卷七第 86 页,卷八第 138 页。

④ 《南宋馆阁录》卷八,第 130、129 页。

⑤ 《南宋馆阁录》卷七第 89 页,《南宋馆阁续录》卷九第 381 页。

⑥ 《南宋馆阁续录》卷七,第 255、248 页。

⑦ 《南宋馆阁续录》卷八第 310、324 页,卷七第 258 页。

二、育才诸种措施

苏轼以为，国家开科取士门类颇多，而制举号称第一；育才机构诸种，而馆阁居于最高，"国家取士之门至多，而制举号为首冠；育才之地非一，而册府处其最高"①。南宋文人苏籀乃苏辙之孙，其《拟答馆职谢启》云："窃惟隆儒大本，精选抡乐育之途；待士最高，号刊述是正之职。广经籍而考阅，得英俊之朋游。皇王之学，并列其间；公辅之储，多从此出。"②作为崇尚儒术的根本，在于精细选才培育之路径，而最高育才之地在于馆阁，交游的高端、学术的积累、前途的不可限量，都说明馆阁育才的高规格和特殊性。

（一）文字之职

刘挚《忠肃集》卷九《回孙学士启》云："以简编之脱烂，则义理不属；以文字之重复，则句读可疑。务得人而删修，将垂世于永久。登用豪杰，整齐缺讹，铅椠功施，是非坚定。"③从中可见馆阁文人的基本工作，就是整理文献之脱烂，以便义理通畅；校正文字之重复，以济句读准确，删修校正，有助文献的永久流传。齐整残缺，纠正差误，使得正误有别、对错分明。费衮《梁溪漫志》卷二曰："故事，朝廷有合撰乐章、赞、颂、敕葬、辀祭文，夏国人使到驿燕设教坊白语删润经词及回答高丽书，并送秘书省官撰。盖学士代王言，掌大典册；此等琐细文字，付之馆职，既足以重北门之体，且所以试三馆翰墨之才，异时内、外制阙人，多于此取之。所谓馆职储材，意盖本此。"④张宓绍兴十年（1140）七月《馆阁续题名记》云："凡在兹选，均谓之馆职，所以

---

① 《苏轼文集》卷四六《谢馆职启》，孔凡礼点校，中华书局1986年，第1326页。
② 苏籀《双溪集》卷一三，影印文渊阁《四库全书》集部第1136册，第253页。
③ 刘挚《忠肃集》，裴汝诚、陈晓平点校，中华书局2002年，第188页。
④ 费衮《梁溪漫志》，金圆校点，上海古籍出版社1985年，第18页。

储蓄英髦,以备任使……岂但摩研编削,将以颂中兴、咏圣德为太平之文饰而已哉!"①唐、宋学士院在禁中北门,故而以北门为学士院代称。翰林学士、中书舍人分掌内制外制、代王立言,而馆阁学士从事乐章、赞颂等文字书写,通过此类工作,既能检验馆职的文学才能,又能为学士院培养输送人才。张宓之意,馆职不仅仅是编校刊削文字,还有歌颂圣德、润饰太平之责。前一章我们提到图书之府的文字工作,其重点乃编书、校书,此处从略,只讨论其他文字撰述。

《南宋馆阁录》卷五载,绍兴元年(1131)四月十四日,"诏乐章、赞颂、敕葬敕祭文、夏国人使到驿、宴设教坊白语,删润文字及答高丽书文,并依旧制,长、贰分诸官撰"②,明确了秘书省除编修书籍之外的其他日常文字工作,有乐章赞颂、敕祭文、教坊致语、答高丽书等,由秘书监、秘书少监分派诸馆职撰写。同年六月十三日,"诏应祠祭天、地、社稷祝文,令秘书省依旧分撰,书写请降。先是,罢秘书省,令礼部郎官并太常博士分撰,至是复之"③。先前因秘省的废罢,此项工作由太常博士担任,绍兴元年六月又恢复原隶属关系,即朝廷仪式文字撰写仍由秘书省学士承担。从《南宋馆阁录》所记来看,这些仪式文字主要包括乐章、祝辞、敕祭文三大类。

第一类,乐章。主要集中在绍兴十八年、二十二年、二十七年和乾道四年(1168)。绍兴十八年十一月一日,令馆阁文人撰感生帝大祀乐章,其中降神所用《大安之乐》四曲,由秘书省正字葛立方撰;盥洗、升殿的《保安》之曲,奠玉币的《光安》之曲,僖祖位奠币的《皇安》之曲,均由正字孙仲鳌撰;奉俎《咸安》之曲,感生帝酌献之《崇安》之

---

① 《全宋文》卷三三二〇,第 154 册,第 283 页。
② 《南宋馆阁录》卷五,第 49 页。又见《宋会要辑稿》职官一八,刘琳、刁忠民、舒大刚、尹波等校点,上海古籍出版社 2014 年,第 3484 页。
③ 《南宋馆阁录》卷五,第 49 页。

曲,僖祖位酌献之《肃安》之曲,文舞退、武舞进之《正安》之曲,由太常寺主簿兼权秘书省校勘书籍官林大鼐撰;亚终献、彻豆、送神、望燎四曲,由诸王宫大小学教授兼权秘书省校勘书籍官叶绤撰。绍兴二十二年(1152)二月,成信侯、忠智侯、义成侯迎神、升殿的奠币三曲,由校书郎董德元撰;酌献三曲,由校书郎王佐撰;亚终献、送神二曲,由正字周麟之撰①。

绍兴二十七年四月,十三祭乐章由馆阁文人陈俊卿、张孝祥、林之奇等承担。《南宋馆阁录》卷五载:"(绍兴)二十七年四月,臣僚言:'绍兴之初,日不暇给,祭祀有未复者。十三祭欲望依旧作大祀,合用乐章依例报秘书省修撰。'有旨,从之。"具体分工如下,秋分夕月十曲,著作佐郎杨邦弼撰;季秋祀内火大辰十二曲,著作佐郎陈俊卿撰;孟冬祭神州地祇十六曲,校书郎季南寿撰;立冬祀黑帝十二曲,校书郎陈祖言撰;腊前一日祀东蜡十四曲,校书郎胡沂撰;祀西蜡十四曲,校书郎叶谦亨撰;立春祀青帝十二曲,校书郎张孝祥撰;春分朝日十曲,正字汪澈撰;仲春祀出火大辰十二曲,正字林之奇撰;立夏祀赤帝十二曲,正字陈山撰;祀荧惑十二曲,正字魏志撰;土王祀黄帝十二曲,正字刘望之撰②。

绍兴二十七年五月,由馆阁文人杨邦弼、张孝祥等撰写祭祀白帝乐章十二曲,其中由秘书丞杨邦弼撰降神《高安》之曲、圜钟宫三奏,秘书郎唐文若撰黄钟角一奏,著作佐郎黄中撰太簇征一奏,著作佐郎王刚中撰沽洗羽一奏,校书郎季南寿撰升殿的《正安之曲》,校书郎陈祖言撰诣白帝位奠玉币的《嘉安》之曲,校书郎陈俊卿撰诣帝少昊氏位奠币的《嘉安》之曲,校书郎胡沂撰奉俎的《丰安》之曲,校书郎叶谦亨撰诣白帝位酌献的《佑安》之曲,校书郎张孝祥撰诣帝少昊氏位

---

① 参见《南宋馆阁录》卷五,第49—50页。
② 参见《南宋馆阁录》卷五,第50页。

酌献的《佑安》之曲,正字汪澈撰亚献、终献的《文安》之曲,正字林之奇撰送神《高安》之曲①。

乾道四年(1168)十月十一日,李焘建言祭祀自然山川之神,并恢复旧典,乐章由秘书省文人撰述,《南宋馆阁录》卷五载,礼部员外郎李焘奏,"乞举行岳镇、海渎、先农、先蚕、风师、雨师、雷神,并复旧典,乐章报秘书省修撰",得到采纳,具体分工如下:

> 立春祀东方岳镇海渎九曲。著作佐郎刘季裴撰。风师六曲。校书郎刘焞撰。孟春祀先农七曲。秘书郎李木撰。季春祀先蚕六曲。著作佐郎李远撰。立夏祀南方岳镇海渎九曲,校书郎詹亢宗撰。雨师、雷神七曲。校书郎员兴宗撰。季夏祀中岳中镇七曲。秘书丞唐孚撰。立秋祀西方岳镇海渎九曲。正字陈骙撰。立冬祀北方岳镇海渎九曲。正字杨兴宗撰。腊前一日祭南蜡七曲。正字萧国梁撰。北蜡七曲。著作佐郎施元之撰。②

第二类祝辞。祝辞是向神灵祈福免祸或祷告鬼神之文辞,《金史·礼志四》云:"夫祭有祝辞,本告神明。"③馆阁文人所撰祝辞,主要包括太庙朔祭、四孟荐享、春夏秋冬所祭之青帝、赤帝、白帝、黑帝,昊天上帝、神农、地祇、太社、风师、东方岳镇、海渎等神灵,还有至圣文宣王孔子,分仲春上丁释奠、仲秋上丁释奠二次。除此而外,还有外路祭祀历代帝王祝辞,腊日享太庙、别庙祝辞,可见祝辞祷告对象的丰富性和现实性。参与撰写的馆阁文人有:校书郎王洋、蒋芾、林叔豹、刘一止、舒清国、葛立方、龚茂良、季南寿,秘省正字方矞、程千

---

① 参见《南宋馆阁录》卷五,第50—51页。
② 《南宋馆阁录》卷五,第51页。另见《宋会要辑稿》职官一八,第3488页。
③ 脱脱等《金史》卷三一,中华书局1975年,第502页。

里、张宋卿、王东里、梁克家、宋之才、李谊、孙道夫、凌景夏、黄衡、徐林、孙仲鳌、徐度、范如圭、张阐、喻樗、王苹、张宋卿、莫冲、著作郎虞澐、洪兴祖，太常丞兼校勘书籍官林大鼐，诸王宫教授兼校勘书籍官叶㻞，秘书郎李百药，秘书丞唐阅、陆时雍、王迎、刘大中①。

第三类弢祭文。弢祭就是祭祀行道之神。从《南宋馆阁录》记载来看，主要撰写对象是皇亲国戚、权贵显达之人。如绍兴九年（1139）十二月，正字樊光远撰嗣濮王仲偁《弢祭文》。绍兴十二年十二月，校书郎赵卫撰赠太师刘光世《弢祭文》，正字洪遵撰秦鲁国大长公主《弢祭文》。绍兴十八年六月，正字葛立方撰贤妃潘氏《弢祭文》。绍兴二十一年九月，校书郎王佐撰太师通义郡王韩世忠《弢祭文》。绍兴二十五年十一月，秘书省正字张震撰太师申王秦桧《弢祭文》。乾道元年（1165）三月，正字郑升之撰太师鲁国公陈康伯《弢祭文》。乾道七年三月，校书郎萧国梁撰太傅太宁郡王吴益《弢祭文》等等②。

（二）政事讨论

馆阁的重要功能，是文字之外的参政议政。北宋文人苏轼在《冗官之弊、水旱之灾、河决之患》奏议中曰："国家及闲暇无事时，辟三馆以储士……又诏有司发策而访焉，非独以观子大夫之能，抑亦欲闻天下之要务，决当今之滞论也。"③即听闻天下要务、解决当下悬而未决的棘手问题是馆阁文人的重要职责。南宋文人刘一止《郑刚中秘书少监制》道："平居商确（榷）古今、考稽得失、论议切磨、参错后先。"④即商讨古今、考察得失、相互切磋、归整先后。馆阁文人往往通过履行这一言责来践履对国家的眷眷忠诚，特别是面对国家大的

---

① 参见《南宋馆阁录》卷五，第51—54页。
② 参见《南宋馆阁录》卷五，第54—55页。
③ 苏轼《苏轼文集》卷七，第211页。
④ 刘一止《苕溪集》卷三八，影印文渊阁《四库全书》集部第1132册，第187页。

利益时,诚如正字张阐所云:"自以储材之地,无力可陈,惟国家大利害,可因事纳忠。"①

1. 委派责任类

《南宋馆阁录》卷六《看详讨论文字》列举了若干孝宗时的议事内容,我们将其分为二类:

其一,科举事项。

乾道二年(1166)四月二日,臣僚言:"应贤良方正能直言极谏之科,乞令权于经、史、诸子正文出题,其僻书注疏不得以为问目,追复天圣十科事。"有旨,令礼部集馆职、学官共议,讨论闻奏。

乾道七年八月十四日,尚书省札子,令秘书省讨论召试贤良方正能直言极谏科合行事件。

淳熙二年闰九月十八日,秘书省正字李垕奏,乞毕举景德六科。有旨,令秘书省同国子监、太学官集议讨论。

淳熙二年(1175)十月十二日,有旨,杭州童子王克勤令后省试,令史院检点能文童子典故。

淳熙三年九月二十五日,太府少卿韩元龙奏:"童子一科,乞诏有司立为中制,下秘书省讨论典故。"②

其二,典章制度。

隆兴元年(1163)九月十八日,臣僚言:"乞法李唐之制,委宰相兼领三司使职事。"有旨,令秘书省讨论典故。

隆兴元年十二月二十八日,有旨,国朝厢、禁军制及神宗添置将兵分营诸路州、军人数,札付秘书省讨论。

乾道五年(1169)九月二十日,太常少卿林栗奏:太庙祫享,懿节皇

① 李心传编撰《建炎以来系年要录》卷一四四,绍兴十二年三月辛酉,胡坤点校,第6册,中华书局2013年,第2721页。

② 以上参见《南宋馆阁录》卷六,第63—65页。

后祔神宗幄祖姑之下。有旨,令礼部同秘书省、国史院官参照典故。

乾道六年三月十八日,有旨,令国史院检讨祖宗置发运使格法。

乾道七年十二月二十一日,有旨:"丞相总齐百揆,事无不统,而仆射之官,名实未称,宜仿周、汉之制。令有司讨论取旨。"札付秘书省讨论。

淳熙元年(1174)七月十七日,臣僚言:"按劾臣僚过犯,事干刑名,大则勘鞫,小则析析,参以诏条,斟酌轻重行遣。"有旨,令国史院讨论典故。

淳熙元年十月二十一日,有旨,魏王恺改判明州,令国史院讨论典故①。

以上事项,涉及制科出题方式、范围,童子试典故制度,宰相兼领职事,厢军、禁军分布设置,臣僚过失措理、太庙礼制、官制、职官等等,可谓广泛而复杂,馆阁文人通过这类群居相切的论议活动,博洽见闻,增长处理实际问题的能力水平。这种常规指派工作,带来的是责任意识的增强、地位荣誉的强化。

2. 论对与献纳

除了这种事务委派,就是馆阁文人的指定论对与自觉献言纳策。特别是"转对",宋代臣僚每隔数日就要轮流上殿指陈时政得失,既展示自我的能力,又限制皇帝的独断,这里面就包括馆阁文人。苏轼说:"右臣向蒙召对便殿,亲奉德音,以为凡在馆阁,皆当为朕深思治乱,指陈得失,无有所隐者。"②南宋文人姚勉《雪坡集》卷三《拟上封事》亦云:"臣闻祖宗朝许馆职非时言事……祖宗之所以优异馆职者何也？储材于馆阁,正欲其言天下之事也……必其事关国体,人不能

---

① 以上参见《南宋馆阁录》卷六,第63—65页。
② 《苏轼文集》卷二五《谏买浙灯状》,第726—727页。

言,然后馆阁之臣抗章极论。"①姚勉此时的身份是秘书省正字。隆兴二年(1164)七月三十日,孝宗诏告:"政事不修,灾异数见,江浙水涝,有害秋成。朕自八月一日避殿减膳,思所以应天之实。可会侍从、台谏、卿监、郎官、馆职疏陈阙失及当今急务,毋有所隐。"②苏轼、姚勉的话极具代表性,馆阁文人之所以待遇优渥,在于国家期待他们畅所欲言,指点朝政得失,而不是唯唯诺诺、明哲保身,必须要有大局意识和担当精神。

其一,军事安全与将帅之才推举。

南宋以来半壁河山的窘境,使得身处其间的文人忧虑甚多,谈兵言战愈发常态。绍兴五年(1135)五月乙酉,秘书省正字李弥正转对,建议招募东南民兵,防御盗贼,壮大国威,"乞令州郡募东南民兵教习,以壮国威,御盗贼。万一朝廷有警,亦可募以调发"③。绍兴五年十月,馆职高阅建言,太祖尝置神卫水军,真宗选水卒于金明池习战,号虎翼军,因兵备重要而不可轻废,天下安定之日尚且如此,何况多事之秋,更当加紧练习以备不时,"今沿江虽有舟师而系于岸上,乞时令按习,以精其能,庶几缓急可用,不至误事也"④。绍兴九年正月己亥,秘书省正字汪应辰上疏,提出虽和议已定也当励精图治,积极作为,不能苟且偷安,"和议既谐,则因循无备之可畏;异议既息,则上下相蒙之可畏"。他特别指出,朝廷处理主战主和事宜措施过当,迎合朝廷意愿者不次升擢,反对者则窜贬罢废,即使"举世非之而不顾",导致"小人窥见间隙,轻躁者阿谀以希宠,畏懦者循默以备位,浅谋者遂谓

---

① 《雪坡集》卷三,影印文渊阁《四库全书》集部第 1184 册,第 14 页。
② 《南宋馆阁录》卷六,第 63 页。
③ 《建炎以来系年要录》卷八九,第 4 册,第 1717 页。
④ 熊克《中兴小纪》卷一九,顾吉辰、郭群一点校,福建人民出版社 1985 年,第 237 页。

无事，而忠臣正士乃无以自立于群小之间"的恶果。汪氏希冀高宗能够痛心尝胆，图谋中兴，深思远虑，常怀忧惕，"勿谓和好之可以无虞，而思患预防，常若敌人之至也。何至以中国之大，而下为仇人役哉！"①期望朝廷能够重振国威，以摆脱受制于人的尴尬境遇。

　　加强军事防御，提高军队的战斗力，将帅选拔尤为重要。绍兴二十九年（1159）二月己酉，秘书省校书郎、兼国史院编修官汪澈建言，高宗亲政以来要求举荐人才，但是武臣没有被推举者。文武之道，于国而言同等重要，应当及时选拔以备不时之需，"立国惟文武二道，而人才尤不可偏，要当求于无事之时。陛下亲政以来，除召四出，滞者奋、屈者伸，然武臣中未闻有荐者。且其抱才负气，岂不愿效尺寸，以幸一旦之遇？望诏帅臣监司，于本路大小使臣，举智谋可充将帅、勇鸷可率士卒者，其侍从、台谏官如有所知，亦许论荐"。当时的背景是，"自孙道夫使还，言金主亮诘以关陕买马非约，恐将求衅于我。士之有识者，默为此虑，而未敢显言为备，澈因转对，首有是请，上从之"②。孙道夫说，金主完颜亮以南宋在关陕区域买马并非约定而诘责，恐以此为借口而挑衅滋事。有识之士有所警觉，只不过大家都未敢明言，汪澈因有转对机会，故而充分发挥知无不言、言无不尽的职责。

　　其二，教育与科举。

　　教育、科举乃培养选拔人才的重要途径，南宋初期因国事寝弱而有所怠慢，馆阁文人建议在教官选择、补试之法、考试内容诸方面加以改革以兴其事。绍兴五年（1135）十月丁巳，秘书省正字喻樗面对，建言如今学校渐废，非长育人才的久远之计，希望府学严格挑选教官，诸路遴选聪异杰出者予以奖赏，"府学增养之员，严补试之法，择

---

① 《建炎以来系年要录》卷一二五，第5册，第2372—2373页。
② 《建炎以来系年要录》卷一八一，第8册，第3478页。

学行有文之士一二人以为教官。其余诸路,亦遴其选,令帅守择士之颖异者,具以名闻。陛下访之近臣,随材襃赏",庶几形成"海内向风,人材辈出"①之象。绍兴二十三年(1153)六月癸未,秘书省校书郎董德元面对,建言明年省试须用补试之法,以收俊才,建议根据郡之大小各限补试人数,"上郡不得过二十人,中郡十五人,下郡十人,临安府倍上郡之数"。对流寓之人的考试也提出规定:"每以省试年夏季为率,许士人诣本州投状,令佐保明,委教授帘试赋一首,或经义二道,取文理优者申州给据,赴太学补试。"②嘉泰二年(1202)六月十四日,秘书省校书郎杨炳建言:"绍兴二十七年以来申严挟书、代笔之法,士子入场,凡包裹笔砚之属,皆用青纸,其畏惧至此。"比年以来"宽纵太甚",以至于"玩法者得志,畏法者不能,平素空疏者得恣其剽窃……而庸妄无能者率资假手。如此则文艺能否,又未易核其真",故而建议:"申饬有司,自今贡院试无大小,挟书、代笔者断在必行,庶几人情畏戢,公法复伸。"③严格挟书、代笔之法,整顿考试纪律,使举子人人知法守法,有利于选拔的公正公平。

其三,经济措施。

南宋馆阁文人在国家经济方面的建言,主要涉及州郡税额的依法执行、吏员的奉公守法、茶场茶额的酌情削减、恢复民力。绍兴二十三年(1153)十月丙辰,秘书省著作佐郎丁娄明建言州郡税额原本取之有制而吏员不予遵守,额外苛求以济公帑,"望诏有司,凡诸州于额外收税,及增置专栏非理搜检者,长吏而下,悉置典宪,仍委监司按劾"。高宗认为丁氏所论多是,这种行为"利不尽归公家,而害及百

---

① 《建炎以来系年要录》卷九四,第 4 册,第 1803 页。
② 《建炎以来系年要录》卷一六四,第 7 册,第 3128 页。
③ 《宋会要辑稿》选举五,第 5353—5354 页。

姓",故而"可令曹泳与漕司多方约束"①。绍兴二十六年六月乙亥,秘书省正字张震建言,四川茶场自韩球实行苛刻政策以来,"民日破贫",这种行为"优商而困民,是浚其流而竭其源",长此以往"将损国计"。故张氏建议酌情裁减,以养民力,"愿将韩球以前茶额,比今所取,裁酌施行,庶几民力稍可复旧,以为四川根本之计"②,得到采纳。

其四,官吏考核。

稽查考核官吏之为善为恶,制订适当可行的赏罚措施,避免人浮于事,才能保障国家机器的正常运转。绍兴六年(1136)六月己未,秘书省正字李谊守监察御史,因论对称旨得到升迁。李氏以《汉书》《唐书》中的《循吏传》《酷吏传》为据,提出"吏之臧否,系乎人君之好恶;其从违,常系乎人君之赏罚","愿诏诸路监司,举劾部内守令政绩之善否,其有蔽贤容奸者,皆当坐以违制之罪"③。绍兴二十七年七月乙丑,秘书省校书郎陈俊卿建言,人之才性各有所长,假使更来迭去频繁迁改,未必能尽其所善,如今监司帅臣很少能终其任,"远者一年,近者数月,辄已迁徙州县。百姓送往迎来之不暇,其为劳费,不可殚举";朝廷百官亦不肯安守职业,"视所居之官,有如传舍",这样的后果,导致"因循岁月,积弊既久,是以胥吏得以囊橐为奸,贿赂公行"。而要改变现状则须订立规章,监司帅守,"有政术优异者,或增秩赐金,必待终秩而后迁擢";朝廷执事官,"亦当少须岁月,俾久于其职,然后察其勤惰而升黜之"④,各安其分,忠心尽瘁于国事则万事成就矣。高宗诏三省行下,陈俊卿因建言称旨而升职著作佐郎。绍兴三年十月丁酉,礼部员外郎兼秘书省著作佐郎舒清国建言,"自有国难,

---

① 《建炎以来系年要录》卷一六五,第 7 册,第 3139 页。
② 《建炎以来系年要录》卷一七三,第 7 册,第 3305 页。
③ 《建炎以来系年要录》卷一〇二,第 5 册,第 1934 页。
④ 《建炎以来系年要录》卷一七七,第 7 册,第 3389 页。

盗贼间起,所在州县,率多残破,人民流离,户口减少",地方官员极不负责,"守令或不究心,抚存凋瘵",建议"以户口增否,立守令考课之法,而优其赏格",以致"守令惠爱及民,不惟流民归业,而四方转徙者,亦有所托"。舒氏建议立考课之法得到采纳,"令吏、户部立法"①。

其五,社会治安。

绍兴二十六年(1156)四月戊子,秘书少监杨椿入对,言湖北一路寇盗最多,虽下诏以蠲免科徭,减省力役,但效果不显,"田畴不加辟,户口不加多,视他路最为凋弊",究其原因,杨椿以为:"本路诸县才见有请佃之人,未得食新例,皆抑令输税。既而差夫配马,无名之征,取之纷然。民不聊生,流移转徙。"杨氏提出解决办法,希望父母官招诱户口,安排开垦田畴,立为课业;籍没田产之人重新审核,希望有司认真执法,"欲乞诏湖北一路,凡字民之官,以招诱户口、开垦田畴立为课最","近两降赦文,籍没田产之人,并令所属具情犯条法,申提刑司审覆,得报,方许拘籍。而所至犹有不遵赦令者,盖缘未曾立法断罪故也。望诏有司,申严行下。如是,违法籍没罪人财产,及不先申提刑司审覆得报,便行拘籍者,科以某罪,监司不觉察者,降一等"。杨氏建议颇有成效,"五月丁巳立法"②。淳熙十一年(1184)夏五月,校书郎罗点建言,想要制止逃亡之卒就要减轻刺配之法,"望诏有司,将见行刺配情轻者从宽减降,别议居役,或编管他郡,令其应配,照淳熙元年指挥,择其强壮者充军。庶几配卒渐少,不至于盗"③。另外指出,希望参照以前刑法,对于偶然罹罪者从轻处置,保全其面,促其改过自新以清除其奸党。

---

① 《建炎以来系年要录》卷六九,第 3 册,第 1352 页。
② 《建炎以来系年要录》卷一七二,第 7 册,第 3290 页。
③ 刘时举《续宋中兴编年资治通鉴》卷一〇,王瑞来点校,中华书局 2014 年,第 231 页。

其六，文人气节操守。

靖康之难，徽宗、钦宗被掳走，南渡之后主战主和一直是困扰南宋朝廷的核心问题，关乎民心向背、士气振作、士大夫的体面与尊严。因而力量悬殊的客观分析、权宜之计的理性选择在民族大义的聚焦灯下，都显得那么卑微，令人气愤，更何况不顾众怒地公然投降。绍兴八年（1138）十一月辛亥，秘书省正字范如圭上书秦桧，指责身为宰相的秦桧寡廉鲜耻，不顾群情激愤，不能"建白大义"，"与之缟素，挥戈北向"，反而"卑辞厚币，以请梓宫"，这种不尽臣子之道的行为令人发指。针对秦桧曾经自我标榜的"我欲济国事，死且不恤，宁避谤怨"的豪言壮语，如圭鞭辟入里地批判道："若犯众怒，陷吾君于不义，政恐不惟怨谤而已，将丧身及国，毒流天下，遗臭万世。"①这篇上书鼓舞人心，流传广泛，宋人谢采伯《密斋笔记》卷一亦提及范氏上秦桧书②。绍兴十二年（1142）八月丙寅，秘书省校书郎兼权礼部郎官程敦厚进言，批评了当下士大夫缺乏忧患意识、担当精神，只是沽名钓誉，"君子于此时，自当损身殉国，而不辞天下之责，奈何往往士大夫谋己以奸利者。始也不量可否，阳为夸论，而务在盗名。终也不计安危，阴辄嫁怨，而莫肯任患"，希望朝廷，"申饬群工，益固邦本，以惠海内"③。

明末清初的思想家王夫之以为，无论是对秦桧主和还是对韩侂胄主战的批评，慷慨陈词看起来似乎气盛言宜，但实则是"气矜"而"相胜"，"当秦桧之世，言战者以雪仇复宇为大义，则以胜桧之邪也有余。当韩侂胄之世，言和守者，以固本保邦为本计，则以胜侂胄之邪也有余。于是而为君子者，不遗余力而言之……而其理之居胜者，

---

① 《建炎以来系年要录》卷一二三，第 5 册，第 2309—2313 页。
② 谢采伯《密斋笔记》，李伟国整理，《全宋笔记》第 7 编第 8 册，大象出版社 2016年，第 120 页。
③ 《建炎以来系年要录》卷一四六，第 6 册，第 2751—2752 页。

煌煌奕奕,莫有能撝之者矣。乃诚如其言,绌秦桧而授之以兵柄,其遂能雪仇复宇邪?抑否也?……其言也,至于胜桧与侂胄而止,而既胜之后,茫然未有胜之实也……不世之功,岂空言相胜之可坐致乎?"①如若这些批评者取得胜利,未必能如其言而获得实际成效,因而只是一定程度上持之有故、号之有名的空谈。清人赵翼对南宋主战主和的评价也承袭了王夫之,他以为:"自胡铨一疏,以屈己求和为大辱,其议论既恺切动人,其文字又愤激作气,天下之谈义理者遂群相附和,万口一词,牢不可破矣……故知身在局外者易为空言,身在局中者难措实事。"②馆阁文人于当下情境中情绪激昂的文字,于凝聚人心确有好处,但从实用角度而言,王夫之、赵翼以为空言无当,只是博取名声而已。

以史学家、思想家的眼光来看馆阁文人言论,虽然有些明显呈现出感性有余、理性不足,但我们也不能过分苛责古人。排除实际功效,其建言献策更多彰显的是馆阁文人在国家大事面前的不避忌讳、敢于担当的品格精神。

其七,朝廷舆论控制、礼仪孝道。

某些馆阁文人因特殊的利益关系,逢迎天子意向,捕捉政治动态,建议朝廷控制主流舆论,导致文字狱兴起。如绍兴十九年(1149)十二月壬子,秘书省著作佐郎林机面对,言朝廷失意之人妄做野史,以售邪说,请予以禁绝:"访闻有异意之人,匿迹近地,窥伺朝廷,作为私史,以售其邪谋伪说。臣若知而不言,则异日害正汨真之患,臣实任其咎。欲望密加搜索,严为禁绝。"得到高宗采纳。甲寅,上授意秦桧:"此事不应有,宜行禁止,许人陈告,仍令州县觉察,监司按劾,御

---

① 王夫之《宋论》卷一三,中华书局 1964 年,第 234 页。
② 赵翼《廿二史札记》卷二六《和议》,曹光甫校点,凤凰出版社 2008 年,第 368 页。

史台弹奏,并取旨优加赏罚。"①最终导致李光狱事起,林机无疑充当了高宗、秦桧的帮凶角色。

　　淳熙十六年(1189)二月,诏职事官日轮面对,秘书郎权吏部郎官郑湜因转对,希望朝廷严明家法、端正纲纪,巩固国家基业,"三代以还,本朝家法最正。一曰事亲,二曰齐家,三曰教子,此家法之大经也","愿陛下尽事亲之道,以全帝王之大孝。严家法之义,以正内治之纪纲。明教子之规,以寿万世之基本"②。关于高庙配享之事,《建炎以来朝野杂记》乙集卷四《高庙配享议》载之较详:洪迈建议以吕颐浩、赵鼎、韩世忠、张浚四人为请,得到孝宗采纳,可异论以为:"吕元直不压人望,当以赵、张两公同配。又谓张浚晚附秦桧,力主和议,诬杀岳飞,不宜在预享之列。而诏已下,莫敢有言。"唯独秘书少监杨万里上书力争其理,认为:"今者建议之臣,曰欺、曰专、曰私而已。"没有广泛的参与者,没有听取朝臣意见,仅是一己之私心,建议"愿酌李唐之制,令博士、礼官与台谏、两省、侍从及在廷之臣杂议其事,而陛下酌其中",以消弥众口。后来朝廷采纳杨氏建言,增加了听议之臣,"乃诏令未集议侍从、两省、台谏官及太常寺、秘书省依典礼详议闻奏",后来秘书省参与详议的文人,有"少监杨万里,丞谢修郎、邓绎,著作郎倪思、黄唐,佐郎莫叔光、正字卫泾"③等十八人。杨氏的据理力争,表明馆阁文人自主独立的参政意识、不畏强权的品格,践行了馆阁知无不言的职业精神,同样彰显了馆阁在国家政事中的智囊作用。

　　以上我们大致罗列了馆阁文人上书言事比较重要的七类,其实馆阁文人无论被委派商讨专项职事还是轮对奏议,其内容的丰富涵

---

① 《建炎以来系年要录》卷一六〇,第7册,第3035页。
② 刘时举《续宋中兴编年资治通鉴》卷一〇,第239页。
③ 李心传《建炎以来朝野杂记》,徐规点校,中华书局2000年,第565—566页。

盖了南宋政治、文化的诸多方面,柳诒徵《中国文化史》论道:"盖宋之政治,士大夫之政治也。政治之纯出于士大夫之手者,惟宋为然。"①宋代馆阁作为最高育才之所,国家政治、文化政策的重要执行机构之一,士大夫政治的特点比较明显。葛兆光说:"只有由知识阶层表述的知识、思想与信仰系统,才能有效地构建着政治与伦理的秩序,而一个庞大而有影响的知识层的舆论,对于国家的意义也是不言而喻的。因此,从宋初开始的权力拥有者,都逐渐把自己与知识阶层联系起来。"②馆阁文人作为知识阶层的一员,也部分地发挥了"构建政治与伦理的秩序"的功能。在这样一个属性特殊且职责重大的场域,馆阁文人主体表达着他们干预政治的勇气和决心,用秘书省著作佐郎王十朋的话来说,就是"区区忧国之心,不能自已……由此获罪,固所不辞"③。

3. 周知吏事,培养治才

馆阁作为图书之府、育才中心,培养宰辅公卿、侍从之臣成为其重中之重的职能。熟悉吏制,堪任一方,成为育才的基本环节,程俱《辞免太常少卿申尚书省状》曰:"祖宗以来,三馆台阁承学之士,必更中外繁剧之选,才德器业如韩琦,经术士行如王安石,文章才气如苏轼,皆以馆职监左藏库或省府推判官,与夫州郡之寄。不惟不以文学、政事分为二途,亦使中外迭居,周知吏事。"④这里程俱提及韩琦、王安石、苏轼三人,或杰出于才德器业,或扬名于经术士行,或称誉于文章才气,他们都有以馆职兼任吏事的经历。所以馆阁育才的措施之一,就是文学、政事的合而为一,中央、地方均有任职,培养堪当吏

① 柳诒徵《中国文化史》,东方出版中心 1988 年,第 519 页。
② 葛兆光《中国思想史》第 2 卷,复旦大学出版社 2001 年,第 174 页。
③《建炎以来系年要录》卷一八八,绍兴三十一年正月丙申,第 8 册,第 3646 页。
④ 程俱《北山小集》卷三六,《四部丛刊续编》本。

事的复合型人才。

绍兴二年(1132)六月庚戌,御史中丞沈与求建言:"祖宗故事,许令馆职兼在京釐务官,所以蓄养人材。自今剧曹郎官并繁冗,局务有阙。乞于馆职、编修、计议、删定官,太常丞、博士、国子监、丞内随才选差,亦可试其能否。"①希望延续北宋馆职兼在京吏事之策,以便历练、储养人才。绍兴七年(1137)七月丙寅,"秘书郎张戒提举福建路茶事",缘于高宗评论馆中人才,以为"戒好资质,而未更事任,可令在外作一任,复召用之",张戒随后请求外任。后二日,高宗又谓辅臣道:"士大夫须更历外任,不必须在朝廷。若既练达,而止令在外,则又不尽用材之道。"陈与义进言曰:"前日陛下惜张戒人材,除外任以养成之,圣意甚美。"高宗曰:"中书省可籍记,他日复召用。"②高宗以为,馆阁文人若委以重任,须有在外担当吏事的履历,但是仅将人才安置于外,则又不符人尽其才之道,故而通过外任磨炼,然后置于朝中以期重用。孝宗时,同样延续馆职补外以亲吏事,知晓民情之策。乾道元年(1165)正月二十日,诏:"馆职,朕所以招延天下之英俊,以待显擢。苟不亲吏事,知民情,则将来何以备公卿之任? 可今后更迭补外,历试而用,以称朕乐育实材之意。"③《建炎以来朝野杂记》甲集卷一一《馆职为总领》曰:"诸路总领,故事皆带在内金谷官,若太府、司农卿、少、丞,户部列曹郎中、员外郎之类。淳熙中,赵温叔用宇文郎中(子震)为淮东总领,时宇文尚为馆职,以未历郡不可除郎,乃命以著作郎兼权金部郎官为之。以馆职领钱粮,非旧典也,当时皆不以为是。"④淮东总领职任,最初想委任馆职文人宇文子震,但因其缺乏

---

① 《建炎以来系年要录》卷五五,第 3 册,第 1133 页。
② 《建炎以来系年要录》卷一一二,第 5 册,第 2095 页。
③ 《宋会要辑稿》职官一八,第 3487 页。
④ 《建炎以来朝野杂记》,第 226 页。

任职地方的履历而改易其为著作郎兼权金部郎官来担任。据《南宋馆阁续录》卷八,宇文子震淳熙七年(1180)三月除著作郎,十月为户部郎官、淮东总领①。

　　馆阁文人出使外域、充当外交使者,亦是重要的历练,需熟悉制度沿革,具备辩才文才,且举止得当方能胜任,既能弘扬国威,又能流播德化。北宋许多馆阁名臣都曾出使外域,如宝元元年(1038)八月,右司谏、直集贤院韩琦为契丹正旦使。庆历三年(1043)十月,右正言、集贤校理余靖为契丹国母正旦使。至和二年(1055)八月辛丑,翰林学士、吏部郎中、知制诰、史馆修撰欧阳修为契丹国母生辰使等。南宋时,馆阁文人同样是外交官的重要人选。如绍兴二年(1132)闰四月癸巳,高丽国王楷遣其尚书礼部员外郎崔惟清、阁门祗候沈起入贡,高宗诏秘书省校书郎王洋押伴②。检《南宋馆阁录》,王洋仅有秘书省正字、校书郎的经历,可见级别不是很高。陆游《老学庵笔记》卷一载:"淳熙己酉,金国贺登宝位使,自云悟室之孙,喜读书。著作郎权兵部郎官邓千里馆之。因游西湖,至林和靖祠堂,忽问曰:'林公尝守临安耶?'千里笑而已。"③据《南宋馆阁续录》卷八,邓千里乃邓驲,"字千里,延平人,淳熙二年詹骙榜进士及第,治《书》。十六年十一月除著作郎"④。著作郎邓驲接待了金国贺登宝位使,这位使臣所问之问题,与"悟室之孙,喜读书"的自我评价格格不入,作为馆职的邓驲表现得体,只是笑笑罢了,尽显文化大国使臣风范。

　　当然也有不合格的外交使臣,绍兴二十八年十月丁亥,"秘书少监沈介为贺大金正旦使"⑤,出使期间看到金主完颜亮再修汴京,以

---

① 《南宋馆阁续录》卷八,第 279 页。
② 《建炎以来系年要录》卷五三,第 3 册,第 1097 页。
③ 《老学庵笔记》卷一,李剑雄、刘德权点校,中华书局 1979 年,第 13 页。
④ 《南宋馆阁续录》卷八,第 280 页。
⑤ 《建炎以来系年要录》卷一八〇,第 8 册,第 3459 页。

期南侵,沈介回国后三缄其口,而国子司业黄中贺金主生辰后归,却能直言不讳高宗,"彼国治汴京,役夫万计,此必欲徙居以见逼,不可不早自为计"①,相形而下沈介的形象黯淡无光。

第二节　南宋馆阁文人的优宠恩遇

北宋文人晁补之《谢授馆职启》曰:"窃以校雠之设,始于汉氏之购书;员品之增,盛于唐室之好士。故二代礼乐声明之为备,亦一时衣冠人物之使然。惟麒麟延阁之华,近闻阊阖钩陈之邃。至谓道家群玉之府,盖象天官东壁之藏。近稽有宋之隆,专号育材之地。故招来于闲暇之日,而官使于成就之时。职非要而地严,欲知其可贵;禄已优而责寡,使得以自修。"②揭示汉、唐二代藏书文馆,增加人员配备,让优秀的文人校勘整比,以致人才辈出,斯文得以延续,礼乐文明因以昌盛。宋代更是如此,儒馆作为育才之地,地近清秘,藏书丰富,杰出的人物安置其中,长育涵养,成就功名器业。职任并非重要,但地近宫禁,体现其尊贵之所;俸禄优厚而职责较轻,得以自我修养,所谓职轻而秩美。南宋虽半壁河山,但是馆阁的建设也较其他职司岿然独出,文人待遇并不逊色于北宋,从容涵育以便委以重任,从而共建盛时,周必大《史馆吏部赠通议大夫朱公松神道碑》道:"祖宗时择儒学为馆职,自馆职择侍从,由侍从择辅相,所谓儒学者,明仁义礼乐,通古今治乱,其议论可与谋虑大事,决疑定策,文章特一事耳……高宗方内修外攘,首置秘书省以储人才。他有司治事日不暇给,独职馆

---

① 《建炎以来系年要录》卷一八一,绍兴二十九年四月壬辰,第 8 册,第 3484 页。
② 晁补之《谢授馆职启》,《全宋文》卷二七一八,第 126 册,第 44 页。

涵养从容。要路阙，必由此选。国朝盛举，乃复见之。"①对馆阁文人的恩宠待遇，既体现在物质层面，又表现在精神层面。

一、帝王临幸、实物赏赐与转官升职

史浩《驾幸秘书省同政府辞免推恩札子》，以为天子临幸馆阁意义重大，"丕承尧绪，稽古右文，请屈帝尊，临幸三馆，所以增光斯文，垂宪万世者，实在兹举。臣等获以迩列，庀职其间，与观盛事，已极荣华"②，简言之乃弘扬斯文，为万世垂法。对馆阁文人而言，得预盛事更是荣耀极致。绍兴十四年（1144）七月九日，秘书少监游操等上表，请高宗车驾临幸秘书省③。游操《乞幸秘书省表》曰："伏以儒宫肇建，已隆款圣之仪；文馆既成，敢缓叩阍之请？辄沥诚恫，冒渎聪闻。臣操等诚惶诚惧，顿首顿首。窃以汉帝中兴，诏石渠而讲道；唐宗致治，即丽正以观书。于赫盛朝，迥高前古。太宗肇新于栋宇，徽宗亲屈于乘舆。丕承诒谋之休，允属右文之旦。恭惟皇帝陛下，尧文有恺，舜德无加。属意向儒，惟诗书之是玩；厉精稽古，皆韦布之所难。爰咨藏室之居，靡称旧都之制。肆颁明命，趣百堵以经营；用阐宏规，极一时之轮奂。直出蓬山之上，悦如丰市之移。亲御宝跗，光生华傍。翔鸾翥凤，虽腾万目之瞻；洒道清尘，未整六飞之驭。伏愿乘时顺预，涓日鉴临，发挥亿载之珍藏，披览累朝之睿训。俾斯文一振，益知吾道之尊；则率土同风，岂独书生之幸！臣操等搜才庸琐，际运休明。抱惭怀铅，久沐君师之造；就云望日，不胜臣子之情。臣操等无任瞻天望

---

① 周必大《周必大集校证》卷七〇，王瑞来校证，上海古籍出版社 2020 年，第 1019 页。

② 史浩《鄮峰真隐漫录》卷二九，《宋集珍本丛刊》第 43 册，线装书局 2004 年，第 141 页。

③ 《南宋馆阁录》卷六，第 61 页。另见《宋会要辑稿》职官一八，第 3486 页。

圣激切屏营之至。"①游操乞请高宗临幸秘书新省,以振馆阁士气,以壮馆阁雄威。表中提及宋代馆阁建设超越汉代的石渠、唐代的丽正。太宗肇开新府,徽宗光临馆阁,高宗承袭先朝稽古右文政策,一心向儒,展玩诗书,重建馆阁,美轮美奂,筚路蓝缕之功值得称颂。游氏以"就云望日"来表达无比期盼的激动心情,赞扬高宗临幸秘省以振斯文、尊崇儒道的重大意义。

　　绍兴十四年(1144)七月二十七日,高宗车驾幸秘书省,本省官吏、实录院官吏恭迎圣驾。高宗以手诏授提举秘书省官,诏曰:"盖闻周建外史,掌三皇五帝之书;汉选诸儒,定九流《七略》之奏。文德之盛,后世推焉。仰惟祖宗肇开册府,凡累朝名世之士由是以兴,而一代致治之原盖出于此。朕嘉与学士大夫共宏斯道,乃一新史观,亲御榜题,肆从望幸之诚,以示右文之意。呜呼! 士习于空言而不为有用之学久矣。尔其勉修术业,益励猷为,一德一心,以共赴亨嘉之会,用丕承我祖宗之大训,顾不善欤!"高宗高屋建瓴地评价了北宋馆阁的育才功能,名世之士由此脱颖而出,治世局面因此呈现,激励馆阁文人、学士大夫勤勉学问,涵养器识,同心同德,以宏大儒业、重振斯文。其间,高宗光顾秘阁,"宣群臣观累朝御书御制、书画、古器等",秘书少监以下官吏在阁下侍立。另外实质性的赏赐也可谓优渥,"诏秘书省、实录院官各转一官,秘书少监仍赐绯章服并御书扇。监修国史、提举实录院、太师、尚书左仆射秦桧依昨监学成书体例推恩,令学士院检举降制。又诏秘书省、实录院人吏及诸厅供检文字、天文官、三省、枢密院供检至诸色祗应等人,如有官,人与减二年磨勘。内未有名目人,依国子监例,赐钱六百贯文"②。秘书省、实录院的官员各转一官,吏员若有官则减二年磨勘;秘书少监游操,获得高宗赏赐绯章

---

① 《全宋文》卷四〇一一,第 183 册,第 68 页。
② 《南宋馆阁录》卷六,第 61—62 页。

服和御书扇的荣耀。

绍兴十四年(1144)二月,高宗皇帝曾以御笔道山堂大字赐馆阁
以示恩宠,林希逸《御赐宸笔道山堂大字记》赞扬高宗神武之姿能够
渡过艰难,构制馆阁焕然一新,"我皇帝陛下神圣文武,缉熙光明,宏
济时艰,申口休命,敕天之歌喜起,致祥之治肃和。戒告攸备,增饰废
故,木天轮奂,粲然一新"。接着说馆殿庄严,有匾额题名更是熠熠生
辉,"有堂中峙,翼翼峨峨,旧额虽存,金曰未称……乃二月戊寅,赐臣
以御书'道山堂'三大字"。之后评价高宗书法之精妙,浑融严谨,龙
腾凤跃,辉映人间,"众体浑融,八法严备,能由天纵,意在笔前"。最
后解释了取名"道山"之意,储材待用之地令人无比欣羡,如同神人所
居之朦胧缥缈的仙境;学士凭借业绩,无论大小均能留名千载,堪比
列仙,"岂伊储才待用之地,譬彼烟霞缥缈之居。盖唐以弘文,登选学
士,世所歆羡,比之瀛洲。当时诸贤,大则著绩弥纶,小亦流芳典籍,
姓名千载,犹如列仙"。文末,以高宗荣赐题名来鼓舞振作士气,以契
合天子造就人才,统理四方之意,"今宸章表绚,明正星河,士游其间,
敢不企瞻华扁,金玉其身,以副圣天子寿考作人、纲纪四方之
意哉!"①

淳熙五年(1178)九月十二日,孝宗车驾临幸秘书省,"提举国史
院官并提举国史日历所官、秘书省国史院官、台官、右文殿修撰等,阁
门舍人并迎驾起居"。其间,孝宗入秘阁东壁、西壁,"观累朝御书"
等。观书完毕赐宴秘书省,"知阁、权管军、台谏、见任秘书省、国史院
官、阁门舍人,及在京及临安府见任直秘阁、秘阁修撰、右文殿修撰,
及曾任前件职见寄职并前馆职,俱赐坐"。同日,秘书省大小官员受
到奖励,"诏秘书省、国史院官各转一官,选人与改合入官。读书王克
勤与转一资,秘书监、少监各赐紫章服。有官供检人吏并三省供检有

---

① 潜说友《咸淳临安志》卷七,《宋元方志丛刊》,中华书局1990年,第3424页。

官人各减二年磨勘,无官供检承接人吏等并三省礼房支犒设一次"①。高宗、孝宗临幸秘书省,可谓两朝盛典,既彰显了馆阁迥然有别于其他机构的独特性、重要性,又表达了朝廷尊崇儒术、彰显斯文之义旨。对馆阁文人而言,是恩宠与责任并存,鼓励与督促兼具。

北宋馆阁赏赐馆职文人有官茶、团扇、贡花、旨酒、瑞盐、果实等,《墨庄漫录》卷六载:"故事:西京每岁贡牡丹花,例以一百枝,及南库酒赐馆职。韩子苍去国后,尝有诗云:'忆将南库官供酒,共赏西京敕赐花。白发思春醒复醉,岂知流落在天涯。'"②以流落天涯的孤苦凄凉,反衬在京任职馆阁的荣耀自得,回忆里有欢欣亦有苦涩。南宋朝廷赏赐馆阁大略如此,如各种节日的恩赏,"日历所、会要所、国史院岁旦、冬节、清明、端午、七夕、重九,各赐大龙茶一斤,州酒四瓶","每岁五月,宣赐大小凤茶、大龙茶各一斤"③,最常见的就是茶、酒。除此之外,朝廷还特别赏赐中药以助馆阁文人身体康健、安心履职,"自提举官以下等第分送,秘书省、日历所、国史院皆依例。夏,大顺五苓香薷、三倍驻车、桂苓香薷(养脾理中消暑)、水瓢;冬,苏合、鹿茸(养脾理中)、嘉禾(匀气润补)、橘皮。煎其品数,改丸修合日禀议焉"④。馆阁文人日常编修校勘任务繁重,容易急躁上火,气脉不畅,所以调养保健是很有必要的,特别是炎热的夏天和寒冷的冬季。例如驻车,具有清热止痢、养血调营之功效。桂苓,具有大解暑毒之用途。节日期间亦赏赐本省馆职花灯、桃符等,"本省元宵,每位莲花灯五盏,球灯三盏;重午,洪州扇二,草虫扇二;岁除,桃符、门神各二副"⑤。花

---

① 《宋会要辑稿》职官一八,第3490—3492页。
② 张邦基《墨庄漫录》卷六,孔凡礼点校,中华书局2002年,第186页。
③ 《南宋馆阁录》卷六,第66—67页。
④ 《南宋馆阁录》卷六,第72页。
⑤ 《南宋馆阁录》卷六,第67页。

灯、门神、桃符的赏赐,是北宋馆职文人所没有的,它独属南宋,更显对传统文化的重视与践行,希冀其能够发挥避邪喜庆的功能。

陆游《老学庵笔记》卷四云:"馆职常苦俸薄,而吏人食钱甚厚。周子充作正字时,尝戏曰:'岂所谓省官不如省吏耶?'都下旧谓馆职为省官,故云。"①周子充乃周必大,其为初级馆职时俸禄薄少,曾经戏说秘书省官不如秘书省吏人,私人欢会显得捉襟见肘,而天子赏赐的丰盛优渥恰好弥补了这一不足。淳熙五年(1178)六月,因《中兴馆阁书目》成,公卿学士被旨观书,于道山堂置酒会,参与者,有"少保丞相卫国公史浩、知枢密院事王淮、参知政事赵雄、范成大",以及"修史官并馆职"。席间,"中使传旨,赐流香酒四壶,果肴五盘,且宣谕曰:'雨凉多饮。'"丞相上章表达谢意,二府、三馆之士"更相劝酬,以侈上赐"②。

除了实物赏赐,馆阁文人在官职迁转上也较为优裕,例如皇帝临幸秘书省,馆职学士都有升职转官之恩荣。李心传《建炎以来朝野杂记》甲集卷一二《奏举京官》曰:"奏举京官,祖宗时无定数,有其人则举之……在京选人,旧无外路监司荐举,渡江后,诏以六部长贰作职司。乾道七年九月,罢之。惟馆学官通理四考,不用举主改官,盖累圣优贤之意。"③言下之意,馆阁官员改官则不需举荐,省去这一环节显然是对馆阁文人能力品行的认可,自然是优宠之举。

二、馆阁文人的特殊待遇

馆阁文人还拥有他司所无之特殊待遇,既显示职业的光鲜,又体现地位的尊荣,尤其是使国家崇文尚儒的政策得到切实践行。

---

① 《老学庵笔记》卷四,第49页。
② 《南宋馆阁续录》卷六,第223页。
③ 《建炎以来朝野杂记》,徐规点校,中华书局2000年,第245页。

其一,考试贤良、进士唱名,许馆职殿内侍立。

《南宋馆阁录》卷六云:"《馆阁录》云:'旧制,以每遇进士策贤良,馆阁官并赴殿门祗候,给大官食法酒十瓶,唱名日登殿侍立。熙宁后,只令殿门祗候。元丰中,判馆阁官申请,虽得入殿,然只得立殿下。'绍兴五年八月九日,著作佐郎李公懋等言:'进士唱名,自政和以来,阁门寝废旧制,令秘书省官立殿下,非故事。欲乞复祖宗之典。'有旨,除省试官外,余许依旧制,殿上侍立。乾道四年,试贤良唱名亦如进士唱名之制。"①这里所引《馆阁录》乃元祐年间宋匪躬所撰。绍兴五年(1135),由于秘书省著作佐郎李公懋的建议,恢复馆阁官员于殿上侍立之荣。孝宗乾道四年(1168),馆阁官员殿上侍立由进士唱名扩展到考试贤良。淳熙八年(1181),又进一步扩大到所有唱名日,《南宋馆阁续录》载,淳熙八年闰三月六日,尚书省札子提到秘书省状,"准见行令,诸举人唱名日,秘书省正字以上并赴起居侍立。今来缘本省官多系曾差充省试官,所有唱名侍立,伏望朝廷敷奏施行",建议得到采纳,"有旨,并令侍立"②。缘于馆阁文人参与了主考任务,所以唱名日许侍立体现了对考官的尊重,对选拔人才仪式的慎重。

其二,南宋馆职参与侍从赐宴活动。

《南宋馆阁录》卷六云:"《馆阁录》:'淳化元年二月,诏自今游宴,宣召直馆,其集贤校理并令预会。初,李宗谔为集贤校理,校理之职,自兴国后罕有任者,会赏花后苑,有司第令直馆赴会,宗谔不得预。翌日,献诗陈情,遂许陪宴。'祖宗时,每时序游幸,皆赐宴饮,或雨雪休应,亦就崇文赐宴。中兴后,惟天申节宴、闻喜宴,正字以上皆赴。"③北宋时期,后苑赏花、钓鱼赐宴较为频繁,馆阁文人多与其中,

---

① 《南宋馆阁录》卷六,第 66 页。
② 《南宋馆阁续录》卷六,第 223 页。
③ 《南宋馆阁录》卷六,第 67 页。

侍从陪驾、应制赋咏多集中在太宗、真宗和仁宗朝①。而且由于活动密集，文人往往宿构以防窘迫难成，而皇帝临时出题又使某些文人措手不及，多露尴尬，优人以此为戏留下文坛笑料，《东斋记事》卷一云："赏花钓鱼会赋诗，往往有宿构者。天圣中，永兴军进'山水石'，适置会，命赋'山水石'，其间多荒恶者，盖出其不意耳。中坐优人入戏，各执笔若吟咏状。其一人忽仆于界石上，众扶掖起之，既起，曰：'数日来作一首赏花钓鱼诗，准备应制，却被这石头擦倒。'左右皆大笑。翌日，降出其诗，令中书铨定。秘阁校理韩羲最为鄙恶，落职，与外任。"②

南宋因半壁河山、民族矛盾的突出，这类活动锐减，仅有庆祝高宗生辰的天申节、进士闻喜宴二项，正字以上馆职文人皆可参预。北宋侍从赐宴的文学成果丰富，《崇文总目》卷一一著录了《应制赏花集》十卷、《瑞花诗赋》一卷，郑樵《通志·艺文略第八》也有著录，注云"宋朝馆阁应制作"③。而南宋目录书、史书著录者，目前仅见《馆学喜雪唱和诗》，《宋史》卷二〇九著录了南宋文人熊克所编《馆学喜雪唱和诗》二卷，祝尚书师提出，此集编定当在熊克馆阁任职的数年间④。

其三，学士院为馆阁官员具食等。

《南宋馆阁录》卷六云："《麟台故事》曰：'大宴未赴坐间，学士院尝为馆阁官具食。盖祖宗时，内外制官无不自三馆出，馆中之人往往前日僚友之旧、道义之交，不专以势利高下为心，故每于是日小集，从容谈笑也。'近时具食虽如故，乃设于学士院门幕次内，盖未尝见玉堂

---

① 成明明《北宋馆阁与文学研究》，中国社会科学出版社 2007 年，第 322—332 页。
② 范镇《东斋记事》，汝沛点校，中华书局 1980 年，第 3—4 页。
③ 郑樵《通志二十略》，王树民点校，中华书局 1995 年，第 1783 页。
④ 祝尚书《宋人总集叙录》，中华书局 2004 年，第 576 页。

主人也。'今天申节宴在贡院,学士院设食犹如故。"①馆阁作为人才辈出之所,今日的两制文人、宰辅公卿乃昔日之馆阁名流,之间存在僚属之交、道义相契,故而交往时能够从容言笑,不以地位高低而心存芥蒂。学士院为馆阁文人具食,表明了对其尊崇与敬爱,自有不忘所出、心存感念的谦逊之意。

北宋馆职暑月许于大庆殿廊纳凉,平时闲暇许置棋局,享受观棋听乐等恩宠待遇,南宋馆职于此则鲜少,但是待遇较他司还是尚优。绍兴元年(1131),诏秘书省官雠校《国朝会要》时,"逐官添给茶汤钱"②。《宋史》卷一六四《秘书省》云:"岁于仲夏曝书,则给酒食费,尚书、学士、侍郎、待制、两省谏官、御史并赴。遇庚伏,则前期遣中使谕旨,听以早归。大典礼,则长贰预集议。所以待遇儒臣,非他司比。宴设锡予,率循故事。"③说明曝书会的酒食支出,由朝廷提供。遇三伏天,馆职则可以提前结束工作回去休息。朝廷盛大典礼,秘书监、少监可参预讨论,这种待遇是其他机构无法比拟的。如此这般的待遇和优宠,显然是和设馆育才、储才待用、以赞治世的馆阁政治、文化功能相辅相成,"庶令英俊之游,日玩典籍,不亲米盐之务,专修经纬之业。长育人才,无尚于此"④。

三、馆阁的特殊礼仪

馆阁因其滋育人才的特殊功能,在国家政治、文化生活中扮演着极其重要的角色,故而有其他机构无法比拟的优越性,也自有其彰显

---

① 《南宋馆阁录》卷六,第67—68页。
② 李攸《宋朝事实》卷九,中华书局1955年,第151页。
③ 《宋史》卷一六四,中华书局1985年,第12册,第3873—3874页。
④ 《范文正公政府奏议》卷下《奏杜杞等充馆职》,《范仲淹全集》,李勇先、王蓉贵校点,四川大学出版社2002年,第624页。

身份尊贵的特殊礼仪。这些礼仪,既标榜了其机构独一无二的特殊性,又具有区别其他文人群体与众不同的气质品味。这些仪式的坚守,有利于维护机构的尊贵地位,同时获得社会的别样认可与赞同。

当然,某些特殊的礼节仪式随着时代变迁也会发生迁转,甚至泯灭,此时若有人还持古礼古风便是迂腐落伍了,《石林燕语》卷六载:"故事,外官除馆职,如秘阁校理、直秘阁者,必先移书在省职事官,叙同僚之好,已乃专遣人持钱及酒殽珍馔,即馆设盛会,燕同僚,请官长为之主,以代礼上之会。各随其力之厚薄,甚有费数百千者。就京师除者,则即馆上事,会亦如之。自崇宁以来,外官除馆职者既多,此礼寖废。宣和后,虽书局官亦预馆职,至百余员,故遂废不讲。崇宁初,许天启自陕西漕对除直秘阁,用故事入馆上事,以漕司骑从传导至道山堂,坐吏无一出见者。馆职亦各居直舍,不相谁何。天启久之索马而去,人传以为笑。"①说明,在外官除以馆职,先要以书信与在省职事官打招呼,以叙同僚之友好。不仅如此,还要有实质性的破费,专门委派人出资以置办美味佳肴,在馆中设宴招待馆阁学士,邀请馆阁长官为宴会主持,所出钱资量力而行。若馆职是在京城除授,则立即到馆中打照面,宴会仍然要举办。徽宗崇宁以来,外官除职较多,此礼慢慢废弃,许天启仍用先前惯例来入馆行事,结果无人理睬反遭嘲讽。南宋馆阁仪式的简约简化也在情理之中,当然一些特殊的礼仪还是温和地延续着。

其一,僎会。《南宋馆阁录》卷六载:"每省官初除,例作僎会。"指秘书省官初除后,要召集同僚举行宴会,以示友爱。

其二,过局。《南宋馆阁录》卷六载:"监修国史、提举实录院、提举编修国朝会要每月过局,省阅所修书,诸司送本所官酒各二瓶。凡

---

① 叶梦得《石林燕语》,侯忠义点校,中华书局1984年,第86页。

有初除官遇过局日,本所带送六瓶,余官四瓶。"①元人王恽《玉堂嘉话》卷七引忠斋刘承旨语道:"宋朝监修国史,宰相初任者,谓之开局。一月一至院,谓之过局。"②过局,是高级馆职的职责要求,即每月来馆阁检查督促修书工作。赠送秘书省官好酒,有犒劳慰问修书辛苦之意。

其三,正旦、冬至拜先圣和颜回。《南宋馆阁录》卷六载:"是日,设先圣、颜子像于道山堂中间,省官序班堂上,北向再拜,长、贰三上香,在位者复再拜。礼毕,团拜于堂上,同年者各讲私礼。"③可见对先圣孔子、颜回的敬爱,也表明馆阁推崇学问、德行的兼修。

其四,燕集。乾道九年(1173)五月,群玉亭成,"丞相齐国公虞允文燕馆阁之士于新亭"。淳熙四年(1177)三月,"提举实录院参知政事李彦颖、监修国史龚茂良以进《实录》前一日观书于道山堂,会前修史官并馆职,置酒于著作之庭"④。

其五,暴书会。绍兴十四年(1144),规定秘书省暴书时间在五月至七月间,长达二月,《南宋馆阁录》卷三载:"(绍兴)十四年五月七日,秘书郎张阐言:'本省年例,入夏暴晒书籍,自五月一日为始,至七月一日止。'从之。"⑤暴书宴会则定在七月七日,这种盛会只有秘书省特有,他司均无。

其六,饯会。《麟台故事》云:"三馆、秘阁官升迁、外补者,众必醵会置酒,集于僧舍以饯之;其外补者,或赋诗以赠其行。祖宗盛时,三馆之士出局,必相过从,或集于名园僧舍,饮酒赋诗。"⑥详细情状,

---

① 陈骙《南宋馆阁录》卷六,第 68 页。
② 陈文新主编《翰林掌故五种》卷八,余来明、潘金英校点,武汉大学出版社 2015 年,第 62 页。
③ 《南宋馆阁录》卷六,第 63 页。
④ 《南宋馆阁录》卷六,第 68 页。
⑤ 《南宋馆阁录》卷三,第 22 页。
⑥ 《南宋馆阁录》卷六所引,第 69 页。

我们将在第七章中予以论述。

这里我们还需提一下"光馆钱",据《南宋馆阁录》卷六记载,秘书少监周必大在乾道五年(1169)仿照翰林旧规订立了光馆钱,"监修、提举初至一百二十千,迁转一百千。提举秘书省初至一百千,迁转七十千。初入馆十千,他官再兼史职同。侍从修史初至二十千,迁职转官二十千,迁二府一百千。本省迁职,若转官十千,选人改官倍之。本省迁他职十五千,迁侍从倍之。本省别加兼职十千,迁官别加兼职同。史馆迁职,若转官十千,修史侍从倍之。祖父母、父母封叙二十千,封至夫人者三十千。以下三馆通用:亲族同官十五千,异姓有服亲十千;知贡举五十千,考试二十分之一;奉使视职任轻重而定多寡之数,止于一百千;锡赉二十分之一,止于一百千;生子三十千;荫补十五千;子弟登科二十千。一月之内两遇以上者,止从一多"①。根据馆职级别高低、迁职高下、兼职差异等出钱有别,其中还包括封荫、知贡举、生子、子弟登科等可喜可贺之事。杜文玉《唐五代的助礼钱与诸司礼钱》一文以为:"诸司礼钱包括光署钱(光省钱)、光台钱、光院钱、光学钱等,是唐五代时期的三省、御史台、翰林院与国子监等机构,向新任职的官员、检校或兼任本司的官员以及从本司升迁的官员所征收的礼钱。诸司礼钱主要作为这些部门的公使钱使用,如用于公廨维修、食料开支、购置办公用品以及其他各种开支……对后世尤其是两宋时期产生了较大的影响,并为其所沿袭。"②通过这种方式的集资征收,既可作为宴请同僚的饮食开支,也可作为馆阁公共支出,以喜事同乐、好事共沾之名目增进同僚之情谊,也维系强化了馆阁文人的集体感和荣誉感。

---

① 陈骙《南宋馆阁录》卷六,第71页。
② 杜文玉《唐五代的助礼钱与诸司礼钱》,《陕西师范大学学报》2004年第2期。

第五章　南宋馆阁文人与科举

　　馆阁文人参与科举考试,南宋与北宋有很大区别。北宋时许多馆职文人依据职别高低,担任的考试角色从知贡举、权知贡举、权同知贡举,考试进士诸科举人、考试锁厅举人、考试武举进士、赴秘阁考试制科、考试知贡举官亲戚举人、考试开封府举人、考试国子监举人,到充覆考官、点检试卷、封印卷首、监贡院门等①,而南宋馆阁文人职权有所降低,主要集中在点检试卷上。《宋会要辑稿》选举二○载,绍兴三年(1133)十月二十七日,臣僚言:"科举之设,实用人材之根本。而省试最为重事,必于六曹尚书、翰林学士中择知贡举,诸行侍郎、给事中择同知贡举,卿、监、郎官为参详官,馆职、学官为点检官,又以御史监察其中,故能至公至当,厌服人心。"②明确提出省试,知贡举者,从各部尚书和翰林学士中产生;同知贡举,从诸行侍郎、给事中选择;参详官,由卿、监、郎官担任;而馆职和学官,充任点检试卷官。以下,我们列表来分析南宋馆职文人与科举之关系:

---

① 成明明《北宋馆阁与文学研究》第四章表6,中国社会科学出版社2007年,第149—159页。

② 徐松辑《宋会要辑稿》选举二○,刘琳、刁忠民、舒大刚、尹波等校点,上海古籍出版社2014年,第5636页。

第一节　南宋馆职文人参与科举
考校与点检试卷

本表主要依据《宋会要辑稿》选举二〇至二二制成,因《宋会要辑稿》此部分材料止于嘉定十七年(1224),故本表也截止于此。

时间	馆职文人	担任角色
绍兴五年六月二十五日翰林学士孙近知贡举	秘书省正字李弥正、高阅、胡理、张嵲,秘书省校书郎李公懋	充点检试卷官
绍兴八年四月二十七日翰林学士朱震知贡举	秘书省校书郎许忻,秘书省正字常明、黄衡、凌景夏、孙道夫	充点检试卷官
绍兴十二年正月二十四日给事中程克俊知贡举	秘书省秘书郎周执羔、张汉彦,著作佐郎王扬英,校书郎程敦厚、陈之渊,秘书省正字张阐、范雲	充点检试卷官
绍兴十四年八月国子监发解	秘书少监游操	充考试官
	校书郎陈诚之,正字沈介	充点检试卷官
绍兴十五年正月二十四日右谏议大夫何若知贡举	秘书少监游操	同知贡举
	秘书省正字黄公庭	充点检试卷官
绍兴十八年二月十二日吏部侍郎边知白知贡举。除葛立方外,其他人据《绍兴十八年同年小录》补列	秘书省正字葛立方	参详官
	秘书省校勘书籍官林大鼐	参详官
	秘书省校勘书籍官叶絼	点检试卷官
	秘书省正字兼提举秘书省编定书籍官孙仲鳌	覆考点检试卷官
绍兴二十年八月国子监发解	秘书少监汤思退	充考试官
	秘书省校书郎葛立方、孙仲鳌秘书省著作郎林机	充点检试卷官
绍兴二十一年三月七日权礼部侍郎陈诚之知贡举	秘书省校书郎孙仲鳌	充参详官

时间	馆职文人	担任角色
绍兴二十三年八月 国子监发解	秘书省校书郎董德元 秘书省校书郎王佐	充考试官
绍兴二十四年正月十九日 御史中丞魏师逊知贡举	秘书省著作郎丁娄明 秘书省校书郎董德元	充参详官
绍兴二十六年八月 国子监发解	秘书少监杨椿	充考试官
	秘书省著作郎沈介	充考试官
	秘书省著作郎周麟之，秘书省校书郎王纲中，秘书省正字张孝祥	充点检试卷官
绍兴二十七年正月九日 御史中丞汤鹏举知贡举	秘书省校书郎唐文若 秘书省著作佐郎黄中	充参详官
	秘书省校书郎季南寿，正字汪澈、胡沂、叶谦亨	充点检试卷官
	秘书省正字林之奇	别试所点检试卷官
绍兴二十九年八月 国子监发解	秘书省少监任古	充考试官
	秘书省校书郎陈之茂 秘书省正字查钥	充点检试卷官
绍兴三十年正月九日 御史中丞朱倬知贡举	秘书丞刘珙，校书郎王淮，正字刘度、冯方	充点检试卷官
隆兴元年正月九日 翰林学士承旨知制诰洪遵知贡举	秘书少监胡铨	参详官
	秘书丞唐阅，著作佐郎龚茂良，正字王东里、方畴、张宋卿	充点检试卷官
隆兴二年三月十三日 铨试、公试、类试	秘书省正字莫冲、张宋卿	考试点检试卷官
乾道元年三月二十五日 铨试、公试、类试	秘书丞刘贡 秘书省正字施师点	考试、点检试卷
乾道元年八月五日 国子监发解	秘书郎郑升之，正字胡元质	点检试卷
	秘书丞刘贡	别院考试

续表

时间	馆职文人	担任角色
乾道二年正月九日 中书舍人直学士院蒋芾 知贡举	秘书少监陈岩肖 著作佐郎黄石	参详
	正字梁介、王蔺、施师点	点检试卷
乾道二年四月二十七日 铨试	秘书省正字王蔺	考校、点检试卷
乾道三年三月二十六日 铨试、类试	著作佐郎黄钧 秘书省正字李远	考校、点检试卷
乾道四年三月二十一日 铨试、公试、类试	秘书省校书郎范端臣	考校、点检试卷
乾道四年八月五日 国子监发解	秘书郎李木	点检试卷
乾道五年正月九日 吏部尚书兼侍读兼翰林 学士汪应辰知贡举	秘书少监汪大猷 著作佐郎刘季裴	参详
	秘书省校书郎杨兴宗、刘惇	点检试卷
乾道六年二月二十五日 铨试、公试、类试	秘书省著作佐郎詹亢宗 正字赵汝愚、林光朝	考校、点检试卷
乾道七年二月二十五日 铨试、公试、类试	秘书郎许克昌 正字丁时发、唐仲友	考校、点检试卷
乾道八年正月九日 翰林学士知制诰兼侍读 王曦知贡举	著作郎林光朝、杨兴宗	参详
	著作佐郎赵汝愚	
	秘书丞尤袤，秘书郎萧国梁，校书郎丁时发，正字吕祖谦、唐仲友、蔡戡	点检试卷
乾道九年二月二十五日 铨试、公试、类试	秘书郎萧国梁，著作佐郎木待问，正字陈自修	考校、点检试卷
淳熙元年八月五日 国子监发解	秘书省著作佐郎郑侨	点检试卷
淳熙二年正月九日 翰林学士知制诰兼太子 詹事兼侍读王淮知贡举	秘书郎王公袞	参详
	秘书郎吴飞英	点检试卷

续表

时间	馆职文人	担任角色
淳熙三年二月二十五日 铨试、公试、类试	秘书省正字何澹	考校、点检试卷
淳熙四年二月二十五日 铨试、公试、类试	著作佐郎何万	考试
	秘书省校书郎黄定	考校、点检试卷
淳熙四年八月五日 国子监发解	秘书省校书郎石起宗、何澹	点检试卷
淳熙五年正月九日 礼部尚书范成大知贡举	秘书丞袁说友，著作佐郎郑鉴， 校书郎胡晋臣、叶山	点检试卷
淳熙五年六月十一日 铨试	秘书少监郑丙	考试
	秘书郎葛邲	点检试卷
淳熙六年二月二十五日 铨试、公试、类试	秘书省校书郎詹骙 秘书省正字赵彦中	考校、点检试卷
淳熙七年二月二十五日 铨试、公试、类试	秘书省校书郎赵彦中	考校、点检试卷
淳熙七年八月五日 国子监发解	秘书丞袁枢	考试
	秘书省秘书郎何澹	点检试卷
	秘书省秘书郎范仲艺	别院考试
淳熙八年正月七日 试吏部尚书兼修玉牒官 兼修国史王希吕知贡举	著作郎朱时敏、袁枢 秘书郎范仲艺	参详
	著作郎詹骙、李巘，校书郎赵彦 中、熊克、杨辅，正字刘光祖	点检试卷
淳熙八年六月十一日 铨试	秘书省校书郎姚颖	点检试卷
淳熙九年二月二十五日 铨试、公试、类试	秘书丞蒋继周	考校、点检试卷
淳熙十年二月二十五日 铨试、公试、类试	秘书省秘书郎刘光祖 秘书省正字罗点	考校、点检试卷

时间	馆职文人	担任角色
淳熙十年八月五日国子监发解	秘书少监沈揆	考试
	秘书丞宋若水,著作郎李巘	点检试卷
	秘书郎何澹	别院考试之点检试卷
淳熙十一年正月九日户部尚书王佐知贡举	秘书少监沈揆,著作郎何澹,著作佐郎范仲艺	参详官
	秘书丞黄伦	点检试卷
淳熙十一年六月十一日铨试	秘书省校书郎罗点	考校、点检试卷
淳熙十二年二月二十五日铨试、公试、类试	秘书省校书郎莫叔光、倪思	考校、点检试卷
淳熙十三年二月二十五日铨试、公试、类试	秘书省著作郎黄伦,著作佐郎梁汝永,秘书省校书郎邓驲	考校、点检试卷
淳熙十三年五月二十五日以六月八日引试应贤良方正能直言极谏科庄冶滕	秘书监兼国史院编修官兼太子左谕德沈揆	参详官
淳熙十三年八月五日国子监发解	秘书省著作郎兼权金部郎官黄伦,秘书郎倪思、莫叔光	点检试卷
淳熙十四年正月二十日翰林学士知制诰兼侍讲兼修国史洪迈知贡举	秘书监太子左谕德国史院编修官沈揆,枢密院检详诸房文字兼国史院编修官范仲艺,著作郎兼权金部郎官黄伦,著作佐郎兼权兵部郎官梁汝永	并参详官
	秘书丞谢修,秘书郎倪思,秘书省著作佐郎兼魏惠宪王府教授黄唐,校书郎邓驲	并点检试卷
	中书门下省检正诸房公事兼国史院编修官兼太子侍讲尤袤	别试所考试
淳熙十五年二月二十五日铨试、公试、类试	秘书省正字卫泾	考校、点检试卷

时间	馆职文人	担任角色
淳熙十六年二月二十五日铨试、公试、类试	秘书省著作郎莫叔光	考试
	秘书省正字李寅仲、黄由	考校
淳熙十六年八月五日国子监发解	秘书省秘书郎黄由 秘书省正字吴镒	点检试卷
绍熙元年正月二十四日权吏部尚书郑侨知贡举	秘书丞黄艾,著作郎邓驲 著作佐郎卫泾、黄由	参详
	秘书郎李寅仲,校书郎王叔简,正字石宗昭	点检试卷
绍熙二年二月二十五日铨试、公试、类试	秘书省著作郎卫泾	考试
	秘书省正字王容、李壁	考校
绍熙三年二月二十五日铨试、公试、类试	秘书郎李唐卿	考试
	秘书省正字王奭、蔡幼学	考校
绍熙四年正月二十四日吏部尚书赵汝愚知贡举	秘书省著作佐郎沈有开 著作佐郎李唐卿	参详
	秘书郎范仲黼 秘书省正字蔡幼学	点检试卷
	秘书省著作郎黄由	别试所考试
	秘书省校书郎王奭	点检试卷
绍熙四年六月初十日铨试	秘书省著作佐郎王容	考校
绍熙五年二月二十五日铨试、公试、类试	秘书少监孙逢吉	考试
	秘书省正字颜棫	考校
庆元元年二月二十五日铨试、公试、类试	著作郎兼侍左郎官王容,秘书丞邵康,秘书省正字陈邕	考校
庆元元年八月五日国子监发解	秘书郎兼司封郎官颜棫	考试
	著作佐郎李壁,校书郎余复 秘书省正字陈岘	点检试卷

续表

时间	馆职文人	担任角色
庆元二年正月二十五日 吏部尚书叶翥知贡举	著作郎王奭,著作郎兼司封郎官颜棫,著作佐郎兼刑部郎官李壁	参详
	秘书郎费士寅,秘书省校书郎余复、陈岘	点检试卷
庆元三年二月二十五日 铨试、公试、类试	秘书丞曹晛,正字易祓,秘书郎费士寅	考校
庆元三年二月二十五日 铨试、公试、类试	著作郎张嗣古、莫子纯	考试
	秘书郎杨炳、周梦祥 秘书省校书郎曾从龙	考校
庆元三年八月五日 国子监发解	著作佐郎曾渐	考试
	秘书郎王炎,秘书省正字李埴	点检试卷
庆元四年二月二十五日 铨试、公试、类试,监察御史张岩监试	秘书郎王炎	考校
庆元四年二月二十五日 铨试、公试、类试,监察御史林行可监试	秘书监俞烈	考试
	秘书郎黄中 秘书省校书郎徐邦宪	考校
庆元四年八月五日 国子监发解	秘书丞兼考功郎官黄景说	考试
	著作佐郎邹应龙、曾从龙,秘书省校书郎朱质,秘书省正字苏大璋	点检试卷
庆元五年正月二十五日 权礼部尚书黄由知贡举	秘书郎易祓	参详
	秘书省校书郎李埴	点检试卷
	秘书郎毛宪	避亲别试之点检试卷
庆元六年二月二十五日 铨试、公试、类试	著作佐郎易祓	考试
	正字邹应龙、张嗣古	考校

续表

时间	馆职文人	担任角色
嘉泰元年二月二十五日 铨试、公试、类试	秘书丞钟必万	考试
	校书郎邹应龙	考校
嘉泰元年八月五日 国子监发解	秘书丞钟必万 秘书省校书郎莫子纯	点检试卷
	秘书省校书郎张嗣古	避亲别试之考试
嘉泰二年正月二十四日 礼部侍郎木待问知贡举	著作郎兼考功郎官萧遂 秘书郎陆峻	参详
	秘书省校书郎周梦祥	点检试卷
开禧元年正月二十五日 礼部尚书萧遂知贡举	秘书少监陈岘,著作郎邹应龙, 秘书郎叶时,著作佐郎朱质	参详
	校书郎张从祖、许奕 秘书省正字苏大璋	点检试卷
	秘书丞兼考功郎官黄景说 秘书郎陈晦	避亲别试之点检试卷
开禧元年六月十日铨试 礼部员外郎徐似道考试	著作郎曾从龙	考校
开禧二年二月二十五日 铨试、公试、类试	著作郎兼兵部郎官曾渐	考试
	秘书郎胡有开、王介 秘书省正字傅行简	考校
开禧三年二月二十五日 铨试、公试、类试	秘书郎庄夏 秘书省正字陈模	考校
开禧三年八月五日 国子监发解	秘书丞兼司封郎官林罳,著作郎 兼考功郎官王居安,秘书郎庄夏	考试
	秘书省正字陈模	点检试卷
嘉定元年正月二十五日 吏部尚书兼翰林院学士 楼钥知贡举	秘书郎章良肱,著作佐郎庄夏	参详
	正字陈模、林至	点检试卷
	秘书省校书郎陆峻 秘书省正字陈舜申	避亲别试之点检试卷

时间	馆职文人	担任角色
嘉定元年六月十日铨试	秘书省校书郎陆峻 秘书省正字陈模	考校
嘉定二年二月二十五日铨试、公试、类试	秘书郎陈舜申,秘书省校书郎林至、傅行简、真德秀	考校
嘉定三年二月二十五日铨试、公试、类试	著作郎兼户部郎官何剡,著作佐郎兼考功郎官滕强恕,秘书郎傅行简,秘书省正字陈贵谦	考校
嘉定三年八月五日 国子监发解	著作郎兼户部郎官何剡 秘书郎真德秀	考试
	秘书省校书郎杨汝明 秘书省正字乔行简	点检试卷
嘉定四年正月二十四日 吏部侍郎汪逵知贡举	秘书丞兼尚左郎官丁端祖,秘书郎薛绂,著作佐郎赵崇宪	参详
	秘书省正字乔行简	点检试卷
嘉定四年六月十日铨试	著作郎兼都官郎官任希夷	考试
嘉定五年二月二十五日铨试、公试、类试	秘书郎陈贵谦 秘书省校书郎林垧	考校
嘉定五年六月二十八日 铨试	秘书省正字孙德舆	考校
嘉定六年二月二十五日铨试、公试、类试	著作郎兼考功郎官李道传	考试
嘉定六年八月五日 国子监发解	秘书少监李埴 秘书丞兼右司聂子述	考试
嘉定七年正月二十四日 刑部尚书曾从龙知贡举	著作郎兼侍左郎官杨汝明	参详
	著作佐郎兼考功郎官康仲颖	避亲别试考试
	秘书省校书郎郑自诚	点检试卷

时间	馆职文人	担任角色
嘉定八年二月二十五日铨试、公试、类试	著作佐郎曾焕	考试
	秘书省校书郎赵建大 秘书省正字叶澄	考校
嘉定九年二月二十五日铨试、公试、类试	著作佐郎兼尚右郎官郑自诚 秘书省校书郎赵建大	考试
	秘书省正字叶澄	考校
嘉定九年八月五日国子监发解	秘书省校书郎孙德舆、赵建大	点检试卷
嘉定十年正月二十四日兵部尚书黄畴若知贡举	著作郎兼司封郎官李鸣凤	参详
	秘书郎张虙、张已之	点检试卷
嘉定十年六月二十五日铨试	秘书丞楼观	考试
嘉定十一年二月二十五日铨试、公试、类试	著作佐郎张虙	考试
	秘书省校书郎黄桂	考校
嘉定十二年二月二十五日铨试、公试、类试	秘书省校书郎袁甫、吴晞甫	考校
嘉定十二年八月五日国子监发解	著作郎危稹	考试
	秘书省正字兼翰林权直徐凤 秘书省正字卢祖皋	点检试卷
	秘书郎萧舜咨	避亲别试考试
嘉定十三年正月二十五日礼部侍郎宣缯知贡举	著作郎兼尚左郎官陈德豫，著作佐郎何应龙，秘书省校书郎兼翰林权直徐凤	参详
	秘书省正字卢祖皋	点检试卷
嘉定十五年四月十七日铨试、公试、类试	秘书少监郑伯诚	考试
	秘书省校书郎刘致一	考校

续表

时间	馆职文人	担任角色
嘉定十六年正月二十五日权吏部侍郎程珌知贡举	秘书郎钟震	参详
	秘书省校书郎陶崇、杨迈 秘书省正字方淙	点检试卷
嘉定十六年六月二十五日铨试	秘书郎高似孙	考试
嘉定十七年二月二十五日公试、铨试、类试	著作佐郎钟震	考试

一、馆阁文人科举考校角色分析

从上表可见，南宋馆阁文人担任的考试角色，有同知贡举、省试官、考试官、参详、考校、点检试卷。北宋馆职高低有三个层次，"其高者，曰集贤殿修撰、史馆修撰、直龙图阁、直昭文馆、史馆、集贤院、秘阁。次曰集贤、秘阁校理。官卑者，曰馆阁校勘、史馆检讨，均谓之馆职"①。馆职无论高低，一经此职遂为名流。一般而言，集贤殿修撰、直昭文馆、直史馆、直集贤院、龙图阁待制等权同知贡举，而级别较低一些的集贤校理、秘阁校理、馆阁校勘等从考试举人、覆考官到充点检试卷官不一而足。南宋馆阁文人，同知贡举由秘书少监、同修国史兼实录院同修撰职名者承担；考试、省试官，则主要由秘书少监担当，宁宗嘉定时期，著作郎、著作佐郎、校书郎等也充任；参详由著作郎、著作佐郎、秘书郎分任；点检试卷，主要由秘书省正字、校书郎负责，当然其他馆职文人也广泛参与，甚至是秘书丞、著作佐郎，例如隆兴元年（1163）正月九日，翰林学士承旨、知制诰洪遵知贡举，秘书少监胡铨作为参详官，而秘书丞唐阅、著作佐郎龚茂良、秘书省正字王东

---

① 洪迈《容斋随笔》卷一六，孔凡礼点校，中华书局 2005 年，第 208 页。

里、方翥、张宋卿等充"点检试卷"①。

止于嘉定十七年（1224），南宋馆阁文人知贡举、同知贡举者寥寥，仅见游操、王希吕和洪迈。绍兴十五年（1145）正月二十四日，"以右谏议大夫何若知贡举，权吏部侍郎陈康伯、秘书少监游操同知贡举"②。淳熙八年（1181）正月七日，试吏部尚书、兼修玉牒官、兼修国史王希吕知贡举③。淳熙十四年正月二十日，翰林学士、知制诰、兼侍讲、兼修国史洪迈知贡举④。而北宋馆阁文人知贡举、同知贡举明显多于南宋，权同知贡举 22 人，如太平兴国八年（983）正月七日，直史馆王沔、韩丕、宋准；咸平元年（998）二月十九日，直昭文馆梁颢，直史馆朱台符；咸平三年二月三日，直集贤院赵安仁；景德二年（1005）正月十四日，龙图阁待制戚纶，直昭文馆陈充，直史馆朱巽；庆历六年（1046）六月十四日，龙图阁直学士高若讷，集贤校理杨伟、钱明逸等。权知贡举，如景德四年十二月二十二日，龙图阁待制陈彭年；英宗治平四年（1067）正月二十五日，龙图阁直学士司马光等⑤。

由秘书少监充任考试官的，如绍兴十四年（1144）八月，国子监发解，秘书少监游操充考试官。绍兴二十年八月，国子监发解，秘书少监汤思退充考试官。绍兴二十九年八月，国子监发解，秘书少监任古充考试官。淳熙五年六月十一日铨试，秘书少监郑丙考试。绍熙五年（1194）二月二十五日，铨试、公试、类试，秘书少监孙逢吉考试等⑥。

馆阁文人从事科举工作频率不高，担当的职任随着馆阁职名的

---

① 《宋会要辑稿》选举二〇，第 5642 页。
② 《宋会要辑稿》选举二〇，第 5638 页。
③ 《宋会要辑稿》选举二二，第 5658 页。
④ 《宋会要辑稿》选举二二，第 5660 页。
⑤ 成明明《北宋馆阁与文学研究》第四章表 6，第 149—159 页。
⑥ 《宋会要辑稿》选举二〇第 5638、5639、5640 页，选举二二第 5658 页，选举二一第 5650 页。

变化也在变化。例如葛立方,绍兴十八年二月十二日,以秘书省正字身份作参详官。绍兴二十年八月,以秘书省校书郎身份充点检试卷官;孙仲鳌,绍兴二十年八月,以秘书省校书郎身份充点检试卷官。绍兴二十一年(1151)三月七日,以校书郎身份充参详官①;易袚,庆元五年(1199)正月二十五日,以秘书郎身份参详。庆元六年二月二十五日,以著作佐郎身份考试②。

　　绍兴十四年八月,国子监发解,陈诚之以秘书省校书郎身份充点检试卷官。绍兴二十一年三月七日,陈氏以权礼部侍郎身份知贡举③;绍兴二十三年八月,国子监发解,王佐以秘书省校书郎身份充考试官④。淳熙十一年(1184)正月九日,王佐以户部尚书知贡举⑤;赵汝愚,乾道六年(1170)二月二十五日,以秘书省正字身份考校、点检试卷。乾道八年正月九日,以著作佐郎身份参详。绍熙四年(1193)正月二十四日,以吏部尚书身份知贡举⑥。

　　淳熙十六年二月二十五日,黄由以秘书省正字身份考校。同年八月五日,国子监发解,黄由以秘书省秘书郎身份点检试卷⑦。绍熙元年正月二十四日,以著作佐郎身份参详。绍熙四年正月二十四日,以著作郎身份别试所考试。庆元五年(1199)正月二十五日,黄由以权礼部尚书知贡举⑧。黄由的经历,清晰地展示了馆阁文人从低级馆职逐步升迁,参与考校、点检试卷到参详、别试所考试、知贡举的提

---

① 葛立方、孙仲鳌均见《宋会要辑稿》选举二〇,第 5639 页。
② 《宋会要辑稿》选举二二,第 5665、5651 页。
③ 《宋会要辑稿》选举二〇,第 5638、5639 页。
④ 《宋会要辑稿》选举二〇,第 5639 页。
⑤ 《宋会要辑稿》选举二二,第 5659 页。
⑥ 《宋会要辑稿》选举二〇第 5645 页,选举二二第 5662 页。
⑦ 《宋会要辑稿》选举二一,第 5649 页。
⑧ 《宋会要辑稿》选举二二,第 5661、5662、5665 页。

升迁转。虽然南宋馆阁文人知贡举、同知贡举者并不多,但是经馆职而提升最后知贡举也是常见的。

二、点检试卷官的职责要求

南宋馆阁文人参与科举考校层次,总体而言要逊色于北宋,参与最广泛的要算点检试卷,这项职任南宋许多著名文人都曾践履,例如绍兴二十年(1150)八月,国子监发解,秘书省校书郎葛立方充点检试卷。绍兴二十六年八月,国子监发解,秘书省著作郎周麟之、秘书省正字张孝祥充点检试卷。乾道八年(1172)正月九日,翰林学士、知制诰兼侍读王曮知贡举,秘书丞尤袤,正字吕祖谦、唐仲友点检试卷[1]。

作为南宋馆职文人在科举考试中担当职任最多的点检试卷官,不仅参与数量多,而且充任人员层次广泛,如著作佐郎木待问,秘书郎萧国梁,正字赵汝愚、林之奇等。隆兴元年(1163)正月九日,命翰林学士承旨、知制诰洪遵知贡举,秘书少监胡铨,秘书丞唐阅,著作佐郎龚茂良,秘书省正字王东里、方翥、张宋卿等充点检试卷官[2]。乾道二年正月九日,命中书舍人、直学士院蒋芾知贡举,秘书少监陈岩肖与著作佐郎黄石,秘书省正字梁介、施师点充点检试卷官[3]。对于这样一个馆职文人广泛参与的科举职任,有较高的学术、职责要求,《宋会要辑稿》选举二二载:

> (庆元)五年正月十九日,臣僚言:"诸郡与漕闱考官,必差一员为点检主文,凡命题与所取程文,皆经点检,以防谬误。比年以来,徒为具文,一时考官,各骋己意,异论纷然,甲可乙否,以

---

① 《宋会要辑稿》选举二〇,第5639、5640、5645页。
② 《宋会要辑稿》选举二〇,第5642页。
③ 《宋会要辑稿》选举二〇,第5643页。

致题目多有乖谬。去岁秋举，诸州所申义题，或失之牵强，文理间断而不相续；或失之鲁莽，文理龃龉而不相类。赋题论题，或失之破碎，文理扞格而不相贯，以至策问专肆臆说，援引失当。皆由点检官不择才望之士，考官中有矜能挟气者，不同心商榷，故有题目出于一人之见，其他官旁睨，不欲指其疵类。及有摘发其失，出题之官独被谴责，而无点检之名。乞今后漕臣若非由科第，即别委本路提刑、提举、总领有出身者，每举从朝廷专委一司选差试官，须择其素有文声名望、士论所推者充点检官，专以文柄责之。诸考官先供上题目，点检官斟酌审订，择其当理而不悖古训、兼通时务者，然后用之。及考官所取合格试卷，点检官仍加详校，公定去留。礼部俟其申到题目及程文，再行点检。如有乖谬，将点检官重行黜责。"从之。①

这里提到，诸郡与漕闱考官，点检主文一员是必须的，可以减少命题和所取程文的谬误。近年来，命题中出现的问题较多，缘于考官各持己意，异论纷纷，导致题目差谬：有的失之牵强，文理断续不通；有的缘于马虎，文理格格不入。赋论之题文理自相矛盾而不关联，策问专注臆说而引证失当，关键在于点检试卷官没有精选文学名望之士充当。而且考官与其他助文考校者不齐心协力，题目出自一人之手，他官不指瑕疵，袖手旁观，最后遭受批评的只是出题考官，而点检官却脱却责任。文中强调，科举考试点检试卷官角色十分重要，因而一定要优选素有名望、众所公认的饱学之士。在助文考校中，点检官需认真审订主考官所出试题，以合理、符合古训、关注时务为标准。考官所取合格试卷，点检官仍要履行详加考校的责任，相当于覆考，以保证公正公平，降低差误。当然，点检官还要面临礼部对试题、试卷的

---

① 《宋会要辑稿》选举二二，第 5664 页。

审核,若出现差误,点检官也将难逃从重处罚的风险。从中可见点检试卷官的责任重大,要求加强监督与纠查,以确保录取优秀人才。这里我们也就可以解释点检试卷官为何南宋承担此任的,有著作郎、著作佐郎、秘书丞、秘书郎、校书郎、正字如此众多且级别不一的馆职了。

三、馆阁文人对科举干预的实现路径

馆阁文人的科举考校,也受到一些因素的影响:其一,多数馆阁文人为进士及第者,他们极有可能将参与科考的经历带入新的人才选拔中;其二,在馆阁期间阅读的广泛与驳杂,参与讨论的频繁与深入,获得讯息的丰富与及时,国家意志的洞悉与把握;其三,科考过程中,例如参与考详、点检试卷等具体细务中容易发现问题,这些都使得他们对科举事务的把握,大体能够站在国家的立场,服务大局,当然也无法避免一些私心和因循。

馆阁文人对科举的干预分层而论,出题、点检试卷、覆校等属微观层面,而建言献策、制订规章,通过自己的学术背景、政治背景实现对科举的引领左右,则是宏观层面。微观涉及考试的公正、公平、合理,宏观则指向选拔人才的方针策略,二者相辅而成。以下我们重点论述宏观方面。

绍兴二十五年(1155)十月乙亥,秘书省正字张震面对,言:"陛下临御以来,兴学校、制礼乐,天下学士,靡然向风。臣愿申敕天下学校,禁专门之学,使科举取士,专以经术渊源之文。其涉虚无异端者,皆勿取,庶几士风近古。"[1]张氏建议得到采纳。张之乞禁"专门之学"当指程氏之学,希望科举选拔重视经术,推崇学有渊源之文,文理虚无、义涉异端者不取,表明对恢复纯正士风的希冀。据《南宋馆阁

---

① 《建炎以来系年要录》卷一六九,第 7 册,第 3212—3213 页。

录》卷七载,张震字真甫,绵竹人,赵逵榜进士及第,"治《周礼》"①。张震治习《周礼》的学术背景,对其馆阁任职期间的科举建议是有影响的,绍兴二十七年二月丁酉朔,"诏兼习(经赋)"②。

《宋史纪事本末》卷八〇载,孝宗淳熙五年(1178)春正月,侍御史谢廓然乞戒有司:"毋以程颐、王安石之说取士。"后秘书郎赵彦中上疏支持谢氏,有道:"科举之文,成式具在,今乃祖性理之说,以游言浮词相高。士之信道自守,以六经圣贤为师可矣,而别为洛学,饰怪惊愚,士风日弊,人才日偷。望诏执事,使明知圣朝好恶所在,以变士风。"③彦中反对洛学之名,以为科举之文当以六经圣贤为准,提出由于洛学流行而导致士风浇薄、人才怠惰,当扭转此习,得到采纳。据《宋会要辑稿》选举二一载,淳熙六年二月二十五日,铨试、公试、类试中,赵彦中以秘书省正字身份与秘书省校书郎詹骙考校点检试卷。淳熙七年二月二十五日,铨试、公试、类试,彦中以秘书省校书郎身份考校点检试卷④。《宋会要辑稿》选举二二载,淳熙八年正月七日,吏部尚书、兼修玉牒官、兼修国史王希吕知贡举,彦中同样以校书郎身份与秘书省正字刘光祖等点检试卷⑤。因赵彦中主张科举成文以六经为准,摒弃洛学,不难想象在考校程文时这种观念也会自然带入。

第二节　南宋馆阁文人的科举考校理念

南宋馆阁文人在科举考试中的职掌,虽不如北宋馆阁文人之高

---

① 陈骙《南宋馆阁录》卷七,张富祥点校,中华书局 1998 年,第 97 页。
② 王应麟《玉海》卷一一六,广陵书社 2007 年,第 2154 页。
③ 陈邦瞻《宋史纪事本末》,中华书局 1977 年,第 868 页。
④ 《宋会要辑稿》选举二一,第 5647—5648 页。
⑤ 《宋会要辑稿》选举二二,第 5658—5659 页。

端,但这似乎也并不影响他们对科举考试建言献策的质量,体现出馆阁文人的建树与担当。

一、考校时文,浑厚典雅者优先

淳熙十年(1183)十二月十二日,著作郎、兼权中书舍人李巘建言得到采纳,"国家设科举之制,以文取士,而人才之进,多由其中。然场屋之文,为经义者或取其驾说之支离,为辞赋者或贵其下语之轻靡,为论为策者或尚其浮辞之胜,而实学有所不问,故浑厚典雅之文为难得,而记问该博之士为难致。此科举之大弊也。望诏有司,将来取士之际,先采其体制浑厚,辞章典雅,答问详尽之人。浮靡轻弱,空疏浮滥者,置而勿取"①。李巘指出科举时文之弊,说经论义者,托言支离破碎;为辞赋者,下语轻佻浮浅;策论之文,崇尚虚浮不实,真正切实有用的学问反而不被举子推崇研习,故而导致深厚雅致的文章难得,记问广博之士难致。李氏建议将来时文考校,体制之浑厚、辞章之典雅、回答之详尽应当成为录取标准,而言辞浮靡轻弱、内容空疏不实之文则予以罢黜。

早在绍兴五年(1135)六月十五日,御史台主簿闾丘昕的建言就已提出类似问题:"崇、观、宣、政以来,士不以心明经,而以经明经,发为文辞,类皆骫骳。今四方多士群试于大宗伯,讵可复取无用空言?伏望训饬有司,商榷去取,毋以摘绘章句为工,而以渊源学问为尚。或事关教化,有益治体者,不以切直为嫌;或言无根柢,肆为蔓衍者,不在采录之数。庶几网罗得人,可备他时器使。"他的建议是从徽宗朝的经义考试批评而来,其时的弊端在于以经书来阐明经义,拘于语言,没有创见,故而为文曲意迎合,风格卑下。如今四方举子参与礼部考试,断不可取那些毫无用处的空虚之言,进而提出希望选拔人才

---

① 《宋会要辑稿》选举五,第 5343 页。

不要关注那些过分雕琢章句的,而要推重学有渊源的。或者关涉风俗教化、裨益国家治理的,不因其语言切直而嫌弃,那些大言无当肆意铺排者不取。闾丘昕的建议得到采纳,"诏令礼部行下贡院照会,仍出榜晓谕"①。我们将二人前后建言对比一下,可以看出大同而小异。

孝宗隆兴元年(1163)二月十一日,诏:"今省试诸科进士,务取学术深淳、文词剀切、策画优长。其阿媚阘茸者,可行黜落。"②强调学术根基深厚、言词切实诚恳、规划优长者。那些品格卑劣、资质驽钝的愚劣之人不予录取。乾道五年(1169)正月十一日,臣僚言:"比年科场所取试文,遽不及前,论卑而气弱,浮虚稍稍复出。甚者强掇禅语充入经义,又非止脱形器之累,极渊妙之际,如晋人之谈老、庄也。相习相同,泛滥莫之所届,此岂为士人罪哉!荐绅先生则使然。伏愿深诏辅弼,明敕有司,自今试士,必取实学切于世用者,苟涉浮虚而妄作禅语,虽甚华靡,并行黜落。"③南宋初期,科举时文议论卑下,气势屡弱,如晋人清谈老、庄有误国之嫌,甚至出现牵强拉扯禅宗语录解释经义现象。臣僚建议,务取实学有用于世,那些浮夸虚妄而且妄作禅语者即便华靡也不予录取。因馆阁学士经常参与贡举讨论,与国子监博士、礼部同僚等切磋交流,所以科举取士理念大方向趋同而细节小异。

二、破除一家之言,兼收并取

真德秀《西山读书记》卷三〇引绍兴间谏官陈公辅之言曰:"绍兴五年,省试举人陈状乞不用元祐人朱震等考试。盖从于新学者,耳

---

①《宋会要辑稿》选举四,第5329页。
②《宋会要辑稿》选举四,第5336页。
③《宋会要辑稿》选举四,第5337—5338页。

目见闻，皆已习熟，安于其说，不肯遽变。而传河洛之学者，又多失其本真，妄自尊大，无以屈服士人之心。故众论汹汹，深加诋诮，夫有为伊洛之学者，皆欲屏绝，其徒而乃上及于伊川，臣窃以为过矣。"①在陈氏看来，从于荆公新学者，安于旧说，保守死板；传伊川之学者空虚失真，自以为是。省试选人，当摒弃门户之限，不囿一隅。他又提出，士大夫之学当以孔孟为师，肯定了程颐兄弟对孔孟之学的发明贡献。

　　绍兴二十六年（1156）六月十五日，秘书省正字叶谦亨建言："向者朝论专尚程颐之学，士有立说稍异者，皆不在选。前日大臣则阴祐王安石，稍涉程学者，至一切摈弃。程、王之学，时有所长，皆有所短，取其合于孔孟者，去其不合于孔孟者，皆可以为学矣，又何拘乎？愿诏有司，精择而博取，不拘以一家之说，而求至当之论。"高宗宣谕曰："赵鼎主程颐，秦桧尚王安石，诚为偏曲，卿所言极是。"于是可其奏②。叶氏所指，赵鼎当政之时推崇程颐之学，与其说不合者皆被摈弃；秦桧专权之际又私尚王安石之说，于是稍涉程颐之学者又均被黜落。何忠礼指出："学术上的'翻烧饼'与政治上的'翻烧饼'可谓息息相关……此后上台的宰执，为了表明自己与秦桧的不同，一反'阴祐'王学的做法，在科场上又出现了崇程贬王的倾向……二程之学得到迅速发展，独占场屋，并由此培养了大批理学官僚及其信徒，从而为理学的最终形成奠定了学术上和政治上的基础。"③由于宋代政治对于文学的干预，或者说文学对于政治的追风屈从，加之宰辅执政的好尚喜恶，科举取士往往成为表现这些意旨的风向标，成为甄别同类、驱除异己的手段，也就成了天下文士猎取功名富贵、攀附权贵的

---

① 真德秀《西山读书记》卷三〇，影印文渊阁《四库全书》子部第 706 册，台湾商务印书馆 1986 年，第 80 页。
②《宋会要辑稿》选举四，第 5332—5333 页。
③ 何忠礼《南宋政治史》，人民出版社 2008 年，第 182 页。

终南捷径。对王安石学术的热衷，或对程颐学说的心仪，与之相关联的是巨大的政治利益，这种一元化的选择，势必带来学术的偏狭单一、思想的禁锢僵化。秘书省正字叶谦亨的建言，表明二家之说各有所长，皆有所短，只要合于孔孟之说不必拘泥一家，要求考官摒除陈见，精选而博取。当然破除学术上的偏狭，从根本而言乃破除党派之争。因为作为"政治行为"的科举制度，决定了选拔人才的"知识结构"，或多或少地影响其"政治思考""政治主张"，也就成为士大夫群体整合的内在力量。学术上的趋同，又转化为朋党之争的"驱动力"①。

三、严格贡举程序，务在施行

其一，完善贡籍事宜。

乾道八年（1172）十一月二十一日，权礼部尚书胡沂、秘书省秘书郎兼权礼部郎官萧国梁等进纳《贡籍》，提出贡士名册的相关编定事项："士人诉乞收试，并以本州元得解旧籍，家状参照年甲、举数，的无差误，方许保明，申发本部参照。如有不同，更不受辞。或他处请解，后归本省，须用当时得解的实年甲、举数、发解年，遇开榜，将得解人于解状姓名下，开具乡贯、治经、三代、年甲、举数及终场人数，同合格试卷解发赴部，凭将卷首家状，参照修籍。科举年，僻远州军候发解开具，先将得解举人解状及终场数，自守倅点验保明，先附急置申部。候解发试卷，参照收试。晚免解进士诉乞赴省，具有条限。如实有缘故，并具出限事因，州县结罪保明，以凭勘实，即不得临试期申发及止执公据。国学士人，本部自有贡籍。乞自今止凭贡籍，年甲、举数，并国学进士赴解，令国子监以所供家状参照入学旧籍一同，方许放

---

① 参见沈松勤《南宋文人与党争》，人民出版社 2005 年，第 237 页。

行。"①这里对由地方推荐发送入京参加考试的举子之贡籍提出了具
体要求,首先是本州得解的那些举子之名册,家状中包括年龄、举数
等准确无误情况下才能向上申明,令礼部参详照会。其次,对于在其
他地方请解后又回归本省的举子,名册更有详细要求,需提供得解当
年的实际年龄、参与科考次数、发解时年;遇到放榜之时,在解状姓名
下要提供乡籍、所治经学、三代情况、年貌等等,同时将其合格试卷一
并发赴礼部,凭借其家状来参照编修贡籍。对偏远地方的发解名册,
也有缓急处理办法,强调州郡长官查验负责。若地方联合作弊申报,
则勘验查明后不允许临近试期申报而且停止官方凭据。对于国子监
学生赴解,要求家状以及入国子学时的旧名册一同提交。另外,胡
沂、萧国梁又提出,检查勘验已编订好的《贡籍》进呈朝廷,其间又有
一些特殊情况,"亦有丁忧、病疾事故,往往不曾到省赴试,及有死亡
并后来改名取解过省之人",这些难以全部编入的建议别立一籍,另
行编定,"如将来有似此未曾到省赴试之人,欲乞别立一籍,再照旧籍
编入,补足照用"②,得到采纳。

　　其二,杜绝诸种作弊。

　　淳熙十年(1183)十月十二日,秘书省著作佐郎、兼权礼部郎官范
仲艺建言,"近日科举之弊,如假借户贯,迁就服纪,增减年甲,诡冒姓
名,怀挟文书,计属题目,喧竞场屋,诋诃主司,拆换家状,改易试卷,
如此等弊,不可胜数。而代笔一事,其弊尤甚。间有敢露,而官司不
复穷治,此奉行法令者之不力也。望申敕有司,自今有戾于《贡举条
制》者,并置于法,务在必行,庶几取士可得实才"③。范氏提出的科
举之种种弊端,如假借户籍、增减年岁、冒充姓名、挟带书籍、私换家

①《宋会要辑稿》选举四,第 5339 页。
②《宋会要辑稿》选举四,第 5339—5340 页。
③《宋会要辑稿》选举五,第 5343 页。

状、更改试卷等等可谓五花八门。最有甚者,乃找人做枪手,而有司不能尽治,在于施行法令的不得力。范氏建议,科举考试要选拔出真才实学之人,法令制度一定要实实在在得到落实,严格执行,违者深究。

特别是严申挟书、代笔之法。嘉泰二年(1202)六月十四日,秘书省校书郎杨炳建言,严申挟书代笔之法,杜绝作弊:"臣观绍兴二十七年以来申严挟书、代笔之法,士子入场,凡包裹笔砚之属,皆用青纸,其畏惮至此。比年以来,宽纵太甚,每试,内侍与八厢巡案往往袖手,不敢谁何。玩法者得志,畏法者不能,平素空疏者得恣其剽窃,灯窗记问者无以见其所长,笔端稍敏者又有检阅,遂可兼人,而庸妄无能者率资假手。如此则文艺能否,又未易核其真。乞申饬有司,自今贡院试无大小,挟书、代笔者断在必行,庶几人情畏戢,公法复伸。"宁宗"从之"①。杨炳指出近年科场之乱象,在于挟书、代笔之法宽松,巡视者袖手不问,作弊者得逞心志,平素空疏无学者可以剽窃,寒窗苦读者无法公平竞争,平庸无能者可以雇请代笔等等,文艺之优劣无法核实。所以杨炳建议申饬有司,贡院考试无论大小,均严申挟书、代笔之法,坚决杜绝此类作弊,公平考校,纯洁社会风气。

其三,严格要求考官。

在考题难易、出题规范上对考试官有严格要求。绍兴二十三年(1153)十一月己酉,秘书省校书郎、兼权国子博士王佐罢,缘于右正言郑仲熊论奏,王佐摄职成均试官,"例当轮出题目,佐必攘易之,以私所向,赵鼎之余党也"②。王佐身为考官,履行轮流出题职责时,坚决阻挠更换,来为自己倾向之人谋私利,自然是有违法度。当然被指

---

① 《宋会要辑稿》选举五,第 5354 页。
② 李心传编撰《建炎以来系年要录》卷一六五,胡坤点校,中华书局 2013 年,第 7 册,第 3145 页。

斥为私心偏袒党人,有结党营私之弊,显然将其所犯错误的严重性上升到政治高度,真相如何有待考证。嘉定十五年(1222)二月十二日,秘书郎何淡上奏,提出祖宗之制,诸科举人问大义十道,选拔标准是:"能以本经注疏对,加以文辞润色发明为上;或不指明义理,但引注疏备者次之;若引注疏及六分者为粗;其不识本义,或连引他经,文意乖戾,章句断绝者为下。"而如今主司强行割裂,断章出题,破碎经文,将无法选拔合格的人才,"为主司者,但见循习之文多,可命之题少,于是强裂句读,出其所不拟,专务断章,试其所难通。在我已先离绝旨意,破碎经文,何以责其尽合于大义?无怪乎举所得类多新进,坐失老成之才也"。建议有司,"命题不许断章,许出关题,惟意所择,不必尽拘每举句之多寡,求其字之对类",要求根据时文的立意来选择,而不是拘泥于所举例句之多寡、其字之对仗。经文命题,要看重本原和体要,"惟务明纲领而识体要,则学有本原,文不浮靡";诗赋命题,"不拘经传子史,惟体要之当先,毋怪僻以求异同";论策之类,"参考理致兼通,以道义淑人心,器识取人才",如此则具有引领作用,"则士习美而风俗厚矣"。何淡的奏议被送国子监看详讨论,除了"但经义关题一节"此前已降指挥,略有区别外,"今来奏请以全题有限,自后场屋若间出关题,理亦可行"①,可见因有益科举,而被部分采纳。

---

① 《宋会要辑稿》选举六,第 5380 页。

第六章　南宋馆阁文人与党争

东汉仲长统说："同异生是非，爱憎生朋党，朋党致怨仇。"①朋党历史由来已久，因好恶同异而结党分派，从而进行权力和利益的争夺博弈。唐代的牛、李党争，陈寅恪先生认为牛党代表进士出身的官僚，李党代表南北朝以来山东士族出身的官僚。他们之间的分歧不仅在于政见不同，还包括礼法、门风等文化传统的态度之异②。这场斗争持续近四十年，对中晚唐政治格局、文化文学的影响较大。

宋代党争比唐代更盛，北宋党争分熙宁、元丰、元祐和绍圣以后三个阶段，历时半个多世纪。南宋政治的表现形态亦是朋党之争，沈松勤提出，宋金和战之争与道学反道学之争，就是以党争的形态表现出来的③。宋代馆阁作为育才中心，文人渊薮，地位的特殊与重要极容易成为与党争发生密切关联的场域。洪迈《容斋随笔·容斋四笔》卷一五曰："政和末，老蔡以太师鲁国公总治三省，年已过七十，与少宰王黼争权相倾。朱藏一在馆阁，和同舍秋夜省宿诗云：'老火未甘退，稚金方力征。炎凉分胜负，顷刻变阴晴。'两人门下士互兴谮言，以为嘲谤。其后黼独相，馆职多迁擢，朱居官如故，而和人菊花诗云：

---

① 李德裕《朋党论》引，《李德裕文集校笺·外集》卷三，傅璇琮、周建国校笺，中华书局 2018 年，第 476 页。
② 陈寅恪《唐代政治史述论稿》中篇《政治革命及党派分野》，上海古籍出版社 1982 年，第 71—87 页。
③ 沈松勤《南宋文人与党争·引论》，人民出版社 2005 年，第 3、4 页。

'纷纷桃李春,过眼成枯萎。晚荣方耐久,造物岂吾欺。'或又潜于黼以为怨愤。是时,士论指三馆为闹蓝。"①北宋徽宗政和后期,蔡京与王黼争权夺利斗争激烈,作为馆阁文人的朱胜非(字藏一)婉转地表达了自己的看法,以老火比喻久居高位不肯退让的蔡京,以稚金比拟蠢蠢欲动急于上位的王黼,二人形势的变化就在片刻之间。后来王黼独相,馆职学士多有升迁提拔,朱胜非估计是臧否人物,嘲讽时事而职位照旧。他又在和人诗歌中表达了自己的清醒和理性,春天的桃李纷纷绽放,转眼间便已枯萎。较晚吐芳的菊花反倒是更耐长久,大自然是不欺骗诗人的。颇有个性的朱胜非又被新贵王黼所怨愤。故而,当时士大夫以三馆为喧闹多事的场合。苏轼亦曾说馆阁是"功名富贵所由之途"与"毁誉得丧必争之地"②,馆阁文人作为重要的参政主体,他们在党争中的表现,被党争所左右的政治人格、前途命运,都构成了干预和影响南宋学术文化、文学书写的重要因素。

第一节 赵鼎、张浚党争中的馆阁文人

据宋人徐自明《宋宰辅编年录》卷一五所载,绍兴五年(1135)二月,赵鼎、张浚并相;六年十二月,赵鼎罢左相;七年九月,张浚罢右相,赵鼎复相,八年十月赵鼎罢左相③。赵鼎、张浚二人掌权期间,在主战主和、学术倾向上自然分野,他们利用人才的升迁罢黜、修史的政治导向来争夺话语权,巩固政治集团,以下我们来讨论这一阶段的馆阁文人任用状况。

---

① 洪迈《容斋随笔》,孔凡礼点校,中华书局 2005 年,第 812 页。
② 苏轼《苏轼文集》卷四六《谢馆职启》,孔凡礼点校,中华书局 1986 年,第 1326 页。
③ 徐自明《宋宰辅编年录校补》,王瑞来校补,中华书局 1986 年,第 1002、1013、1019、1023、1033 页。

一、馆阁文人的身份特点

赵鼎当政的绍兴五年至八年间（1135—1138），被任命的馆阁文人有：刘大中、熊彦诗、喻樗、朱震、张九成、张戒、钱秉之、吕本中、邵博、王居正、胡珵、潘良贵、凌景夏、朱松、范如圭、常明、许忻、樊光远、范冲、常同、张嵲、尹焞等。这些馆阁文人具有以下特点：

1. 或先或后有被赵鼎荐举的经历

刘大中：字立道，仪真人，贾安宅榜上舍出身。绍兴元年九月除秘书丞，十二月为吏部员外郎。四年三月除秘书少监，九月为起居舍人①。《宋宰辅编年录》卷一五引朱胜非《闲居录》曰："刘大中为赵鼎党魁，骤迁礼部尚书。鼎许以参政，后鼎力荐之，果参大政。"②

熊彦诗：字叔雅，鄱阳人，沈晦榜进士及第，治《书》③。绍兴四年九月辛未，左宣义郎熊彦诗守秘书丞，"彦诗坐王时雍累，久废，至是赵鼎引用之"④。绍兴五年二月除著作佐郎，三月提举浙东茶盐⑤。

喻樗：字子才，新定人，李易榜进士出身，治《书》。绍兴五年二月除正字，并以正字兼史馆校勘⑥。《宋史》卷四三三本传云，赵鼎去枢筦，居常山，樗往谒，因讽之曰："公之事上，当使启沃多而施行少。启沃之际，当使诚意多而语言少。"⑦赵鼎奇之，引为上客。鼎都督川陕、荆襄，辟樗为属。后喻樗以赵鼎荐，授秘书省正字兼史

① 陈骙《南宋馆阁录》卷七，中华书局 1998 年，第 82、86、82 页。
② 《宋宰辅编年录校补》，第 1032 页。
③ 《南宋馆阁录》卷七，第 95 页。
④ 李心传编撰《建炎以来系年要录》卷八〇，胡坤点校，中华书局 2013 年，第 4 册，第 1517 页。
⑤ 《南宋馆阁录》卷七，第 95 页。
⑥ 《南宋馆阁录》卷八，第 118、128 页。
⑦ 脱脱等《宋史》卷四三三，中华书局 1985 年，第 37 册，第 12854 页。

馆校勘。

朱震：字子发，荆门人，何㮚榜进士出身。绍兴五年（1135）二月除秘书少监，四月为起居郎①。《宋史》卷四三五本传载，胡安国荐震于高宗，召为司勋员外郎，震称疾不至。后赵鼎入为参知政事，举荐朱震"学术深博，廉正守道，士之冠冕"②，高宗召之，既至。

张九成：字子韶，余杭人，进士及第，治《书》。绍兴五年六月除著作佐郎，六年三月为著作郎。九月除直徽猷阁浙东提刑③。此前，绍兴五年正月，右奉议郎张九成为太常博士，"赵鼎荐之也"④。

张戒：字定夫，沈晦榜进士出身，治《书》。绍兴五年十二月除秘书郎⑤。"以赵鼎荐得召对"⑥，除左承奉郎。《朱子语类》卷一三二云："自言初学孔子之道而无所得，后读《老子》而愿学焉。又喜《管子》，其议多尚法制。立朝亦可观。"⑦朱胜非《闲居录》的评价颇为反面，"赵鼎复相，植党益急。凡凶险刻薄之士，无不收用。使造虚誉而排善类（张浚党人），张戒其一也。鼎荐常同为中司，同即以鼎所善奏为台属。戒自郎官除察院，未几迁殿院。鼎失眷丐罢，知其决去，即露章请留，以徼后福，其言狂躁愚弄。鼎既罢，犹知泉州，盖其党与维持之力也"⑧，将张戒标签为凶险刻薄之人，其升迁与外任都与赵鼎党羽的护持有关。

钱秉之：开封人，嘉王榜同上舍出身，治《易》。绍兴八年三月除

<hr />

① 《南宋馆阁录》卷七，第 83 页。
② 《宋史》卷四三三，第 37 册，第 12907 页。
③ 《南宋馆阁录》卷七，第 89、95、89 页。
④ 《建炎以来系年要录》卷八四，第 4 册，第 1596 页。
⑤ 《南宋馆阁录》卷七，第 92 页。
⑥ 《建炎以来系年要录》卷八七，绍兴五年三月甲午，第 4 册，第 1668 页。
⑦ 黎靖德编《朱子语类》卷一三二，王星贤点校，中华书局 1986 年，第 3174 页。
⑧ 熊克《中兴小纪》卷二五引，顾吉辰、郭群一点校，福建人民出版社 1985 年，第 300 页。

秘书郎,十一月为户部员外郎①。钱氏升迁,缘于赵鼎所荐②。

吕本中:字居仁,开封人,绍兴六年(1136)七月赐进士出身,八年八月以中书舍人兼史馆修撰,十一月提举太平观③。赵鼎曾荐吕本中直学士院④。

邵博:乃邵伯温次子,据《建炎以来系年要录》卷一二二所载,绍兴八年十月三日,赐同进士出身、秘书省校书郎。以赵鼎荐举得以召对,高宗谓邵博曰:"知卿能文,大臣亦多言卿能文者。"诏曰:"博祖父雍,道德学术,为万世师。父伯温,经明行洁。博趣操文词,不忝祖父。"⑤故而有此任命。《宋史》卷四三三《邵伯温传》载,赵鼎少从伯温游,及任相,乞行追录,始赠伯温为秘阁修撰。可见,赵鼎与邵博之父也早有交游。

胡珵:初任馆职被论罢,与张浚有关。二度入馆后修书,与赵鼎有关。建炎元年(1127)六月庚午,迪功郎胡珵为秘书省正字。二年二月辛未,为殿中侍御史张浚论罢。张浚的理由,其一,胡珵"自托李纲","朝夕交结,阴中善良"。李纲被罢以后,"密招群小,鼓唱浮言"为之声援。其二,太学生陈东上书攻六贼,胡珵为之润色。张浚遂将胡珵定性为"挟诡媚之姿,躬奸回之性,沾沾可鄙"⑥之人。二月己卯,胡珵以"交结权要,传导风指,讽谕狂生,扇摇国是"⑦之名被勒停,送梧州编管。绍兴初胡珵又入馆,绍兴五年四月除正字,并以正字兼史馆校勘⑧。七年十月壬寅,秘书省正字胡珵与李弥正复兼史

①《南宋馆阁录》卷七,第92页。
②《建炎以来系年要录》卷一一九,绍兴八年五月丙戌,第5册,第2217页。
③《南宋馆阁录》卷八,第127页。
④《建炎以来系年要录》卷一二一,绍兴八年七月庚子,第5册,第2258页。
⑤《建炎以来系年要录》卷一二二,第5册,第2276页。
⑥《建炎以来系年要录》卷一三,第1册,第331页。
⑦《建炎以来系年要录》卷一三,第1册,第336页。
⑧《南宋馆阁录》卷八,第128页。

馆校勘。七年闰十月除校书郎,八年三月为著作佐郎,同年九月除著作郎①。

2. 元祐党人后裔

范冲:绍兴四年(1134)八月,以宗正少卿充直史馆。五年五月,以徽猷阁待制兼史馆修撰,六年十二月除龙图阁直学士,提举洞霄宫②。范冲乃范祖禹之子、胡安国的外甥。范祖禹元祐中修《神宗实录》,尽书王安石之过以彰明神宗之圣,其后王安石女婿蔡卞恶之,范氏坐谪,死于岭表。范冲入馆阁,因绍兴初重修神、哲《两朝实录》的缘故。

常同:绍兴四年八月,以中书舍人兼史馆修撰,九月除集英殿修撰知衢州③。《宋史》卷三七六本传载,绍兴三年召还回朝,首论朋党之祸:"自元丰新法之行,始分党与,邪正相攻五十余年。章惇唱于绍圣之初,蔡京和于崇宁之后,元祐臣僚,窜逐贬死,上下蔽蒙,酿成夷虏之祸。今国步艰难,而分朋缔交、背公死党者,固自若也。恩归私门,不知朝廷之尊;重报私怨,宁复公议之顾。臣以为欲破朋党,先明是非,欲明是非,先辨邪正,则公道开而奸邪息矣。"又对曰:"君子之党,协心济国;小人之党,挟私害公。为党则同,而所以为党则异。且如元祐臣僚,中遭诬谤,窜殛流死,而后祸乱成。"常同以为,"祸乱未成,元祐臣僚固不能以自明……朋党如此,公论何自而出? 愿陛下始终主张善类,勿为小人所惑"④。常同,乃元祐党人常安民之子。

3. 具有理学背景

胡珵:《朱子语类》卷一〇二云:"曾从龟山游,故所记多龟山说话。能诗文。"⑤《宋元学案·知州胡先生珵》云:"学于杨文靖公龟

---

① 《南宋馆阁录》卷八第110页,卷七第90页。
② 《南宋馆阁录》卷八,第127页。
③ 《南宋馆阁录》卷八,第127页。
④ 《宋史》卷三七六,第33册,第11623—11624页。
⑤ 《朱子语类》卷一〇二,第2598页。

山,寻以文靖之命学于刘忠定公元城。"①胡瑗曾问学于程门四大弟子之一的杨时,后又学于刘安世。

喻樗:《宋史》本传载,"少慕伊、洛之学","为人质直好议论"②。《宋元学案·提举喻湍石先生樗》云:"门人知名者,有程迥、尤袤。"③

张九成:《宋史》卷三七四本传云,九成游京师,"从杨时学"。赵鼎荐之于朝,遂以太常博士召。既至,改著作佐郎,迁著作郎。中丞何铸言其"矫伪欺俗,倾附赵鼎"④而落职。为杨时传人,二程再传。《宋元学案·横浦学案序录》云:"龟山弟子以风节光显者,无如横浦,而驳学亦以横浦为最。晦翁斥其书,比之洪水猛兽之灾,其可畏哉!然横浦之羽翼圣门者,正未可泯也。"⑤张氏不附权贵,力主抗金,反对议和,品节自高,对经学有独到见解。门人有韩元吉、凌景夏。

王居正:字刚中,广陵人,何涣榜进士出身。绍兴四年(1134)十月以权中书舍人兼史馆修撰,五年四月除徽猷阁直学士知饶州⑥。《宋史》本传云,其学以《六经》为根本,杨时颇为器重,"出所著《三经义辨》示居正曰:'吾举其端,子成吾志。'居正感厉,首尾十载为《书辨学》十三卷,《诗辨学》二十卷,《周礼辨学》五卷,《辨学外集》一卷。居正既进其书七卷,而杨时《三经义辨》亦列秘府,二书既行,天下遂不复言王氏学"⑦。熊克《中兴小纪》卷三五绍兴二十一年(1151)十

---

① 黄宗羲原著,全祖望补修《宋元学案》卷二〇"元城学案",陈金生、梁运华点校,中华书局 1986 年,第 836 页。
② 《宋史》卷四三三,第 37 册,第 12854 页。
③ 《宋元学案》卷二五"龟山学案",第 969 页。
④ 《宋史》卷三七四,第 33 册,第 11577、11579 页。
⑤ 《宋元学案》卷四〇"横浦学案",第 1302—1303 页。
⑥ 《南宋馆阁录》卷八,第 127 页。
⑦ 《宋史》卷三八一,第 34 册,第 11736—11737 页。

月癸未记载，"居正素不取王安石之学，故工部侍郎杨时尝著《三经义辨》以示居正，居正继亦为《三经辨学》，与时之说相经纬"①。可见，居正将杨时之学发扬光大，二人著述均被收入馆阁。

凌景夏：字季文，余杭人，张九成榜进士出身，治《书》。绍兴六年正月除正字，八年九月为著作佐郎②。据《宋元学案·横浦学案》所载，"徒步从横浦（张九成）游，绍兴二年同第，先生居第二"③。

潘良贵：字子贱，东阳人，何㮚榜进士及第。绍兴五年九月除秘书少监，十一月为起居郎④。朱熹《金华潘公文集序》云，潘氏自少有气节，出入三朝，前后为官不过二年有余。居所仅庇风雨，清苦贫约而处之超然，不屈委于秦桧。秦熺暴起，赵鼎权倾内外，潘氏亦未尝与之通问，"一言一行，凡所以接朋友、教子弟，亦未尝不以孝弟、忠敬、节俭、正直、防微、谨独之意为本"。其读书以磨镜为喻，"切中学者之病，当世盖多传之"。朱熹以为，从其所论"社稷之臣"的汲黯和正色立朝的盖宽饶之为人尤足以见其志之所存。潘氏有游学经历，"先生尝从龟山游"⑤。

朱松：字乔年，新安人，嘉王榜同上舍出身，治《周礼》。绍兴四年三月除正字，九月丁忧。七年八月除校书郎，八年三月为著作佐郎。同年四月以度支员外郎兼史馆校勘⑥。周必大嘉泰三年（1203）所作《史馆吏部赠通议大夫朱公松神道碑》云："诗名闻四方，他文浑涵流转，惟意所适。然谓于道为远，益取经子史传考其兴衰治乱，欲应时合变，见之事业。又因师友浦城萧颛子庄、剑浦罗从彦仲素而得龟山

①《中兴小纪》卷三五，第419页。
②《南宋馆阁录》卷七第96页，卷八第119页。
③《宋元学案》卷四〇，第1324页。
④《南宋馆阁录》卷七，第83页。
⑤《宋元学案》卷二五"龟山学案"，第963页。
⑥《南宋馆阁录》卷七第96页，卷八第118、110、128页。

杨文靖公河洛学问之要,拳拳服膺。"①《宋元学案·豫章学案》亦载,
朱松与浦城萧觊,剑浦罗从彦游,"以传河洛之学,而昔之余习尽
矣"②。

范如圭(一作如珪):字伯达,李易榜进士及第,治《春秋》。绍兴
六年(1136)十月除正字,同时以正字兼史馆校勘。九年十月除校书
郎③。《宋史》本传云:"少从舅氏胡安国受《春秋》。""忠孝诚实,得
之于天。其学根于经术,不为无用之文。"④真德秀《跋秘阁太史范公
集》载,范公之学得自舅氏胡安国,立朝行己大略相似,"其见于议论,
必尊《春秋》古经,必排王氏别说,必明夷夏大分,必辟和议,必诋权
臣"⑤。

樊光远:字茂实,开封人,汪应辰榜进士出身,治《书》。绍兴八年
九月除正字,十年八月为阆州教授。二十六年正月除秘书丞⑥。《宋
元学案·横浦学案》云:"(光远)字茂实,钱塘人。少从横浦学。"⑦
乃张九成门人。

吕本中:《宋史》本传云,祖父吕希哲以程颐为师,本中闻见习熟,
少长从杨时、游酢、尹焞游学,有独立见解,未尝苟同。特别是拒绝秦
桧拉拢、倾向赵鼎而受到排挤,"初,本中与秦桧同为郎,相得甚欢。
桧既相,私有引用,本中封还除目,桧勉其书行,卒不从。赵鼎素主元
祐之学,谓本中公著后,又范冲所荐,故深相知。会《哲宗实录》成,鼎

① 周必大《周必大集校证》卷七〇,王瑞来校证,上海古籍出版社 2020 年,第
　　1019 页。
② 《宋元学案》卷三九,第 1294 页。
③ 《南宋馆阁录》卷八,第 111、119、128 页。
④ 《宋史》卷三八一,第 34 册,第 11729、11731 页。
⑤ 真德秀《西山先生真文忠公文集》卷三六,《四部丛刊初编》本。
⑥ 《南宋馆阁录》卷七第 87 页,卷八第 119 页,卷七第 87 页。
⑦ 《宋元学案》卷四〇"横浦学案",第 1324 页。

迁仆射,本中草制,有曰:'合晋、楚之成,不若尊王而贱霸;散牛、李之党,未如明是以去非。'桧大怒,言于上曰:'本中受鼎风旨,伺和议不成,为脱身之计。'风御史萧振劾罢之①。《宋名臣言行录》别集上卷七评论道,"自少讲学,即闻父祖至论,又与诸君子晨夕相接熏陶。常言'德无常师,主善为师',此论最要。又谓学者当熟究《孝经》《论语》《中庸》《大学》,然后遍求诸书,必有得矣。从游、杨,力叩微旨,复造刘安世、陈瓘之门请益。公之学问,端绪深远盖如此"②。

朱震:《宋史》本传载,经学深醇,有《汉上易解》。学尊王弼,能够尽去旧说,又杂以庄老之学,用心于象数③。朱震为上蔡先生谢良佐之门人,二程再传,有真儒之称。全祖望评价道,"上蔡之门,汉上朱文定公最著","汉上谓周、程、张、刘、邵氏之学出于一师,其说恐不可信。其意主于和会诸家,而反不免于晁氏所讥舛错者也。然汉上之立身,则粹然真儒也"④。

范冲:范祖禹长子,"性好义乐善……又尝荐尹焞自代"⑤。在《宋元学案》中,将其列为伊川门人。

尹焞:字彦明,河南人。绍兴七年(1137)闰十月除秘书郎,八年正月为秘书少监,四月除直徽猷阁主管万寿观⑥。《宋史》卷四二八本传载,尹焞少时师事程颐,程颐去世,尹氏聚徒洛中,非吊丧问疾足不出户,士大夫宗仰之。户部尚书梅执礼、御史中丞吕好问、户部侍郎邵博、中书舍人胡安国合奏举荐之,"学穷根本,德备中和,言动可

---

① 《宋史》卷三七六,第33册,第11637页。
② 李幼武纂集《宋名臣言行录》别集上卷七,影印文渊阁《四库全书》史部第449册,第433—434页。
③ 《宋史》卷四三五,第37册,第12908页。
④ 《宋元学案》卷三七"汉上学案",第1252、1253页。
⑤ 《宋史》卷四三五,第37册,第12906页。
⑥ 《南宋馆阁录》卷七,第92、83页。

以师法,器识可以任大,近世招延之士无出其右者"。后诏以秘书郎兼说书,"当是时,学于程颐之门者固多君子,然求质直弘毅、实体力行若焞者盖鲜。颐尝以'鲁'许之,且曰:'我死,而不失其正者尹氏子也。'"①《宋元学案·和靖学案序录》云:"和靖尹肃公于洛学最为晚出,而守其师说最醇。五峰以为程氏后起之龙象,东发以为不失其师传者,良非过矣。"②吕稽中《尹焞墓志铭》高度评价尹氏学问醇厚,人品庄重且表里如一,学有根底,天下宗之,"先生之学,学圣人者也……于是乎下学上达,穷理尽性,而无赘无外者,学之正也。故先生庄敬仁实,不过于心,不欺暗室,自诚而明,以之开物成务,推而放诸四海而准。其于圣人六经之言,耳顺心得,如出诸己。见于容貌声音之间,望之俨然也。即之则温,言则厉。天下知道者必宗之,不知者必慕之,小人见之必革面"③,可见其人格魅力。

陈渊:字几叟,剑浦人,绍兴八年(1138)八月以诤臣侄孙赐进士出身,除秘书丞,九年五月为监察御史④。《宋元学案》将其列为龟山先生杨时门人,"先生为龟山之婿,卒能传龟山之学"⑤。

4.学术上治《六经》

常明:字用晦,眉山人,沈晦榜进士出身,治《书》。绍兴七年八月除正字,九年十月致仕⑥。

许忻:字子礼,襄陵人,何涣榜上舍出身,治《诗》。绍兴八年

---

① 《宋史》卷四二八,第 36 册,第 12734、12738 页。

② 《宋元学案》卷二七"和靖学案",第 1001 页。

③ 朱熹《伊洛渊源录》卷一一,影印文渊阁《四库全书》史部第 448 册,第 502 页。

④ 《南宋馆阁录》卷七,第 87 页。103 页校记第 22 条:"四库馆臣按语:《宋史》本传作字知默。今按陈氏初名渐,字几叟;后易名渊,又字知默,号默堂,有《默堂文集》传世。"

⑤ 《宋元学案》卷三八"默堂学案",第 1265 页。

⑥ 《南宋馆阁录》卷八,第 119 页。

（1138）三月除校书郎，九年七月为吏部员外郎①。

张嵲：字巨山，江陵人，何涣榜进士出身，治《礼记》。绍兴五年八月除正字，七年三月为秘书郎，七月除著作郎。十年四月，以司勋员外郎兼实录院检讨，八月以中书舍人兼实录院同修撰②。

另外如前文所引，熊彦诗、喻樗、张九成、张戒、凌景夏、樊光远等，均治《书》。钱秉之，治《易》。朱松，治《周礼》。范如圭，治《春秋》。总体而言，这段时间被任命的馆职人员学术上以治《尚书》为主。

二、反对和议的政治立场

我们依据赵鼎对待金人的态度来判断，他"并非投降派，而是抗金斗争中的稳健派、敌我力量相当时的主守派"③，其所援引的馆阁文人，在主战主和上坚持反对和议。喻樗，《宋史》本传载，"与张九成皆言和议非便，秦桧既主和，言者希旨，劾樗与九成谤讪。樗出知舒州怀宁县，通判衡州，已而致仕。桧死，复起为大宗正丞，转工部员外郎，出知蕲州"④。凌景夏，《建炎以来系年要录》卷一六三绍兴二十二年（1152）十一月癸卯，知筠州，"景夏在馆中，与秦桧异论，闲居几十余年"⑤。樊光远，绍兴八年九月除秘书省正字，十年八月出为阆州教授，二十六年正月为秘书丞，"光远以论事忤秦桧，去国十六年，上欲用为台官，故召"⑥。范如圭（一作如珪），绍兴十九年（1149）二月丁卯，以左奉议郎添差权通判邵州，"如珪为校书郎，以论讲和事

---

① 《南宋馆阁录》卷八，第111页。
② 《南宋馆阁录》卷七第90页，卷八第118页，卷七第90页，卷八第137、136页。
③ 何忠礼《南宋政治史》，人民出版社2008年，第53页。
④ 《宋史》卷四三三，第37册，第12855页。
⑤ 《建炎以来系年要录》卷一六三，第7册，第3111页。
⑥ 《建炎以来系年要录》卷一七一，第7册，第3254页。

去国,闲居凡十年"①。

　　绍兴八年十一月辛亥,秘书省正字范如圭献书秦桧,义正辞严地痛斥了秦桧不顾国难、一味投降的可耻行径。以《礼经》之"父母之仇,不与共戴天,寝苦枕干,誓死以报"开篇,奠定了全文愤慨的基调。接着写徽宗、显肃皇后崩于沙漠之凶讯传来,高宗恸哭动地,四海之内如丧考妣。举国共哀之际,宰相秦桧不顾国体民意,不能"建白大义,乘六军痛愤之情,与之缟素,挥戈北向",反而派遣王伦以重币卑辞请求归还梓宫,丧失尊严,颠倒错乱。其次引用《春秋》"仇不复、贼不讨,则不书葬",来表明复仇讨贼的合理性和必然性。而如今求和的行为使神灵衔冤抱恨不能伸张,"于臣子之心,能安否乎?"范氏指出,出师讨贼即便力量孱弱、形势不济,但只要名正言顺就能无愧于天下后世。而如今并无复仇之心,一味乞怜于仇敌,任其玩弄是很危险的行为。随后又征引《春秋》之法,"凡中国诸侯与夷敌盟会者,必谨志而深讥之,其法严矣",条分缕析地论述与金人讲和之不可信有五,明知如此仍要求和相当于反面事仇,"匹夫犹不肯为忍,以堂堂之宋君臣,相率而拜不共戴天之人哉!"文中对讲和派不负责任的言论、对朝廷不重用将领的行为提出批评,"朝廷以议和之故,谓谋臣猛将可以折冲御侮者,皆无所用。或斥逐而远之,或并之于骄庸之帅",如此"包羞忍耻,甘心屈辱",使士气沮丧、人心离散,那么"不弛边备"只能是自欺欺人的空话,"是内欺其心,上欺人主,下欺亿兆之众也"。文中又提到,北宋军民为女真所屠戮,幸存之人,"恨不得女真之肉脔而食之",秦桧不作为的举动势必激起众怒,"万口藉藉,扼腕愤怒,莫不归罪于相公"。最后,作者以秦桧此前忠心国事的豪言壮语来批驳,"我欲济国事,死且不恤,宁避谤怨",指出杀身成仁,志士仁人所愿践行,反之"若犯众怒,陷吾君于不义,政恐不

----

① 《建炎以来系年要录》卷一五九,第 7 册,第 3010 页。

惟怨谤而已，将丧身及国，毒流天下，遗臭万世"，可谓酣畅痛快，发人警醒。将秦桧求和的行为定性为"至愚无知，自暴自弃，天夺其魄，心风发狂者"①的愚蠢之举。文章引经据典，情感充沛，极富感染力和号召性，排比句、反问句的使用增强了文章的气势和力度。

绍兴八年（1138）十二月癸酉，秘书省著作郎胡珵，尚书司勋员外郎兼史馆校勘朱松，秘书省著作佐郎张广、凌景夏，秘书省正字兼史馆校勘常明、范如圭上书高宗，表达了同仇敌忾、力主恢复的强烈愿望。书中阐明了士大夫的节义观，"人谁无死，为君父死之，为有宋宗社死之，为古今臣子忠孝大训死之，岂为无名乎？"强调为君为父、为社稷而死是死得其所。以刘邦不信不屈、日夜图谋、最终达成鸿沟之约来规劝高宗，指出金人利用和议牵制朝廷十二年，弊端之多，"以覆我王室，以弛我边备，以竭我国力，以解体我将帅，以懈缓我不共戴天之仇，以绝望我中国讴吟思汉之赤子"。责问高宗后果既然如此严重，为何迟迟不悟，"奈何至今而犹未悟也"。对高宗贪念眼前、不思恢复质问道，"今不虑而从之，且梓宫何在，在境已乎？母后何在，渊圣皇帝何在，皆在行已乎？中原故地版图何在，在使者所已乎？"对国家的忠挚之情字字可见，"义不爱身，冒干雷霆，甘俟斧钺"的赤胆忠心溢于言表。如圭又言，陛下纵使不爱其身，"奈宗庙何？奈梓宫、皇太后何？奈渊圣何？"以犀利的语言促其清醒且坚定。并指出唯一的出路，"在廷之臣与守边之将，讲明战守之策，日夜饬厉，常若临敌"，希望高宗"枕戈尝胆"②，力图恢复。可谓谆谆劝诫，苦口婆心。

南宋与金的主战主和问题可谓议论纷纭，由于受民族情绪的影响，主和派被认为是贪生怕死、不思进取、品行低劣。而事实上，站在

---

① 《建炎以来系年要录》卷一二三，第5册，第2309—2313页，又见《三朝北盟汇编》卷一八七。
② 《建炎以来系年要录》卷一二四，第5册，第2337—2340页。

当时民生经济的现实来衡量,主和未必不是一条明智的出路,明代学者郎瑛以为:"先正邱文庄公浚尝云:'秦桧再造南宋,岳飞不能恢复……'时以为确论也……以桧再造南宋,此则计孝宗之时,算其犒军之费止得十有三番,故难恢复……夫以孝宗之时尚财用之不足,高宗草创固可知矣,使急于用兵,徒促沦亡,故南渡以来虽多良将,帝常为贼驱,和议之后敌缓民养,国方有久立之规,是桧之心虽私则和之事则当。"①清代学者钱大昕亦提出:"宋与金,仇也,义不当和,而绍兴君臣主和议甚力,为后世诟病。厥后张浚、韩侂胄志在恢复,讫无成功。及金人为蒙古所困,真西山奏请绝其岁币,嗣是金人索岁币,连岁犯边。以垂毙之金,与宋决战,宋犹未能得志,其国势积弱可知矣。然则从前之主和,以时势论之,未为失算也。"②二人均以为,综合评估南宋经济、军事实力以及和议之后的效果,主和应当说是恰当可行的。当然,抛开"知义理而不知时势,听其言则是,而究其实则不可行者也"③,馆阁文人义正辞严、满腔热血的文字颇有穿透力,足以鼓舞士气,令人振奋,当然这和纸上谈兵、哗众取宠还是有相当的区别。

三、通过修史实现权力的扩张

沈松勤认为,赵鼎"利用了'最爱元祐'这块金字招牌,以'元祐学术'为旗号,为扩大其相党势力提供历史依据"④。在具体实施过程中,重修《神宗实录》便是一重要举措。至于让元祐党人范祖禹之子范冲重修神宗、哲宗实录,朝廷文人意见不一。

---

① 郎瑛《七修类稿·续稿》卷三《武穆不能恢复,秦桧再造南宋》,上海书店出版社 2001 年,第 563 页。
② 钱大昕《十驾斋养新录》卷八《宋季耻议和》,上海书店出版社 1983 年,第 171 页。
③ 赵翼《廿二史札记》卷二六《和议》,曹光甫校点,凤凰出版社 2008 年,第 369 页。
④ 沈松勤《南宋文人与党争》,人民出版社 2005 年,第 32 页。

　　（绍兴四年六月）丙申，新除宗正少卿、兼直史馆范冲辞免恩
命。朱胜非奏曰："冲谓史馆专修神宗、哲宗史录，而其父祖禹当
元祐中任谏官，后坐章疏议论，责死岭表，而《神宗实录》又经祖
禹之手。今既重修，则凡出京、卞之意，及其增添者，不无删改。
倘使冲预其事，恐其党未能厌服。"上曰："以私意增添，不知当
否？"胜非曰："皆非公论。"上曰："然则删之何害？纷纷浮议，不
足恤也。"胜非曰："冲不得以此为辞。今圣断不移，冲亦安敢有
请。"上复愀然谓胜非等曰："此事岂朕敢私？顷岁昭慈圣献皇后
诞辰，因置酒宫中，从容语及前朝事，昭慈谓宣仁圣烈皇后诬谤，
虽尝下诏辩明，而史录所载，未经删改。朕每念及此，惕然于怀，
朝夕欲降一诏书，明载昭慈遗旨，庶使中外知朕修史之本意也。"
胜非进曰："圣谕及此，天下幸甚。"①

朱胜非以为，范祖禹曾因奏章议论和所修《神宗实录》贬死岭表，如今
要重修，凡是出于蔡京、蔡卞之私意以及增添者当有所删改。倘若由
范祖禹之子范冲来重修，势必会以己意来修订，恐怕招致蔡党不满。
言下之意，范冲不是修史的合适人选。参知政事赵鼎也建议罢除范
冲宗正少卿、直史馆除命，因为范冲和自己有姻亲关系，这是出于避
嫌考虑。不过高宗不许，坚持任命，綦崇礼《赐参知政事赵鼎乞罢范
冲宗正少卿直史馆除命不允诏》曰："朕惟神宗、哲宗两朝史录更京、
卞之手，笔削是非，多其私意，传之后世，实损盛德，方诏有司，俾加更
定。载念当时直笔之臣今皆逝矣，而祖禹之子在，遗范未泯，召用为
宜。矧列职宗卿，乃其旧物；而绅书史馆，则彼世官。断于朕心，可因
卿废？昔祁奚内举犹不避子，而祐甫除吏亦多所亲，顾今事匪自卿，

① 李心传编撰《建炎以来系年要录》卷七七，第 4 册，第 1460—1461 页。

夫何嫌者？勉循公道，毋执谦辞。"①高宗以为，直笔之臣均已离世，只有范祖禹之子尚在，风范尚存。而且范氏父子均有史官的职业优势，子承父业当然是不二人选。又以春秋时晋国大夫祁奚内举不避亲、外举不避仇，唐代宰相崔祐甫选官任吏多是亲朋故旧的例子，力挺赵鼎举荐范冲来担当修史之任。

绍兴四年（1134）八月戊寅，直史馆范冲入见，他和高宗的对话颇能看出为元祐党人、元祐学术正名，诋毁王安石、标榜神宗的政治立场。高宗提出，神宗、哲宗两朝大典为奸臣所坏，若不修订无由知其本末。范冲颇有用心地评论王安石变法："自任己见，非毁前人，尽变祖宗法度，上误神宗皇帝。天下之乱，实兆于安石，此皆非神祖之意。"将天下变乱之源归罪于王安石变法，而非神宗之意。高宗回答："极是，朕最爱元祐。"②表明范冲之论与高宗心意之完美契合。何忠礼指出，范冲"赤裸裸地歪曲和颠倒历史、借机恶毒攻击王安石的言论"，高宗对此做了充分肯定，"为今后的南宋统治政策定下了调：即恢复元祐旧制，坚持保守，反对革新"③。范冲又不失时机地论其父修《神宗实录》的智慧，"大意止是尽书王安石过失，以明非神宗之意"。其后王安石女婿蔡卞因怨恨史臣书其岳父事，"遂言哲宗皇帝绍述神宗"，范冲以为，"其实乃蔡卞绍述王安石"，又将哲宗漂洗干净，矛头仍指王安石之党。高宗指出："本朝母后皆贤，前世莫及。道君皇帝圣性高明，乃为蔡京等所误。"范冲对曰："道君皇帝止缘京等以'绍述'二字劫持，不得已而从之。"又将过错划归蔡京之党，而为徽宗开脱。范冲特别提及徽宗皇帝《六鹤诗》一联"网罗今不密，回首不须惊"，以此来证明"道君皇帝非恶元祐臣僚"。高宗针对至今

---

① 綦崇礼《北海集》卷九，影印文渊阁《四库全书》集部第 1134 册，第 585—586 页。
② 《建炎以来系年要录》卷七九，第 4 册，第 1487 页。
③ 《南宋政治史》，人民出版社 2008 年，第 36 页。

有人仍以王安石为是,行安石法度而慨叹,范冲引用理学家程颐的话来对答,指出王安石为害天下最大者不是其新法,"颐曰:不然,新法之为害未为甚,有一人能改之即已矣。安石心术不正、为害最大。盖已坏了天下人心术,将不可变"。程颐对王安石心术不正、为害最大的评价可谓深入范冲骨髓,故而范氏以为:"安石顺其利欲之心,使人迷其常性,久而不自知。"范冲又引用王安石《明妃曲》上纲上线,指出其他诗人多作《明妃曲》来表达"以失身为无穷之恨",而安石则曰"汉恩自浅胡自深,人生乐在相知心",以为安石之诗公然鼓唱背君父之恩,"此所谓坏天下人心术"①。其实王安石的《明妃曲》并非此意,被元祐党人子孙有意曲解,遂变成了坏天下人心术的又一罪证,可见党同伐异一元思维的弊端。其实我们从高宗和范冲的对话不难看出,范冲作为重修神宗、哲宗实录的史官,因为带有其父作为元祐党人被贬死的家族仇恨,故而评论王安石、谈论修史立场依然和蔡京党人一般执其一端,夸大其词,断章取义,"惟是直书安石之罪,则神宗成功盛德,焕然明白"②,即是明证。

绍兴五年(1135)二月,赵鼎提出因和范冲亲戚之故避嫌而不兼监修国史,"故事,左仆射兼监修国史。辛丑,赵鼎奏,直史馆范冲于臣为外姻,愿改授张浚。上曰:'安可以冲故废祖宗故事?况史馆非朝廷政事之地,可无辞。'遂诏鼎兼之。于是殿中侍御史张绚言:'宰相用人,不当以乡间亲属为嫌,更宜访寒畯。'"③赵鼎请辞,建议改授张浚。高宗坚持任用赵鼎,而且张绚建言举贤不避亲,宰相亦如之。九月十五日,左仆射监修国史赵鼎、史馆修撰范冲、直史馆任申先、著作佐郎张九成等上重修《神宗实录》五十卷,至六年正月癸未成书,总

---

① 《建炎以来系年要录》卷七九,第 4 册,第 1487—1488 页。
② 《建炎以来系年要录》卷七九,第 4 册,第 1487 页。
③ 《中兴小纪》卷一八,绍兴五年二月辛丑,第 222 页。

二百卷①。重修《神宗实录》，范冲言具体操作，"《神宗实录》自绍圣中已命官重修，既经删改，虑他日无所质证，今为考异追记。绍圣重修本末，朱字系新修，黄字系删去，墨字系旧文，每条即著臣所见于后以示去取"②，世号朱墨史。《建炎以来系年要录》卷一○五亦载，绍兴六年（1136）九月壬午，翰林侍读学士、兼史馆修撰范冲言，重修《神宗实录》，"于朱、墨二本中有所刊定，依奉圣旨别为考异一书，明著是非去取之意，以垂天下后世"③。虽然范冲修史导向无法令人信服，但修史时材料的取舍区分方法值得学习。

　　范冲秉承赵鼎旨意重修的《神宗实录》，因张浚授意何抡的奏弹而面临挑战。绍兴七年六月丙申，御笔史馆重修之《神宗实录》，存在"尚有详略失中，去取未当"的问题，不足垂信后世，"宜令本馆更加研考，逐项贴说进入，以俟亲览"。这个决议是由秘书省著作郎何抡面奏而促成，"乞刊正《新录》讹谬"，而何抡所言乃"张浚意也"。知枢密院事沈与求评价《神宗实录》反复修订、纷而未决原因在于："此盖史官各以私意去取，指为报复之资，故久而未就。"赵鼎如是，张浚亦如之，面对党争的"公心实录"④谈何容易！

　　因重修《神宗实录》的所谓讹谬，秘书省正字兼史馆校勘李弥正、胡珵见右仆射张浚请辞史职，以避究竟⑤。绍兴七年（1137）十月壬寅，二人官复史职，缘于复相的赵鼎与高宗的一番对话，澄清了先前其所监修国史的问题。赵鼎希望弄清改修《神宗实录》意见出自何人，高宗曰："止修讹谬，非有所改也。"赵鼎曰："所降御笔如此。"高

---

①　《玉海》卷四八，第 910 页。又见《南宋馆阁录》卷四，第 27 页。

②　《玉海》卷四八，第 910 页。

③　《建炎以来系年要录》卷一○五，第 5 册，第 1973 页。

④　《建炎以来系年要录》卷一一一，第 5 册，第 2085 页。

⑤　《建炎以来系年要录》卷一一二，绍兴七年七月戊寅，第 5 册，第 2099 页。

宗道"乃宰相拟定者",显然是将责任推向张浚,赵鼎便对重修《实录》表示认同,"何抡本与秘阁修撰曾统所进本小异,抡乃蜀本,有朱字处,统本却无之,自合重修"。不过,他又提出先前修史官李弥正、胡珵应当参与,"不应嫌避史职,令依旧兼之"。赵鼎此次复相,对主战、主和之外持第三条路线的文士提出批评:"臣观持中论者,皆惑圣聪,乃是沮善之术。"君子、小人一同并进将无以为治,"盖分善恶,唯恐不严,稍宽则落其奸便。君子于小人常恕,小人于君子则不恕也"。赵鼎坚持善恶一定要严格区分,因君子常常宽容小人而小人对待君子则不依不饶。高宗首肯赵鼎观点,诏史官新修的《神宗实录》需要"再加研考",官方的解释是:"止缘曾统所进本脱落不全,又九卷不载旧史,理宜修整,别无同异之嫌。"①将重修实录的政治意图、倾向模糊化,旨在调和张浚、赵鼎的矛盾,所以合理的结局便是原校勘官胡珵、李弥正恢复史职。当然赵鼎、张浚的分歧在于个体身份的差异、学术取向的不同、择才原则的另类:赵鼎"是一位道德保守主义者",而张浚"却不是一位严格意义上的知识分子,他更看重目的而非德行";赵鼎选择追随者的标准,"是共同的伦理取向和道义原则",而张浚的标准则是"才能"②,所以赵鼎推崇程学,而张浚首肯王学。

　　赵鼎利用修纂实录来实现自己的政治目的,秦桧亦如之,通过修史来严格控制言论。绍兴九年(1139)四月庚午,实录院奏修《徽宗实录》情况:"一、今来所书岁月甚近,尤防漏泄,虽有断罪指挥,今欲优立赏格,许人陈告。一、今所修书,欲从简约,略去细务。一、所书先朝政事因革,有当时权臣专恣所为者,欲仿《册府元龟》例辨析于后,庶见之即明邪正,群臣私记,皆偏见自私,言多失实,今并不取。

---

① 《建炎以来系年要录》卷一一五,第5册,第2152页。

② [美]刘子健《中国转向内在:两宋之际的文化转向》,赵冬梅译,江苏人民出版社2012年,第89页。

一、今所修实录，卷帙不少，欲用景德中修《两朝正史》例，每编一二年，先具草卷进呈，卷末仍书史臣姓名。"从"尤防漏泄""许人陈告""略去细务"、群臣私记不取、书写编修姓名等，可见修史的谨慎与顾虑。造成实录成书疏略的原因在于，"时秦桧领史院，讳避者多"①。

绍兴十四年（1144）四月丁亥，秦桧奏乞禁野史，得到高宗支持。高宗列举钦宗继位出自徽宗禅位的神断，而私传以为来自权臣蔡攸、吴敏等，说明靖康以来私记不足为信。秦桧则以司马迁《史记》为例，说明汉武帝《本纪》"但尽记时事，岂敢自立议论"②，非如学者所谓谤书。当然徽宗无力支撑复杂局势的被迫禅位，司马迁善恶必书的实录精神都被别有用心地加以解读，说明秦桧和高宗严禁野史的目的，在于掩盖历史真相、为自己寻找开脱的借口。

绍兴十五年七月丙午，右承务郎、新添差浙东安抚司干办公事司马伋言，建安刊行的一本题名《司马温公记闻》之书，关涉前朝故事，而自己的曾祖并无此等著述，"显是妄借名字，售其私说。伏望降旨禁绝，庶几不惑群听"。司马伋出于避祸提出如此建议，高宗"诏委建州守臣，将不合开板文字，尽行毁弃"。因畏惧秦桧禁野史而自我澄清的司马氏特迁一官，当然其书禁而不止，最终行于世，"秦桧数请禁野史，伋惧罪，遂讳其书，然其书卒行于世"③。

绍兴十九年（1149）十二月壬子，秘书省著作佐郎林机请禁绝私史，其实仍是支持秦桧路线。林机道："邪谋害正，伪说汩真，乃古今之通患。然著迹于昭昭者易以见，而匿形于冥冥者难以察。陛下道德言行，无愧于古之哲王，臣备员史馆，预闻记注，得以特书屡书，垂示无穷。然访闻有异意之人，匿于近地，作为私史，集其邪谋伪说。

<hr>

① 《建炎以来系年要录》卷一二七，第 5 册，第 2404—2405 页。
② 《建炎以来系年要录》卷一五一，绍兴十四年四月丁亥，第 6 册，第 2855 页。
③ 《建炎以来系年要录》卷一五四，第 6 册，第 2903 页。

臣若不言,则异日害正汩真之患,臣实任其咎。望密加搜索,严为禁绝,庶几信史著而后世不为售私者所诬。"①林机所担心者乃修史者披露事实真相,引起社会舆论哗然,不利秦桧便宜行使相权。林氏禁绝私史的建议得到高宗采纳,十二月甲寅,高宗谓秦桧曰:"此事不应有,宜行禁止,许人陈告,仍令州县觉察,监司按劾,御史台弹奏,并取旨优加赏罚。"②至于高宗禁野史,"主要是为了防止其母(韦氏)在金朝的'秽闻'被泄露和传播",秦桧则"更有借此打击政敌的险恶用心"③,李光之狱的发生也由此而来。

五、遭遇丑化诋毁的赵鼎党派

赵鼎二度任相期间,任用了许多道学人士和元祐党人之后,如元祐党人范祖禹之子范冲、常安民之子常同等。《建炎以来系年要录》卷八六云:"鼎素重伊川程颐之学,元祐党籍子孙,多所擢用。去赃吏、进正人,时号为贤相,翕然有中兴之望。"④熊克《中兴小纪》卷一八绍兴五年二月癸卯记载喻樗的提拔颇遭非议:

> (赵鼎)深喜故崇政殿说书程颐之学,朝士翕然向之。时有言今托称伊川门人者,却皆进用。如选人桐庐喻樗,真其人也,乃不见知。是月,鼎始荐樗改官,除正字,诰辞曰:"顷穷西洛之渊源,遂见古人之大体。"中书舍人王居正词也,樗以此颇为众所嫉。徽猷阁待制胡安国亦师颐者也,闻之,以谓西洛渊源,古人大体。虽其高弟游酢、杨时、谢良佐诸人,尚难言之,

---

① 《建炎以来系年要录》卷一六〇,第 7 册,第 3035 页。
② 《建炎以来系年要录》卷一六〇,第 7 册,第 3035 页。
③ 何忠礼《南宋政治史》,人民出版社 2008 年,第 123 页。
④ 《建炎以来系年要录》卷八六,绍兴五年闰二月丁未,第 4 册,第 1633 页。

而况樗耶？乃敢托于词命，以妄褒借，识者忧之。居正未几迁
兵部侍郎。①

此材料说明，因赵鼎个人好恶，程颐之徒子徒孙获得了极大的发展机
遇，甚至出现假托伊川门人而被进用的现象，当然赵鼎之援引迫切，
显见其中。他人之趋炎附势，亦是投其所好。喻樗的晋升，特别是中
书舍人王居正"穷西洛之渊源，遂见古人之大体"的吹捧过度、言辞失
实，使其颇受中伤。胡安国以为，即便是程颐之高第游酢、杨时、谢良
佐诸人难当此誉，何况名不见经传的喻氏。喻樗、赵鼎招致的讥讽嘲
笑，自然是在所难免的。

　　更有甚者，赵鼎及其同党王居正、张嵲等被诋毁丑化为"伊川三
魂"，以配"五鬼"，《中兴小纪》卷一八云："鼎为真魂，居正为强魂，言
其多愤也。故工部侍郎杨时为迁魂，言其身死而道犹行也。既而正
字襄阳张嵲，遂以元祐中五鬼配之。"②宋人李幼武纂集之《宋名臣言
行录》别集下卷四说，自赵鼎荐举喻樗，王居正草制，"大夫所学各分
党与，互相排击自此起矣"。从以"三魂"配"五鬼"，可见受"同我者
君子、异我者小人""只愿有一，不愿有二"③"非我族类，其心必异"
（《左传·成公四年》）的单线思维模式影响。

第二节　秦桧执政期间的绍兴馆阁文人

　　据徐自明《宋宰辅编年录》记载，秦桧首次任相，自绍兴元年
（1131）八月拜右相至二年八月罢，任期几一年。二次任相，始绍兴八

---

① 《中兴小纪》卷一八，第 223 页。
② 《中兴小纪》卷一八，第 223 页。
③ 张全明、李文涛《宋史十二讲》，中国国际广播出版社 2009 年，第 44 页。

年三月拜右仆射,十一年六月加左仆射,至绍兴二十五年十月卒,独相十八年①。秦桧两度执掌相印,对南宋高宗朝国运政治、学术文化的影响可谓极大。当然,秦氏为权相,"完全出自宋高宗的授权"②,二者是"君权独运,权相密赞"③之关系。

秦桧对馆阁文人的任用,有的是自己直接干预,有的则是授意党羽抛头露面,影响天子进而打造自己坚实的利益集团。如直秘阁新知太平州秦梓,直秘阁知秦州王晚的骤进,是御史中丞王次翁领会秦桧旨意策划之结果,《建炎以来系年要录》卷一三四载,绍兴十年二月癸酉,"御史中丞王次翁言:'吏部审量滥赏,皆显然暴扬前日之过举,最害陛下之孝治。士大夫到部,留滞愁叹,何以召和气? 望悉罢建炎、绍兴前后累降指挥。'从之。先是,直秘阁、新知太平州秦梓,直秘阁、知秦州王晚,皆以恩幸得官。秦桧初罢政,二人摈斥累年,及是次翁希桧旨,以为之地,由是二人骤进"④。王次翁以被贬外任的士大夫心情郁闷、哀声叹气,不利君臣一团和气,损害天子以孝治天下为由,希望罢除建炎、绍兴前后累降诏旨,最终的受益者自然是秦桧集团之人。以下具体论之。

一、馆阁文人的选拔任用

1. 唯亲是举

秦梓:秦桧之兄,字楚材,沈晦榜同进士出身,治《诗》。绍兴十一年(1141)十二月除秘书少监,十二年四月为敷文阁待制提举万寿观

---

① 徐自明《宋宰辅编年录校补》卷一五,王瑞来校补,中华书局 1986 年,第 965、1029 页;卷一六,第 1060、1102 页。

② 虞云国《南渡君臣:宋高宗及其时代》,上海人民出版社 2019 年,第 9 页。

③ [美]刘子健《两宋史研究汇编·引言》,联经出版事业公司 1987 年,第 11 页。

④ 《建炎以来系年要录》卷一三四,第 6 册,第 2504 页。

兼侍读①。《建炎以来系年要录》卷一四三载,绍兴十一年十二月戊子,"直秘阁、新知温州秦梓试秘书少监、兼崇政殿说书。梓、桧皆引嫌辞,上不许"②。暂且不论秦桧、秦梓是否配合演了一出双簧戏,最终结果是二人如愿以偿。绍兴十二年九月戊申,敷文阁待制、提举万寿观、兼侍讲、资善堂翊善秦梓升敷文阁直学士、权直学士院。秦桧进言,"臣兄老于翰墨,自圣明所知。今兹除授,非臣敢预,但以臣新被优恩,躐正公槐之位,一门并受宠命,恐盈满延灾,伏望许臣回授与兄进今职名"③,被高宗不许。绍兴十三年闰四月戊申,秦梓为翰林学士。秦梓并没有馆阁其他经历而直除秘书少监,不到一年时间又权直学士院,继而为翰林学士,当然离不开秦桧的神助。秦桧欲盖弥彰地解释其兄孜孜不倦于翰墨而为高宗所知,非其干预的结果。《宋诗纪事》卷四五有秦梓《溧阳贞女祠》一诗,其他诗所见鲜少。秦梓虽为秦桧兄长,但史评其居官清正,不愿与其弟同流合污。

　　秦熺:秦桧养子。据《南宋馆阁录》卷七载,字伯阳,江宁人,陈诚之榜进士及第,治诗赋。绍兴十二年七月除秘书郎,九月为少监。十四年七月,以礼部侍郎兼提举秘书省④。十八年三月除知枢密院事,至二十五年十月以少师致仕,执政八年⑤。秦熺因秦桧独相而官运亨通,升擢异速,从秘书郎到秘书少监仅为二月,在宋代馆阁历史中实属罕见。

　　秦埙:秦桧孙,秦熺长子,字伯和,张孝祥榜进士及第。绍兴二十四年(1154)四月以敷文阁待制兼实录院修撰⑥。二十四年十一月辛

①《南宋馆阁录》卷七,第83页。
②《建炎以来系年要录》卷一四三,第6册,第2694页。
③《建炎以来系年要录》卷一四六,第6册,第2768页。
④《南宋馆阁录》卷七,第81、93、81页。
⑤《宋宰辅编年录校补》卷一六,第1102页。
⑥《南宋馆阁录》卷八,第135页。

未,"敷文阁待制、提举佑神观、兼实录院修撰秦埙试尚书工部侍郎,亦以进御集推恩也"①。秦熺之子秦堪之妻赵氏也被嘉封,同年十一月丁巳,"封秘阁修撰秦堪妻赵氏为令人,以秦桧辞免进徽宗御集加恩,故有是命"②。

丁娄明:秦桧之侄秦烜的岳父,字如晦,毗陵人,黄公度榜同进士出身,治《书》。绍兴二十一年五月除著作佐郎,二十四年十一月为秘书少监③。据《建炎以来系年要录》卷一六七载,绍兴二十四年十一月甲寅,秘书省著作佐郎丁娄明试秘书少监,擢用之因,"娄明以女适秦桧之侄右朝奉郎烜"④,以联姻形式迎合秦桧获得拔擢。

林机:字景度,长乐人,刘章榜进士及第,治《书》。绍兴十八年八月除著作佐郎,二十一年二月为礼部员外郎,六月以礼部员外郎兼权秘书少监,二十二年六月为起居舍人⑤。二十五年五月壬戌,右承议郎、知信州林机移知邵州,"机尝奏秦桧父祠堂生芝草,又为桧搜求水精,民极以为扰。至是为吕忱中所讦,桧始咎之"⑥。据此推测,林机此前入馆恐与秦桧有关,或在馆中听令秦桧旨意行事。而林氏移知邵州,乃阿谀逢迎秦桧,为其搜罗东西被吕忱中所论,秦桧为了平息舆论而责怪之。

秦桧死后,这些或升迁或外任的姻亲受到弹劾、罢免。绍兴二十五年(1155)十一月壬申,右正言张修奏,左奉议郎、知邵州林机,"以

①《建炎以来系年要录》卷一六七,第 7 册,第 3175 页。
②《建炎以来系年要录》卷一六七,第 7 册,第 3174 页。
③《南宋馆阁录》卷七,第 84、96 页。
④《建炎以来系年要录》卷一六七,第 7 册,第 3173 页。
⑤《南宋馆阁录》卷七,第 84、96、84 页。
⑥《建炎以来系年要录》卷一六八,第 3194 页。

宰相姻娅,进躐清显,附下罔上,妄立异议"①,结果,林氏因议论纷扰而被诏罢。二十六年正月癸亥,权尚书工部侍郎丁娄明罢,"以侍御史汤鹏举奏娄明徒以秦烜之妻父,遂躐清要。四方不服故也"②。秦埙、秦堪又贴以馆殿职名,二十六年九月甲子,御史中丞汤鹏论奏当罢,认为"西清次对,超躐禁从,所以褒有德而显有功也",而秦埙、秦堪等人"皆以庸琐之才,恃亲昵之势,可谓无功无德者也",建议剥夺职名,以示公道。高宗的答复是为其保全职名,而且今后不许再论列,"鹏举所论,甚协公议,然朕以秦桧辅佐之久,又临奠之日,面谕桧妻,许以保全其家,今若遽夺诸孙与婿职名,不惟使朕食言,而于功臣伤恩甚矣,可令中外知朕此意,今后不得更有论列"③。高宗保留秦桧诸孙职名出于两方面考虑:一是秦桧辅佐君王时间久长,二是面临祭奠伤感之际。这样裁定既见天子言出必诺之威信,又有不伤"功臣"之绵长恩情。高宗用"功臣"二字于秦桧,可见处置之权宜。汤氏二日之后请辞言职,请除在外宫观差遣以示抗议。

2. 唯党是举

秦桧任相期间,视为同党之人受到援引提拔,被落职外任亦因党与关系,《建炎以来系年要录》卷五七载,绍兴二年八月壬子,"龙图阁待制、新知信州程瑀,中书舍人胡世将,起居郎刘一止,起居舍人张焘,尚书左司员外郎林待聘,右司员外郎楼炤,并落职,与宫观,皆坐秦桧党,为吕颐浩所斥也"④。

林待聘:字少伊,永嘉人,《建炎以来系年要录》卷四五载,绍兴元

---

① 《建炎以来系年要录》卷一七〇,绍兴二十五年十一月壬申,第 7 册,第 3231 页。
② 《建炎以来系年要录》卷一七一,第 7 册,第 3257 页。
③ 《建炎以来系年要录》卷一七四,第 7 册,第 3337—3338 页。
④ 《建炎以来系年要录》卷五七,第 3 册,第 1159 页。

年(1131)六月丁丑,枢密院编修官林待聘召试馆职,遂以为秘书省校书郎,"秦桧所荐也"①。绍兴元年八月除校书郎,十一月为司封员外郎②。

刘一止:字行简,吴兴人,何涣榜同进士出身。绍兴元年六月除校书郎,十月为监察御史。八年十月除秘书少监,十一月为起居郎③。

吴表臣:字正仲,永嘉人,贾安宅榜上舍出身,治《周礼》。绍兴六年正月除秘书少监,九月除太常少卿④。

汤思退:字进之,括苍人,博学宏辞科进士出身。绍兴十五年四月除正字,十九年四月除秘书少监,二十一年四月为起居舍人,二十七年七月,以右仆射兼提举实录院。二十八年八月,以右仆射兼监修国史。三十年正月,以左仆射兼监修国史⑤。《建炎以来系年要录》卷一八七载,绍兴三十年十一月辛丑,右正言王淮入对,上奏指出宰臣汤思退初无素望,偶以文词而侥幸科名,"因缘秦桧,引之要涂,年除岁迁,致位公宰"⑥。

董德元:字体仁,庐陵人,王佐榜进士出身,治诗赋。绍兴二十一年八月除校书郎,二十四年二月为监察御史⑦。

葛立方:字常之,江阴人,黄公度榜同进士出身,治《书》。绍兴十七年(1147)六月除正字,十九年六月为校书郎,二十一年六月为考功

---

① 《建炎以来系年要录》卷四五,第 3 册,第 954 页。
② 《南宋馆阁录》卷八,第 110 页。
③ 《南宋馆阁录》卷八第 110 页,卷七第 83 页。
④ 《南宋馆阁录》卷七,第 83 页。
⑤ 《南宋馆阁录》卷七第 77 页,卷八第 121 页,卷七第 84 页,卷七第 80 页,卷七第 77 页。
⑥ 《建炎以来系年要录》卷一八七,第 8 册,第 3626 页。
⑦ 《南宋馆阁录》卷八,第 112 页。

员外郎①。

孙仲鳌：字道山，永嘉人，汪应辰榜同进士出身，治诗赋。绍兴十七年六月除正字，十九年六月为校书郎，二十一年六月为司勋员外郎②。《建炎以来系年要录》卷一五六载，绍兴十七年六月丁酉，"太常博士葛立方，太学正孙仲鳌并为秘书省正字。既而提举秘书省秦熺奏以二人并兼编定书籍官"③。

这些馆阁文人或为秦桧所荐，或为秦熺所举，有的入馆阁前就依附秦桧，有的则是入馆后受到秦桧拉拢而获得迁擢。秦桧同党馆阁文人升迁较快，《建炎以来系年要录》卷一七〇载李心传按语，"如董德元、汤思退、林机、葛立方、王曦皆桧所亲厚者，曦入馆逾年，立方、思退皆二年，机二年半，方除郎。德元亦二年半方除察官"④。当然，秦桧之于同党并非绝对宽容，只要内部传出不和谐的声音，秦氏会迅速处置。同样，秦桧利益集团的党人并非自始至终依附，分化转移也是存在的。如吴表臣，《宋史》卷三八一本传载，秦桧欲派其使金商议地界，"指政事堂曰：'归来可坐此。'表臣不答。又以议大礼忤意，罢去"。表臣晚年号湛然居士，"自奉无异布衣时，乡论推其清约"⑤。

3. 馆阁文人的永嘉地域色彩较明显

上文提到，吴表臣、林待聘、孙仲鳌籍贯永嘉，除此之外，绍兴馆职人员中还有相当一部分来自此地，如：

林叔豹：字德惠，永嘉人，沈晦榜同进士出身。绍兴元年（1131）

---

① 《南宋馆阁录》卷八，第112、121、112页。
② 《南宋馆阁录》卷八，第112、121、112页。
③ 《建炎以来系年要录》卷一五六，第6册，第2961页。
④ 《建炎以来系年要录》卷一七〇，绍兴二十五年十一月壬申条下按语，第7册，第3231页。
⑤ 《宋史》卷三八一，第34册，第11733页。

十二月除正字,二年正月为校书郎,六月为监察御史①。《建炎以来系年要录》卷一〇五绍兴六年九月壬辰载:"左朝奉郎林叔豹知饶州。叔豹为御史,坐秦桧累,久斥,至是稍复之。"②

勾龙如渊:字行甫,永嘉人,嘉王榜上舍出身,治《书》。绍兴六年四月除著作佐郎,七年正月为祠部员外郎③。《宋史》卷三八〇本传载,勾龙如渊政和八年(1118)登上舍第,沉浮州县二十年。以张浚荐召试馆职,绍兴六年除秘书省校书郎。秦桧力主和议,执政侍从及内外诸臣皆以为非,如渊却为秦氏出谋划策,择人把持言论主阵地,"相公为天下大计,而邪说横起,盖不择人为台谏,使尽击去,则相公之事遂矣"。秦桧赏识,即擢为中司,"如渊始以张浚荐召,而终乃翼秦桧挤赵鼎,仇吕本中……"④

萧振:字德起,永嘉人,嘉王榜上舍及第,治《诗》。绍兴六年五月除秘书郎,是月为监察御史⑤。《中兴小纪》卷二〇载,绍兴六年五月,左宣教郎平阳萧振召对称旨,赵鼎欲授以枢密院副承旨,高宗命除秘书郎。越数日,御批除振监察御史。据刘时举《续宋中兴编年资治通鉴》卷四载,绍兴八年(1138)八月,"参政刘大中与赵鼎合议,以为屈己和戎不可。桧怒,令萧振言其罪,出知处州"。十月,"赵鼎罢,出知绍兴府"⑥。《宋宰辅编年录》卷一五引《赵鼎事实》曰:"初,监察御史萧振力求外补,且托其乡人吴表臣、薛徽言,为请甚切。鼎从之,遂除郡而去。及秦桧拜相,一召即来。始振以亲年七十求去,至

① 《南宋馆阁录》卷八,第110、117、110页。
② 《建炎以来系年要录》卷一〇五,第5册,第1978页。
③ 《南宋馆阁录》卷七,第95页。
④ 《宋史》卷三八〇,第33册,第11718、11720页。
⑤ 《南宋馆阁录》卷七,第92页。
⑥ 刘时举《续宋中兴编年资治通鉴》卷四,王瑞来点校,中华书局2014年,第96页。

是不复以亲为辞。寻除南台,是必有荐为鹰犬者也。未逾月,论刘大中,至三章不已。鼎谓意不在大中,行且及臣矣。"①《宋宰辅编年录》卷一五又引方畴《稽山语录》曰:"时,召萧振入台,振,秦桧死党也。首攻刘大中。大中既去,赵鼎亦丐去,正人端士扫地尽矣。论者云,秦桧窃柄十有八年,毒流天下,皆自振发之,故目振曰'老萧'云。"②赵鼎、方畴之论,以为萧振阴险,乃秦桧鹰犬死党。秦桧为害天下,萧振启发之。而且萧振、吴表臣、薛徽言因乡党关系密切往来,成为秦桧党助。《宋史》卷三八〇本传载,萧振除了依附秦桧党同伐异的负面评价外,其两为蜀守期间颇有政绩,"威行惠孚",受民爱戴,"死之日,民无老稚,相与聚哭于道"。而且奖掖善类,"端人正士多所交识,其间有卓然拔出者,迄为名臣"③。萧氏被秦桧引入南台后的立身行事与为地方官时大相径庭,说明特殊环境下文人本我与自我的冲突与调适。

方云翼:字景南,永嘉人,沈晦榜进士出身,治《易》。绍兴十年九月除秘书省正字,十二年二月罢④。秦桧曾荐云翼于晁谦之,后谦之怒其贪得无厌,告诉秦桧。秦桧谕殿中侍御史余尧弼,奏谦之险薄躁竞,与"负滔天之恶,投畀遐裔"的赵鼎私下交通;又是"诡诈乖僻,世所共弃"的王庶门客,与王庶之子往来不断,"志在动摇国是"⑤,于是敷文阁直学士、知建康府的晁谦之被罢。

王墨卿:字子墨,永嘉人,陈诚之榜同进士出身,治诗赋。绍兴十五年(1145)四月除著作佐郎,十八年七月为起居舍人⑥。秦熺与墨

---

① 《宋宰辅编年录校补》卷一五,第 1032 页。
② 《宋宰辅编年录校补》卷一五,第 1032 页。
③ 《宋史》卷三八〇,第 33 册,第 11727 页。
④ 《南宋馆阁录》卷八,第 120 页。
⑤ 《建炎以来系年要录》卷一五七,绍兴十八年四月癸丑,第 7 册,第 2984—2985 页。
⑥ 《南宋馆阁录》卷七,第 96 页。

卿有从学关系，"秦熺尝从墨卿学，故荐用之"①。

宋之才：字廷佐，永嘉人，嘉王榜上舍出身。绍兴八年三月除校书郎，四月丁忧，十一年八月再除校书郎，十二年十月为考功员外郎②。与秦桧有无关系，俟考。

朱胜非《闲居录》云："东南诸道解额少，举子多，求牒试于转运司，每七人取一名，比之本贯，艰易百倍。秦桧居永嘉，引用州人以为党助，吴表臣、林待聘号党魁，名为从官，实操国柄。凡乡士具耳目口鼻者，皆登要途，更相汲援，其势炎炎，日迁月擢，无复程度。是年有司观望所荐温士四十二名，桧与参政王次翁子侄豫迁者数人，前辈诗云'惟有糊名公道在，孤寒宜向此中求。'今不然矣。"③朱氏之意，秦桧居永嘉期间，就拉拢吸引当地举子士人为己所用，培植党羽，其中吴、林二人号魁首。当地文人在秦桧的庇佑提拔下立登要路，而且相互擢引，炙手可热，形成利益集团。在绍兴十年两浙转运司类试中，温州人氏就享受到了实实在在的好处，《中兴小纪》卷二八载："是秋，两浙转运司类试，凡解二百八人，而温州自计四十二人，宰执子侄，皆豫其选。揭榜之日，士论大骇，自置举场以来未尝有也。"④一是温州士子所占类试名额较多，二乃宰执子侄预选。有失公允。沈松勤指出，秦桧在绍兴二年（1132）与吕颐浩之争中失败，侨居温州永嘉；绍兴五年，又被任命为温州知州，秦氏在温州前后居住了整整四年，其间团结拉拢温州士子，表现在科举名额上的倾斜优待、官员任用上的特别关照，这些都为温州士人成为秦桧党助打下了坚实的政

①《建炎以来系年要录》卷一五三，绍兴十五年四月壬辰，第 6 册，第 2895—2896 页。

②《南宋馆阁录》卷八，第 111 页。

③《中兴小纪》卷二八，第 339 页。

④《中兴小纪》卷二八，第 339 页。

治基础。而且一些文士如吴表臣、林待聘在秦桧初任宰相时，就已成死党①。所以，馆阁文人中永嘉籍文人占有一定的比例也就不足为怪了。其中如勾龙如渊、萧振为其鹰犬，王墨卿因秦熺之老师而被荐用，方云翼因秦桧念及永嘉人氏的关系得到援引。

当然永嘉籍馆阁文人也有不为秦桧利益所诱而清介自持者，如张阐。张氏字大猷，永嘉人，沈晦榜进士出身，治《书》。绍兴十三年二月除秘书郎，十四年十月罢②。《中兴小纪》卷三一载，秦桧对秘书郎张阐表示了拉拢之意："君久次，欲以台中相处如何？"张阐曰："丞相苟见知，老死秘书幸矣！"③秦桧默然不语。后殿中侍御史汪勃论张阐有所附益，冬十月，有诏罢之。何逢原，字希深，永嘉人，汪应辰榜进士及第，治诗赋。绍兴十年十二月除正字，十四年五月再除正字，七月通判池州④。十四年七月壬子，正字何逢原被罢，很大程度是与秦桧主和立场相忤。十九年四月戊午，殿中侍御史曹筠言，枢密院编修官何逢原顷在馆中，"公于奏对之间，谓沮抑用兵之议太过"⑤，即对主战言论阻遏抑制过甚。熊克《中兴小纪》卷三一有云，秦桧专权既久，台谏多是其耳目，"每荐进，必先谕以己意"⑥，那些有违秦桧"己意"的文士，命运可想而知。

二、秦桧对异党馆阁文人之打击

秦桧对那些逢迎主和国事、效忠自己者极力提拔，《朱子语类》卷一三一载，张嵲为司勋郎官时金人再取河南，秦桧惶恐不知所为，张

---

① 参见沈松勤《南宋文人与党争》，人民出版社 2005 年，第 59—60 页。
② 《南宋馆阁录》卷七，第 93 页。
③ 《中兴小纪》卷三一，第 382 页。
④ 《南宋馆阁录》卷八，第 120 页。
⑤ 《建炎以来系年要录》卷一五九，第 7 册，第 3015 页。
⑥ 《中兴小纪》卷三一，第 382 页。

嵘为之出谋划策,"天下之事,各随时节,不可拘泥。曩者相公与金人讲和者,时当讲和也。今虏人既败盟,则曲在彼,我不得不应,亦时当如此耳"。言下之意,天下大事不是一成不变的,而要随着形势变化灵活应对。该讲和时讲和,该进攻时进攻。张嵘的言论,为秦桧主和议后金人败盟所面临的政治危机做了开脱,提供了权宜的解释。秦桧大喜,命张嵘起草奏稿,结果张氏立功心切,仓卒急书进呈,开头两句道:"伊尹告成汤曰:'德无常师,主善为师';孔子曰:'陈力就列,不能者止。'"①张冠李戴,误以伊尹告太甲为告汤、周任之言为孔子自言。因张嵘草奏之功,秦桧擢其修注掌制。不过张嵘措辞的硬伤还是遭到讥讽,《直斋书录解题》卷一八载:"时秘书省寓传法寺,有书其门曰:'周任为孔圣,太甲作成汤',秦疑诸馆职为之,多被逐。然嵘亦以答桧'三折肱'之语,谓其贰于己,无几亦罢。"②张嵘附会秦桧犯低级错误,被馆职嘲讽。后又因文字上的不谨慎,使多疑的秦桧以为怀有二心,最终也被罢黜。

王苹:字信伯,长乐人,绍兴六年三月除著作佐郎,七年正月通判常州③。《直斋书录解题》卷一八有云,王苹从程门学,以赵鼎荐,召对赐进士出身,"秦桧恶之,会其族子坐法,牵连文致,夺官以死"④。

芮烨:字国器,吴兴人,王佐榜进士及第,治诗赋。绍兴三十一年(1161)八月,除秘书省正字。三十二年五月,以正字兼国史院编修官⑤。《吴兴备志》卷一一云:"芮烨字国器,官左从政郎、仁和县尉。尝和沈长卿《牡丹》诗云:'宁令汉社稷,变作莽乾坤。'秦桧恶之,坐

---

① 《朱子语类》卷一三一,中华书局1986年,第3146页。
② 陈振孙《直斋书录解题》卷一八,徐小蛮、顾美华点校,上海古籍出版社1987年,第531页。
③ 《南宋馆阁录》卷七,第95页。
④ 《直斋书录解题》卷一八,第534页。
⑤ 《南宋馆阁录》卷八,第122、131页。

宷化州。桧死,始召用,为广东提刑。"①

陈渊:字几叟,剑浦人,绍兴八年八月以诤臣侄孙赐进士出身,除秘书丞,九年五月为监察御史②。《闽中理学渊源考》卷二载,陈渊初受业程门,继而受业于杨时,与罗豫章为友,杨时称其"深识圣贤旨趣"。因论和议,"愿以和为息战之权,以战为守和之具"③,奏章五上,秦桧恶之,加之上疏论议桧之亲党郑亿年而触怒秦氏,遂解言职。

吕本中:《建炎以来系年要录》卷一二二载,绍兴八年十月辛巳,中书舍人、兼史馆修撰、兼直学士院吕本中被罢。侍御史萧振言,本中之父吕好问曾受张邦昌伪命,而本中有诗"受禅碑中无姓名"为其父辩护,欲盖弥彰。另萧振指出,吕本中迎合赵鼎,"赵鼎以解《易》荐李授之除秘阁,本中初不知授之鼎所荐,遂怒形于色,欲缴还词头。已而知出于鼎,乃更为授之命美词",认为吕氏无操守,看人下菜,望罢免,"其朋比大臣,无所守如此。望罢本中,以清朝列"④。早在绍兴八年九月丁未,《哲宗实录》成书,监修国史赵鼎迁特进,吕本中草制,有"谓合晋、楚之成,不若尊王而贱霸;谓散牛、李之党,未如明是而去非。惟尔一心,与予同德"之语,为右仆射秦桧"深恨之"⑤。

刘昉:绍兴十年(1140)四月乙丑,太常少卿、兼实录院检讨官刘昉,秘书少监、兼资政殿说书陈渊并罢,缘于右谏议大夫何铸弹劾二人。刘昉的罪名是妄议是非、游走公卿,陈渊则是结党营私、诋毁臣僚,"昉鼓唱是非,前此敌使之来,未有定议,巧持两说,便游公卿。渊

---

① 董斯张《吴兴备志》卷一一,影印文渊阁《四库全书》史部第494册,第393页。

② 《南宋馆阁录》卷七,第87页。

③ 何乔远编撰《闽书》卷一〇二,福建人民出版社1994年,第4册,第3073—3074页。

④ 《建炎以来系年要录》卷一二二,第5册,第2282—2283页。

⑤ 《建炎以来系年要录》卷一二二,第5册,第2275页。

特奏补官,备位谏员,但知朋附,数对士大夫非毁臣僚,其语尤为不逊"①。但在同年八月丙子,"左朝散郎刘昉为荆湖路转运副使",原因乃"昉为秦桧所喜,故荐用之"②。不知此前被劾责罢免的刘昉,又因何由为秦桧所喜而擢升,俟考。

张九成:绍兴十年八月丙戌,左奉议郎、充秘阁修撰、新知邵州张九成落职,缘于御史中丞何铸的论议,"九成矫伪之行,颇能欺俗。前此赵鼎当国,倾心附之,骤从闲曹,躐登华近。比其罢退,九成悒然不乐,率先求去,誓与之同出处。伏望严行窜责"③。何铸以张九成倾心依附主政的赵鼎,并与之同进退来声援赵氏,故有是命。

朱翌:绍兴十一年十一月丙申,中书舍人、兼实录院修撰朱翌被罢,"以言者论翌顷以谄事吕本中,荐之赵鼎,若以翌为可恕,则小人之党日炽故也"④。以朱翌攀附吕本中,被推荐给赵鼎,自然是不能被宽恕的小人。

姜师仲:绍兴十三年八月壬寅,秘书少监姜师仲被罢,"以殿中侍制御史李文会言其乘间伺隙,唱为异议也"⑤。秦桧当政期间,最大的异议当是围绕主战主和而来,姜氏被劾责免不了此类。

潘良能:绍兴十三年(1143)九月丙子,秘书省正字潘良能与敕令所删定官王晞亮、宗正寺主簿孟处义并与外任,缘于侍御史李文会言,"晞亮之于赵鼎,良能之于李光,处义之于汪藻,皆潜植党与,窥伺朝廷动息,密通私书,相继不绝;伪造事端,唱为异说,喧传四方,实伤国体"⑥。赵鼎、李光等均是秦桧厌恶忌惮的对象,而潘氏交结他们,

① 《建炎以来系年要录》卷一三五,第 6 册,第 2517 页。
② 《建炎以来系年要录》卷一三七,第 6 册,第 2582 页。
③ 《建炎以来系年要录》卷一三七,第 6 册,第 2584 页。
④ 《建炎以来系年要录》卷一四二,第 6 册,第 2678 页。
⑤ 《建炎以来系年要录》卷一四九,第 6 册,第 2824 页。
⑥ 《建炎以来系年要录》卷一五〇,第 6 册,第 2832 页。

自然会引起秦氏集团的不满。

　　黄公度：绍兴十五年十一月己酉，秘书省正字黄公度被罢，侍御史汪勃言："李文会居言路日，公度辄寄书喻之，俾其立异，且谓不从则当著野史讥讪。其意盖欲为赵鼎游说，阴怀向背，岂不可骇！"①公度因支持赵鼎，请托居于言路的李文会，而且以文会不从当写入野史讥讽来要挟，颇显仗义，被罢馆职也是意料之中了。当然汪勃从何得知黄公度的言行，想来令人生畏。

　　被罢黜的馆阁文人王苹、陈渊、吕本中、张九成等都有理学背景，秦桧通过此种方式清除道学派在朝中的实力分量，重树王安石新学的政治影响力，"和议之初，在朝的道学官僚如林季仲、潘良贵、张九成、吕本中……樊光远、凌景夏等，先后被驱逐出朝，安石新学重新恢复了其往日在政治舞台上的地位，也成了秦桧相党打击异己、迫害政敌的一种工具"②。

第三节　韩侂胄与庆元馆阁文人

　　庆元党禁，亦称伪学逆党之禁，由于拥立宁宗赵扩即位的赵汝愚升任右相，和同样自诩有拥戴之功的内臣韩侂胄争权夺利，嫌隙日深而发。庆元元年（1195）二月，韩侂胄指使右正言李沐以宗姓谋危社稷为名乞罢赵汝愚权柄。后汝愚罢右丞相，谪宁远军节度副使，贬永州，殁于衡州。当时，权兵部侍郎章颖、工部侍郎知临安徐谊、国子祭酒李祥、博士杨简等先后上疏请留汝愚，遭到弹劾罢免。朱熹、彭龟年等也遭贬逐。庆元二年正月，谏议大夫刘德秀弹劾留正四大罪状，论其招引伪学以危害社稷，伪学之称肇始于此。二月，省闱知贡举官

---

①《建炎以来系年要录》卷一五四，第 6 册，第 2917 页。
② 沈松勤《南宋文人与党争》，人民出版社 2005 年，第 230 页。

叶翥、倪思、刘德秀奏论文之弊,禁毁理学家的《语录》,六经、《论语》
《孟子》等也在禁书之列。三年二月,大理司直邵褒建议,权臣之党、
伪学之徒不得除在内差遣。六月,又有"三十年来伪学显行,场屋之
权尽归其党"①的言之凿凿的指责,建议审查学子身份,明确其与伪
学之党有无私徒或亲近关系。闰六月,朝散大夫刘三杰论伪学之党
演变为逆党,又论留正共引伪学之罪,对道学之禁可谓推波助澜。十
二月,宁宗采纳知绵州王沇建议,置《伪学逆党籍》,总五十九人。宰
执有赵汝愚、留正、王蔺、周必大四人;待制以上有朱熹、徐谊、彭龟
年、陈傅良等十三人;余官有刘光祖、叶适、赵汝谈等三十一人;另有
武臣三人,太学士六人,士人二位。这些人中既有道学家,又有践行、
支持道学者,他们因反对或触怒韩侂胄及其党徒,受到不同程度的迫
害。庆元六年(1200)三月,朱熹在福建建阳去世。嘉泰二年
(1202),韩侂胄建议宁宗开伪学之禁,后赵汝愚复资政殿学士,标志
着党禁的全面弛解,党人之见在者如徐谊、刘光祖、陈傅良、章颖、叶
适等,先后复官。"庆元党禁"历时六年之久,这一政治事件也牵涉影
响到馆阁选人。

一、被列入庆元党禁名单的馆阁文人

庆元时期馆阁除人 78 人次,除职共 138 次。除职文人中,名列
党禁名单的有 6 人,如下:

章颖:曾在光宗朝担任日历所编类圣政检讨官、实录院检讨官。
据《南宋馆阁续录》卷九载,宁宗朝庆元元年(1195)正月,章颖以权
兵部侍郎兼实录院同修撰②。据《庆元党禁》记录,庆元元年二月己
卯,权兵部侍郎章颖外任,缘于上疏请留赵汝愚,"右正言李沐论其附

---

① 不题撰人《庆元党禁》,影印文渊阁《四库全书》史部第 451 册,第 33 页。
② 《南宋馆阁续录》卷九,中华书局 1998 年,第 382 页。

上罔下"①。《宋史》卷四〇四本传以为,章颖乃端正之士,颇有风骨,"操履端直,生平风节不为穷达所移。虽仕多偃蹇,而清议与之"②。

黄由:孝宗淳熙十五年(1188)除正字,十六年为秘书郎、著作佐郎。光宗朝担任著作郎、实录院同修撰。宁宗庆元三年三月,以吏部侍郎兼实录院同修撰;四年十一月除权礼部尚书,仍兼实录院同修撰③。据《庆元党禁》,庆元三年十二月,王沇乞置伪学之籍,吏部侍郎黄由以为:"人主不可待天下以党与,不必置籍以示不广。"结果,殿中侍御史张岩论其"阿附权臣,植立党与"④而被罢。

何异:字同叔,抚州崇仁人,绍兴二十四年(1154)张孝祥榜同进士出身,治《书》。庆元四年六月除秘书监,并以秘书监兼实录院检讨官。四年十二月,以权礼部侍郎兼实录院同修撰⑤。据《宋史》卷四〇一本传载,"太庙芝草生,韩侂胄率百官观焉,异谓其色白,虑生兵妖,侂胄不悦","又以刘光祖于异交密,言者遂以异在言路不弹丞相留正及受赵汝愚荐,劾罢之"。何异名列党籍,也是不顺应韩侂胄心意、不跟风政治所致,其人"高自标致"⑥。

孙逢吉:字从之,庐陵人,隆兴元年(1163)木待问榜进士出身,治诗赋。绍熙元年(1190)五月除秘书郎,四年九月除秘书少监,庆元元年(1195)正月,以权吏部侍郎兼实录院同修撰⑦。《宋史》卷四〇四本传载,宁宗以为朱熹言多不可用,孙逢吉曰:"熹议祧庙与臣不合,他所言皆正,未见其不可用。"逢吉奏疏有云:"道德崇重,陛下所敬礼

---

① 《庆元党禁》,第 28 页。
② 《宋史》卷四〇四,中华书局 1985 年,第 35 册,第 12228 页。
③ 《南宋馆阁续录》卷九,第 382 页。
④ 《庆元党禁》,第 33 页。
⑤ 《南宋馆阁续录》卷七第 245、392 页,卷九第 382 页。
⑥ 《宋史》卷四〇一,第 35 册,第 12166—12167 页。
⑦ 《南宋馆阁续录》卷七第 250 页,卷八第 293 页,卷九第 381 页。

者无若朱熹;志节端亮,陛下所委信者无若彭龟年。熹既以论佗胄去,龟年复以论佗胄绌,臣恐贤者皆无固志,陛下所用皆庸鄙恹薄之徒,何以立国?"①指出朱熹所言正道、彭龟年品节端正,宁宗所用皆奸邪浮薄之人,因而无法立国。此言既触怒宁宗,又见恶于韩佗胄。

陈岘:绍熙五年闰十月除秘书省正字,庆元二年正月为校书郎,三年三月为秘书郎,四月罢。庆元元年十二月,以正字兼实录院检讨官,后为校书郎、秘书郎时并兼此职②。据真德秀《显谟阁待制致仕赠宣奉大夫陈公墓志铭》载,陈岘召试学士院,对策言:"帝王号令,不可轻出,倘不经三省施行,从中径下,外示独断,内启幸门,祸患将伏于中而不自知。"对韩佗胄假御笔以窃朝政有所论及。除秘书省正字,进对言曰:"陛下降诏求言,三时于兹,未闻以忠说被劝赏,顾有获罪而编窜者,中外骇愕,以言为讳,将恐上下相蒙,非国之福。"③陈岘忠正直言,后被指为故相赵汝愚党而黜知全州。

李垍:字季允,眉州丹棱人,绍熙元年余复榜进士出身。庆元三年九月除正字,四年十月为校书郎,五年四月罢。嘉定六年(1213)五月除秘书少监,十月为起居舍人④。《宋元学案·岳麓诸儒学案》载:"先生父子兄弟以文章著,眉人比之三苏……然先生立朝,始终一节,不肯诡随,所以终不登二府者,有得于伊洛之正传,而其所至,皆有吏声,要属有用之才,固不徒以文章,亦非迂谈道学者比也。"⑤对其评价很高,可谓一门三英,有"眉山三苏"之比。特别是道德高标始终如一,得二程正传,又非空谈道学者可比。

这些馆阁文人政治上同情支持赵汝愚,反对置党籍,秉持正道,

忠直敢言,明辨是非,推崇道学,品节自高,因而被列入伪党名单。这也从一个侧面反映了部分馆阁文人不与世沉浮,不慕权势的独立品格。

二、攻击"伪学"的馆阁文人

京镗:字仲远,隆兴人,绍兴二十七年(1157)王十朋榜进士出身,治《书》。庆元元年(1195)正月以参知政事兼权监修国史,三月以参知政事兼权提举实录院,二年二月以右丞相兼提举实录院和提举编修国朝会要,六年三月以左丞相兼监修国史①。《庆元党禁》载,京镗自宁宗登极,与韩侂胄深交,遂为执政②。

何澹:嘉泰元年(1201)正月,以知枢密院事兼参知政事兼权监修国史③。《宋史》卷三九四本传载,宁宗即位,朱熹、彭龟年以论韩侂胄俱黜,何澹外任还朝为御史中丞,埋怨赵汝愚不援引自己,又诋毁其废坏孝宗良法美意,继而汝愚落职罢祠。何澹又言:"专门之学,流而为伪。愿风厉学者,专师孔、孟,不得自相标榜。"除同知枢密院事、参知政事,迁知枢密院。后因吴曦贿通时宰,规图帅蜀,未及贿赂何澹,而韩侂胄许之,何澹坚持不可,触怒韩氏而外任,韩曰:"始以君肯相就,黜伪学,汲引至此,今顾立异耶?"④言下之意,何澹的升迁是因韩侂胄看到何氏相助自己废黜伪学,为己所用。但何氏位极人臣后却忘乎所以,令其不满。

刘德秀:字仲洪,隆兴府丰城人,隆兴元年(1163)木待问榜进士出身,治诗赋。庆元四年(1198)正月以兵部尚书兼实录院修撰,九月

---

① 《南宋馆阁续录》卷七,第 232、238、241 页。
② 《庆元党禁》,第 35 页。
③ 《南宋馆阁续录》卷七,第 232 页。
④ 《宋史》卷三九四,第 34 册,第 12026 页。

为吏部尚书,仍兼实录院修撰①。

　　胡纮:庆元三年八月以工部侍郎兼实录院同修撰,四年正月为礼部侍郎,十一月为吏部侍郎,并兼实录院同修撰②。《庆元党禁》载,胡纮绍熙五年(1194)冬为进奏院官时不为人所知,后有人荐于韩侂胄可备鹰犬之用。庆元元年六月,胡纮迁司农寺簿,九月除秘书郎,十一月除监察御史,可谓神速。赵汝愚被贬零陵,所用即为胡纮章疏。韩侂胄欲排斥朱熹,无人敢为先,胡纮"锐然任责,物色无所得,经年酝酿章疏乃成"③。《宋史》卷三九四本传载,胡纮绍熙五年以京镗荐举监都进奏院,迁司农寺主簿,秘书郎。未显达时,曾拜谒朱熹于建安,朱熹待之如寻常学子之礼,胡纮不悦,以为不近人情。后弹劾赵汝愚,且诋毁其引用朱熹,为伪学罪首,可见胡纮器量狭窄,睚眦必报。

　　张釜:字君量,镇江金坛人,淳熙五年(1178)姚颖榜同进士出身,治诗赋。庆元五年八月以兵部尚书兼实录院同修撰,六年五月以礼部尚书升兼实录院修撰④。据宋人刘时举《续宋中兴编年资治通鉴》卷一二载,张氏曾在庆元二年(1196)六月,"请申禁伪学"⑤。五年二月,张氏以谏议大夫弹劾刘光祖佐逆不成、蓄愤怀奸、欺世罔上等五项罪名。后诏光祖落职,房州居住。《宋史纪事本末》卷二二载,庆元五年正月,夺前起居舍人彭龟年等官职,缘于张釜、刘三杰、张严等奏论不已。

　　叶翥:字叔羽,处州人,绍兴二十四年(1154)张孝祥榜进士出身,

---

①《南宋馆阁续录》卷九,第378页。
②《南宋馆阁续录》卷九,第382页。
③《庆元党禁》,第38页。
④《南宋馆阁续录》卷九,第383、378页。
⑤《续宋中兴编年资治通鉴》卷一二,第269页。

治诗赋,庆元元年七月以吏部尚书兼实录院修撰①。刘时举《续宋中兴编年资治通鉴》卷一一载,庆元二年二月,知贡举叶翥、倪思、刘德秀奏论文弊:"上言伪学之魁,以匹夫窃人主之柄,鼓动天下,故文风未能丕变。乞将语录之类,尽行除毁。是科取士,稍涉义理,悉见黜落。六经、《语》、《孟》、《中庸》、《大学》之书,为世大禁矣。"②三年四月,何澹参知政事,叶翥签书枢密院事。

许及之:字深甫,永嘉人,隆兴元年(1163)木待问榜进士及第,治《礼记》。嘉泰三年(1203)二月,以参知政事兼权监修国史③。据《宋史》卷三九四本传,宁宗即位,许氏除吏部尚书,兼给事中。许及之谄事韩侂胄,无所不能。韩氏北伐,欲令其镇守金陵,许氏辞而不往。韩氏被诛,雷孝友论奏许氏实乃赞同韩氏开边,后要诡计免守金陵,因而许氏被降两官,泉州居住。

张岩:庆元五年九月以起居舍人兼实录院检讨官,六年六月以权吏部侍郎兼实录院同修撰,十月为给事中,仍兼实录院同修撰。开禧元年(1205)四月,以参知政事兼权监修国史④。《宋史》卷三九六本传载,岩为人机警,柔回善谐,与张釜、陈自强、刘三杰等阿附时相韩侂胄,严道学之禁。

傅伯寿:庆元二年(1196)正月以翰林学士兼实录院修撰,三年二月为吏部尚书,仍兼实录院修撰⑤。伯寿奴事韩侂胄、隶人苏师旦,致身显贵。

高文虎:庆元三年三月以中书舍人兼实录院同修撰,四年十月为

---

① 《南宋馆阁续录》卷九,第 378 页。
② 《续宋中兴编年资治通鉴》卷一二,第 269 页。
③ 《南宋馆阁续录》卷七,第 232 页。
④ 《南宋馆阁续录》卷九第 392、383 页,卷七第 232 页。
⑤ 《南宋馆阁续录》卷九,第 378 页。据第 410 页校记四十,"吏部尚书"当作"礼部尚书"。

兵部侍郎,仍兼实录院同修撰,五年八月以翰林学士兼实录院修撰①。《宋史》卷三九四载,宁宗朝迁国子司业兼学士院权直,迁祭酒、中书舍人,兼直学士院兼祭酒,升实录院同修撰,同修国史。韩侂胄用事,驱逐赵汝愚、朱熹,又设伪学之目以摈除名士,命高文虎草诏,"文虎以博治自负,与胡纮合党,共攻道学,久司学校,专困遏天下士,凡言性命道德者皆绌焉"②。

张伯垓:字德象,嘉兴府华亭人,绍兴三十年(1160)梁克家榜同进士出身,治《书》兼诗赋。庆元五年五月以国子祭酒兼实录院检讨官,同年十二月以中书舍人兼实录院同修撰③。据《庆元党禁》,中书舍人汪义端援引唐代李林甫故事,以伪学之党皆名士,欲斩草除根,一时号为君子者无不斥逐。庆元二年六月二十六日,宁宗御笔:"今后给舍台谏不必更及旧事,务在平正,以称朕意。"侂胄及其党皆怒,遂令台谏争之,于是右谏议大夫刘德秀,监察御史姚愈、张伯垓力争,以为不可,乃改为"不必专及旧事"④,宁宗显然对韩氏党羽是有所顾忌和平衡的。

沈继祖:字述之,兴国军永兴人,乾道五年(1169)郑侨榜进士出身,治《诗》。庆元二年(1196)十一月除校书郎,十二月为监察御史⑤。《续宋中兴编年资治通鉴》卷一二载,庆元二年十一月,监察御史沈继祖论奏朱熹学无创新、品行不端、混淆视听、不忠不孝,"剽窃张载、程颐之余论,以吃菜事魔之妖术,以簧鼓后进,张浮驾诞,私立品题,收召四方无行义之徒,以益其党伍,相与餐粗食淡,衣衰带博,

---

或会徒于广信鹅湖之寺,或呈身于长沙敬简之堂。潜形匿迹,如鬼如魅。及不忠、不孝、不仁、不义、不公、不廉等"①,乞褫职罢祠。诏朱熹落秘阁修撰,罢宫观,窜其徒蔡元定于道州。

张贵谟:字子智,处州遂昌人,乾道五年(1169)郑侨榜进士出身,治《诗》。庆元三年七月以左司郎中兼实录院检讨官,八月为起居郎,仍兼实录院检讨官②。《庆元党禁》载,庆元元年七月,张贵谟论《太极图》说之非,同时何澹请禁伪学,张氏此举无疑是支持了何澹。

邓友龙:字伯允,衡州衡阳人,乾道八年黄定榜进士出身,治《周礼》。嘉泰二年(1202)闰十二月,以起居舍人兼国史院编修官、实录院检讨官。四年七月除秘书监,开禧元年(1205)三月为侍御史③。

以上诸人,京镗、何澹以宰辅执政监修国史、提举实录院和提举编修国朝会要,与韩侂胄深交。他们与刘德秀、胡纮严禁道学,形成领导集团,《庆元党禁》道:"京镗、何澹、刘德秀、胡纮四人,实专伪学之禁,为侂胄斥逐异己者,群小附之,牢不可破。"④同时叶翥、沈继祖、刘德秀利用知贡举,奏论文弊之机为韩侂胄清除异类,吕中以为这些人扮演了鹰犬角色,"今侂胄擅命,其所恶者非道学之名儒乎?而李沐、沈继祖辈之所弹劾,一则曰伪学,二则曰伪党,是亦侂胄之鹰犬耳"⑤。

这些党羽巧立名目,清算异类,罗织罪名,上纲上线,中间个别人虽有反复,亦属利益集团分配不均时的矛盾表现,或者说是自保的权宜之计。他们诬陷驱逐贤士,申严道学之禁,致使朝堂之上名士一空,朱熹、蔡元定等大儒贤士零落,赵汝愚等忠谠之人受辱而死,对宁宗时期的馆阁文化、文学造成了相当的影响,经学、道学的发展受到

---

① 《续宋中兴编年资治通鉴》卷一二,第270页。
② 《南宋馆阁续录》卷九,第392页。
③ 《南宋馆阁续录》卷九第368、393页,卷七第246页。
④ 《庆元党禁》,第37页。
⑤ 《续宋中兴编年资治通鉴》卷一二,第271页。

极大的限制和重挫。处于韩侂胄利益集团中心的馆阁文人热衷权势,阿谀逢迎,如许及之,《宋史》卷三九四本传载,韩侂胄生日,朝行上寿毕集,许氏晚到,结果阍人掩关拒纳,他俯偻以入。为尚书二年不迁,见韩氏则痛哭流涕,诉说自己衰迟之状,不觉膝屈,侂胄恻然而怜之,后许氏得偿所愿同知枢密院事,当时有"由窦尚书、屈膝执政"①之语,文人士夫传以为笑。傅伯寿,《齐东野语》卷一三曰:"为浙西宪,韩侂胄用事,伯寿首以启赞之曰:'澄清方效于范滂,跋扈遽逢于梁冀。人无耻矣,咸依右相之山;我则异欤,独仰韩公之斗。首明趋向,愿出熔陶。'由是擢用至佥书枢密院事。韩败,追三官,夺执政恩。"②傅伯寿以东汉名士范滂之澄清来吹捧韩侂胄,以专权乱政的权臣宦官梁冀类比曾为右相的赵汝愚,并将依附赵汝愚者目为无耻之徒,赤裸裸地表达了自己对韩氏的依附之意。何澹,《宋史》本传载,居外常怏怏不快,以书祈请侂胄,有曰:"迹虽东冶,心在南园。"以侂胄家圃之"南园"指代侂胄。侂胄怜之,进何氏观文殿学士,移知隆兴府,后除江淮制置大使兼知建康府。"阿附权奸,斥逐善类,主伪党之禁"的何澹,因早退而幸免"其后更化,凶党俱逐"③的命运。

　　庆元时期被指为伪学之党的馆阁文人6人,攻击伪学的14人所兼馆阁职名较高,而且手握实权。庆元党禁虽然本质上还是一场政治斗争,可理学家《语录》的禁毁,《论语》《孟子》等经书被禁的命运,又说明政治斗争的表现形式之一是在文学、学术上也要做一清算。因为理学家和其追随者,"不甘心于一般的学术研究",他们希望扩大理学势力,实现"从垄断学术思想进而到控制朝政"④的共同目标。

---

① 《宋史》卷三九四,第 34 册,第 12042 页。
② 周密《齐东野语》卷一三,张茂鹏点校,中华书局 1983 年,第 240 页。
③ 《宋史》卷三九四,第 34 册,第 12026 页。
④ 何忠礼《南宋政治史》,第 272 页。

自然,其反对者也要限制打压他们赖以成名的学术文学、他们所传习的儒家经典,以及其学术思想得以传承发扬的那些追随者,以便彻底清除其影响。庆元党禁,本心出于权力政治的需要,但其危害确实延及学术,导致"宋代儒家的政治文化至此也耗尽了它的全部活力"①。

三、党禁之后的韩侂胄与馆阁文人

嘉泰二年(1202)二月,韩侂胄建议宁宗开伪学之禁,韩氏既有道学势力在朝中已不成气候的绝对自信,又有反道学的骨干力量相继离朝的窘迫现实,同时还有统一人心、消除怨怒、为抗金做准备的政治需要。之后,韩侂胄对馆阁文人的选用也做出了一些调整。

名列"伪党"名单的薛叔似,因力主抗金被韩侂胄提拔,嘉泰四年(1204)八月以兵部侍郎兼实录院同修撰,同修国史,开禧元年(1205)二月为吏部侍郎,仍兼二项馆阁职名②。陈岘,名列"伪党",庆元三年(1197)三月为秘书郎,四月罢。后又得到提拔,嘉泰三年六月以礼部员外郎兼国史院编修官,十二月为秘书少监。开禧元年(1205)四月为秘书监,兼国史院编修官③。赋闲在家的爱国诗人陆游亦被招入馆阁,嘉泰二年(1202)五月以直华文阁提举佑神观权实录院同修撰,权同修国史。同年十一月,除秘书监④。袁说友,嘉泰元年十一月以吏部尚书兼实录院修撰,二年六月以吏部尚书兼修国史⑤。这些馆阁文人依靠自己的真才实学,得到韩侂胄的提拔。韩氏的做派与秦桧相比,还是有一些区别,"在韩侂胄掌权 14 年间,依

---

① 余英时《朱熹的历史世界:宋代士大夫政治文化的研究》,生活·读书·新知三联书店 2011 年,第 685 页。

② 《南宋馆阁续录》卷九第 384 页,卷七第 361 页。

③ 《南宋馆阁续录》卷九第 368 页,卷七第 250 页。

④ 《南宋馆阁续录》卷九第 383、360 页,卷七第 245 页。

⑤ 《南宋馆阁续录》卷九,第 378、357 页。

靠媚事于他而获得升迁的只有陈自强、苏师旦、周筠等数人,其他如京镗、何澹、丘崈、辛弃疾、叶适、陆游等人,或因才干,或因抗金立场相同而受到重用,与'亲信'和'媚事'根本无关。相反,韩侂胄对于失职或有污行的亲信,并不姑息、包庇"①。

第四节 党争中馆阁文人的
政治立场与文学表现

无论赵鼎、张浚争斗,还是秦桧独相,赵汝愚、韩侂胄弄权,其间馆阁文人的政治选择可谓参差不齐,文学表现也是大相径庭。既有随波逐流、溜须拍马者,又有清介自持、特立独行者,还有首鼠两端、左右逢迎者。同时以一己之私心,歪曲事实、混淆视听者不乏其人。

一、党争中馆阁文人的政治选择

其一,趋炎附势,左右逢源。

任申先,绍兴五年(1135)五月除秘书少监,七月为起居舍人。五年七月以起居舍人兼直史馆,十月以中书舍人兼史馆修撰②。据《中兴小纪》卷二〇载,任申先初为赵鼎门客,后独助张浚,给事中吕祉谓人曰:"申先奸邪,第知附右相,不悟人之嗤己。"③任申先的行为值得商榷,当然时人对吕祉的评论也颇有微词,以为他依附张浚更甚。熊彦诗,王明清《挥麈录·后录》卷一一载,绍兴初入馆,秦桧秉政,指为赵鼎之客,闲废摈弃达十年之久。秦桧除太师,彦诗以启贺之,有曰:

---

① 何忠礼《试论南宋的社会政治生态及其成因》,《国际社会科学杂志》2016 年第 3 期。

② 《南宋馆阁录》卷七第 83 页,卷八第 128、127 页。

③ 《中兴小纪》卷二〇,绍兴六年正月己丑,第 240 页。

"大风动地,不移存赵之心;白刃在前,独奋安刘之略。"①吹捧秦桧赤胆忠心、正义凛然的品格,易危为安、运筹帷幄的才能。秦氏大喜,起用熊彦诗知永州。

其二,歪曲事实,罗织罪名。

北宋《神宗实录》曾二次修纂,第一次是元祐年间由范祖禹等保守派官员修撰,第二次是绍圣年间由曾布等变法派编修,前者完全否定王安石及其变法,而后者全盘肯定王氏及其变法。《哲宗实录》经蔡京、蔡卞之手,议论也多有不公。

绍兴四年五月,因朝臣奏请重修神宗、哲宗两朝实录,高宗谕朱胜非等曰:"神宗、哲宗两朝史录,事多失实,非所以传信后世,当重别刊定。"②范祖禹之子范冲为直史馆领修撰事,并没有秉持公心,"惟是直书安石之罪,则神宗成功盛德,焕然明白"③。《宋史纪事本末》卷八二载,韩侂胄欲驱逐赵汝愚,很难找到一个借口,京镗献策道:"彼宗姓也,诬以谋危社稷,则一网打尽矣。"侂胄以之为然,物色了"尝有怨于汝愚"的秘书监李沐,将其引至台谏位置,论奏赵汝愚以同姓宗氏而居相位,不利于国家社稷,乞罢其政,"以奠安天位,杜塞奸源"④。结果,庆元元年(1195)二月戊寅,赵汝愚罢右相,出浙江亭待罪,以观文殿大学士出知福州。

馆阁文人参预谋害权臣韩侂胄,值得一提。王居安,开禧三年(1207)六月除秘书丞,七月为著作郎⑤。李壁,嘉泰三年(1203)十月除秘书少监,四年正月以宗正少卿权实录院同修撰,至开禧二年

① 王明清《挥麈录》,上海书店出版社 2021 年,第 170 页。
② 《建炎以来系年要录》卷七六,绍兴四年五月癸丑,第 4 册,第 1440 页。
③ 《建炎以来系年要录》卷七九,绍兴四年八月戊寅,第 4 册,第 1487 页。
④ 陈邦瞻编《宋史纪事本末》卷八二,中华书局 1977 年,第 915 页。
⑤ 《南宋馆阁续录》卷七,第 262 页。

（1206）五月为权礼部尚书，并兼实录院同修撰，同修国史①。王居安、李壁与史弥远、礼部尚书卫泾、前右司郎官张镃预谋了开禧三年十一月杀害韩侂胄事件。韩氏因为"庆元党禁"，对道学家朱熹等人进行迫害，其遇害后受到史家的极度丑化。韩氏力主抗金，最后被杀，馆阁文人参预其间，其政治人格还是值得深思。

其三，秉持公心，清介自守。

馆阁文人游移依偎于两个利益集团之间，见风使舵者有之，不为利益所诱、清介自守者也不乏，如喻樗。据《宋史》卷四三三本传载，喻氏在入馆阁前，"往来鼎、浚间，多所裨益"，后由赵鼎举荐除授秘书省正字兼史馆校勘。喻樗与张九成皆言和议非便，忤逆秦桧被劾外任。秦桧死，复起为大宗正丞转工部员外郎。元人王仁辅《无锡县志》卷三评其人曰："当绍兴之间，力主正论，为时师表，天下称之。"②张九成，因赵鼎荐为太常博士，绍兴五年（1135）六月入馆。赵鼎罢相后，秦桧曾有意拉拢，"秦桧谓九成曰：'且同桧成此事，如何？'九成曰：'事宜所可，九成胡为异议？特不可轻易以苟安耳。'他日，与吕本中同见桧，桧曰：'大抵立朝须优游委曲，乃能有济。'九成曰：'未有枉己而能正人。'桧为之变色"。秦桧希望张九成助其成事，九成提出坚持备战，不能苟且偷安。秦桧提醒他立朝想要从容悠闲，就要懂得屈身折节，相机而动。九成主张，从来没有己身不正却要去纠正他人的行为不端，自然是道不同不相为谋。而且九成对外界议其为赵鼎之党做了合理解释，纯属佩服赵鼎之议论才能，表达了与正人君子结为同党的自豪与锐气，"外议以臣为赵鼎之党，虽臣亦疑之……臣每

---

① 《南宋馆阁续录》卷七第 250 页，卷九第 384、361 页。
② 赵永良、蔡增基主编《无锡历史文献丛书》第 1 辑，上海交通大学出版社 2014年，第 64 页。

造鼎，见其议论无滞，不觉坐久，则人言臣为鼎党，无足怪也"①。樊光远，绍兴二十六年（1156）正月，"己酉，左奉议郎樊光远为秘书丞"，"光远以论事忤秦桧，去国十六年"②。又如赵逵，宋人岳珂《桯史》卷三载录，赵逵为校书郎时秦桧虽老，仍滥用手中职权罢黜打压贤士君子以立其威严，士大夫只能敛收气息，悲伤而已，"怙权杀天下善类以立威，搢绅胁息"。秦桧喜欢赵逵，打算收为己用，派吏人捧黄金以助其资费，赵逵虽贫但力辞不受，馆阁同舍规劝赵氏不要忤逆秦桧，赵氏正色答曰："士有一介不取，予独何人哉！君谓冰山足恃乎！"坚守君子爱财取之有道，而且确信秦桧是冰山，不足以依赖。后秦桧得知不附己，大怒曰："我杀赵逵，如狝狐兔耳，何物小子，乃敢尔耶。"秦桧授意临安府曹泳罗致其隶辈，提前奏本于高宗曰："近三馆士不检，颇多与宫邸通，臣将廉之，其酝祸不浅矣。"后十月秦桧病重而罢。赵逵得到高宗"不附权贵，真天子门生"③的赞许。赵逵，据《南宋馆阁录》卷八，绍兴二十五年二月除校书郎，十二月为著作佐郎④。

二、党争中馆阁文人的文学表现

沈松勤《南宋文人与党争》书中提到："'崇宁党禁'将北宋朋党之争推向了意气化的顶峰，也是北宋党争史上党同伐异、迫害政敌最为残酷的一页，由此带来的诡谲之风表现得最为突出。在南渡以后的'绍兴党禁'、'庆元党禁'等时期，这一士风得到了进一步的延伸和发展。"⑤士风和文学创作密切相关，可谓双向互动。

---

① 《建炎以来系年要录》卷一二三，绍兴八年十一月丙戌，第 5 册，第 2287 页。
② 《建炎以来系年要录》卷一七一，第 7 册，第 3254 页。
③ 岳珂《桯史》，吴企明点校，中华书局 1981 年，第 32—33 页。
④ 《南宋馆阁录》卷八，第 113 页。
⑤ 沈松勤《南宋文人与党争》，第 426 页。

　　"绍兴党禁"的十余年间,粉饰和议、赞颂秦桧、美化高宗的谀文谀词不计其数,数量之多、作者之众令人感喟。王曾瑜评论道:"高宗和秦桧以严刑和峻罚摧残正论,又以赏官和赠禄招徕文丐,成为绍兴黑暗政治相辅相成的两大特色。"另外他指出,即便是一些有血性的士大夫也加入歌功颂德的行列,留下"违心之笔",成为"个人历史上的污点"①。

　　作者不详《御书阁额》其一曰:"杰阁侵霄汉,宸章焕壁奎。内廷颁宾宴,中使揭璇题。信誓山河固,恩宠雨露低。寒儒倚天禄,日断五云西。"其二曰:"功掩萧何第,名越崔氏堂。孤忠扶社稷,一德契穹苍。金碧飞翚外,鸾虹结绮旁。落成纷燕贺,弱羽得高翔。"②据《建炎以来系年要录》卷一五四所载,绍兴十五年(1145)十月乙亥,"上书秦桧赐第书阁曰'一德格天之阁',遣中使就第锡宴"③。此诗创作于此时。邓广铭先生考订为秦桧党羽献媚秦氏而作,作者必是秘书省馆阁校勘之类的职务④。又题为黄公度作⑤,不知所据为何。据《南宋馆阁录》卷八载,公度字师宪,莆田人,进士及第,治诗赋,绍兴十五年正月除秘书省正字,十一月罢⑥。被罢正字之因,《建炎以来系年要录》卷一五四十一月己酉载:"侍御史汪勃言:'李文会居言路日,公度辄寄书喻之,俾其立异,且谓不从则当著野史讥讪。其意盖欲为赵鼎游说,阴怀向背,岂不可骇! 伏望特赐处分。'故公度遂

① 王曾瑜《宋高宗》,吉林文史出版社1996年,第205页。

② 《全宋诗》卷二五八一,第48册,第30016页。

③ 《建炎以来系年要录》卷一五四,第6册,第2912页。

④ 《邓广铭全集》第8卷《辛稼轩集中误收秦桧诗》,河北教育出版社2005年,第611—612页。

⑤ 《全宋诗》第36册,第22489页。

⑥ 《南宋馆阁录》卷八,第121页。一见《建炎以来系年要录》卷一五三,绍兴十五年正月乙卯,第6册,第2888页。

罢。"①《直斋书录解题》卷二一载，黄公度"坐与赵忠简往来，得罪秦桧，流落岭表。更化召对为郎，未几死，年才四十八"②。据绍兴十五年十月高宗赐秦桧"一德格天"，而十五年十一月黄公度因交通赵鼎得罪秦桧被罢正字，可知黄公度赋诗的可能性不太大。还是邓广铭先生所言极是，乃其他馆阁文人所作。就此诗而言，其一，赞叹秦氏楼阁高耸入云，帝王赐书辉映壁宿奎宿。和议的签订使山河稳固，恩宠使雨露均沾，抒发寒士依赖馆阁平台希望得到援引的迫切心情。其二，吹捧秦桧的功劳足以掩盖汉代名相萧何，名声超越唐武宗、宣宗时的宰相崔铉。赞颂秦氏忠心耿耿、匡扶社稷，以弱小的鸟儿比拟自己，希望也有机会展翅翱翔，字里行间流露着曲意逢迎和卑微诏媚。

孙仲鳌，绍兴十七年六月除秘书省正字，十九年六月为校书郎③。《能改斋漫录》卷一一载，缙绅献诗以贺高宗赐秦桧"一德格天"之阁牌，众多贺诗中唯孙仲鳌一联为秦所赏，云："名向阿衡篇里得，书从复古殿中来。"④孙氏升迁估计与诗歌为秦桧所钟爱有关。

周紫芝，绍兴十二年（1142）释褐在朝为官，至绍兴二十一年外任兴国军，期间曾入馆阁供职。周紫芝《实录院种木记》云："某绍兴丁卯（1147）秋七月，为详定一司敕令所删定官。后两月，会实录院修撰罢去，院且无官，朝廷不以某不肖，俾摄检讨官事。"⑤可知绍兴十七年，周氏为实录院检讨官。周紫芝《太一宫成奏告礼毕秦枢密有诗示秘阁，次韵一首三绝》其一曰："圣主均休锡庶民，亲祠遥望属车尘。

①《建炎以来系年要录》卷一五四，第 6 册，第 2917 页。
②《直斋书录解题》卷二一，第 625 页。
③《南宋馆阁录》卷八，第 121 页。
④ 吴曾《能改斋漫录》，上海古籍出版社 1979 年，第 338 页。
⑤《全宋文》卷三五二九，第 162 册，第 2867 页。

云旗欲下精诚格,绛阙初成制作新。肃肃衣冠严祀事,雝雝箫鼓降明神。椒浆一酹能多少,散作人间万国春。"①赞扬高宗亲祠的虔诚笃敬、场面的庄严盛大,表达了雨露遍及的感恩与赞美。周紫芝为秦桧所作诗歌数量颇多,多为祝寿一类,如《时宰生日乐章七首》《时宰生日诗三十绝》《秦观文生日诗三十韵》《时宰生日诗五首》等。《时宰生日诗三十绝》之《序》曰:"某尝谓人臣而位极宰辅,固亦足矣。然而苟无功德足以惠利,而流传后世,则虽位尊禄重,足以超冠百僚,使人歆艳,以为一时之荣可也。至其道德之不闻,功烈之不著,往往为人轻鄙姗笑,无所不至……今公以道德为天子之宰,以儒术为一世之宗,以尧舜不战之兵而定乱,以成康礼乐之治而化民,神功妙用,超冠今昔,书契以来,所未前闻也……疑若出于神授天与,非人所可得而窥测者矣……皆愿作为歌诗,以祈吾太师相公无穷之寿,以为社稷生灵酬报功德之万一也。"②恭维秦桧所建立之卓然大功前无古人,后无来者,道德之高尚,儒术之精深,定乱化民,运筹帷幄之游刃有余,神功妙算超逸绝伦。陈述自己作诗的目的,其一祝福秦桧太师长寿绵绵,其二以此酬谢秦桧对社稷生灵的重大贡献。其诗一〇云:"天禄初成幸翠华,隆儒恩意日尤加。只应东壁图书府,便是瀛洲学士家。"其一四曰:"御墨亲书六字牌,阁名新赐属元台。内前夹道炉烟里,争看翔鸾舞凤来。"③所引第一首称赏天子和秦桧光临秘书新省,对文馆学士厚爱有加,使其产生归家的温馨感和依恋感。后一首,以高宗赏赐秦桧"一德格天之阁"的恩荣说起,又以炉烟里出现的翔鸾舞凤作结,来神化秦桧之才德能力的强大感召。

---

① 周紫芝《太仓稊米集》卷二八,《宋集珍本丛刊》第 35 册,线装书局 2004 年,第 128—129 页。
② 周紫芝《太仓稊米集》卷二九,《宋集珍本丛刊》第 35 册,第 136—137 页。
③ 周紫芝《太仓稊米集》卷二九,《宋集珍本丛刊》第 35 册,第 138 页。

周紫芝《绍兴十九年秋九月丙戌,皇帝以太师益国公像御制赞文称载勋德,命秘书省珍藏。小臣备数史馆,获预荣观,再拜稽首,赋诗二十韵上进》曰:"真人乘六龙,垂拱御八极。日月一照临,乾坤尽开辟。向来草昧初,庙议资玉食。当时无远谋,从事日锋镝。维师有尚父,端拜奏奇策。投戈休五兵,执玉朝万国。展宷礼太□(阙一字),勒功归帝籍。异报旌殊猷,圣意益烜赫。御府传丹青,金匮秘东壁。天语粹尧谟,宸奎明宝墨。想当缄锦囊,喜色动咫尺。伊谁蒙此恩,从古所未识。在昔闻商宗,良弼梦天锡。惟肖得形似,审象劳刻画。凌烟与云台,辅佐亦努力。辛勤入图画,文字纪功德。何为得斯名,往往尽兵革。安能不战胜,有此旷世迹。谁持云汉章,雕镌付金石。千秋事明主,万世垂典册。"①周紫芝在史馆任职期间,获观秦桧画像以及高宗御制赞文有感赋诗,将秦桧类比为驾驭六龙、守御八方的真人,将其屈辱的和议之策评价为奇谋出世,使兵戈休止,万国朝贺。而且赞扬秦氏功成不居功,归之于天子,天子更是心领神会,大加褒扬,为之画像藏于馆阁。将秦桧与高宗的合谋,美化为君臣的相知相遇、明主和贤相的相辅相成。

歌功颂德的作品层出不穷,既有馆阁文人,也有未入馆的普通文人,还有高级文职,在朝在野数不胜数。如绍兴十二年(1142),皇太后韦氏被放还,"时献赋颂者千余人,而文理可采者仅四百人"②。又如秦桧生日成为标榜某种政治目的的特殊节日,献诗者不可胜计,周紫芝《时宰生日乐府四首》之《序》云:"岁十有二月二十有五日,太师魏国公之寿日也。凡缙绅大夫之在有位者,莫不相与作为歌诗,以纪盛德而归成功。篇什之富,烂然如云,至于汗牛充栋,不可纪极。所

---

① 《全宋诗》卷一五三五,第26册,第17349页。
② 《建炎以来系年要录》卷一四七,绍兴十二年十一月己亥,第6册,第2781—2782页。

以祈赞寿龄,无所不至,猗欤盛哉,昔未有也。"①诸多作品的主题,都是对秦桧与高宗"共图中兴之事"的大力称颂、对秦桧才德的过度谄谀。馆阁文人张嵲离馆任他职后于绍兴十八年(1148)进献《绍兴中兴上复古诗》、张孝祥入馆之前绍兴二十四年的策论、周紫芝任职馆阁前后数量颇多的祝寿诗等等,均为此类。

韩侂胄专权的十四年间呼风唤雨,文人士夫在高压之下曲意逢迎、谄媚拍马,《庆元党禁》记载如下:

> 侂胄用事十四年,威行宫省,权震天下。初以预闻内禅为己功,窃取大权,中则大行窜逐,以张其势。始则朝廷施设,悉令禀命,后则托以台谏大臣之荐,尽取军国之权,决之于己。褒引奸邪,分布要路,陵悖圣传,以正学为伪学,横诬元老,以大忠为大逆。私意流行,凶焰日炽。交通赂遗,奔走四方……亵渎名分,一至于此。势焰熏灼,视公卿如奴仆,宰相以下匍匐趋走。一则"恩王"二则"恩主",甚者尊之以圣,呼以"我王"。除太师麻制,有"圣之清"、"圣之和"等语;除平章麻词,有"超群伦"、"洞圣域"等语。高文虎之子似孙为秘书郎,因其诞日献诗九章,每章用一"锡"字,侂胄当之不辞。辛弃疾因寿词赞其用兵,则用司马昭假黄钺异姓真王故事,由是人疑其有异图。自知积失人心,中外皆怨,乃为始祸之计,蓄无君之心,谋动干戈,图危宗社。②

韩侂胄威震朝野、势焰熏天,文人士夫趋之若鹜,极力吹嘘,从"恩王""恩主""我王"的称谓明显可以看出,"超群伦""洞圣域"更是极致吹嘘。馆阁文人高似孙的韩氏生辰献诗,九章用"锡"寓九锡之意,是

①　周紫芝《太仓稊米集》卷二五,《宋集珍本丛刊》第35册,第105页。
②　不题撰人《庆元党禁》,第44—45页。

中国古代皇帝赐给诸侯、大臣有殊勋者的九种礼器,乃最高礼遇标识。一个是刻意著辞,一个则是心安理得地承受。即便是以恢复中原为平生志向的辛弃疾也未能免俗,以寿词力赞韩侂胄用兵。

贾似道专权时期亦如此,姚勉,景定元年(1260)正月除秘书省正字,六月除校书郎①。馆阁任职期间,于景定元年五月十六日上《贺丞相贾秋壑启》:

> 帝舜班师,乃干羽舞;周公入相,以衮衣归。福被生灵,功在社稷。天开巨宋,代有元勋。寇莱公澶渊之功,成章圣太平之治;张忠献江上之捷,定光尧再造之基。虽措国于泰山磐石之中,尚挫敌于长江大河之外。未有坐缚逾樊之虎,尽驱入室之螭。前无古人,有若今日。恭惟大丞相枢使国公先生经文纬武之略,出将入相之才,身佩安危,力侔造化。三代而下称王佐,独有孔明;四夷之长问公年,一如裴度。斡回世运,康济时艰。断鳌既奠于西维,饮马谁开于南牧。方叔莅止,伐玁狁而蛮荆威;召虎来宣,营江汉而王国定。天下拜更生之赐,上心宽孔疚之忧。日月重明,乾坤再立。王于出征,我是用急(四库本作"我用是急")。遄奏肤公,皇曰来归。汝遂相予,载咨壹德。盖既有拨乱兴衰之烈,又当为深根固本之思。立少师曰三孤,职大(四库本作"太")宰建六典。深识朝廷之大体,首清机务于中书。典故问东府,文学问西厅,自当大事;刑狱责廷尉,钱谷责内史,惟镇外夷。商出于市,旅出于涂,贤和于朝,物和于野。民歌快活之条贯,士夸公大之规模。庶政惟和,万邦作乂。然而爱山甫而莫助,图伊尹之有终。因景德之胜,而天书以孤注之论起;转绍兴之战,而和议由二策之说行。今固万无此难,一有立政。其惟

---

① 《南宋馆阁续录》卷九,第353页。

吉士,必勿用于憸人;绳愆而格非,心在交修于后德。茂建无疆
之闻,益彰不世之勋。成绩纪于太常,则高美矣;令德辞于永世,
惟良显哉。某性本山麋,迹徒天禄。昔作明允《辨奸》之论,非欲
钓名;今赓徂徕《圣德》之诗,又虞涉怪。有怀难嘿,因颂敢规。
聊鸣贺厦之私,非有问钓之想。文正惜师德之竟,宁蹈此风;子
韶为忠简所知,愿观异日。寸丹有蕴,尺素未殚。①

以寇准在澶渊之盟中的卓越表现,成就宋真宗太平之治;张浚江上之
大捷,奠定宋孝宗再造盛世之基,来赞颂贾似道鄂州保卫战的胜利之
于南宋后期朝廷的重大意义,有"再造宋室"之誉。为了盛赞贾氏经
文纬武的策略、出将入相的才华,不惧个人安危、神奇造化之功,将贾
氏与运筹帷幄、决胜千里的孔明相类比,与"出入中外,以身系国之安
危"、四夷敬畏的裴度相提并论,可谓极尽褒扬。但是文末姚勉也强
调,自己性本山林之麋鹿,恬淡幽静,在馆阁亦如之。昔日如同苏洵
《辨奸论》般的奏疏,并非沽名钓誉,如今赓续石介《圣德》诗歌,又担
心矫怪。有情怀难以抒发,故而以颂来表达规劝之意。范仲淹重视
文士节操之砥砺,宁愿躬自践行;张九成为赵鼎所知遇,愿观异日之
风采,都是表明自己并非阿谀逢迎以求获利之辈。即便如此,这篇文
字也使其受到四库馆臣的批评:"观其所上封事奏札以及廷对诸篇,
论时政之谬,辨宰相之奸,皆侃侃不阿。惟二十二卷载《贺丞相贾秋
壑》一启……与其攻丁大全封事若出两手,殊为白璧微瑕。然启末多
进规之语,犹有曲终奏雅之意。固视刘克庄、王柏之谀颂,盖有间
矣。"②侃侃而谈、正直不阿的姚勉攻击丁大全封事和对待贾似道的
双标,令四库馆臣疑虑其人品。不过性质又不同于刘克庄、王柏谀颂

① 《全宋文》第 351 册,第 353—354 页。
② 永瑢等《四库全书总目》卷一六四《雪坡集提要》,中华书局 1965 年,第 1407 页。

过度,仍然呈现出来的是规诫之情,故而是白璧微瑕而已。

秦桧专政对整个南宋士气的影响极大,"南宋政风呈现苟且萎靡之势,已不复有北宋全盛期那种刚直劲挺的锐气"①。加之韩侂胄、贾似道等人的专权,此风更是沿续不歇。表现在文学上,就是主体性的严重缺失。诚如沈松勤所论:"力颂'功德',谄谀成习",是"南渡以后文学史上不可忽视的一种走向"。这种创作行为,我们不能将其简单地归为个人道德操守问题,其有严酷环境中的应激反应,又有特殊形势下的积习释放,"既为高压政治下的畏祸心理所驱使,更是中国传统文化性格在特定历史环境下的一种自然流露"②。这种"弃'刺'尚'美',惟'德'是颂"的行为,"是儒家的诗学主张和创作主体的立身之本,在以高压政治为气候特征的环境要素催化下的一种逻辑发展"③。

---

① 虞云国《南渡君臣:宋高宗及其时代》,上海人民出版社 2019 年,第 16 页。
② 沈松勤《南宋文人与党争》,第 428—429 页。
③ 沈松勤《南宋文人与党争》,第 462 页。

第七章　南宋馆阁文人的
日常生活与文学文化

　　南宋馆阁文人张嵲《谢馆职上赵相公启》云："窃以麟阁、芸台，允谓图籍之府；石渠、天禄，实为贤士之畴。所以典校秘书，采摭前纪，网罗天下放佚旧闻。爰自汉魏以还，未若国朝之懿。非徒典章文物大备于往古，顾夫公卿将相多出于此途……故其藏书也，非徒校签帙之多，所以鉴兴衰于往代；其毓才也，非徒炫绅緌之富，所以求济理于异时……饱大官之食，而无陈力之劳；列东观之名，而有清流之望。"①张嵲之意，馆阁作为图籍之府、储养贤士之所，典章文物之富，超越前代；公卿将相济济，多出此途。馆阁藏书，并非仅仅为了校勘整理，而是借鉴历代兴衰之经验；储养人才并非炫耀多士，而是希冀他日为国分忧。这些名列东观、待遇优厚的文人，没有施展才力的辛劳而有显扬名望的机会。作为天子恩宠优遇的机构，文士名声显扬的地方，这一空间里所产生的文学创作，文化、政治活动，都是极为引人注目的，也回应了馆职为社会所青睐的理由。我们以此为中心，做一论述。

---

① 张嵲《紫微集》卷二九，影印文渊阁《四库全书》集部第 1131 册，台湾商务印书馆 1986 年，第 600 页。

第一节 馆阁文人的日常行止

杨亿《与秘阁钱少卿启》曰："伏以上帝藏书,是开册府;近臣待诏,爰设直庐……秘书内阁,旋直于深严。用旌稽古之功,尤洽当仁之论。眷惟职业,素所蕴崇。校石室之遗编,仡分四部;侍柏梁之高宴,即赋七言。然陪清跸之游,更献从臣之颂。梁园旨酒,居客右以无疑;谢砌苍苔,代王言而在即。"①杨亿揭示的馆阁文人日常生活,大约包括校勘整理、润色鸿业、陪驾侍从、侍宴应制、雅集酬唱等等,两宋馆阁大体如是。

一、直宿

《宋会要辑稿》职官一八载,政和六年(1116)二月七日蔡攸《秘书省官吏直宿事奏》云:"秘书省长贰五日轮一员,正旦、寒食、冬至节假并入伏不轮。丞以下日轮一员直宿。若请假,即轮以次官,参假日补填。置历抄转,长贰每旬点检觉察,月具直宿、请假官员数、职位、姓名报御史台。人吏、诸色人直宿别置历,日押当宿官,每旬长贰点检觉察。如有请假事故,即当宿官验实给假,告报以次人,候参假日补填。职掌二人,孔目官、专副至守当官通轮。楷书人二名,正名楷书至守阙通轮。"②建议秘书监、秘书少监五日轮流一员直宿,节日如正旦、寒食、冬至,包括入伏不轮宿。秘书丞以下,每日一员轮流直宿。若有请假,则以次官来宿直。每月将秘书省直宿、请假官员情况

---

① 《全宋文》卷二九一,上海辞书出版社、安徽教育出版社 2006 年,第 14 册,第 325 页。
② 《宋会要辑稿》选举一八,刘琳、刁忠民、舒大刚、尹波等校点,上海古籍出版社 2014 年,第 6 册,第 3480—3481 页。

汇总报备御史台。至于吏人、诸色人直宿,也要单独考核,每十日由
秘书监、秘书少监点检督察。蔡攸的建议得到采纳。南宋馆阁直宿
基本承袭北宋制度,《南宋馆阁录》卷六《轮宿》载:"绍兴元年十一
月,诏秘书省依旧制,日轮官一员止宿;遇请假,验实即轮以次官止
宿。长、贰五日一次点宿。"①说明每日馆阁文人轮流直宿,若遇该直
宿者请假,需要据实查验,然后以次官来补。秘书监、少监每五日轮
流直宿一次。《麟台故事辑本》卷二曰:"祖宗朝,三馆宿官或被夜
召,故宿直惟谨。"②说明北宋馆阁宿直严谨,因为要面对不时之召的
突发情况。

　　馆阁文人的宿直,既有奋发有为的正向思考,又有平地风波的顾
虑担忧,还有一份心静如水的恬淡静美。刘才邵《次韵萧元隆见寄二
首》其二曰:"麟阁岩峣倚碧天,道山宿直烛如椽。谁怜老眼今多病,
喜读危词屡绝编。一鹗奋飞方远举,双鱼缄素肯轻传。益思张胆论
时事,未敢昏昏只醉眠。"③高峻耸立的秘阁,宿直其间,诗人面对如
椽巨烛思绪翩飞。虽然老眼昏花、体弱多病,但依然喜欢频频翻书,
了解惊世之论。诗中以展翅奋飞的大雕自比,以克制对亲人的思念。
因为有无所忌讳、理直气壮讨论时事的期许,故而不敢昏昏欲睡,益
思有为。

　　陆游《剑南诗稿》卷五七《书怀示子遹》其中提到:"道山堂东直
庐冷,手种疏篁半窗碧。但虞风波起平地,岂有毫发能补益。"写直庐
冷清,幸好有种植的错落有致的竹子带来半窗绿意。但是忧惧平地
风波乍起,哪里有丝毫可以补益政事的呢? 故而"成书朝奏暮请

①　陈骙《南宋馆阁录》卷六,张富祥点校,中华书局 1987 年,第 70 页。
②　张富祥《麟台故事校证》,中华书局 2000 年,第 97 页。
③　《全宋诗》第 29 册,北京大学出版社 1998 年,第 18865 页。

老"①。《剑南诗稿》卷五二《道山直舍》曰："身世从来一蠹鱼,讨论犹记入朝初。自怜报国无他技,又领兰台四库书。"②蠹鱼吃了一肚子的书而骄傲自满,以为自己是天下最有学问的人,于是昂首挺胸,不可一世。出外游玩,受到蜣螂、蝇虎的欺负侮辱。蠹鱼辩解自己满腹诗书,为什么那么多人瞧不起它。别人回答道,吃什么东西都不能消化,即使有再大学问又有何用?陆游以蠹鱼自比,诗中显然流露出对身世遭际的深深无奈。自叹自己报国没有其他本领,只能典领四库书籍而已,壮志难酬的感慨颇深。

陈与义《道山宿直》云:"离离树子鹊惊飞,独倚枯筇无限时。千丈虚廊贮明月,十分奇事更新诗。人间路绝窗扉语,天上云空阁影移。遥想王戎烛下算,百年辛苦一生痴。"③此诗显得平静闲澹,茂密的树上鹊鸟被惊飞,孤独且长久地倚在枯竹上。广阔的长廊之上贮满明月,游目骋怀的奇事激发新诗的灵感。夜深人静,仰望苍穹,阁影移动。诗人感慨,心性吝啬的名士王戎自执牙筹昼夜计算常若不足,百年辛苦一生痴绝,不如放弃执念而坦然处之。有研究者解释此诗道,"写山中夜宿的奇妙景象,表现了诗人的静谧心态与悠闲情趣,全诗也就充溢着轻灵清淡的风韵"④,显然有误,是将"道山"理解错了。

项安世《二十四日省宿,次杨文公集贤宿直韵兼拟其体》曰:"云气阴阴绕殿庐,雨声摵摵响阶除。薰炉翠被延周蝶,黄墨朱缸订鲁鱼。野性登朝常蹩躠,亲年须禄向踌躇。叨陪大典论疑信,滥等诸儒课密疏……倦投东观中郎笔,起读西昆病监书。节想清忠伜汲直,词

---

① 《陆游全集校注》第 6 册,钱仲联校注,浙江教育出版社 2011 年,第 273—274 页。
② 《陆游全集校注》第 6 册,第 100 页。
③ 陈与义《陈与义集》卷一一,吴书荫、金德厚点校,中华书局 1982 年,第 163 页。
④ 许总《宋诗史》,重庆出版社 1992 年,第 630 页。

钦雅丽出唐余。高情炯炯轩裳外，长向金门忆饭蔬。"①从诗题和内容来看，是秘书省宿直次杨亿当年集贤院宿直诗韵，颇有娴静自得之情，也有清介孤高之守。阴阴的云气环绕着高大的殿庐，摵摵的雨声鸣响在台阶上。薰炉里香气氤氲，翠被温暖延续着庄周梦蝶的愉悦，日常就是校对黄本书籍，订正文字讹误。喜好山林的天性使得入朝常有局促不安之感，虽然双亲年迈需要奉养，可求禄总是犹豫不决。曾经陪侍名公讨论大典、论析是非，与儒士们积极建言。自己没有班固投笔从戎追求富贵的期许，只有阅读秘监杨亿著述的心意。诗人慨叹杨亿清正忠直，如同西汉名臣汲黯，词采雅丽超越唐人有余。赞扬杨亿情致高雅，目光炯炯于官位爵禄之外，即便是身居富贵也常常向往清心寡欲、安贫乐道的生活。

二、应制

应制作为馆阁文人日常的文字工作，既标志歌功颂德的使命特征，又凸显君臣相遇的身份特质。馆阁文人恭阅御书、经史图籍后的主动进诗，单向行为里有着对自己身份的认可；恭和御制诗，天子首倡、馆职应和，双向互动里体现君臣融洽的情感交流；郊祀大礼、天子临幸秘书省，馆职呈诗表明对国家政治文化策略的称颂首肯与彰显传播。

第一类，恭阅御书、经书、史书，馆职进诗。从《南宋馆阁录》的记载来看，主要是《左氏春秋》《周易》《尚书》《史记·列传》。

绍兴十三年（1143）二月，恭阅御书《左氏春秋》《史记·列传》，秘书少监秦熺等作诗以进，总 10 首，"著作郎王杨英、周执羔，秘书郎张汉彦，校书郎严抑、张阐、赵卫、钱周材、范雯，正字洪遵、吴芾各一

---

① 《全宋诗》第 44 册，北京大学出版社 1998 年，第 17437 页。

首"①。十三年六月,恭阅御书《周易》,秘书少监姜师仲等馆阁文人进诗 12 首,"少监姜师仲,秘书丞严抑,秘书郎张阐,著作佐郎钱周材、赵卫各一首;校书郎陈诚之二首;正字洪遵、吴芾、洪适、潘良能、沈介各一首"②。十四年正月,恭阅御书《尚书》,秘书丞严抑等进诗总 9 首,"秘书丞严抑三首;秘书郎张阐,著作佐郎钱周材、赵卫,校书郎陈诚之,正字吴芾、沈介各一首"③。十四年十月,恭阅御书《毛诗》,宣示馆职进诗,总计 11 首,"提举秘书省秦熺一首;少监游操、吏部员外郎兼权国史院检讨官严抑各二首;著作佐郎钱周材一首,赵卫二首;校书郎陈诚之一首;正字沈介二首"。绍兴十六年四月,恭阅御书《春秋左氏传》,馆阁文人秦熺等进诗 9 首,"提举秘书省秦熺、著作佐郎王墨卿各二首;魏元若,校书郎沈介,正字汤思退、刘章、张本各一首"④。

第二类,恭和御制诗,如《郊祀喜晴诗》《赐詹骙以下诗》。

绍兴十九年(1149)十一月,馆阁恭和御制《郊祀喜晴诗》共 9 首,"提举秘书省秦熺,少监汤思退,太常丞兼权秘书省校勘书籍官林大鼐,枢密院编修官兼权实录院检讨官周紫芝,著作佐郎刘章、林机,太常寺主簿兼权秘书省校勘书籍官叶㴑,校书郎葛立方、孙仲鳌各一首"⑤。淳熙二年(1175)五月十日,御制诗赐进士詹骙,馆阁文人莫济等恭和总 13 首,"秘书监莫济,少监程大昌,秘书丞钱侯,秘书郎王公袞、何万,著作佐郎杨恂、郑侨,校书郎蒋继周、史弥大、林枅,正字李垕、石起宗、何澹各一首"⑥。

_____

① 《南宋馆阁录》卷五,第 56 页。另见《宋会要辑稿》崇儒六,第 5 册,第 2872 页。
② 《南宋馆阁录》卷五,第 56 页。
③ 《南宋馆阁录》卷五,第 56 页。
④ 《南宋馆阁录》卷五,第 56 页。
⑤ 《南宋馆阁录》卷五,第 56 页。
⑥ 《南宋馆阁录》卷五,第 57 页。另见《玉海》卷三〇,广陵书社 2007 年,第 591 页。

第三类，馆职进奉郊祀大礼诗、御集礼成诗、天子临幸秘书省诗。

绍兴十九年十一月，提举秘书省秦熺等恭进《郊祀大礼庆成诗》计 15 首，“提举秘书省秦熺三首；少监汤思退，太常丞兼权秘书省校勘书籍官林大鼐各一首；枢密院编修官兼权实录院检讨官周紫芝五首；著作佐郎刘章、林机，太常寺主簿兼权秘书省校勘书籍官叶绂，校书郎葛立方、孙仲鳌各一首”①。二十二年十一月，提举秘书省秦熺等恭进《郊祀大礼庆成诗》7 首，“提举秘书省秦熺，枢密院编修官兼权实录院检讨官杨迥，著作佐郎丁娄明各一首；校书郎董德元二首；王佐，正字周麟之各一首”。二十八年十一月，馆阁文人虞允文等恭进《郊祀大礼庆成诗》13 首，“秘书丞虞允文，吏部员外郎兼国史院编修官叶谦亨、胡沂，著作郎杨邦弼、陈俊卿，校书郎汪澈、洪迈、王淮、任质言，正字林之奇、魏志、刘望之、王端朝各一首”②。

绍兴二十年（1150）五月，提举秘书省秦熺等馆职进《奉安中兴圣统庆成诗》14 首，“提举秘书省秦熺，少监汤思退，枢密院编修官兼权实录院检讨官周紫芝各二首；著作佐郎林机一首；校书郎孙仲鳌，太常博士兼权秘书省校勘书籍官丁娄明各二首；太学录兼权秘书省校勘书籍官周麟之三首”。二十四年九月，提举秘书省秦熺等进《徽宗皇帝御集礼成诗》12 首，“提举秘书省秦熺，实录院修撰秦埙，著作佐郎丁娄明各二首；诸王宫大小学教授兼权秘书省校勘书籍官刘珙四首；国子监书库官兼权实录院检讨官郑时中二首”③。

馆职周紫芝绍兴十九年十一月所作《恭进郊祀庆成诗五首》如下：

---

①《南宋馆阁录》卷五，第 56—57 页。

②《南宋馆阁录》卷五，第 57 页。

③《南宋馆阁录》卷五，第 57 页。

一

嶰竹初回律,圆丘始告虔。
礼应先吉土,诚已格高天。
上圣锵环佩,群公执豆笾。
谁为郊祀曲,传写入朱弦。

二

黄屋登原庙,青圭祀泰坛。
尽循周制度,还列汉衣冠。
扇影金根静,旌翻豹尾寒。
近瞻天有喜,宗社庆重安。

三

百执称元祀,君王服大裘。
祥光将盛布,雨意倏前收。
月白明雕俎,霜寒肃缀旒。
欲知天意格,肹蚃荷神休。

四

圣主翔龙日,重熙飨帝时。
笙镛陈备乐,茧栗荐纯牺。
奠彻初燔燎,神归欲受釐。
礼成人共庆,廊庙有宗师。

五

圣寿三千岁,精烟二祀余。
天心亲道德,四海混车书。

奎画宸章丽,台躔上宰居。

小臣长拜舞,犹得奉皇舆。①

组诗叙述了郊祀过程的井然有序、肃穆庄重、仪式盛大、场面气派。服饰、旌旗、扇子、器乐、青圭、豆笾等,一一呈现出祭祀的笃敬虔诚、一丝不苟,自然能够交通神意,保佑国泰民安、海内清平。结尾,表达了臣子得预盛典的感恩戴德之情。以赋的手法书写,不疾不徐,娓娓道来,使用汉、周表明承袭古礼;圣、宸表明天子地位之尊;四海、三千说明气魄之大。周紫芝同年还有《恭和御制郊祀喜晴诗》,曰:"圣学渊源贯九丘,雍容元祀得迟留。明庭未款宸心肃,云驭先回晓月浮。三礼秩宗归大舜,一言悟主付千秋。已通燋火亲祠事,更有何人敢告猷。"②赞扬高宗学问渊源,贯通九丘,祭祀天地,从容庄重。被除不祥的炬火已经点燃且亲力亲为,自然不需别人来谋划打算了。

绍兴十四年(1144)七月,高宗临幸秘书省,提举秘书省秦熺等馆阁文人进诗15首,"提举秘书省秦熺、中书舍人兼实录院修撰段拂各三首;少监游操、吏部员外郎兼权国史院检讨官严抑各一首;秘书郎张阐二首;著作佐郎钱周材、赵卫各一首;校书郎陈诚之二首;正字沈介一首"③。唐士耻《绍兴秘书省观累朝御制颂》,赞扬高宗笃意儒术,不忘祖宗之业,临幸秘书省可谓盛举,"儒绅武裘,济济将将,宝轴琅函,光彩焕发,杂沓捍蹈,争先快睹,忻所未见,发坎井之陋,启酰鸡之覆,爰逮万宇,耸闻改听,猗欤盛哉!"以"发坎井之陋,启酰鸡之覆",来赞扬累朝御制颂文的启人深思、发人智慧。有感于高宗广大

① 周紫芝《太仓稊米集》卷三二,《宋集珍本丛刊》第35册,线装书局2004年,第151—152页。

② 周紫芝《太仓稊米集》卷三二,《宋集珍本丛刊》第35册,第151页。

③《南宋馆阁录》卷五,第56页。

册府之储,继之以荣观之盛,文治复兴,群心所向,因而"作为歌诗,揄扬盛际",而且自负文士作歌有"金石不替"①之效。

淳熙五年(1178)九月十二日,孝宗车驾幸秘书省。十三日,孝宗以秋日临幸秘书省御制诗赐丞相史浩等,"玉轴牙签焕宝章,簪绅列侍映秋光。宴开芸阁儒风盛,坐对蓬山逸兴长。稽古右文惭菲德,礼贤下士法前王。欲臻至治观熙洽,更罄嘉猷为赞襄"②,宰执以下均有赓和。方回以为,"自建炎丁未至庚戌,阅四年,无非寇贼充斥之日。自绍兴辛亥至壬午三十二年,梗以奸相秦桧者十七年。天下学士大夫切齿于忘仇议和之事,贬逐相望……至阜陵立,历隆兴、乾道以至淳熙,始可谓之升平。故取孝宗此诗,以见当时稽古右文、礼贤下士之盛。宋之极治,前言仁祖,后言孝宗,汉、唐英主有不逮也。朝廷治而天下富乐谓之升平,天下虽尚富乐而朝廷不治,则有乱之萌,不足以言升平也。选诗之意,又在乎此"。建炎期间,寇盗充斥。绍兴三十二年间,权相秦桧把持朝政十七年,士大夫因不满和议、亡国之辱而屡遭贬谪。孝宗励精图治,积极作为,天下可谓太平,故而方回提出,孝宗此诗表现了"稽古右文,礼贤下士之盛"绝非虚言溢美。宋代天下之治,北宋言仁宗,南宋指孝宗,所以此诗抒发的升平之意是恰如其分的。不过纪昀并不赞同,他以为"凑泊而成,气象狭少,不及仁宗远矣"③。吕祖谦《恭和御制秋日幸秘书省近体诗》云:"麟阁龙旌日月章,中兴再见赭袍光。仰观焜耀人文盛,始识扶持德意长。功利从今卑管晏,浮华自昔陋卢王。愿将实学酬天造,敢效明河织女襄。"④描述了天子临幸的盛大场面,人文之盛,德意悠长,赞扬孝宗

---

① 唐士耻《灵岩集》卷五,影印文渊阁《四库全书》集部第 1181 册,第 556—557 页。

② 《宋会要辑稿》职官一八,第 6 册,第 3493 页。

③ 《瀛奎律髓汇评》卷五,方回选评,李庆甲集评校点,上海古籍出版社 1986 年,第 227 页。

④ 《全宋诗》第 47 册,北京大学出版社 1998 年,第 29150 页。

崇文尚儒、再造中兴之功，表达了从此摒弃功利之心、涤除浮华之行、安心实学且效法织女之平心静气、齐心协力辅佐天子成就大业的志向。周必大《恭和御笔幸秘书省诗二首》其一云："群玉西昆富典章，二星东壁灿辉光。秋花迎仗千丛丽，法曲传觞九奏长。虎将纵观修旧事，豸冠陪侍仰明王。政修即是安边策，獯狁残妖岂足襄。"其二曰："蟠木离奇愧豫章，几年封植荷恩光。石渠久缀英髦后，金锁深惭学识长。御墨奎文瞻列圣，雷尊篆鼎备三王。愿言作德酬荣遇，宁复矜才似智囊。"①周必大的诗歌富丽堂皇、情绪饱满。其一，赞颂了秘书省典章之富、人才荟聚，迎接仪仗的鲜花明艳动人，伴随宴饮的法曲演奏悠扬飘荡，文臣武将观礼陪侍，孝宗的对外策略十分英明，那些少数民族政权不足为虑。其二，谦虚地表明自己是难以为器的树木，有愧栋梁之才，获得朝廷的封育培植，增长了见识，身预盛典颇感荣幸，表达了无比自豪之情和竭忠尽智之意。

三、曝书会

南宋馆阁曝书，于绍兴十三年（1143）恢复旧制，《宋史·职官志四》曰："（绍兴）十三年，诏复每岁曝书会。"②绍兴十四年，规定曝书时间在五月至七月间，长达二月，曝书宴会则固定在七月七日，《南宋馆阁续录》卷六载："（淳熙）六年九月，诏自来年以后，暴书会并用七月七日。"③赵升《朝野类要》卷一云："每岁七月七日，秘书省作曝书会，系临安府排办。应馆阁并带贴职官皆赴宴，惟大礼年分及有事则免。"④说明秘书省的盛会，由政府出资办理，馆阁文人、贴职官员都

---

① 《周必大集校注》卷七，第 99 页。
② 《宋史》卷一六四，中华书局 1985 年，第 12 册，第 3876 页。
③ 佚名《南宋馆阁续录》卷六，中华书局 1998 年，第 223 页。
④ 赵升编《朝野类要》，王瑞来点校，中华书局 2007 年，第 32 页。

许赴宴,而且形成惯例年年如此。若遇特殊情况,则予以取消。《南宋馆阁续录》卷六载,淳熙十年(1183)、十四年的曝书宴会,缘于祈雨,不宜宴饮而罢。当然七月七日的时间也因特殊情况而相应改动,如淳熙十一年改在七月九日,出于"太常寺牒,孟秋朝献用六日、七日、八日",曝书会正好在朝献日期内,"恐侍从、两省官从驾往回,有妨会集,乞改移日分",最终太史局曲知言建议宜用七月九日乙未吉,"奉圣旨,依"①。

南宋秘书省曝书会,有主席人。淳熙九年(1182)七月曝书会前夕,秘书丞蒋维周等建议,因秘书监、少监暂缺,当推举史院长官郑丙主席,"契勘本省暴书会在近,未有长、贰主席。窃见同修国史郑尚书见系史院长官,又曾作秘书监,欲乞朝廷札付郑尚书,是日主席"。郑丙推辞,理由是当守惯例不宜创新,由本省官递次主席,"契勘秘书省暴书会年例,系监、少主席。今来虽时暂阙官,自有丞、郎、著、佐系秘书省官,合以次主席,难以创行新例,令史院官主席"。最后,"有旨,令秘书丞主席"②。淳熙十三年七月的曝书会,因秘书监沈揆疾病告假,"令秘书丞主席"。庆元二年(1196)七月,因秘书监、少监空缺,本应由秘书丞主席,可秘书丞邵康在朝假期间,最后只好便宜处置,"照绍熙四年例,以秘书郎主之"③。

南宋曝书会集中在绍兴、淳熙至庆元三个阶段,参与文士官员均题刻名衔,以见文儒之盛。绍兴年间的曝书题名,《南宋馆阁录》卷三载:"绍兴十六年七月、十七年七月、十八年七月、二十九年七月、三十年八月,已上在东廊拜阁待班所;绍兴十四年八月、十五年七月、二十

---

① 《南宋馆阁续录》卷六,第 225 页。
② 《南宋馆阁续录》卷六,第 224 页。
③ 《南宋馆阁续录》卷六,第 225 页。

六年九月、二十七年八月、二十八年八月，已上在西廊拜阁待班所。"①淳熙以来的题名，《南宋馆阁续录》卷三记述，"淳熙五年九月、六年九月、七年七月、八年七月，庆元二年七月，以上在东廊拜阁待班所。淳熙九年七月、十一年七月、十二年七月，绍熙元年七月、三年七月、四年七月，庆元四年七月、五年七月，开禧元年七月，以上在西廊拜阁待班所"②。

　　陆游《剑南诗稿》卷五二《馆中书怀》曰："流落逢明主，恩光集晚途。题名惊手战，拜阁藉人扶。枉辱三华组，终归一腐儒。库书时取读，犹足补东隅。"③诗歌写到回忆馆阁题名时的受宠若惊，手都颤颤巍巍，拜阁时需要别人的搀扶，这一切历历在目，令人感慨。陆游嘉泰二年（1202）五月以来，先后在馆阁任同修国史、实录院同修撰、秘书监，他以为自己是辱没其职，终究乃一迂腐儒生。不过馆阁的书籍随时翻检阅读，仍然可以弥补逝去的光阴。刘一止《次韵奉酬元渤见过弈棋小饮及观馆阁题名之作》云："珠玉当年咳唾成，元刘何自敢齐名。"④由观览馆阁题名联想到当年那些参与题名的英才，可谓各个言辞精当、议论高明，即便是元稹、刘禹锡又岂敢与他们相提并论，艳羡之情充溢字里行间。

　　南宋馆阁曝书会盛况，有详细记录者当为绍兴二十九年（1159）、淳熙五年（1178）二次。《南宋馆阁录》卷六载："（绍兴）二十九年闰六月……是日，秘阁下设方桌，列御书、图画。东壁第一行古器，第二、第三行图画，第四行名贤墨迹；西壁亦如之。东南壁设祖宗御书；西南壁亦如之。御屏后设古器、琴、砚，道山堂并后轩、著庭皆设图

① 《南宋馆阁录》卷三，第 25 页。
② 《南宋馆阁续录》卷三，第 190—191 页。
③ 《陆游全集校注》，第 6 册，第 91 页。
④ 《全宋诗》第 25 册，北京大学出版社 1995 年，第 16695 页。

画。开经史子集库、续搜访库，分吏人守视。早食五品，午会茶菓，晚食七品。分送书籍《太平广记》、《春秋左氏传》各一部，《秘阁》、《石渠碑》二本，不至者亦送。两浙转运司计置碑石，刊预会者名衔。"① 曝书会有一个重头戏，就是打开馆库呈现御书翰墨、图画古玩以供观览，这些都是平日无法接触到的。除此而外，还有佳肴美味的款待、典册拓片的馈赠、文人士夫题刻名衔的荣耀。对与会者而言，既是身份的标识，又是物质的享受。《南宋馆阁续录》卷六载录："淳熙五年六月十九日，诏秘书省暴书会久废，令今年举此故事，仍仰临安府排办。以九月二十三日会于道山堂，侍从、给舍、台谏、正言以上及馆职、前馆职、贴职、寄职赴坐者四十八人，铺设图画、古器、琴砚如绍兴十三年之制，分送纸籍、香茶有差。三省、枢密院两厨各送思堂春酒三十瓶，折食钱一百千"②。这里安排措理此项事务者仍为临安府，时间是九月二十三日。参与人员很广泛，馆职、前馆职、贴职、寄职，还有侍从等达四十八人，可见规模不小。陈列品类丰富，有图画、古器、琴、砚。预会者获得的赏赐有纸质书籍、茶茗，另有春酒等。

　　馆阁文人对于曝书会的深刻体验，我们从文儒之盛、册府之富，回忆的幸福与惬意诸多叙写中能够切实感受到。周紫芝《七月二十日秘阁曝书二首》其一云："芸香时近曝书筵，缥帙缃囊得纵观。不是圣时修故事，岂知藏室有清官。"其二云："香罗剪帕金描凤，红字排方玉作签。身到蓬山瞻御墨，眼惊奎宿射珠帘。"③描写曝书会图籍典册的装帧精美，令人眼花缭乱，目不暇接。特别是瞻仰御墨，使人目眩神迷，因而感叹馆阁文人职业的优游从容。周紫芝《湖亭怀旧三绝》其二曰："校书天禄想诸郎，应在蓬山语昼长。记得去年秋七月，

①《南宋馆阁录》卷六，第 68—69 页。
②《南宋馆阁续录》卷六，第 223 页。
③ 周紫芝《太仓稊米集》卷二九，第 134 页。

日斜香转曝书廊。"①怀旧诗里特别提到,想念校书天禄时的这些同行学士,他们应该在馆阁优游论道、切磋技艺。往岁的曝书会令人印象深刻,落日西斜,芸香飘散在曝书的长廊上。

两宋馆阁的曝书活动及曝书会意义深远,既是养护书籍,又是尊崇儒术,而且对地方文化事业的发展也有示范引领作用。达焕开禧二年(1206)六月所作《曝书记》,提到曝书集会除了中央的秘书省,其他地方诸郡是没有的。龙泉人罗克开(1141—1209)知袁州时尤其留意学校建设,读书人纷纷向归。其管理地方事务的第二年,语重心长地教诲学子:"学校以养士也,则读古人书以自养也。我国家养士之仁至矣,中兴以来,意愈加厚。高宗皇帝辍万机暇,笔六经以诏多士,迄今在学官珍藏,宸翰与日月并明。袁虽僻在江右,名卿大夫,由乡校奋者不胜数,书之功也。然是学书籍备矣,传历久,得无蠹敝乎?披阅多,得无散失乎? 苟尔,教养容有缺。"以为学校建立的目的是培养士子,而士子以阅读古人之书来自我修养。高宗、孝宗等均十分重视养士,袁州虽然偏僻,但名公士夫由乡校而奋发图强者不计其数,都是图籍的功劳。但是书籍也需要养护,防止虫蠹和散佚。故而命郡文学达焕"衰旧增新,以缉以纪,列于稽古阁,左经右史"。不仅如此,郡守罗氏在六日之后,"率宾僚偕诸生整冠肃容,端拜观焉。简编秩秩,云汉昭回"。这一仪式令人肃然起敬,"少间,序列长幼,举酒数行罢,名曰曝书。兹集也,官于兹学,自兹正录下为生员有几,暨卿大夫旧执经者咸在,前此未有也"。达焕感叹道,"夫教化以学为本,学以书为本,郡大守执教化,岂不闻知!"特别是这一行止为益良多,以回应天子成就人才之美意,激发学子自我奋发之善心,"上以副圣天子作成人材美意,下以起诸生激昂自奋良心"②。

---

① 周紫芝《太仓稊米集》卷三五,第171页。
② 《全宋文》卷六八七九,第301册,第310—311页。

四、其他雅集

南宋馆阁文人雅集虽不及北宋之盛，但也内容丰富、活动精彩，如游园、观灯、分茶、投壶等。雅集聚会里休闲的快乐愉悦，一定程度上调释缓解了繁冗单调又具不测风险的日常生活，于光远说："休闲是人的一种生命状态，一种精神态度和气质，一种欣赏生活的能力，一种高雅的生活情趣。它要求我们自由地尝试着做自己。"①

高宗驻跸杭州，衣冠聚集，物阜民丰，西湖成为游赏焦点，"且湖山之景，四时无穷，虽有画工，莫能摹写……春则花柳争妍，夏则荷榴竞放，秋则桂子飘香，冬则梅花破玉，瑞雪飞瑶。四时之景不同，而赏心乐事者亦与之无穷矣"②。

高宗朝，馆阁学士林季仲与诸馆职游览天竺且分韵赋诗，林季仲《陪馆中诸人游天竺分得香字》云："不到八年久，重来双鬓苍。珠玑溅寒溜，笙磬咽风篁。啼鸟千林晚，飞花一路香。吾宗故庐在，立马傍残阳。"③林诗颇有感慨，在寒溜、篁竹、啼鸟、花木、残阳的视听中感怀岁月流逝、人生易老。葛立方，绍兴十七年（1147）除秘书省正字，十九年除校书郎，其与馆阁同舍游西湖有诗《八月二十日与馆中同舍游西湖作》六首。从诗中可见游览地点有孤山、绿杨堤、冷泉亭、天竺寺等，组诗提出畅游带来的心理舒适自在，其一："匏系坐蜗舍，秋光只檐楹。悬知西湖佳，颇困宫事婴。今日复何日，彩舟天外横。木落山骨露，千螺倒澄瀛。神仙勿浪求，玉京仍五城。"诗中说，羁滞于简陋狭小的居室，秋光局限在檐楹间，料想西湖景致颇佳，可是被官事所困无由得观，一天推一天，直到八月二十日与馆中文人同游。

---

① 于光远、马惠娣《休闲·游戏·麻将》，文化艺术出版社 2006 年，第 17 页。
② 吴自牧《梦粱录》卷一二，浙江人民出版社 1984 年，第 103、106 页。
③ 林季仲《竹轩杂著》卷一，影印文渊阁《四库全书》集部第 1140 册，第 311 页。

目中所及,彩舟好像横在天边,叶子飘零山脊裸露,仿佛千螺倒映在清池中,此情此景令人感叹神仙们不要四处寻找了,帝都临安依然宛若仙境一般。在休闲中,葛立方体悟了与许由完全不同的轻松与自在,其三:"跨马绿杨堤,左右临无地。鞭影堕清泚,乌帽入苍翠。老龙拏半空,九里作青吹。闻声类击竹,心与景相值。许由厌瓢鸣,渠未领真意。"①诗人骑马观景绿杨堤,鞭影倒映在清澈的湖水中,乌帽掩映在苍翠的树林里。杨树的枝条抓向半空,清风吹过沙沙作响,听起来好似击竹之声。尧时的高士许由用手捧水喝,别人递给他瓢,他舀水喝过后将其挂在树上,又嫌弃风吹瓢动之声索性就把它扔掉了。后世以挂瓢、弃瓢等象征隐逸傲世,用瓢鸣、瓢喧比喻外界的烦扰。而诗人以为,自己听到这种自然的声音舒心惬意,许由的厌弃声音之扰自己并未领会其中的真意,显然休闲中寄寓着哲学的观照。

诗人在冷泉亭观赏时,看到岩岫层叠,涛头水花四溅,原先澄静的水面怒沫喧嚣,诗人以为"莫作动静观,止性元不流"(其四),体悟到它的本性是止而不动的。游览天竺寺时虽道路险难,但还是乘兴攀登,"去天真尺五,峻步欲乘兴。石壁半空立,略彴引危嶝。山底禽衔花,石罅僧入定",天竺寺高耸入云,石壁半空而立,诗人乘兴而上,不畏险难。看到山脚下的禽鸟衔着野花,狭谷小道上的和尚在禅定修炼,感慨"请从三昧起,林外有疏磬"(其五),当止息杂念、心神宁静。葛立方在休闲中体悟了许由弃瓢、止性不流与三昧禅定。感官的新奇刺激与气氛的热烈喧嚣非馆阁文人所热衷,他们的观山揽水多是动中察静,着意心灵的滋养与人格的完善,表现出"一种超然宁静的审美态度"②。

重阳节自古以来有登高避邪之俗,南宋馆阁文人多有活动以酬

---

① 《全宋诗》第 34 册,北京大学出版社 1998 年,第 21829 页。
② 皮朝纲《中国美学沉思录》,四川民族出版社 1997 年,第 17 页。

佳节。周必大《重阳预约三馆同舍登高于真珠园。前数日,李粹伯秘丞除殿院》云:"胜游元在十人中,健翮先培万里风。落帽有欢追戏马,峨冠无计屈乘骢。对门尚许官曹近,光馆犹期燕会同。幸可夸张少年在,未须细数菊花丛。"①重阳节预约馆阁同舍登真珠园,特别提及同馆文人李粹伯由秘书丞升迁殿院以示祝贺。"培万里风",使用庄子《逍遥游》典故;"落帽",语出《晋书·孟嘉传》。诗中对宴会表示了热烈的期待,对馆阁才俊表达了由衷的赞赏。王炎《庆元丁巳九日登宝叔塔,同游者杨大著、李校书、冯正字、曾著作、易校书》曰:"湖边老石立巨鳌,背负浮图千尺高。升高望远天界阔,海中江树皆秋毫。蓬莱藏室极清静,虽有暇日无游遨。不应令节亦虚度,特为茱菊觞新醪。樽前一笑岂易得,身涉百忧今二毛。兹游回首便陈迹,事如逝水流滔滔。明年九日定何许,未用感慨增烦劳。半生随牒落州县,暮年结绶来神皋。去留聚散偶然耳,且覆一杯持蟹螯。"②庆元三年(1197)重阳日登览宝叔塔,同游者馆职6人。诗人看到湖边大石上有巨鳌卧着,身上背负千尺高的佛塔,登高望远顿觉天界开阔,连海山江树都成了秋毫一般。诗人道,有蓬莱藏室之称的馆阁极为清静,即便暇日也无从遨游。但身逢佳节不应虚度,特意制作茱萸菊花酒来酬节。感叹人生易老、聚散无常、欢乐易失,不如手持蟹螯饮酒侑欢吧。

　　嘉定五年(1212),直学士院真德秀召馆阁文人等聚于群玉堂。汪莘《群玉堂即事·序》云:"真直院德秀招饮于群玉堂,自陈秘监武、李秘阁道传、任侍讲希夷而下,有丁大著端祖、宣校书缯、曾侍郎从龙、刘祭酒次皋凡八人,当日相引临池看金鱼、抚琴、壶弈,碧笺小纸吟诗诵赋。诸公或诵余诗,或诵余赋,皆当日事也。赋诗以纪一时

----

① 《周必大集校证》卷五,第71页。
② 王炎《双溪文集》卷三,《宋集珍本丛刊》第63册,第56页。

之事,并致怀归之意。"①这里提及馆阁文人参与的群玉堂聚会,发起人是真德秀,参与者有秘书监陈武、秘书郎李道传、侍讲任希夷、著作郎丁端祖、校书郎宣缯、侍郎曾从龙、祭酒刘次皋八人。检讨《南宋馆阁续录》可知,陈武,嘉定五年(1212)四月除秘书监,六年五月知泉州②;丁端祖,嘉定四年三月除著作郎,五年十月知蕲州③;宣缯,嘉定四年十月除校书郎,五年十月为秘书郎④,据此可知此聚会当发生在嘉定五年。其诗"初得松门入萧瑟,渐绕苔径穿芳菲。奇花异卉不可识,但觉春是人间非。高檐长廊白日静,朱帘绿幕清风微",描写群玉堂松树芳林、奇花异卉、静谧幽雅,乃人间所无。诗中盛赞馆阁人才济济,层出不穷,"君不见咸平景德时,太平都在杨刘诗。又不见庆历元祐际,后来谁与欧苏继。只今延阁多才贤,如玉在山珠在渊。杨刘欧苏未为老,秦黄晁张俱少年。有客野于孟东野,更宜卢仝作诗社"⑤。咸平景德时,杨、刘风采耸动天下,用诗歌来摹写太平之象,庆历之际的欧阳修、元祐之时的苏轼才华横溢,无人能继。而如今馆阁多俊才,像杨、刘、欧、苏般的才士正值当年,像苏门四学士者俱同少年,与会者个性张扬、奇思妙想,风采卓然、熠熠生辉。

这次聚会内容,有观鱼抚琴、投壶弈棋、吟诗诵赋。投壶来源于射礼,兼有礼仪和游戏两种功能,士大夫宴饮时以之助乐。弈棋,早在春秋战国时期就广为流行,作为益智游戏颇受文人青睐。荷兰文化史学家赫津伊哈以为,"游戏的性质在中国比希腊表现得更加淋漓尽致……在古代中国,几乎每一种活动都呈现出仪式性竞赛的形式:

---

① 汪莘《方壶存稿》卷四,《宋集珍本丛刊》第 69 册,第 318 页。
② 《南宋馆阁续录》卷七,第 246 页。
③ 《南宋馆阁续录》卷八,第 282 页。
④ 《南宋馆阁续录》卷八,第 329 页。
⑤ 《全宋诗》第 55 册,北京大学出版社 1998 年,第 34696 页。

涉水、登山、伐木、采花都表现出游戏的成分”①。这种休闲活动,使身体得到彻底放轻,精神获得感染提升,同僚情感得以加深促进,才华可以展示张扬,从而实现了个体价值在集体中的被认同和尊重,“往往以渗透、融合、感染、凝聚、净化等多种形式影响人的生活方式和生命质量”,“它的意义不仅在于恢复体力……在于精神的调整与升华,在于人的广泛需要得到全面、完整和自由的发展”②。

南宋馆阁文人的休闲,无论是赏花吟诗、观水钓鱼,抑或抚琴闻乐、弈棋投壶等,均呈现出了对高雅情趣的依恋,“情趣是休闲的灵魂”③。项安世《红梅》云:“瘦影从来雪不如,宿醒谁见绮霞舒。道山堂下春风面,还向天涯伴校书。”自注道:“馆中红梅一株最盛,年例作赏花会。”④红梅身影清瘦、色泽娇艳,极富观感,馆中每年都按惯例举行赏花雅会,当然少不了赋诗遣兴。刘才邵《中秋夜馆中会饮》曰:“世情共惜来年期……是时册府陪诸彦,聊复杯酒相追随。地严更觉秋气净,雨过还有凉风吹。忘怀自得觞咏趣,真赏不为阴晴移。月岂无光忌全露,云亦有意藏余辉。云轻影薄自清绝,不减永夜天河诗。”⑤刘诗写中秋夜秋高气爽、凉风习习,月亮的部分光辉似乎是被云彩有意隐藏起来,诗人以为赏月还是忌讳全露的。只有云淡风轻于个人得失、物欲追求,才能在吟诗品酒中获致真正的趣味。这种斯文情致的追求,既是馆阁文人自我身份的清醒认知,又是他们涵养器识的鲜明表现。

---

① [荷]约翰·赫津伊哈(Johan Huizinga)《游戏的人:文化中游戏成分的研究》,何道宽译,花城出版社 2007 年,第 59 页。
② 于光远、马惠娣《休闲·游戏·麻将》,文化艺术出版社 2006 年,第 57 页。
③ 龚斌《中国人的休闲》,上海古籍出版社 1998 年,第 58 页。
④《全宋诗》第 44 册,北京大学出版社 1998 年,第 27439 页。
⑤《全宋诗》第 29 册,北京大学出版社 1998 年,第 18843 页。

五、戏谑调笑与切磋论艺

明人张大复《梅花草堂笔谈》卷七云："诗曰：'善戏谑兮，不为虐兮。'虐者，词不雅驯之谓。太史公谈言微中，虽虐不害矣。晋人嘲谑，都以一言案之，更翻一案，则不复作。令人可思而不可究，故足述耳。活剥生吞，尽意丑诋，此何谑乎？善耶，虐耶，然有才情滚滚，联翩络绎者，不可无一以供喷饭。"①指出高级的戏谑，避免生吞活剥、肆意诋毁丑化，在展示才情幽默之际令人捧腹大笑，而不是刻薄伤人。馆阁文人戏谑调笑成为常态，缘于馆阁校书修书的单调紧张、建言献策触时中讳的极高风险、升擢黜免的难以预料。当然英才萃聚的馆阁，不时的逞才弄识展示学士个性和幽默气质也是必不可少的。北宋馆阁文人"宜撒园荽一巡"②的清谈、"汗淋学士"③"雨中林学士""柏下顾将军"④的机智调笑比比皆是，而南宋馆阁文人还是稍逊一筹，这与南宋文人参政议政空间狭窄下的失望情绪有相当的关系，刘子健先生提出，"从北宋末到南宋，原本分享的权力逐渐被皇帝和权相集中起来，官僚参议朝政的空间近乎无，沮丧越来越普遍地成为士大夫的典型心态"⑤。

陆游《老学庵笔记》卷三记载，秘书省著作庭有个花园，馆职文人每遇饭罢，"辄相语曰：'今日窥园乎？'"陆游以为，典故出自董仲舒

---

① 张大复《梅花草堂笔谈》，李子綦点校，浙江人民美术出版社 2016 年，第185—186 页。
② 文莹《湘山野录》卷中，郑世刚、杨立扬点校，中华书局 1984 年，第 30 页。
③ 魏泰《东轩笔录》卷一二，李裕民点校，中华书局 1983 年，第 138 页。
④ 江少虞《宋朝事实类苑》卷六六，上海古籍出版社 1981 年，第 883 页。
⑤ ［美］刘子健《中国转向内在：两宋之际的文化转向》，赵冬梅译，江苏人民出版社 2012 年，第 77 页。

三年目不窥园，"谓勤苦不游嬉也"①。当然馆阁文人的"窥园"，还是明显带有自我调笑意味。罗大经《鹤林玉露》卷六记述，尤袤与杨万里为金石之交，淳熙中杨氏为秘书监，尤氏为太常卿，二人善谑相从，尤氏曰："有一经句，请秘监对。曰：'杨氏为我。'"杨氏应曰："尤物移人。"众人皆叹其机敏准确。杨氏戏呼尤氏为"蝤蛑"，尤氏戏呼杨氏为"羊"。某一日食羊白肠，尤曰："秘监锦心绣肠，亦为人所食乎?"杨笑吟曰："有肠可食何须恨，犹胜无肠可食人。"原因乃是"蝤蛑无肠也"，一坐大笑。后尤氏先卒，杨氏祭文云："齐歌楚些，万象为挫。瑰伟诡谲，我倡公和。放浪谐谑，尚友方朔。巧发捷出，公嘲我酢。"②战国时的杨朱主张轻物贵己，"人人不损一毫，人人不利天下，天下治矣"。以杨朱之"杨"和杨万里之姓谐音。"尤物"指优异的人或物，多指代美丽的女子。尤物之"尤"和尤袤之姓谐音。"为我"和"移人"对仗贴切。"羊"和"杨"、"蝤蛑"与"尤袤"均谐音；"羊白肠"和"蝤蛑"同为食物，又暗指姓氏，尤袤以"锦心绣肠"赏叹杨氏文思精美，又以"为人所食"来打趣他。杨氏以"蝤蛑无肠"应对，以有"羊肠"可食所以无足为憾，犹胜无肠可食的"蝤蛑"作答，确实是巧发捷对，妙趣横生。在这些机智幽默的戏谑调笑中，可见南宋馆阁文人的雅俗共赏和自我欣赏，诚如陶晋生先生所论，"这一时代里中国人并重理想与现实，兼备雅与俗的口味"③。这种滑稽诙谐与疏狂不羁，"甚至也成为展现其生命价值与意义的一个重要途径"④。

　　南宋文人沈介、洪适、潘良能、游操同日拜除秘书省正字，张扩

①　陆游《老学庵笔记》，李剑雄、刘德权点校，中华书局1979年，第39页。
②　罗大经《鹤林玉露》，王瑞来点校，中华书局1983年，第339—340页。
③　陶晋生《宋辽金元史新编·绪论》，台北稻乡出版社2005年，第5页。
④　赵玉强《优游之道：宋代士大夫休闲文化及其意蕴》，上海古籍出版社2017年，第419页。

《东窗集》卷八《沈介洪适潘良能游操并除秘书省正字制》云："朕开册府，以储人材，旁收拔茅之英，庶资作室之用。尔等咸以时望，擢秀儒林，或中国家词艺之科，或蕴父兄渊源之学，器识可以致远，议论可以济时。朕尝俾尔删定律令，时王之制既知之矣；兹复命为判正之职，抑将使尔博极群书，日新闻见。尔知朕所以期尔之意，则尚勉之哉！"①秘书少监秦熺以其名为对，以为美谈，洪迈《容斋随笔·容斋四笔》卷一四记载："绍兴十三年，敕令所进书删定官五员，皆自选人改秩。潘良能季成、游操存诚、沈介德和、伯兄景伯，皆拜秘书省正字……四正字同日赴馆供职。少监秦伯阳于会食之次，谓坐客言，一旦增四同舍，而姓皆从水傍，熺有一句，愿诸君为对之，以成三馆异日佳话。即云：'潘、游、洪、沈泛瀛洲。'坐客合词赏叹，竟无有能对者。予因记《笔谈》所载，元厚之绛少时，曾梦人告之曰：'异日当为翰林学士，须兄弟数人同在禁林。'厚之自思素无兄弟，疑为不然。及熙宁中，除学士，同时相先后入院者，韩维持国、陈绎和叔、邓绾文约、杨绘元素，名皆从糸，始悟兄弟之说。欲用'绛、绎、绘、维绾纶綍'为对，然未暇考之史录，岁月果同否也？"②沈介、洪适、潘良能、游操，姓氏都有水，同日除授秘书省正字，而且在秘书省任职称之为登瀛洲，故而秦熺的"潘游洪沈泛瀛洲"很是恰当。洪迈以元绛、陈绎、杨绘、韩维、邓绾为对，他们的名字都从糸字，纶綍指皇帝的诏令。绾既指邓绾，又用作动词与泛相对，倒也算是工整。

　　馆阁作为英才荟萃之地，文人间的切磋论艺、究心学术，于学问的提升意义不容小觑。史浩《辞两王府教授上宰执札子》中提及馆阁文人的文学优长，"且以文章典雅，进止雍容，则有秘书丞虞允文；词气森严，学术淹贯，则有校书郎洪迈；吐词温润，遇事详明，则有校书

① 张扩《东窗集》卷八，影印文渊阁《四库全书》集部第 1129 册，第 75 页。
② 洪迈《容斋随笔》，孔凡礼点校，中华书局 2005 年，第 798—799 页。

郎王淮;文学深淳,气节直亮,则有校书郎任质言;操履端方,辞华绚采,则有正字林之奇;诗文清古,议论高明,则有正字刘望之;辞藻英华,学问该洽,则有正字王端朝"①。另据《南宋馆阁录》考察,林之奇、刘望之、王端朝任正字均在绍兴二十六年(1156);洪迈、王淮、任质言任校书郎均在绍兴二十八年;虞允文任秘书丞也在绍兴二十八年。史浩提到绍兴后期的馆阁人才各有优长,或长于学术,或擅于言辞,或文学淳厚,或品节端正,这些文人论道磋商,学问相长。

周必大《牛鱼》记载,自己曾向馆阁同人王十朋请益周麟之得名"鱼头公"之由来,"绍兴辛巳,予为秘书省正字。正月癸未迎驾,同馆王十朋望见周麟之枢密,目为'鱼头公'。问其故,云,前岁为大金哀谢使,虏主喜之,享以所钓牛鱼,非旧例也。枢公糟其首,归献于朝,故有此号。虏中甚贵此鱼,一尾之直与牛同"②。王十朋的解答有理有据,颇有说服力。《鹤林玉露》卷三载,杨万里在馆中,与同舍谈及晋代"于宝",一吏指出"乃干宝,非于也",杨氏请教,吏人取韵书进呈,"干"字下面注释"晋有干宝",杨氏大喜,称赏吏人"汝乃吾一字之师"③,可见馆阁切磋问学的良好氛围。林之奇《上何宪》云:"顷在三馆,所从者多得海内之耆英,而朝夕与之周旋,盖亦忘寝与食。广求博取,以究心于讲学之益,不知年数之不足也。"④可谓体验深切:在号称文人渊薮的地方,早晚与之交流,精神的愉悦与见识的提升令人废寝忘食;广泛的探究与丰厚的获得,专心致志于讲学之精进,忘却了生涯的有限。

① 史浩《鄮峰真隐漫录》卷三一,《宋集珍本丛刊》第 43 册,线装书局 2004 年,第 152 页。
② 周必大《周必大集校证》卷一八二,王瑞来校证,上海古籍出版社 2020 年,第 2780 页。
③ 罗大经《鹤林玉露》卷三,第 53 页。
④ 林之奇《拙斋文集》卷八,影印文渊阁《四库全书》集部第 1140 册,第 428 页。

第二节　馆阁文人的饯行与诗歌创作

一、北宋馆阁文人饯行状况

　　馆阁文人为外任、离馆同舍饯行，是一种他司所无之特殊礼仪，体现了馆阁文人的道义之乐。内容不外乎赞扬离职者的高风亮节，对其放浪山水生活的无比欣羡，对其早日归朝、重获重用的美好希冀。曾巩云："盖朝廷常引天下文学之士，聚之馆阁，所以长养其材而待上之用。有出使于外者，则其僚必相告语，择都城之中广宇丰堂、游观之胜，约日皆会，饮酒赋诗，以叙去处之情，而致绸缪之意。历世寝久，以为故常。其从容道义之乐，盖他司所无。而其赋诗之所称引况谕，莫不道去者之美，祝其归仕于王朝，而欲其无久于外。所以见士君子之风流习尚，笃于相先，非世俗之所能及。"①黄震《黄氏日钞》卷六三亦云："此馆阁之礼，而他司所无。"真宗咸平三年（1000），集贤院学士钱若水出知大名府，宋白以下三十人以诗送行，王禹偁作《集贤钱侍郎知大名府序》。仁宗康定元年（1040）六月，陆轸以工部郎中、集贤校理出知会稽，朝士柳公植以下三十一人赋诗饯之于都门。神宗熙宁三年（1070），钱纯老出知婺州，馆阁赋诗相送，与会者二十人，曾巩作《馆阁送钱纯老知婺州诗序》。北宋馆阁这种饯行活动内容丰富，参与者众多，颇具规模，影响持久。南宋馆阁也继承了此风流行止，不过规模气派还是小了些许。个中原因，汪应辰《送正字胡丈》小注道："绍兴九年，应辰自正字与外任，同舍载酒郊外，留题

---

① 曾巩《曾巩集》卷一三《馆阁送钱纯老知婺州诗序》，陈杏珍、晁继周点校，中华书局1984年，第214页。

壁间,且分韵赋诗为别。自后禁网寝密,无敢以诗送行者。"①缘于禁网严密、朝廷舆论管控的增强。

二、南宋馆阁为胡宪饯行及赋咏

绍兴三十一年(1161)二月四日,秘书省正字胡宪离馆归家,汪应辰、周必大、王十朋等八人置酒饯别,分韵赋诗。洪迈《馆阁送胡正字诗序》,提及胡宪以七十余岁的高龄请辞馆职,宰相以为:"半世为官,进不能以寸,愿加宠秩之,益广圣世贵老养贤之义。"胡宪离馆之日,"馆阁之士八人举故事,载酒殽祖之于国东门之外,相属赋诗"。洪迈对胡氏离馆归乡表达了深深的惋惜之情,"先生之去美,而其所以去则不可"。认为其不必离职的理由如下:其一,"是使黄发皤皤之士终不一朝居也";其二,"岁时诸恩泽甚厚,非所谓无人子思之侧者";其三,"满朝贤大夫注意高仰,无公孙子侧目辕固之嫌";其四,"儒生文士执弟子礼,恐不得一解颜笑,无有骊驹狗曲之诮"②。表达胡宪离馆,产生了年轻年长的馆职均无法安心朝居之影响。使用子思典故,说明朝廷为年长之人考虑,使之安心职业。反用公孙弘侧目袁固生典故,表明朝廷尊老敬老、以学问相高,并不嫌弃年长之人。"骊驹狗曲",引自《汉书》江翁、王式因嫉妒而发难之事,此处反用其典,言下之意是说文人儒生都以虔诚恭敬之心礼遇胡宪,不存在文人相轻之事。总而言之,洪氏的观点就是胡氏虽然年高,但不必离馆而去。汪应辰《分韵送胡丈归建康》曰:"先生高卧武夷巅,一旦趋朝岂偶然。报国自期如皎日,归田曾不待来年。怀铅共叹扬雄老,鞭马今输祖逖

---

① 程敏政编《新安文献志》卷五四,影印文渊阁《四库全书》集部第 1375 册,第 711 页。
② 《古今事文类聚》遗集卷六,影印文渊阁《四库全书》子部第 929 册,第 445 页。

先。册府风流久寥落,送行始复有诗篇。"①评价胡宪心志恬淡、气节
自高,趋朝任职并非偶然。感慨胡氏虽然自许报国之心如皎日可见,
但也有时不我待、年华易逝之叹。虽有扬雄校书天禄的迟暮之感,但
仍然奋勇争先以祖逖等人自勉自励。馆阁饯行的风流久久寥落,如
今恢复故事以诗篇为其送行。周必大《胡原仲宪正字特改官除宫观
中置酒饯别,会者七人,以先生早赋归去来为韵,人各赋一首,仆得早
字》云:"西伯王业兴,海滨归二老。汉家念羽翼,坐致商山皓。恭惟
陛下圣,尊德继雍镐。先生学孔孟,不但遗编抱。致身虽苦晚,闻道
固已早。昨随弓旌召,着脚历蓬岛。夜陪藜杖青,朝奏囊封皂。第令
坐台阁,不减照乘宝。思归独何事,起为子规恼。祠官厚禀假,命秩
略资考。恩荣固无愧,出处吾有道。漫漫七闽路,去去春风好。都门
送别处,怀抱要倾倒。相思常情耳,再拜请善祷。临雍有故事,乞言
非草草。指期裹蒲轮,未可迹如扫。"②赞扬了胡宪的学术、品行,描
述其馆阁经历,所受之恩宠待遇,将其辞职的理由解释为思乡念归。
虽然回家的道路漫长,可春风处处足以慰人,送别之时定要酣畅大
醉。王十朋《送胡正字宪分韵得来字》曰:"武夷之山高崔嵬,武夷先
生贤矣哉。山中高卧似孤竹,颜苍节劲清无埃。吾君养老过西伯,不
远千里归乎来。胸中万卷可医国,首荐廊庙真人才(小注:胡上书荐
张和公)。人言朝奏暮必逐,天颜独为忠言开。崇文三馆不浪辟,端
为天下收奇瑰。平时论议即涵养,富贵岂以三缄媒。西京老儒作符
命,苍黄投阁真可哀。何如皇朝有欧范,开口不惮干霆雷(小注:文
忠、文正二公皆以馆职言事)。先生学力到前辈,一时盛事光麟台。
宸衷宵旰急忠说,仁观前席延邹枚。先生掉头竟不住,扁舟自载高风

① 汪应辰《汪文定公集》卷一三,《宋集珍本丛刊》第46册,舒大刚主编,线装书
　局2004年,第127页。
② 《周必大集校证》卷二,第21页。

回。道山游从尽英隽,顾我晚进宁容陪。梅花满枝柳弄色,赋诗送别同衔杯。吾庐三径亦荒草,松菊怪我何迟徊。"①诗中以武夷山之高峻崔嵬赞扬胡公之贤达超然,以孤竹之清劲无埃标榜胡公之隐居不仕。胡公被召来朝,胸中有万卷书堪当治国大任,首先上书荐举杰士张和公。胡氏来到馆阁,议论英发,不计得失,堪比欧阳修、范仲淹任馆职时的恪尽职守、直言敢谏。可惜的是正当朝廷急需忠谠之士,像邹阳、枚乘这样的才辩之士得以延引,胡公竟然坚决请辞。诗歌最后写与胡公交游的馆阁文人全是英俊之士,自己能侧陪其中实属荣幸。在梅花绽放、杨柳吐绿之时赋诗相送,一同举杯为胡氏饯行,自己也萌生了些许退意,戏谑家乡的松菊可能都要埋怨自己为何迟迟不归了吧。

三、南宋馆阁为蔡久轩饯行及咏歌

淳祐七年(1247)十一月,蔡久轩自江东提刑归家,三馆学士以"风霜随气节,河汉下文章"分韵赋诗相送,陈协、陈南、牟子才等人有诗。陈协《淳祐七年丁未十一月朔,蔡久轩自江东提刑归抵家时,三馆诸公以"风霜随气节,河汉下文章"分韵赋诗送别,得节字》云:"贾生陈治安,难与绛灌列。汲黯触公卿,不得补遗阙。直道非身谋,古今同一辙。吾观蔡子贤,木讷有志节。道山得良友,同舍颜色悦。家学传考亭,议论接贤哲。尘污具瞻地,两疏愤激切。当宁垂宽容,在庭竞称说。屡章丐投闲,一节往司臬。狱情贵平反,人物宜区别。要令大江东,精彩与昔别。君诚给谏姿,上恩讵轻绝。即当宣室对,忠言合稷契。"②这首五言诗用典较多,暗含才华横溢、为人正直的文人不得重用的深沉感慨。贾谊虽有进陈《治安策》的才华,但无法与周勃、灌婴同列。汲黯为人倨傲严肃,抵触公卿,故而不得拾遗补阙,正

①《王十朋全集》卷一四,上海古籍出版社 2012 年,第 232 页。
②《全宋诗》第 59 册,北京大学出版社 1998 年,第 37049 页。

直不阿向来不是谋身之术。蔡久轩为人木讷而有志节,学有源流得自朱子,上疏论事言辞激切,不避身危。他在馆阁,文人学士可谓得到了良师益友,如沐春风。蔡氏离馆在陈协看来很快可以召还,期待他获得宣室召对的荣遇。陈南《淳祐七年丁未十一月朔,蔡久轩自江东提刑归抵家时,三馆诸公以"风霜随气节,河汉下文章"分韵赋诗送别,得风字》曰:"自叹年余七十翁,道山重上摄高风。一封疏奏胆如斗,三请投闲气直虹。宪节可能摅蕴抱,男儿到底要英雄。江皋父老如相问,为说吾今计亦东。"①这首七言律诗,赞叹蔡久轩虽是七十老翁,但重入馆阁高风不减,上疏言事胆大如斗,三次请求投闲置散,气如虹霓。男儿到底还是要有英雄气概,不能唯唯诺诺,对蔡氏的行为赞赏之余表明了自己的归乡心迹。牟子才《淳祐七年丁未十一月朔,蔡九轩自江东提刑归抵家时,三馆诸公以"风霜随气节,河汉下文章"分韵赋诗送别,得河字》,这首杂言古体诗计 37 句 552 字,赞叹仁宗朝馆阁选人之盛,重视涵养培育,俊杰之士得以广泛搜罗,而且论事无忌,如欧阳修、范仲淹辈。庆历中,因苏舜钦触怒权贵被诬坐监自盗而连带逐去众多馆职,影响颇大,"古来馆阁有如此,劲气金石相荡摩"。友人蔡氏,"纪纲一疏有奇气,几微半语驱沉疴。手披逆鳞触震电,心翼汉鼎扶羲娥。悠然群聩发深省,诵之穆若清风过",忠心国事,不计个人得失。诗人以熙宁、元祐时不随波逐流的苏轼、绍圣中百折不屈的黄庭坚类比,说明世间的富贵不足道,忽忽易逝如同赴烛之蛾。面对"妍者妩媚姿夭冶,轻儇佻巧甘婬阿"的行止,牟氏肯定蔡氏的超然无惧、清介自守。"疏桐缺月漏初断,鸿影缥缈还见么"②,化用苏轼《卜算子·黄州定慧院寓居作》,以苏子在苦难中的淡定从容、超然物外来劝慰鼓励离馆归家的朋友。

---

① 《全宋诗》第 59 册,北京大学出版社 1998 年,第 37224 页。

② 《全宋诗》第 59 册,北京大学出版社 1998 年,第 37377—37378 页。

又如程公许《祖饯三山赵茂实二首·序》云:"茂实毓秀麟定,振采鹓班,由掌故籍出令试馆职,历正字、校书、秘书郎……遽请外补……于是馆阁诸彦,以茂实为册府旧游,请置酒道山堂祖饯,饮酬,有诵大苏公'东海独来看出日,石桥先去踏长虹'之句,相约赋诗为赠分韵。凡十一人,余三韵,三人各补一篇。淳祐改元,龙集辛丑,中元节也。分韵得东字踏字二首。"①这次饯行活动在馆阁开展,置酒助兴,特别是以苏轼诗句来分韵赋咏,参与者 11 人。又杨万里《诚斋集》有《同三馆饯王恭父监丞分韵,予得何字》《送李君亮大著出守眉州》等。

馆阁文人的这种行为,表面上看起来是职缘关系,其实在仪式性的背后更多是政治焦虑感的排遣和释放。弗洛姆认为:"人是孤独的,同时又处于一种关系之中。人之所以孤独是由于他是独特的存在……当他依据自己的理性力量独立地去判断或作出抉择时,他不得不是孤独的。但他又无法忍受自己的孤独,无法忍受与他人的分离。他的幸福就依赖于他与自己的同伴共同感受到的一致性,以及与自己的前辈和后代共同感受到的一致性。"②换句话说,这种饯行与雅集在疗救别人的同时又拯救了自己,缘于人类对于孤独的选择和坚守、逃离与抗拒。

馆阁文人的这种雅集,既有彰扬社会身份的强烈表达,又有文化价值的笃定传承,因为馆阁文人的离馆多和直言敢谏、触时中讳关联,多和价值判断被颠覆割裂有关,所以饯行更多蕴含着感情上的慰藉、价值上的认同、德行上首肯的守望相助之意。

---

① 程公许《沧洲尘缶编》卷五,影印文渊阁《四库全书》集部第 1176 册,第 941 页。
② [美]埃里希·弗洛姆(Erich Fromm)《弗洛姆行为研究讲稿》,吴生军编译,北方妇女儿童出版社 2004 年,第 4 页。

第三节　馆阁文人以馆中植物花卉为中心的酬唱赠答

　　南宋馆阁植物花卉品类繁侈,芙蓉、海棠、红蕉、蜀葵、栀子、碧桃、梅花等等,既美化装点了工作环境,又成为可以馈赠的礼物,宋人张淏《云谷杂纪》卷二道:"今人以物相遗,谓之'人事'。"[1]南宋馆阁文人有乞赠梅花、海棠者,当然更多的是以馆中植物为审美对象,表达学士间酬唱赠答或自抒情致的风雅意趣。馆阁文人的应制之作带有程式化特点,虽然高华大气,但也刻板单调,相反,脱离限制性、规定性场域的个体情性之作更加生动妩媚。修竹劲节萧疏,梅花幽艳香冷,酝酿有天香之韵,木樨有金粟之形,海棠有袅袅风情,在对这些植物花卉的细致摹写中,既见馆阁文人的意趣品味,又见同道相惜的眷眷情谊,同时诗艺较量的快乐亦在不言中,如刘克庄所言:"借花卉以发骚人墨客之豪,托闺怨以寓放臣逐子之感。"[2]

一、修竹、柳树

　　竹子以清雅耐寒、劲节高风为文人所青睐,苏轼《於潜僧绿筠轩》云:"可使食无肉,不可使居无竹。无肉令人瘦,无竹令人俗。人瘦尚可肥,俗士不可医。"[3]将竹子之有无视为雅俗的标志。王十朋《秘书省后园修竹可爱,胡正字宪有诗次韵》曰:"不俗更嫌俗,风枝时拂墙。青青映藜烛,细细杂芸香。劲节老方见,清阴寒欲藏。萧疏似吾辈,

---

[1] 张淏《云谷杂纪》,张宗祥校录,中华书局1958年,第95页。

[2] 刘克庄《跋刘叔安感秋八词》,《刘克庄集笺校》卷九九,辛更儒校注,中华书局2011年,第4183页。

[3] 《苏轼诗集》卷九,王文诰辑注,孔凡礼点校,中华书局1982年,第2册,第448页。

味向静中长。"①秘书省后园的修竹婀娜多姿,风中摇曳,青青竹色映照着校书的烛光,细细竹影夹杂着芸草的芬芳。坚贞的节操愈老方现,清凉的阴影只是在寒冷时予以收藏。诗人欣赏修竹的雅韵高标、自然不拘,如同馆阁文人,美好的风韵在虚静中越发悠长。周紫芝《实录院与道山隔墙,堂后修竹,仆饮余必曳杖婆娑其下,时闻奉常阅乐之声,故诗中有云韶之语》曰:"风条无叶自萧骚,玉立修篁不受凋。咫尺蓬瀛横雪观,依稀丝竹度云韶。天怜人老悲双鬓,官似僧闲占一寮。日日杖藜摩饱腹,未知何以答清朝。"②感叹修竹无叶,有冷落萧条之致,但亭亭玉立经冬而不凋。在看竹听乐中年华逝去,垂垂老矣。诗人感慨官职清冷,饱腹终日,不知如何报答清明的朝廷。诗题中提到,自己饮罢必然会拄着拐杖徘徊于竹下,可见竹子与诗人的情感依存。王氏的竹子,强调它的劲节萧疏之美;周氏的竹子,赞赏它的耐寒不凋,"咏竹文学表现情感的方式一般都是迂回曲折、委婉含蓄……咏竹文学的美学风格大都含蓄淡雅、清新优美"③。

　　柳树婀娜多姿,寄寓留别和多情。杨万里《省中新柳》曰:"元日新春已早归,却缘春雪勒春迟。一年柳色今何似? 政是犹黄未绿时。"④写新春虽然早早到来,却缘于春雪又羁绊了春天的脚步。一年的柳色如今怎样? 正是刚刚呈现黄色还未绿时。柳树是作为早春意象出现的,诗歌语言清新如话,形象地揭示了大自然的潜息变化。

　　二、梅花、杏花

　　梅花凌寒开放、幽冷清高、标韵孤特、暗香沁脾,宋人对其喜爱无

---

① 《王十朋全集》卷一四,第 228 页。
② 周紫芝《太仓稊米集》卷二九,第 135 页。
③ 何明《中国咏竹文学的形成、演进及其文化内涵》,《思想战线》1994 年第 5 期。
④ 《杨万里集笺校》卷二三,辛更儒笺校,中华书局 2007 年,第 1211 页。

以复加。林逋《山园小梅》道:"疏影横斜水清浅,暗香浮动月黄昏。"
王安石《梅花》曰:"墙角数枝梅,凌寒独自开。遥知不是雪,为有暗
香来。"王十朋《次韵洪景卢编修省中红梅》道:"不为怕寒贪睡迟,东
君妙意端可知。雪英零落眼界寂,放此孤瘦红南枝。蓬莱更向逸远
地,草木宁有夭娆姿。冰容戏作桃杏色,醉脸雅与神仙宜。江兄蜡友
已前辈,黄生后出非同时。丹心独与劲节侣,疏影共浸清涟漪。骚人
相顾最不恶,何用车马纷蚩蚩。典衣莫惜共携酒,对花一展思乡
眉。"①赞赏梅花心领神会东君妙意傲寒开放,以孤瘦之姿妆点着寂
寥的世界,冰清的容颜戏作桃杏之色,好似醉酒之容,与神仙颇为相
宜。梅花的丹心一片与修竹的劲节风骨最为相配,疏影共浸于清清
的涟漪中。雅士与梅花相视颇为融洽,何用车马来纷扰,不要吝惜典
衣换酒,对着梅花一展思乡的愁眉也是值得的。绍兴三十一年
(1161),周必大赋诗《次韵史院洪景卢检详馆中红梅》曰:"红罗亭深
宫漏迟,宫花四面谁得知。蓬山移植自何世,国色含酒纷满枝。初疑
太真欲起舞,霓裳拂饰天然姿。又如东家窥墙女,施朱映粉尤相宜。
不然朝云颊薄怒,自持似对襄王时。须臾燕支着雨落,整装俯照含风
漪……"②周氏这首七言古体诗用典精当繁复,描写红梅国色天香,
文人的喜爱之情难以掩饰。以贵妃霓裳羽衣状其灵动之姿,以东家
之子施朱映粉写其娇俏之色,又以巫山神女之含情脉脉、燕支着雨之
娇羞零落摹写其意态之美。王十朋《次韵程泰之正字雪中五绝》其三
云:"嗅梅咀雪欲肠断,况读高生人日诗。"③王氏次韵秘书省正字程
大昌之作,指出嗅着梅花,含在嘴里细细品味白雪的滋味,已经是极
致的体验,何况还吟咏着动人的诗篇。

---

① 《王十朋全集》卷一四,第 230 页。
② 《周必大集校证》卷二,第 21 页。
③ 《王十朋全集》卷一四,第 228 页。

秘书省既有红梅，又有黄梅，王十朋《省中黄梅盛开同舍命予赋诗戏成四韵》曰："照眼非梅亦非菊，千叶繁英刻琼玉。色含天苑鹅儿黄，影蘸瀛波鸭头绿。日烘喜气光烛须，雨洗道装鲜映肉。此梅开后更无梅，莫惜攀条饮醑醹。"①描写黄梅乍看起来不像一般的梅花，亦不类菊花，千叶衬托下的繁花好似雕刻的美玉，鹅黄的色彩仿佛来自天苑，倩影倒映在仙界的绿波中。诗人劝告朋友大可潇洒一些，不要吝惜攀枝、吝惜美酒，因为黄梅开过后将无梅可赏。周必大《次韵王龟龄大著省中黄梅》云："化工未幻酴醿菊，先放缃梅伴群玉。幽姿着意慕铅黄，正色何心轻萼绿。妆成自浅风味深，对此宁辞食无肉……"②周必大次韵王十朋之作，着眼于黄梅的幽姿正色、淡雅天然以及风味深长，对此宁可食无肉。

梅花本身品性高洁，加之馆阁梅花种植者的特殊身份、生长地的清静高贵，此地梅花颇为文人所重。王十朋《程泰之郎中以诗三绝觅省中梅花，因次其韵》其一云："长记蓬山旧赏梅，芳樽一笑共君开。重游未见梅花面，应误君诗得得来。"其二云："诗似西湖处士诗，十篇三绝斗清奇。更将正味森严句，压倒屋檐斜入枝。"其三云："竹亭不到几经时，来往逢梅似退之。遥想吾庐溪上好，十分乡思又关眉。"③此诗乃次韵程大昌之作。程氏，绍兴三十年（1160）十月除秘书省正字，三十二年七月为著作佐郎④。王十朋，绍兴三十年十二月除著作佐郎，三十一年五月知大宗正丞⑤，二人有共同的馆阁经历，曾一同对酒赏梅。程大昌以诗求馆中梅花，王十朋次韵，以为程氏诗作似林逋之清奇，句法严整，艺术水准在林氏"湖水倒窥疏影动，屋檐斜入一

---

① 《王十朋全集》卷一四，第231页。
② 《周必大集校证》卷二，第22页。
③ 《王十朋全集》卷一六，第260—261页。
④ 《南宋馆阁录》卷八，第122页。
⑤ 《南宋馆阁录》卷七，第97页。

枝低"(《梅花》)之上。杨万里《和张功父梅诗十绝句》其二曰:"道
山堂后数株梅,为底偏于雨里开。到得晴来无一朵,乱飞白雪点苍
苔。"①写道山堂后的数株梅花偏偏在雨中开放,天晴之后花朵全无,
零落如同乱飞的白雪点缀苍苔,文人的怜惜之意表露无遗。杨万里
《戊申元日立春,题道山堂前梅花》曰:"今年元日不孤来,带领新春
一并回。夜雨初添石渠水,东风先入道山梅。不妨数朵且微破,未要
十分都尽开。江路野香元自好,阿谁移取种蓬莱?"②戊申指淳熙十
五年(1188),杨氏于淳熙十四年十月除秘书少监,十五年四月外
任③,此乃杨氏秘书少监任上所作。诗中说道,淳熙十五年的大年初
一和新春一起来临,夜雨使得石渠之水涨溢。馆阁梅花最先感受到
春风的沐浴,数朵微微绽破。这些长在江边的梅花原本就很美好,不
知是谁将其移植到号称蓬莱的道山堂。杨万里《问春》云:"元日春
回不道迟,匆匆未遣万花知。道山堂下红梅树,速借晴光染一枝。"④
感叹万花未知春天回归的信息,只有道山堂前的红梅树,迅速借着晴
和的春光一枝绽放。秘书省的梅花,既装饰了馆阁文人的生活环境,
又丰富了他们的精神世界;梅花既是文人交际应酬、寄寓情思的纽
带,又是馆阁文人惺惺相惜、意趣相契的投射。

　　杨万里以馆阁绿植为中心的自抒情性之作较多,还有杏花,如
《连日二相过史局,不到省中,后园杏花开尽》云:"史馆频催史笔迟,
道山还解有忙时。后园两日不曾到,开尽杏花人不知。"⑤写史馆工
作繁忙无暇赏花,仅仅两日功夫,后园的杏花就默默开尽了,抒发了
惜花怜花之情,蕴含着时不我待的些许遗憾和无奈。

---

① 《杨万里集笺校》卷二四,第 1218 页。
② 《杨万里集笺校》卷二三,第 1205 页。
③ 《南宋馆阁续录》卷七,第 250 页。
④ 《杨万里集笺校》卷二三,第 1207 页。
⑤ 《杨万里集笺校》卷二三,第 1210 页。

三、酴醾

酴醾又作荼蘼，又名独步春、百宜枝、佛见笑、琼绶带、白蔓君、沉香密友。藤身引蔓，能盘作高架，暮春开花，其色有红、黄、白等，大朵千瓣，有清香，宋人极力称颂，吟咏颇多，如李鷹《荼蘼洞》赞之"无华真国色，有韵自天香"①。《南宋馆阁录》载，馆阁蓬峦北有"酴醾架"②。

胡铨《铨携具赏石渠酴醾，用坡韵呈同舍》曰："酴醾独殿春，得路未为晚。露叶张翠伞，月蕊明玉幰。洗妆雨亦妍，暗麝风更远。唐时真宰相，劲气凌谏苑。危言工切劘，壁立万仞巇。帝为酿此花，以赏硕画婉。清芬濯千古，天河岂须挽。不妨便醉死，闻香定魂返。"③胡铨之诗，写酴醾暮春开放也算是得路不晚，带露之叶如同张开的绿伞，月色下的花蕊恰似玉做的帏幔，雨后的妆容更是妍丽动人，暗香随风飘散很远。唐宪宗以李绛直言敢谏、劲气凌云赏赐其酴醾酒。此花之清芬足以濯洗千古，根本不需要挽下银河来洗涤。酣饮痛快也不妨醉死，闻到此香定能魂返。诗歌描写酴醾之叶、之蕊、之妆、之香惟妙惟肖，特别是夸张手法的使用更是妙趣横生。王十朋《某次韵》曰："红紫纷争先，酴醾分甘晚。谁栽群玉府，童童张翠幰。华共芸芬香，韵随官逸远。奚用燃青藜，端能照书苑。先生海上归，平步到蓬巇。招邀饮醇酎，刚肠出清婉。遥思吴宫魂，故作楚辞挽。勿为花所留，兴尽要知返。"④王十朋诗歌小注中提到胡铨来道山，召集馆阁文人共赏酴醾，酬和东坡之诗，真乃文人佳会，而自己恰好因私试锁宿未能参与，所以只能次韵酬答以抒憾意。诗中写道，当红紫之花

<hr>

① 《全宋诗》第 20 册，北京大学出版社 1995 年，第 13631 页。
② 《南宋馆阁录》卷二，第 14 页。
③ 《全宋诗》第 34 册，北京大学出版社 1998 年，第 21587 页。
④ 《王十朋全集》卷一六，第 262 页。

竞相开放时酴醿晚开,翠绿色的帷幔茂密舒展,和芸草一同发散着芬芳伴随着著作郎。不需要点燃青藜,酴醿的光华就能照亮书苑。诗歌后面写胡铨荣归馆阁后呼朋唤友,刚正不阿,吐辞清婉。王氏最后打趣道,不要过分沉溺花中,兴尽还是要知返。王十朋《次韵程泰之酴醿》曰:"青春果作堂堂去,啼鸟唤春春不住。明珠万颗玉为钱,欲买风光嗟已莫。蓬山地冷花木稀,只有寒梅已先雨。谁遣虬枝上高架,稍觉云阴覆行路。雨余景物犹未佳,叶底精神不多露。鼻观疑闻班马香,姿比何郎更风度。平生惜春如惜别,老眼待花如待哺。幽亭相对止三人,草草杯盘为花具。"据该诗小注:"时同舍考试,惟泰之、员仲、某在馆。"①泰之乃程大昌,绍兴三十年(1160)十月除正字,三十二年七月为著作佐郎②。员仲,疑为胡宪,字原仲,绍兴三十年七月除正字,十二月主管崇道观。或疑为冯方,字元仲,绍兴三十年四月除校书郎③。王十朋,绍兴三十年二月除校书郎,十二月为著作佐郎④。王氏此诗乃馆阁期间次韵同馆文人程大昌之作。诗歌用烘托手法表明美好的时光一去不返,任凭啼鸟呼唤也无济于事,明珠万颗来购买亦求之不得。在这地僻清冷的蓬山,花木稀落,只有寒梅已先雨开放;爬上高架的酴醿,以绿荫覆盖小路。风雨过后所余景物依然不佳,叶子也无精打采,可是忽然嗅到酴醿沁人心脾的香味,看到堪比何郎傅粉更有万种风情的姿态令人欣喜。诗人感叹文人惜春犹如惜别,虽老眼昏花可依然执着地等待花开,如同婴孩嗷嗷待哺一般,形象地说明赏花的迫切与念念不忘。

---

① 《王十朋全集》卷一四,第 232 页。
② 《南宋馆阁录》卷八,第 122 页。
③ 《南宋馆阁录》卷八,第 122、114 页。
④ 《南宋馆阁录》卷八,第 114 页。

四、木樨、海棠

木樨,又称桂花,岩桂。秋末自叶腋生小花,有黄、白、橙、红等色,芳香四溢。《佩文斋广群芳谱》卷四○载,岩桂"俗呼为木犀","纹理如犀,故名木犀"。其花,"有白者名银桂,黄者名金桂,红者名丹桂。有秋花者、春花者、四季花者、逐月花者"①。馆阁道山堂瓦凉棚前有"木樨八株",著作庭瓦凉棚前有"木樨三株",席珍亭后有"木樨三株",采良门内有"木樨二株",含章亭后有"木樨三株"②,可见文人对其喜爱。周必大《次韵芮国器正字馆中木樨三首》其一曰:"有生定自为黄卷,一念无如鱼蠹何。今度金身散金粟,芸香从此不须多。"其二曰:"晓翻汗简困遮罗,午对枯枰辄烂柯。天遣幽香一唤起,醒然顿作出瓶鹅。"其三曰:"怪底花开已两回,先生爆直未衔杯。若犹不领渠侬意,犹向阶前一再开。"③其一,诗歌写校定书籍最怕鱼蠹蛀蚀,如今木樨全身如同散开的金粟,所以防护鱼蠹的芸香自然不需太多。其二,写早晨翻阅汉简困乏不堪,中午面对棋盘颇感岁月流逝,上天派遣木樨以幽香唤起沉睡之人,清醒后顿然开悟。此诗用禅宗公案,以瓶鹅比喻开悟的两难境地。其三,写木樨已两度开放,先生因连日当值未曾饮酒助兴来观赏它,好似不领它的殷切心意,然而木樨依然向着阶前一次又一次地怒放。诗歌呈现出来的,是诗人爱花的缱绻心意和未曾及时欣赏的些许歉意。

海棠被宋人关注,首先要提及的是苏轼《寓居定惠院之东,杂花满山,有海棠一株,土人不知贵也》,诗歌写海棠富贵天然、娇艳动人,

---

① 汪灏、张逸少等《佩文斋广群芳谱》卷四○,影印文渊阁《四库全书》子部第846册,第277页。
② 《南宋馆阁录》卷二,第11—16页。
③ 《周必大集校证》卷二,第23页。

气质高雅使得桃李相形见绌，"江城地瘴蕃草木，只有名花苦幽独。嫣然一笑竹篱间，桃李漫山总粗俗。也知造物有深意，故遣佳人在空谷。自然富贵出天姿，不待金盘荐华屋。朱唇得酒晕生脸，翠袖卷纱红映肉。林深雾暗晓光迟，日暖风轻春睡足。雨中有泪亦凄怆，月下无人更清淑"①。陆游以"严妆汉宫晓，一笑初破睡。定知夜宴欢，酒入妖骨醉。低鬟羞不语，困眼娇欲闭。虽艳无俗姿，太息真富贵"②，描写蜀中海棠娇羞之态、富贵之姿，足以动人心弦。《南宋馆阁录》卷二记载，道山堂前瓦凉棚五间，棚前有"海棠六株"，乃"秘书监陈骙植"；蓬峦园内有"海棠十一株"③。

　　馆阁海棠意态如何？陆游心心念念，以诗乞之周必大，陆游《周洪道学士许折赠馆中海棠，以诗督之》云："嫋嫋柔丝不自持，更禁日炙与风吹。仙家见惯浑闲事，乞与人间看一枝。"④周必大字子充，一字洪道，自号平园老叟。此诗写海棠嫋嫋娜娜，弱不自持，还要承受日晒风吹。可是馆阁文人见惯不怪，毫不怜惜。既然如此，不如乞求一枝来到寻常文士这里获得加倍的呵护。周必大《许陆务观馆中海棠未与，而诗来次韵》曰："莫嗔芳意太矜持，曾得三郎觱篥吹。今日若无工部句，殷勤犹惜最残枝。"⑤诗歌道，不要埋怨海棠过于庄重内敛，它亦曾感动三郎献技觱篥，如今若没有杜甫出色的诗句，即便是最残的花枝主人也是吝惜不予的。对未能即时给予陆游馆阁海棠做了幽默的回答，酬和之间可见馆阁文人的风雅意趣。

　　清人张潮《幽梦影》曰："梅令人高，兰令人幽，菊令人野，莲令人淡，春海棠令人艳，牡丹令人豪，蕉与竹令人韵，秋海棠令人媚，松令

---

① 《苏轼诗集》卷二〇，第 3 册，第 1036—1037 页。
② 《剑南诗稿》卷九《张园观海棠》，《陆游全集校注》第 2 册，第 170 页。
③ 《南宋馆阁录》卷二，第 11、16 页。
④ 《剑南诗稿》卷一，《陆游全集校注》第 1 册，第 40 页。
⑤ 《周必大集校证》卷二，第 26 页。

人逸,桐令人清,柳令人感。"①修竹的婆娑风姿,令人平静惬意;梅花的傲寒幽冷,使人超凡脱俗;酴醾的芬芳晶莹,令人油然而生闻香魂返的异想天开;海棠的矜持富贵,让人如痴如醉。花木于人具有心灵的安慰、情意的相通、品性的坚守、榜样的力量,缘于馆阁文人与花木之间的平等相待,明人张大复《梅花草堂笔谈》卷七以为,要以消遣之意来关注,否则不得其妙,"花木事,当家人以消遣心为之。动得其理,不更事人。以急就心为之,必乘(当为乖)其节"②。

第四节　南宋馆阁的休闲文化特质

魏晋时代的文人,既有"振衣千仞岗,濯足万里流"(左思《咏史》其五)的奔逸洒脱,又有"目送飞鸿,手挥五弦"(嵇康《赠秀才入军》第十四首)的深情悠然,为后世休闲文化树立了欣羡的榜样。宋代文人的休闲自有特色,琴棋书画、金石考古、焚香品茗、吟诗赏花、登山涉水处处文雅,尽显风流。南宋馆阁文人的休闲与普通文士相较,既有同根同源的相似性,更有职业特征的区分度。

一般说来,休闲文化的形式和品格受制于其所从属的社会阶层、地位身份、职业性质诸多方面。进入馆阁工作的文人,此前接受的文化教育本质上说与普通文人是一致的,他们身上既有休闲文化的传统积淀,又有当下风尚的引领浸染。当进入馆阁工作之后,这种被社会所认可的具有身份感的休闲方式、文化品格自然也就被带入馆阁,在与馆阁生态环境协调相宜或隔阂抗拒的情境下得到延续或改造;离馆后,他们被馆阁"滤镜"过的休闲方式又在馆阁之外的场域得以适度恢复或有条件的延续。

---

① 王雅红编《才子四书》,湖北辞书出版社 1997 年,第 107 页。
② 张大复《梅花草堂笔谈》,浙江人民美术出版社 2016 年,第 197 页。

一、南宋馆阁休闲文化的特殊样态

1. 休闲形式以群体聚会为主，个体行动较少

一般文人士夫的休闲，群体活动与个体行为兼而有之，而南宋馆阁文人的休闲常常以集体成员共同参与、群体亮相方式呈现，如葛立方《八月二十日与馆中同舍游西湖作》、周必大《与馆中同僚会邦衡侍郎于南山真珠园》《重阳预约三馆同舍登高于真珠园》、王炎《九日登宝叔塔，同游者杨大著、李校书、冯正字、曾著作、易校书》、汪莘《真直院德秀招饮于群玉堂，自陈秘监武、李秘阁道传、任侍讲希夷而下，有丁大著端祖、宣校书缯、曾侍郎从龙、刘祭酒次皋凡八人》、陈南《淳祐七年丁未十一月朔，蔡久轩自江东提刑归抵家时，三馆诸公以"风霜随气节，河汉下文章"分韵赋诗送别，得风字》等等。从诸多题目可以看出南宋馆阁休闲活动的集体性，这种行为承继了北宋馆阁休闲模式，文化的标识性更为突出，期待以精英文人的集体力量为社会树立榜样，或也暗含相互督促、相互砥砺的深长意味。

2. 休闲消费简约朴素，与浮华奢靡保持距离

南宋社会地位较高、经济富裕的文人士夫休闲，或是快意酒楼，或是携妓出游，或是举办家宴、呼朋唤友，歌舞佐欢屡见不鲜，虽不乏文雅意趣，但也颇显浮华。而馆阁文人的休闲从现有材料来看，携妓游乐、觥筹交错、欢饮达旦少见，比较简约朴素。《武林旧事》卷六记载："和乐楼、和丰楼、中和楼、春风楼、太和楼、西楼、太平楼、丰乐楼、南外库、北外库、西溪库。以上并官库，属户部点检所，每库设官妓数十人，各有金银酒器千两，以供饮客之用……元夕诸妓皆并番互移他库。夜卖各戴杏花冠儿，危坐花架……凡肴核杯盘，亦各随意携至库中，初无庖人。官中趁课，初不藉此，聊以粉饰太平耳。往往皆学舍

士夫所据,外人未易登也。"①大意是说,临安的官办酒楼设官妓以招呼客人,朝廷征收赋税最初并不依赖此营生,不过是为了粉饰太平而已。而这类酒楼往往被学舍文人士夫所占据,外面的人是不易登临入楼的。相形于学府文人流连酒楼、买欢逐乐,馆阁文人鲜少涉足这种即便是朝廷首肯的休闲场域,与浮华奢靡保持着一定的距离。

3. 休闲品格中规中矩,纵意任情较少

南宋馆阁文人休闲,美酒饮食虽然必不可少,但是从仅见材料很少看到馆阁文人在休闲场域大快朵颐或酩酊大醉,更多是想象之词。他们的休闲无论是观书赏画、唱酬赠答,还是语言游戏等,俗气中自有适度,游戏间别有克制。

吴自牧《梦粱录》卷四载,钱塘江的大潮,"每岁八月内,潮怒胜于常时……至十六、十八日倾城而出,车马纷纷……自庙子头直至六和塔,家家楼屋,尽为贵戚内侍等雇赁作看位观潮……士庶多以经文,投于江内。是时正当金风荐爽,丹桂飘香,尚复身安体健,如之何不对景行乐乎?"钱塘江大潮乃游观盛事,贵戚租赁观潮的绝佳位所,读书人和百姓以经文投江,对景行乐是不可或缺的。馆阁文人也少见参与这种活动,一来这种倾城而出的休闲过于鼓噪喧闹,二则这种休闲过于冒险刺激,弄潮儿不吝生命,抛弃人伦,观者的欢乐伴随着他者的悲痛,不合儒家伦理。苏轼有诗道"吴儿生长狎涛渊,冒利轻生不自怜"。蔡襄曾作《戒约弄潮文》,"以父母所生之遗体,投鱼龙不测之深渊……死而不吊,重弃于人伦。推予不忍之心,伸尔无家之戒"②。当然,戒文和科罚依然无法遏止这种刺激行为,馆阁文人显然没有助力这种风尚,缘于不合儒家重生死、重人伦的理念。

---

① 周密《武林旧事》,浙江人民出版社 1984 年,第 109 页。
② 吴自牧《梦粱录》卷四,第 28—29 页。

二、南宋馆阁休闲文化发生的文化机理

费正清说:"宋代的城市生活是自由奢华的。城市不再是由皇宫或其他一些行政权力中心加上城墙周围的乡村组成,相反,现在娱乐区成了社会生活的中心。"①南宋的娱乐区,包括名园水榭、勾栏瓦肆、秦楼楚馆、僧舍道观等,而馆阁文人的选择与市民阶层迥然有别,与普通文士也是同中有异。南宋馆阁休闲文化的发生,既有时代的文化精神诉求,更有职业规范、社会期待、个体形塑等诸种因素的合力作用,这些要素都聚焦发酵在南宋馆阁特有的生态场域中。

1. 育才中心的荣耀

首先,是文人对馆阁功能的清醒认知,北宋馆阁文人陈师道《谢正字启》云:"名世之士莫不由是以兴,而一代致平之功,其原盖出于此。"②南宋馆阁文人刘一止《谢馆职启》评价馆阁的功能道,"开百王盛衰之绪,为四海风化之原"③,均说明馆阁育才关乎国家兴衰成败,决定天下教化之本,因而意义重大。宋代文人对进入馆阁任职颇为看重,是他们名跻清流、人生璀璨的一次重大机遇,这种职业的责任担当,对文人的言行无疑是有约束作用的。其次,馆阁的选拔擢升除却文学才能,尤其看重品行操守。吴泳《赵彦恪授试秘书监兼崇政殿说书制》评价赵氏"行粹学古,色爽气和"④;胡寅《沈长卿秘书省正字》评价沈氏"学识明审,趋操端亮"⑤;刘一止《郑刚中秘书少监制》

① [美]费正清(John King Fairbank)、赖肖尔《中国:传统与变革》,陈仲丹等译,江苏人民出版社1996年,第142页。
② 陈师道《后山居士文集》卷一三,上海古籍出版社1984年,第646页。
③《全宋文》卷三二七四,第152册,第176页。
④ 吴泳《鹤林集》卷七,《宋集珍本丛刊》第74册,第341页。
⑤ 胡寅《斐然集》卷一三,影印文渊阁《四库全书》集部第1137册,第447页。

提出郑氏入选理由,乃"志节端亮,见于践更,强识博闻,足以华国"①。从诸多制词可以看出,朝廷期待馆阁文人德行卓荦不凡,成为社会的榜样楷模。

2. 育才中心的忧惧

期许之高、待遇优渥、政治上有较大的上升空间,自然使馆阁成为"功名富贵所由之途",同时也因利益争夺不可避免地沦为"毁誉得丧必争之地"②。南宋修纂神宗、哲宗、徽宗、钦宗四朝国史,自开院至成书达二十八年;中兴四朝国史前后修纂长达四十余年。除了编修文人迁谪频繁,不能专精其业,皇帝的"异论相搅"也导致拖沓难成。陆游《剑南诗稿》卷五七《书怀示子遹》云:"口言报国直妄耳,断简围坐晨至夕。道山堂东直庐冷,手种疏篁半窗碧。但虞风波起平地,岂有毫发能补益。"③从业中的焦虑与困惑、愤懑与自嘲溢于言表。南宋党争依然激烈,文人因主战主和而自然分野,因学术背景有差而党同伐异。赵鼎当政的绍兴五年至八年(1135—1138)间,程颐后学获得极大发展,同时也导致毁谤增多,赵鼎及其同党王居正、张嵲等被丑化为"伊川三魂",以配元祐"五鬼"④。卷入党争的馆阁文人如苏轼所言,"虽绝异之资,犹有不任之惧"⑤。在使命与恐惧中前行,需要一些休闲的手段来调适,"休闲既是一种存在的方式","更是一种生存的境界与参悟宇宙人生的生命智慧"⑥。

3. 社会的良好期待

---

① 《全宋文》卷三二六六,第 152 册,第 17 页。
② 《苏轼文集》卷四六《谢馆职启》,孔凡礼点校,中华书局 1986 年,第 1326 页。
③ 《陆游全集校注》第 6 册,第 273—274 页。
④ 熊克《中兴小纪》卷一八,顾吉辰、郭群一点校,福建人民出版社 1985 年,第 223 页。
⑤ 《苏轼文集》卷四六《谢馆职启》,第 1326 页。
⑥ 赵玉强《优游之道:宋代士大夫休闲文化及其意蕴》,第 25 页。

　　社会期许馆阁文人器识远大、德行美好，成为群英中的楷模。而且铸就文化精神，锤炼人文品格，成为推动社会发展的强劲中坚，傅察《贺曾叔夏除秘书少监启》曰："剡典领于庶事，将模楷于群英。非博物洽闻，学总万方之略，而成德懿行，身兼数器之长，曷穆师言，用当帝眷？"①胡寅《答李校书启》云："尝谓西昆册府，南极星躔，集冠冕之名流，实朝廷之妙选……既富之简编，使博其闻见，以尽卓约之守；又淹之岁月，使积其进修，而期器业之成。凡风望之所加，寔纪纲之攸赖。进居廊庙，必能熙帝载而亮天工；退处江湖，亦可立懦夫而敦薄俗。"②胡氏以为，馆阁的功能乃萃集天下英杰，精心培育其政事之才，涵养德行器识，以期为朝廷竭忠尽智。并且依赖其博古通今的才华和卓然独立的品行，呈现对社会风气的干预引领。这种意识形态的影响，无疑会成为他们规范行为、爱惜声誉的正能量。

　　在国家储才育才的良好愿景下，不可否认潜伏着被权臣操控左右的国家命运之风雨飘摇和被排挤损害的个体遭际之恐惧失望。这种张力，致使南宋馆阁的休闲文化，轻松里有着沉重，游戏里有着克制，随意里有着规矩。

三、南宋馆阁休闲文化的价值意义

　　馆阁文人以植物花卉为主题的酬唱赠答，在"以物比德"中宣扬了南宋馆阁休闲文化的文雅精致。馆中及名园芳苑的雅集聚会，既有舒心徜徉于山水之美，体悟自然之妙与禅定之趣，又有守望相助中真诚无伪的道义之乐。才情滚滚、巧发捷对中的个性彰显，语言游戏、益智游戏、随兴读书、品书鉴画等，使他们在生存压力和理想光辉中找到平衡。南宋馆阁内涵丰富的题名，与其说是馆阁物质空间的

---

① 《全宋文》卷三九六二，第 181 册，第 33 页。
② 胡寅《斐然集》卷七，影印文渊阁《四库全书》集部第 1137 册，第 364 页。

美化营造,不如说是馆阁精神文化的期许标识。道山西昆和贤才荟萃的人文生态得天独厚,为馆阁休闲营造了高品质的文化基础。育才中心与毁誉得丧的政治生态,使馆阁文人职业崇高的精进动力与生存危机的韬光养晦均被激发出来,塑造着休闲文化的多维样态。

　　生态环境于人既是压力规范,又是动力契机,需要从容应对和权宜调适。馆阁文人虽是流动的,但馆阁工作环境却是固定的,俗语有云"铁打的营盘,流水的兵",馆阁休闲文化自然就通过工作场域确立下来,文化精神也是代代相传且辐射开来。南宋馆阁休闲文化整体看来,物质的享受被轻描淡写,精神的丰盈被痴迷钟情;疏离于功利性,执着于审美性。遵从适度的游戏性与情致性,与南宋一般文人士夫的休闲既有重合,更有区别:更加中规中矩,远离奢华浓烈,强调理性收敛,讲求道义之乐,注重身份标识。这种文化品格,既有馆阁自然生态、人文生态、政治生态的滋育和淬炼,又有儒家思想对知识分子的照耀与约束。既显馆阁制度的外在规约,又显馆阁文人自我品质的内在追求,同时亦回应了社会对知识精英德行才华的价值诉求。

　　德国哲学家约瑟夫·皮珀(Josef Pieper)说:"闲暇之所以成为可能,其前提必须是人不仅要能和自己和谐相处,同时必须和整个世界及其所代表的意义相符合一致。"①南宋馆阁文人的休闲,可谓契合了这两个条件:即便是休闲,既要实现个人在职业追求中的持续动力,又要实践与发扬对南宋整个社会风气的引领、对他人教育化成的功能作用。这种文化,以部分的牺牲让度个体自由为代价,使南宋馆阁文人继续保持着文化的创造力,保障了南宋馆阁机构的正常运转,引领了南宋知识精英阶层在沮丧失落的时代情绪里,仍然拥有不低的责任感与奉献精神,以及自足圆满的品质修养和坚韧意志,这或许

---

① [德]约瑟夫·皮珀(Josef Pieper)《闲暇:文化的基础》,刘森尧译,新星出版社 2005 年,第 42 页。

就是南宋馆阁休闲文化的价值所在,也是它对现代城市休闲文化的历史启示。南宋馆阁休闲文化,某种意义上说构成了南宋城市文化的新维度,代表了精英文人价值观的新面相。

结语 从层位理论谈
宋代馆阁与文学的关系

我国皇家图书馆的历史源远流长,周有藏室,汉有天禄、石渠等,魏晋南北朝至隋唐继之不辍,雅名层出。北宋有三馆和秘阁,统称馆阁,元丰改制后隶归秘书省,但南宋仍沿续馆阁之名。历代虽名称有别、功能稍异,但宗旨趋同——"崇文之意一也"①。宋代馆阁制度之书明显增多,秘阁校理宋匪躬所撰《皇宋馆阁录》、秘书少监罗畸所编《蓬山志》、秘书少监程俱所作《麟台故事》、秘书监陈骙所著《南宋馆阁录》、佚名馆阁文人所编《南宋馆阁续录》等(见《直斋书录解题》卷六、《玉海》卷一六五),尤其是后三部著作编排恰当、体例完备、内容丰富、灿然可观,足以说明馆阁制度发展到宋代臻于成熟与茂盛。

宋代馆阁和文学之间存在密切的关系,学界已有一些比较重要的研究成果②。就宏观而论,馆阁制度是"直接作用于文学的制度设施"之中层制度,"与文学本体距离较近……对文学直接影响并接受文学的策应"③。就微观而言,我们借用饶龙隼先生层位理论,重新考量宋代馆阁与文学的关系,将其分解为庋藏编校典籍的"外层"、选

---

① 王云《重修秘阁记》,《全宋文》卷三八五〇,上海辞书出版社、安徽教育出版社 2006 年,第 176 册,第 132 页。
② 代表性研究如陈元锋《北宋馆阁翰苑与诗坛研究》,中华书局 2005 年;成明明《北宋馆阁与文学研究》,中国社会科学出版社 2007 年。等。
③ 饶龙隼《中国文学制度研究的统合与拓境》,《清华大学学报》2020 年第 5 期。

拔培育人才的"中层"、馆阁文学所属之"内层",且三者之间具有"交叠迁移"特征。层位区分,有助于更进一步厘清和审视宋代馆阁与文学之关系,有利于为中国古代文学制度研究提供有力的实践支撑。

一、馆阁储藏编校制度与文学关系——生态土壤

南宋文人王应麟说:"图书之府,著作之庭,与夫校文之处,三者各有司存。譬之蓬瀛方壶,鼎峙瀛海;台观金玉,邻居往来,而均为道家山焉。"①王氏指出,馆阁的基础职任一分为三,储藏、编纂和校勘同等重要且地位尊荣。这样的文化环境、日常工作,于文人眼界开阔、素养厚植、学术精进毋庸置疑是有促进的,对文学的影响是间接性的。

欧阳修《上执政谢馆职启》云:"伏以国家悉聚天下之书,上自文籍之初,六经、传记、百家之说,翰林、子墨之文章,下至医卜、禁祝、神仙、黄老、浮图、异域之言,靡所不有,号为书林。"②说明馆阁庋藏图籍具有历史久远、品类繁富、多元文化兼收并蓄的特点,这种选择标准对于形成和保持丰富的文学生态是大有裨益的。北宋初期馆阁的重建,图籍征集主要来自南唐、吴越、巴蜀等文化发达区域,"伪国皆聚典籍,惟吴、蜀为多,而江左颇精,亦多修述"③,"其书多雠校精当,编帙全具,与诸国书不类"④。"靖康之难"后馆阁图书之府的重建,经济人文发达的蜀、赣、越、闽等地贡献良多⑤。图籍典册的迁转流

---

① 王应麟《玉海》卷一六五,广陵书社 2003 年,第 5 册,第 3042 页。
② 欧阳修《欧阳修全集》卷九五,李逸安点校,中华书局 2001 年,第 4 册,第 1446 页。
③ 徐松辑《宋会要辑稿》崇儒四,开宝九年条,刘琳、刁忠民、舒大刚、尹波等校点,上海古籍出版社 2014 年,第 2824 页。
④ 江少虞《宋朝事实类苑》卷三〇,上海古籍出版社 1981 年,第 389 页。
⑤ 成明明《南宋馆阁图书之府的重建——以访求书籍为中心的考察》,《古典文献研究》第 19 辑上卷,凤凰出版社 2016 年,第 28—35 页。

徙,对输出和输入地文化环境有较大影响,造成两地图书资源的重新分配,刺激图书的刊刻与流播,这些自然会浸染到多地的文学生态。作为中央文化中心的馆阁,由于地位优势和职能关系,一方面文化发达之地助力它的建设和完善,同时作为回馈,馆阁文化的辐射作用又促进地方文学文化生态的繁荣与活力。本朝文人文集亦在馆阁收藏之列,如司马光、苏轼、米芾、文与可等人。私人著述收付馆阁,于家族于个人而言均是至高荣誉,保存文献、显扬名声的同时又以榜样的作用引领社会文化、学术风尚。

馆阁编纂国家图书总目,文化学术意义举足轻重。例如《崇文总目》是宋代第一部国家系统的藏书目录,历时七年完成,"摘其重复,刊其讹舛,集其书之总数,凡三万六百六十九卷"①。淳熙五年(1178),陈骙进《中兴馆阁书目》30卷,著录见在图书44486卷,较《崇文总目》多13817卷②。嘉定十三年(1220),诏秘书丞张攀等续编书目,即《中兴馆阁续书目》,得书14943卷③。据图书总目查验图典存佚,辨别真伪,核校异同,"固不失为册府之骊渊,艺林之玉圃也"④。同时了解某一时代的学术文化、引领学术研究的方向路径,功莫大焉,"学术发达影响了目录学,目录学昌盛也推动学术研究。二者可说互为因果"⑤。

馆阁文人对典籍图册的储藏鉴别、校勘整理萌生兴趣,进而成为其学术的增长点和文学创作的动力源,从影响力来判断它就不再是外层制度而属于内层了。例如曾巩在馆阁十余年,读书校书使其眼界大开、学养丰赡,学术的自信呈现在文章上就是娓娓道来、条分缕

---

① 江少虞《宋朝事实类苑》卷三一,第394页。
② 马端临《文献通考》卷一七四,中华书局1986年,第1510页。
③《玉海》卷五二,第2册,第999页。
④ 永瑢《四库全书总目·崇文总目提要》,中华书局1965年,第729页。
⑤ 乔衍琯《宋代目录学概述》,《图书与图书馆》1977年第3辑。

析、典雅温润,特别是曾氏所作校书诸序篇篇精美,历来被文章家所赏叹,《战国策序》等文章更是成为指导学子应试的经典范本。总之,图书的搜集庋藏、文献的整理编纂、典籍的校勘注释,虽不直接关涉文学,但是以传承斯文、弘扬文化、营造学术风气和引领审美风尚的力量,作用于整体文化生态而实现对文学影响的有力发生。

二、馆阁选拔培育制度与文学关系——动力导向

北宋文人秦观《进策·官制上》曰:“馆阁者,图书之府,长育英材之地也。从官于此乎次补,执政于此乎递升。故士非学术艺文、屹然为一时之望者,莫得而居之,可谓天下之妙选矣。”①说明文人对馆阁作为宋代重要培育人才机构的深刻体认:入选者使之博览群书,以备咨询;涵养器识,将待大用;选择标准,则是学术和文学杰出者。

1. 馆职召试和考校他人——迎合与自新中文学观念的交锋和新变

北宋馆职选拔以诗赋为主,兼及策论。南宋馆职选任,博学宏辞科出身是一个重要特征。南宋初级馆职召试,遵循学术与人品并重原则,策论要求积极正面,切中时病。选拔考试内容,直接影响了文人对诗赋、策论关注与研习的热情。北宋文人刘挚说:“经义以观其学,诗赋以观其文,论以观其识,策以观其才。”②以经义考查学养,以诗赋检验文章,以论体观其见识,以策体见其才华。魏泰《东轩笔录》卷七记载了进士及第者苗振召试馆职掉以轻心,不听晏殊建议竟然败在自认为小儿科的押韵上,“振率然答曰:‘岂有三十年为老娘,而倒捆孩儿者乎?’……既而试《泽宫选士赋》,韵押有王字,振

① 秦观《秦观集编年校注》卷一八,周义敢等编注,人民文学出版社2001年,第385页。
② 李焘《续资治通鉴长编》卷三六八,中华书局2004年,第15册,第8859页。

押之曰:'率土之滨莫非王。'由是不中选。晏公闻而笑曰:'苗君竟
倒裶孩儿矣。'"①此事极具代表性,说明召试馆职遵守规范是丝毫不
能含糊的,否则只会名落孙山。

文人入选馆阁后,不仅参与科举考试制度的讨论修订,而且承担
"以助主文考校"②级别有差的具体任务。馆职参与科考,虽然主导
思想受制于馆阁制度的规约,不过馆阁文人的个人喜好也会左右取
士之风,司马光《贡院乞逐路取人》云:"朝廷每次科场所差试官,率
皆两制三馆之人,其所好尚,即成风俗。在京举人,追趋时好,易知体
面,渊源渐染,文采自工;使僻远孤陋之人与之为敌,混同封弥,考较
长短,势不相侔。"③司马光指出,两制、三馆文人的嗜好崇尚直接关
涉到社会取士之风,在京举子消息灵通、条件便利,容易获得考试讯
息,追逐考官风尚,文章自然工致,而偏僻地远的应试者在信息不对
称的情形下与之同台竞艺,自然有失公允。大体说来,文人召试馆职
时被馆阁考试规范所牵引局限,服从适应是必须的,所以强化了馆阁
选拔制度。而进入馆阁成为主考官(或者以助主文考校)后,又以个
人好恶影响科举取士,便对馆阁制度造成了一定冲击。馆职召试乃
精英文人(主体是进士及第者),馆职考校他人多为普通举子,在被召
试和考校他人的身份迁转中,精英文人从向官方文学靠拢的内向行
为到彰显个性的外向行为变化,带来的是迎合与自新中文学观念的
交锋碰撞和调适新变。当然唯其如此,文学才能在规范与打破中更
新生长,保持活力。

2. 储才育才的政治职能——散文创作题材重大和情感表达慷慨

①　魏泰《东轩笔录》卷七,李裕民点校,中华书局 1983 年,第 81 页。
②　徐松辑《宋会要辑稿》选举三,庆历二年二月五日,第 5296 页。
③　吕祖谦编《宋文鉴》卷四八,齐治平点校,中华书局 1992 年,第 732 页。一见
　　《宋会要辑稿》选举三,治平三年十月六日条下小注引《文献通考》,第 5305 页。

充沛

储才育才是宋代馆阁的重要功能，刘安世有道："伏见祖宗初定天下，首辟儒馆，以育人材。累圣遵业，益加崇奖，处于英俊之地而厉其名节，观以古今之书而开其聪明，廪食太官，不任吏责，所以成就德器，推择豪杰，名卿贤相，多出此途，得人之盛，无愧前古。"①北宋文坛领袖杨亿、欧阳修、苏轼、黄庭坚，政治家范仲淹、司马光、王安石，文学家曾巩、张耒、秦观等都曾身历馆职。南宋，名相公卿赵汝愚、周必大、文天祥，学者才士李焘、陈骙、王应麟，著名文人杨万里、范成大、陆游等均足践馆阁。

馆阁的滋育，使文人谙熟典章制度，擅长政事措理，博通文史，对其眼界格局的提升与拓展有正面影响。表现在文学创作中，特别是散文题材内容聚焦天下民生、军国大事，使命感强烈，议论性突出。苏轼《谏买浙灯状》说："右臣向蒙召对便殿，亲奉德音：'以为凡在馆阁，皆当为朕深思治乱，指陈得失，无有所隐者。'"②姚勉《雪坡集》卷三《拟上封事》亦云："储材于馆阁，正欲其言天下之事也……必其事关国体，人不能言，然后馆阁之臣抗章极论。"③馆阁文人作为精英知识分子，他们"是具有能力"来表达自己的观点、态度和判断的，同时职业素养需要呈现拾遗补缺、直言敢谏的勇气和担当，当然"这个角色也有尖锐的一面"，"令人尴尬，处于对立，甚至造成不快"④。这种与统治者共治天下的政治诉求和职责使命，加之个体性情的选择呈现，突出影响了馆阁策论的风格：直陈利害、气势充沛，博通古今、掷

① 李焘《续资治通鉴长编》卷四一二，中华书局 2004 年，第 17 册，第 10029 页。
② 苏轼《苏轼文集》卷二五，孔凡礼点校，中华书局 1986 年，第 726—727 页。
③ 姚勉《雪坡集》卷三，影印文渊阁《四库全书》集部第 1184 册，台湾商务印书馆 1986 年，第 14 页。
④ ［美］爱德华·W. 萨义德（Edward Wadie Said）《知识分子论》，单德兴译，生活·读书·新知三联书店 2016 年，第 31—32 页。

地有声。

三、馆阁文学产生与生产的多维向度

如上文所述，馆阁最重要的职能是图书之府与育才中心，但日常文字、文学工作的不可或缺，加之物以类聚、人以群分的文人渊薮特点，使得文学的生产呈现被动和主动两类。

1. 日常文字职掌与评比激励——大量应制文学的产生

宋代馆阁虽不以单纯培养文学家为宗旨，但许多职任决定了它又和文学生产息息相关。杨亿《武夷新集》卷一九《与秘阁钱少卿启》云："侍柏梁之高宴，即赋七言。然陪清跸之游，更献从臣之颂。梁园旨酒，居客右以无疑；谢砌苍苔，代王言而在即。"①宴会陪侍、帝王出行、朝廷大礼等等，馆阁文人责无旁贷地要赋咏歌颂、润色鸿业。《梁溪漫志》卷二曰："故事，朝廷有合撰乐章、赞、颂、敕葬、辍祭文，夏国人使到驿燕设教坊白语删润经词及回答高丽书，并送秘书省官撰。盖学士代王言，掌大典册；此等琐细文字，付之馆职，既足以重北门之体，且所以试三馆翰墨之才，异时内、外制阙人，多于此取之。所谓馆职储材，意盖本此。"②乐章、辍祭文、教坊致语等琐细文字，由馆职撰写，既是培育历练，又是为两制储备人才，如绍兴十八年（1148）十一月，令馆阁文人撰感生帝大祀乐章，其中降神所用《大安之乐》四曲，由秘书省正字葛立方撰写；盥洗、升殿的《保安》之曲，奠玉币《光安》之曲，均由正字孙仲鳌撰写③。应制文学要求博通经史、文采绚烂、结构整饬、典雅大气，上升到宏大叙事的国家高度。

馆阁应制文学的评比与奖励，促进了应制文学的繁盛。淳化五

---

① 杨亿《武夷新集》，福建人民出版社 2007 年，第 297 页。
② 费衮《梁溪漫志》卷二，金圆校点，上海古籍出版社 1985 年，第 18 页。
③ 参见《南宋馆阁录》卷五，张富祥点校，中华书局 1998 年，第 49 页。

年(994)，姚铉直史馆侍宴内苑，应制赋《赏花钓鱼诗》，获白金之赐，《诗话总龟》前集卷四记载："太宗留意艺文，好篇咏。淳化中，春日苑中有赏花钓鱼小宴，宰相至三馆毕预坐。咸命赋诗，中字为韵，上览以第优劣。时姚铉诗先成……赐白金百两，时辈荣之，以比夺袍赐花等故事。"①仁宗天圣中，馆职韩羲因应制诗歌水平最差而落职，《东斋记事》卷一云："赏花钓鱼会赋诗，往往有宿构者……翌日，降出其诗，令中书铨定。秘阁校理韩羲最为鄙恶，落职，与外任。"②白金的荣耀赏赐和落职的严厉处罚，相辅相成地刺激了馆阁应制文学的稳定发展，《崇文总目》卷一一著录了《应制赏花集》十卷、《瑞花诗赋》一卷;《宋史》卷二〇九著录了雍子方、沈括所编《集贤院诗》二卷，熊克《馆学喜雪唱和诗》二卷等。当然应制文学需一分为二地看待，缺点是程式化明显、千篇一律，共性大于个性。优点是辞藻华美、引经据典、风格庄重、高华大气。宋代两制文人中的大手笔，几乎都有馆阁履历，可见文学风格的承继性。

　　2. 官方的文化普及与文人的理想践行——文学总集的编纂

　　馆阁储藏编校图书典籍，从与文学关系的远近来看总体属于外层制度，但具体到文学总集的编修，便是作为内层文学制度而存在。例如宋初"四大类书"之一的《文苑英华》，是太宗令两制文人与馆阁学士合作完成。编修缘起，乃"近代以来，斯文浸盛，虽述作甚多，而妍媸不辨"，选择标准是"止取菁英，所谓摘鸾凤之羽毛，截犀象之牙角"③，即优中择优。《文苑英华》作为一部大型诗文总集，承载普及文化、上继《文选》之意，其中选录众多律赋、试帖诗等，"就是为了给

①　阮阅《诗话总龟》前集卷四，周本淳校点，人民文学出版社1998年，第37页。
②　范镇《东斋记事》卷一，汝沛点校，中华书局1980年，第3—4页。
③　王应麟《玉海》卷五四，广陵书社2003年，第2册，第1022页。

当时读书人和官僚提供科举考试和办公应酬的仿效对象"①。国家利用文学形式,宣扬自己的文化理念和政治意图,亦是不言而喻。

《西昆酬唱集》,是北宋馆阁文人杨亿、刘筠、钱惟演等人模拟李商隐诗歌的一次集中且大规模的艺术实践,杨亿《西昆酬唱集序》道:"因以历览遗编,研味前作,挹其芳润,发于希慕,更迭昌和,互相切劘。""凡五七言律诗二百五十章……取玉山策府之名,命之曰《西昆酬唱集》云尔。"②作品数量达二百多首,华丽典雅,音韵铿锵,措辞新警,展示了与白体、晚唐体迥然不同的艺术高标,赢得了"然五代以来芜鄙之气,由兹尽矣"③的赞誉,引领了以才华为诗、以典故密集呈现为特征的宋诗新风尚。

3. 馆阁文化场域与文人渊薮——文学观念的活跃与创作丰富

张嵲《谢馆职上赵相公启》云:"是以游息藏修,爰处文章之林府;优柔厌饫,俾深师友之渊源。"④在张嵲看来,身处文章之林的馆阁,时常思索问学,相互交流,甚至连闲暇时候也充分利用,从容求索且仔细体味,有助于加深请益者之间的渊源关系。林之奇《上何宪》曰:"顷在三馆,所从者多得海内之耆英,而朝夕与之周旋,盖亦忘寝与食。广求博取,以究心于讲学之益,不知年数之不足也。"⑤感喟道山册府英才莘聚,交际应酬令人废寝忘食。广泛阅读多方汲取,专心致志使人忘却时间之不足。馆阁场域由于文人莘集、交流便利,有利于文学观念的活跃和文学创作的繁荣。除此之外,由于馆阁文人身份特殊,极易成为其他文士的结交热点,其中不乏缁流羽客,这自然

①　金开诚、葛兆光《历代诗文要籍详解》,北京出版社1988年,第225页。
②　杨亿等《西昆酬唱集注》,王仲荦注,上海书店出版社2001年,第2—3页。
③　田况《儒林公议》卷上,张其凡点校,中华书局2017年,第6页。
④　张嵲《紫微集》卷二九,影印文渊阁《四库全书》集部第1131册,第600页。
⑤　林之奇《拙斋文集》卷八,影印文渊阁《四库全书》集部第1140册,第428页。

有益文学的传播与接受。

馆阁文人品评赏鉴、花样游戏中诗学观念的碰撞与审美风尚的孕育，有利于宋代诗文独特面貌的形成。惠洪《冷斋夜话》卷二记载英宗治平中，沈括、吕惠卿、王存、李常四人在馆中讨论韩愈诗歌各抒己见、争论不休，沈括曰："退之诗，押韵之文耳，虽健美富赡，然终不近诗。"吕惠卿云："诗正当如是，吾谓诗人亦未有如退之者。"沈括认为韩诗只是押韵的散文，不合诗歌标准；吕惠卿则坚持韩愈代表了诗人的最高水平，对以文为诗的特征表示欣赏。这场诗学讨论没有定论，最终在"一坐大笑"①的愉悦气氛中落幕，展示了宋代诗歌多元的发展方向和审美特征。王明清《挥麈录·前录》卷三记载，宣和中蔡攸提举秘书省，夏日馆职文人于道山食瓜，蔡攸令众人参与游戏，每征说一条有关瓜的典故便食瓜一片，比拼典故多少。大家有所顾忌不敢尽言，"校书郎董彦远连征数事，皆所未闻，悉有据依，咸叹服之……后数日果补外"②。抛开董逌（字彦远）因露才扬己遭蔡氏忌恨的离馆之憾，馆阁文人较量典故多寡的游娱之乐，对于宋代文学崇尚典雅与推重博学是有促进意义的。

文学的抒情交际功能，是随时随地可以发生实现的。入馆供职、宴饮陪侍、曝书宿直、阅书校书、修史议政等诸多工作丰富繁冗，除应制外又成为文学自由表达的题材，既彰显其荣耀光辉的政治身份，又倾诉其孤寂无聊的个体况味。从馆阁诗歌情感基调来看，念远怀人、故园之思、江湖之恋、伤春悲秋等永远是主旋律，文学说到底表达的还是健全的人性。苏轼、黄庭坚元祐馆阁时期的诗歌除了应制类，更偏于私人化写作，题画诗成为核心，且二人此类诗歌创作高峰均集中

---

① 《稀见本宋人诗话四种》之一，张伯伟编校，江苏古籍出版社 2002 年，第25 页。

② 王明清《挥麈录》，上海书店出版社 2021 年，第 23 页。

在元祐时期①。南宋馆阁文人王十朋、周必大、洪迈等人在馆中唱和往还，以植物花卉来抒情交际，修竹的劲节萧疏、梅花的幽艳香冷、海棠的袅袅之态，在"情往似赠，兴来如答"中宣扬了南宋馆阁休闲文学的儒雅精致。陆游钟情于馆中海棠，以诗乞于周必大，周氏《许陆务观馆中海棠未与，而诗来次韵》打趣道"今日若无工部句，殷勤犹惜最残枝"②。这类创作摆脱了程式化束缚，更加轻倩洒脱，多以酬唱赠答形式展开，游戏性与竞技性并存。

4. 文学策应馆阁政治文化的影响——称美讽恶功能的发扬与缺失

宋代馆阁作为最高育才机构，文人有参政议政的职责，讨论议题丰富，涉及科举取士、国防安全、经济策略、地方治理、官员考核等诸多方面，需要馆阁文人知无不言，抗言直行。贺麟认为，文人介入政治的兴趣缘于本性实现，"他献身政治，乃所以成己成物，尽己性，尽物性"③。同时，皇帝和权臣利用馆阁机构来实现其政治意图，如任用或罢黜某一学术派别的文人，利用修史来"异论相搅"等等。于馆阁文人而言，政治职责、本性和政治生态，都会对他们的政治信仰、政治情感产生影响，进而浸润在文学创作中，朱晓进提出，"政治文化"是一种研究视角，是在政治与文学之间找到关系方式的桥梁④。我们借用其概念，来审视馆阁文学如何策应"政治文化"的规约。

---

① 衣若芬《苏轼题画文学研究》，文津出版社 1999 年，第 205 页。李更《宋代题画诗初探》，见《古典文献研究论丛》，北京大学出版社 1995 年，第 259 页。
② 周必大《周必大集校证》卷二，王瑞来校证，上海古籍出版社 2020 年，第 26 页。
③ 贺麟《文化与人生》，商务印书馆 2015 年，第 274 页。
④ 朱晓进提出："狭义的政治文化则主要是指由政治心理、政治意识、政治态度、政治价值观等层面所组成的观念形态体系，也就是阿尔蒙德所谓的'在特定时期流行的一套政治态度、信仰和感情。'"见朱晓进等《非文学的世纪：20 世纪中国文学与政治文化关系史论》，南京师范大学出版社 2004 年，第6—7 页。

其一,颂扬美刺主动实现下的文学创作。

馆阁应制文学因其润色鸿业的功能指向,总有为文造情的套路之嫌。但也不乏天子仁爱惠民、德治彰显、馆阁文人油然而生的真诚咏叹,从这个意义上说是文人主动去宣扬策应制度,变被动配合为主动表达。例如蔡襄有诗曰:"叠耸青峰宝炬森,端门初晚翠华临。宸游不为三元夜,乐事全归万众心。天上清光开夜色,人间和气阁春阴。要知尽作华封祝,四十年来惠爱深。"①陈衍对此诗激赏不已,以为应制作品多言过其实,唯独此诗与汉代蔡邕所撰《郭有道碑》相媲美,"当之无愧色者矣"②。蔡襄《上元进诗序》对其创作动机有所解释,"臣伏睹法驾特御端门宣谕臣僚,上元观灯,不为游赏,盖与民共乐也。臣职在文字,恭惟德音,宣布睿旨,感诗人揄扬盛美之私,辄成短章"。创作动力,其一,被天子与民同乐的德治行为所打动;其二,文字之职需要发挥赞扬盛美之功。这种文学创作更是馆阁文人在政治身份的牵系下,于"政治场景"的创作空间里对"适合国家、社会稳定的文学秩序"③的一种自觉维护,是文学主动策应后的表现。

馆阁文人离馆外任或自请归乡,除了个人健康及意愿请辞,多半是与时调不合、政治信仰的失落。同舍为之赋诗饯行,彰显了他司所无之道义之乐,诗歌的交际功能、讽谕功能得到更多凸显。熙宁十年(1077)十月,程师孟以给事中充集贤殿修撰、知越州,馆阁 33 人参与饯行,赋诗 34 篇(见《续会稽掇英集》)。淳祐七年(1247)十一月,蔡久轩归家,三馆学士以"风霜随气节,河汉下文章"分韵赋诗送别,牟子才分韵得"河"字,赋杂言古体诗 1 首,计 37 句 552 字,赞叹蔡氏忠心国事、不计个人得失,以熙宁元祐时不与世浮沉的苏轼,绍圣中百

---

① 《全宋诗》第 7 册,北京大学出版社 1998 年,第 4779 页。
② 陈衍《宋诗精华录》卷一,曹中孚校注,巴蜀书社 1992 年,第 26 页。
③ 叶晔《明代中央文官制度与文学》,浙江大学出版社 2011 年,第 10 页。

折不挠的黄庭坚类比。饯行诗歌主题,既有对离馆者品行操守、才华气质的热烈赞颂,又有对其脱离束缚优游山水的无比欣羡,还有早日归朝的良好希冀。这种文学行为,无疑是塑造并强化了馆阁文人群体形象的文化内蕴——以道义相尚,以品格相励,以才华互敬,以学业相切。

其二,弃"刺"尚"美"功能转变中的谀词生产。

苏轼《谢馆职启》鞭辟入里地道出馆阁任职的双重性,"虽曰功名富贵所由之途,亦为毁誉得丧必争之地。名重则于实难副,论高则与世常疏"①。在"'为'政治而生存"和"'靠'政治生存"②中,馆阁文人的崇高感、使命感以及现实处境下释放的功利性、世俗性交织在一起,影响了他们文学创作的题材选择与艺术表现,这也是文学策应复杂的政治文化后做出的应激性调整。

"绍兴党禁"期间,虽然部分馆阁文人的奏议慷慨激昂、力透纸背,如绍兴八年(1138)十一月,秘书省正字范如圭上书秦桧,指责其寡廉鲜耻、不尽臣子之道,终将"遗臭万世",颇能振作士气。但是粉饰和议、赞颂秦桧、美化高宗的谀文谀词更是不计其数,其中就包括馆阁学士周紫芝等人。周氏为秦桧所作诗歌颇多,如《时宰生日乐府》《时宰生日诗三十绝》等,将秦桧比作驾驭六龙、守御八方的真人,将其屈辱的和议誉为奇谋出世、万国朝贺。韩侂胄用事十四年,势焰熏灼、权震天下,文人阿谀文词也比比皆是,其中馆职高似孙献诗用"锡",《庆元党禁》记载:"高文虎之子似孙为秘书郎,因其诞日献诗九章,每章用一'锡'字,侂胄当之不辞。"③九章用"锡"寓九锡

① 苏轼《苏轼文集》卷四六,中华书局 1986 年,第 1326 页。
② [德]马克斯·韦伯(Max Weber)《学术与政治:韦伯的两篇演说》,生活·读书·新知三联书店 2005 年,第 63 页。
③ 不著撰人《庆元党禁》,影印文渊阁《四库全书》史部第 451 册,第 45 页。

之意,是中国古代皇帝赐给诸侯、大臣有殊勋者的九种礼器,表示最高礼遇。高氏献诗刻意粉饰,韩氏接受问心无愧,这种"弃'刺'尚'美',惟'德'是颂"的行为,"是儒家的诗学主张和创作主体的立身之本在以高压政治为气候特征的环境要素催化下的一种逻辑发展"①。

　　如果说馆阁储藏编校制度为文学的发展提供了生态土壤,那么选拔培育则充当了动力导向。日常职任、文化场域、政治信仰等,助力馆阁书写题材的新鲜丰富和体验感受的新颖别样,"官方场景、公共场景、私人场景之区分","创作思维中政治、文学元素的消长过程"②,带来创作风格的变化与多元。同时,这种频繁身份切换下的创作给馆阁之外的其他文学文化圈带来程度不等的辐射与干预。

　　文学策应馆阁政治文化的影响,可谓积极与消极并存,表现在称美讽恶功能的发扬与缺失。在馆阁制度中,以诗赋、策论的文学选拔进入馆阁,以文字、文学工作的培养历练达到胜任润色鸿业的初级目的。同时编纂校勘、建言科考配合着国家的文化政治策略。而两制文人和宰辅公卿的储备与输送,方是馆阁育才的终极目标。馆阁制度对宋代文化、政治的影响意义深远,由其图书之府和育才中心的强大功能所决定,苏轼云:"国家取士之门至多,而制举号为首冠;育才之地非一,而册府处其最高。"③孙升曰:"祖宗置三馆图书之府,聚四海英俊之材,优其禄赐,异其资任,试以内外要剧之务,观其进退去就之节,待其器业之成,以为廊庙之用。此实致太平之本也。"④正因馆阁地位重要、职能特殊、成效卓著,自然高调地决定了它对文学的影

① 沈松勤《南宋文人与党争》,人民出版社 2005 年,第 462 页。
② 叶晔《明代中央文官制度与文学》,第 9 页。
③ 苏轼《苏轼文集》卷四六《谢馆职启》,第 1326 页。
④ 赵汝愚《宋朝诸臣奏议》卷五九孙升《上哲宗乞诏大臣首荐名士》,上海古籍出版社 1999 年,第 652 页。

响是强势且广泛的。当然,我们也应看到学术文学有别、性格志趣迥异的文人进入馆阁,既受馆阁制度、馆阁文化的规约限制,又对原有的生态环境进行形塑与改变,譬如刘攽的滑稽多智、苏轼的博学率真、杨万里与尤袤的巧发捷对等等,都是馆阁文化的别致样态。馆阁作为学术、文化、政治中心,其文人本身具有很强的流动性,他们的入馆离馆容易造成亲近关系,形成文化文学圈、政治圈份量不等的分化与组合。

邓小南先生《走向“活”的制度史——以宋代官僚政治制度史研究为例的点滴思考》指出:“一方面,制度既确定又限制着人们集体选择的可能性;另一方面,制度本身既由‘关系’构成,又由‘关系’限定。”①馆阁具有典型的文化性、政治性与文学的亲密性,因而考察馆阁制度形成与发展、鼎盛与衰退、调适与维持中的文学生长与表现,对宋代馆阁制度、文学文化而言均是有益的。同时,分层梳理制度影响文学的多维向度也是不可或缺的,不仅有利于文学制度理论的建构走向丰腴和深刻,而且有益于政治制度的研究走向立体和鲜活。

---

① 包伟民主编《宋代制度史研究百年(1900—2000)》,商务印书馆 2004 年,第 16 页。

参考书目

《唐六典》，[唐]李林甫等撰，陈仲夫点校，北京：中华书局，1992年

《通典》，[唐]杜佑撰，王文锦等点校，北京：中华书局，1988年

《资治通鉴》，[宋]司马光编著，北京：中华书局，1956年

《宋大诏令集》，[宋]不著编纂人姓名，北京：中华书局，1962年

《隆平集》，[宋]曾巩撰，王瑞来校证，北京：中华书局，2012年

《续资治通鉴长编》，[宋]李焘撰，北京：中华书局，2004年

《通志二十略》，[宋]郑樵撰，王树民点校，北京：中华书局，1995年

《东都事略》，[宋]王称撰，影印文渊阁《四库全书》本

《名臣碑传琬琰集校证》，[宋]杜大珪编，顾宏义、苏贤校证，上海：上海古籍出版社，2021年

《宋朝诸臣奏议》，[宋]赵汝愚编，北京大学中国中古史研究中心校点整理，上海：上海古籍出版社，1999年

《续宋中兴编年资治通鉴》，[宋]刘时举撰，王瑞来点校，北京：中华书局，2014年

《宋史》，[元]脱脱等撰，北京：中华书局，1985年

《历代名臣奏议》，[明]黄淮、杨士奇编，上海：上海古籍出版社，1989年

《宋史纪事本末》，[明]陈邦瞻编，北京：中华书局，1977年

《宋会要辑稿》，[清]徐松辑，刘琳等校点，上海：上海古籍出版社，2014年

《宋会要辑稿补编》，［清］徐松辑，陈智超整理，北京：全国图书馆文
　　献缩微复制中心出版，1988 年

《续资治通鉴长编拾补》，［清］黄以周等辑注，顾吉辰点校，北京：中
　　华书局，2004 年

《宋元学案》，［清］黄宗羲著，全祖望补修，陈金生、梁运华点校，北
　　京：中华书局，1986 年

《咸淳临安志》，［宋］潜说友撰，《宋元方志丛刊》本，北京：中华书局，
　　1990 年

《嘉泰会稽志》，［宋］沈作宾修，［宋］施宿等纂，《宋元方志丛刊》本，
　　北京：中华书局，1990 年

《中吴纪闻》，［宋］龚明之撰，孙菊园点校，上海：上海古籍出版社，
　　1986 年

《梦粱录》，［宋］吴自牧撰，杭州：浙江人民出版社，1984 年

《吴郡志》，［宋］范成大撰，陆振岳点校，南京：江苏古籍出版社，
　　1999 年

《东京梦华录笺注》，［宋］孟元老撰，伊永文笺注，北京：中华书局，
　　2006 年

《东京梦华录注》，［宋］孟元老撰，邓之诚注，北京：中华书局，1982 年

《职官分纪》，［宋］孙逢吉撰，北京：中华书局，1988 年缩印本

《山堂考索》，［宋］章如愚编撰，北京：中华书局，1992 年

《太平治迹统类》，［宋］彭百川撰，影印文渊阁《四库全书》本

《麟台故事校证》，［宋］程俱撰，张富祥校证，北京：中华书局，2000 年

《翰苑群书》，［宋］洪遵撰，影印文渊阁《四库全书》本

《南宋馆阁录》，［宋］陈骙撰，张富祥点校，北京：中华书局，1998 年

《南宋馆阁续录》，［宋］佚名撰，张富祥点校，北京：中华书局，1998 年

《宋宰辅编年录校补》，［宋］徐自明撰，王瑞来校补，北京：中华书局，
　　1986 年

《宋朝事实》，［宋］李攸撰，北京：中华书局，1955 年

《建炎以来朝野杂记》，［宋］李心传撰，徐规点校，北京：中华书局，
　　2000 年

《建炎以来系年要录》，［宋］李心传编撰，胡坤点校，北京：中华书局，
　　2013 年

《中兴小纪》，［宋］熊克著，顾吉辰、郭群一点校，福州：福建人民出版
　　社，1985 年

《文献通考》，［元］马端临撰，北京：中华书局，1986 年

《郡斋读书志校证》，［宋］晁公武撰，孙猛校证，上海：上海古籍出版
　　社，1990 年

《直斋书录解题》，［宋］陈振孙著，徐小蛮、顾美华点校，上海：上海古
　　籍出版社，1987 年

《朱子语类》，［宋］黎靖德辑，王星贤点校，北京：中华书局，1986 年

《戒子通录》，［宋］刘清之撰，影印文渊阁《四库全书》本

《春明退朝录》，［宋］宋敏求撰，诚刚点校，北京：中华书局，1980 年

《梦溪笔谈》，［宋］沈括撰，金良年点校，北京：中华书局，2015 年

《麈史》，［宋］王得臣撰，上海：上海古籍出版社，1986 年

《春渚纪闻》，［宋］何薳撰，张明华点校，北京：中华书局，1983 年

《石林燕语》，［宋］叶梦得撰，宇文绍奕考异，侯忠义点校，北京：中华
　　书局，1984 年

《避暑录话》，［宋］叶梦得撰，田松青、徐时仪校点，上海：上海古籍出
　　版社，2012 年

《宋朝事实类苑》，［宋］江少虞撰，上海：上海古籍出版社，1981 年

《扪虱新话》，［宋］陈善撰，上海：上海书店出版社，1990 年

《曲洧旧闻》，［宋］朱弁撰，孔凡礼点校，北京：中华书局，2002 年

《却扫编》，［宋］徐度撰，尚成校点，上海：上海古籍出版社，2012 年

《墨庄漫录》，［宋］张邦基撰，孔凡礼点校，北京：中华书局，2002 年

《梁溪漫志》，[宋]费衮撰，金圆校点，上海：上海古籍出版社，1985 年

《涧泉日记》，[宋]韩淲撰，孙菊园点校，上海：上海古籍出版社，
　　1993 年

《老学庵笔记》，[宋]陆游撰，李剑雄、刘德权点校，北京：中华书局，
　　1979 年

《家世旧闻》，[宋]陆游撰，孔凡礼点校，北京：中华书局，1993 年

《云麓漫钞》，[宋]赵彦卫撰，傅根清点校，北京：中华书局，1996 年

《鹤林玉露》，[宋]罗大经撰，王瑞来点校，北京：中华书局，1983 年

《贵耳集》，[宋]张端义撰，李保民校点，上海：上海古籍出版社，
　　2012 年

《吹剑录全编》，[宋]俞文豹撰，张宗祥校订，上海：上海古典文学出
　　版社，1958 年

《藏一话腴》，[宋]陈郁撰，影印文渊阁《四库全书》本

《能改斋漫录》，[宋]吴曾撰，上海：上海古籍出版社，1979 年

《西溪丛语》，[宋]姚宽撰，孔凡礼点校，北京：中华书局，1993 年

《容斋随笔》，[宋]洪迈撰，孔凡礼点校，北京：中华书局，2005 年

《芦浦笔记》，[宋]刘昌诗撰，张荣铮、秦呈瑞点校，北京：中华书局，
　　1986 年

《野客丛书》，[宋]王楙撰，北京：中华书局，1987 年

《宾退录》，[宋]赵与时撰，影印文渊阁《四库全书》本

《朝野类要》，[宋]赵升编，王瑞来点校，北京：中华书局，2007 年

《密斋笔记》，[宋]谢采伯撰，李伟国整理，《全宋笔记》第 7 编第 8
　　册，郑州：大象出版社，2016 年

《困学纪闻》，[宋]王应麟撰，北京：世界书局印行，1937 年

《齐东野语》，[宋]周密撰，张茂鹏点校，北京：中华书局，1983 年

《研北杂志》，[元]陆友撰，影印文渊阁《四库全书》本

《隐居通议》，[元]刘埙撰，影印文渊阁《四库全书》本

《俨山外集》，[明]陆深撰，影印文渊阁《四库全书》本

《太平御览》，[宋]李昉等撰，北京：中华书局，1960 年影印本

《册府元龟》，[宋]王钦若等编，北京：中华书局，1960 年影明本

《事物纪原》，[宋]高承撰，北京：中华书局，1989 年

《海录碎事》，[宋]叶廷珪著，影印文渊阁《四库全书》本

《群书考索》，[宋]章如愚撰，影印文渊阁《四库全书》本

《锦绣万花谷》，[宋]佚名撰，上海：上海辞书出版社，1992 年

《古今事文类聚》，[宋]祝穆撰，影印文渊阁《四库全书》本

《古今源流至论》，[宋]林駉撰，影印文渊阁《四库全书》本

《古今源流至论别集》，[宋]黄履翁撰，影印文渊阁《四库全书》本

《古今合璧事类备要》，[宋]谢维新撰，影印文渊阁《四库全书》本

《玉海》，[宋]王应麟辑，扬州：广陵书社，2007 年

《宋稗类钞》，[清]潘永因编，刘卓英点校，北京：书目文献出版社，
　　1985 年

《太平广记》，[宋]李昉等编，北京：中华书局，1961 年

《儒林公议》，[宋]田况撰，张其凡点校，北京：中华书局，2017 年

《涑水记闻》，[宋]司马光撰，邓广铭等点校，北京：中华书局，1989 年

《青箱杂记》，[宋]吴处厚撰，李裕民点校，北京：中华书局，1985 年

《渑水燕谈录》，[宋]王辟之撰，吕友仁点校，北京：中华书局，1981 年

《归田录》，[宋]欧阳修撰，李伟国点校，北京：中华书局，1981 年

《东斋记事》，[宋]范镇撰，汝沛点校，北京：中华书局，1980 年

《孔氏谈苑》，[宋]孔平仲撰，王恒展校点，济南：齐鲁书社，2014 年

《道山清话》，[宋]佚名撰，赵维国整理，《全宋笔记》第 2 编第 1 册，
　　郑州：大象出版社，2006 年

《五总志》，[宋]吴坰撰，黄宝华整理，《全宋笔记》第 5 编第 1 册，郑
　　州：大象出版社，2006 年

《后山谈丛》，[宋]陈师道撰，李伟国点校，北京：中华书局，2007 年

《画墁录》，[宋]张舜民撰，汤勤福整理，《全宋笔记》第 2 编第 1 册，
　　郑州：大象出版社，2006 年

《湘山野录》《续录》《玉壶清话》，[宋]文莹撰，郑世刚、杨立扬点校，
　　北京：中华书局，1984 年

《侯鲭录》，[宋]赵令畤撰，孔凡礼点校，北京：中华书局，2002 年

《东轩笔录》，[宋]魏泰撰，李裕民点校，北京：中华书局，1983 年

《泊宅编》，[宋]方勺撰，许沛藻、杨立扬点校，北京：中华书局，
　　1983 年

《珍席放谈》，[宋]高晦叟撰，孔凡礼整理，《全宋笔记》第 3 编第 1
　　册，郑州：大象出版社，2008 年

《游宦纪闻》，[宋]张世南撰，张茂鹏点校，北京：中华书局，1981 年

《旧闻证误》，[宋]李心传撰，崔文印点校，北京：中华书局，1981 年

《铁围山丛谈》，[宋]蔡绦撰，冯惠民、沈锡麟点校，北京：中华书局，
　　1983 年

《墨客挥犀》，[宋]彭□辑撰，孔凡礼点校，北京：中华书局，2002 年

《续墨客挥犀》，[宋]彭□辑撰，孔凡礼点校，北京：中华书局，2002 年

《萍洲可谈》，[宋]朱彧撰，李伟国点校，北京：中华书局，2007 年

《高斋漫录》，[宋]曾慥撰，阎海文点校，北京：商务印书馆，2019 年

《默记》，[宋]王铚撰，朱杰人点校，北京：中华书局，1981 年

《燕翼诒谋录》，[宋]王栐撰，诚刚点校，北京：中华书局，1981 年

《挥麈录》，[宋]王明清撰，上海：上海书店出版社，2021 年

《投辖录》《玉照新志》，[宋]王明清撰，汪新森、朱菊如校点，上海：上
　　海古籍出版社，1991 年

《范成大笔记六种》，[宋]范成大撰，孔凡礼点校，北京：中华书局，
　　2002 年

《清波杂志校注》，[宋]周辉撰，刘永翔校注，北京：中华书局，1994 年

《邵氏闻见录》，[宋]邵伯温撰，李剑雄、刘德权点校，北京：中华书

局,1983 年

《邵氏闻见后录》,[宋]邵博撰,刘德权、李剑雄点校,北京:中华书局,1983 年

《鸡肋编》,[宋]庄绰撰,萧鲁阳点校,北京:中华书局,1983 年

《桯史》,[宋]岳珂撰,吴企明点校,北京:中华书局,1981 年

《独醒杂志》,[宋]曾敏行撰,朱杰人标校,上海:上海古籍出版社,1986 年

《西塘集耆旧续闻》,[宋]陈鹄撰,孔凡礼点校,北京:中华书局,2002 年

《枫窗小牍》,[宋]袁褧撰,尚成校点,上海:上海古籍出版社,2012 年

《四朝闻见录》,[宋]叶绍翁撰,沈锡麟、冯惠民点校,北京:中华书局,1989 年

《癸辛杂识》,[宋]周密撰,吴企明点校,北京:中华书局,1988 年

《瓮牖闲评》,[宋]袁文撰,李伟国点校,北京:中华书局,2007 年

《考古质疑》,[宋]叶大庆撰,李伟国点校,北京:中华书局,2007 年

《山家清供》,[宋]林洪撰,章原编著,北京:中华书局,2013 年

《廿二史札记》,[清]赵翼撰,曹光甫校点,南京:凤凰出版社,2008 年

《十驾斋养新录》,[清]钱大昕著,杨勇军整理,上海:上海书店出版社,1983 年

《梅尧臣集编年校注》,[宋]梅尧臣著,朱东润编年校注,上海:上海古籍出版社,1980 年

《忠肃集》,[宋]刘挚撰,裴汝诚、陈晓平点校,北京:中华书局,2002 年

《苏轼文集》,[宋]苏轼撰,孔凡礼点校,北京:中华书局,1986 年

《后山居士文集》,[宋]陈师道撰,上海:上海古籍出版社,1984 年影宋本

《吕本中诗集笺注》,[宋]吕本中著,祝尚书笺注,上海:上海古籍出

版社,2021 年

《陈与义集》,[宋]陈与义著,吴书荫、金德厚点校,北京:中华书局,
　　1982 年

《豫章罗先生文集》,[宋]罗从彦撰,《宋集珍本丛刊》本

《藏海居士集》,[宋]吴可撰,影印文渊阁《四库全书》本

《和靖尹先生文集》,[宋]尹焞撰,《宋集珍本丛刊》本

《宋著作王先生文集》,[宋]王苹撰,《宋集珍本丛刊》本

《双溪集》,[宋]苏籀撰,影印文渊阁《四库全书》本

《高东溪先生文集》,[宋]高登撰,《宋集珍本丛刊》本

《茶山集》,[宋]曾几撰,影印文渊阁《四库全书》本

《雪溪集》,[宋]王铚撰,影印文渊阁《四库全书》本

《芦川归来集》,[宋]张元干撰,上海:上海古籍出版社,1987 年

《澹庵文集》,[宋]胡铨撰,影印文渊阁《四库全书》本

《五峰胡先生文集》,[宋]胡宏撰,《宋集珍本丛刊》本

《斐然集》,[宋]胡寅撰,影印文渊阁《四库全书》本

《大隐居士诗集》,[宋]邓深撰,影印文渊阁《四库全书》本

《浮山集》,[宋]仲并撰,影印文渊阁《四库全书》本

《北山集》,[宋]郑刚中撰,影印文渊阁《四库全书》本

《横浦集》,[宋]张九成撰,影印文渊阁《四库全书》本

《湖山集》,[宋]吴芾撰,《宋集珍本丛刊》本

《汪文定公集》,[宋]汪应辰撰,《宋集珍本丛刊》本

《缙云文集》,[宋]冯时行撰,《宋集珍本丛刊》本

《默堂集》,[宋]陈渊撰,《四部丛刊三编》本

《知稼翁集》,[宋]黄公度撰,《宋集珍本丛刊》本

《唯室集》,[宋]陈长方撰,影印文渊阁《四库全书》本

《汉滨集》,[宋]王之望撰,影印文渊阁《四库全书》本

《云庄集》,[宋]曾协撰,影印文渊阁《四库全书》本

《竹轩集》,[宋]林季仲撰,影印文渊阁《四库全书》本

《拙斋文集》,[宋]林之奇撰,影印文渊阁《四库全书》本

《于湖居士文集》,[宋]张孝祥撰,徐鹏校点,上海:上海古籍出版社,
  2009 年

《太仓稊米集》,[宋]周紫芝撰,《宋集珍本丛刊》本

《夹漈遗稿》,[宋]郑樵撰,《宋集珍本丛刊》本

《鄮峰真隐漫录》,[宋]史浩撰,《宋集珍本丛刊》本

《海陵集》,[宋]周麟之撰,《宋集珍本丛刊》本

《竹洲集》,[宋]吴儆撰,《宋集珍本丛刊》本

《高峰文集》,[宋]廖刚撰,影印文渊阁《四库全书》本

《罗鄂州小集》,[宋]罗愿撰,影印文渊阁《四库全书》本

《艾轩集》,[宋]林光朝撰,《宋集珍本丛刊》本

《晦庵先生朱文公文集》,[宋]朱熹撰,《四部丛刊初编》本

《周必大集校证》,[宋]周必大撰,王瑞来校证,上海:上海古籍出版
  社,2020 年

《雪山集》,[宋]王质撰,《宋集珍本丛刊》本

《梁溪遗稿》,[宋]尤袤撰,《宋集珍本丛刊》本

《方舟集》,[宋]李石撰,《宋集珍本丛刊》本

《东莱吕太史文集》,[宋]吕祖谦撰,《宋集珍本丛刊》本

《止斋先生文集》,[宋]陈傅良撰,《丛书集成续编》本

《王十朋全集》,[宋]王十朋撰,上海:上海古籍出版社,2012 年

《香山集》,[宋]喻良能撰,影印文渊阁《四库全书》本

《宫教集》,[宋]崔敦礼撰,《宋集珍本丛刊》本

《乐轩集》,[宋]陈藻撰,影印文渊阁《四库全书》本

《定庵类稿》,[宋]卫博撰,影印文渊阁《四库全书》本

《澹轩集》,[宋]李吕撰,影印文渊阁《四库全书》本

《双溪文集》,[宋]王炎撰,《宋集珍本丛刊》本

《止堂集》，［宋］彭龟年撰，影印文渊阁《四库全书》本

《丹阳集》，［宋］葛胜仲撰，《宋集珍本丛刊》本

《浮溪集》，［宋］汪藻撰，《四部丛刊初编》本

《陵阳集》，［宋］韩驹撰，影印文渊阁《四库全书》本

《东莱集》，［宋］吕祖谦撰，影印文渊阁《四库全书》本

《攻愧集》，［宋］楼钥撰，《四部丛刊初编》本

《尊白堂集》，［宋］虞俦撰，影印文渊阁《四库全书》本

《东塘集》，［宋］袁说友撰，《宋集珍本丛刊》本

《涉斋集》，［宋］许纶撰，影印文渊阁《四库全书》本

《蠹斋铅刀编》，［宋］周孚撰，影印文渊阁《四库全书》本

《乾道稿》，［宋］赵蕃撰，影印文渊阁《四库全书》本

《慈湖遗书》，［宋］杨简撰，影印文渊阁《四库全书》本

《絜斋集》，［宋］袁燮撰，影印文渊阁《四库全书》本

《云庄集》，［宋］刘爚撰，影印文渊阁《四库全书》本

《定斋集》，［宋］蔡戡撰，影印文渊阁《四库全书》本

《九华集》，［宋］员兴宗撰，影印文渊阁《四库全书》本

《野处类稿》，［宋］洪迈撰，影印文渊阁《四库全书》本

《盘洲文集》，［宋］洪适撰，《四部丛刊初编》本

《范成大集校笺》，［宋］范成大撰，吴企明校笺，上海：上海古籍出版
　　社，2022 年

《杨万里集笺校》，［宋］杨万里撰，辛更儒笺校，北京：中华书局，
　　2007 年

《南湖集》，［宋］张镃撰，影印文渊阁《四库全书》本

《南涧甲乙稿》，［宋］韩元吉撰，影印文渊阁《四库全书》本

《莲峰集》，［宋］史尧弼撰，影印文渊阁《四库全书》本

《烛湖集》，［宋］孙应时撰，影印文渊阁《四库全书》本

《省斋集》，［宋］廖行之撰，影印文渊阁《四库全书》本

《张栻集》，[宋]张栻撰，杨世文点校，北京：中华书局，2015 年

《勉斋先生黄文肃公文集》，[宋]黄榦撰，《宋集珍本丛刊》本

《山房集》，[宋]周南撰，影印文渊阁《四库全书》本

《后乐集》，[宋]卫泾撰，影印文渊阁《四库全书》本

《梅山续稿》，[宋]姜特立撰，《宋集珍本丛刊》本

《菊磵集》，[宋]高翥撰，影印文渊阁《四库全书》本

《漫塘文集》，[宋]刘宰撰，《宋集珍本丛刊》本

《洺水集》，[宋]程珌撰，影印文渊阁《四库全书》本

《龙洲集》，[宋]刘过撰，上海：上海古籍出版社，1978 年

《鹤山先生大全文集》，[宋]魏了翁撰，《四部丛刊初编》本

《西山先生真文忠公文集》，[宋]真德秀撰，《四部丛刊初编》本

《平斋文集》，[宋]洪咨夔撰，《四部丛刊初编》本

《蒙斋集》，[宋]袁甫撰，《四部丛刊续编》本

《清献集》，[宋]杜范撰，影印文渊阁《四库全书》本

《鹤林集》，[宋]吴泳撰，《宋集珍本丛刊》本

《东涧集》，[宋]许应龙撰，影印文渊阁《四库全书》本

《安晚堂集》，[宋]郑清之撰，影印文渊阁《四库全书》本

《沧洲尘缶编》，[宋]程公许撰，影印文渊阁《四库全书》本

《筼窗集》，[宋]陈耆卿撰，影印文渊阁《四库全书》本

《方壶存稿》，[宋]汪莘撰，《宋集珍本丛刊》本

《铁庵集》，[宋]方大琮撰，影印文渊阁《四库全书》本

《默斋遗稿》，[宋]游九言撰，影印文渊阁《四库全书》本

《履斋遗稿》，[宋]吴潜撰，影印文渊阁《四库全书》本

《臞轩集》，[宋]王迈撰，影印文渊阁《四库全书》本

《刘克庄集笺校》，[宋]刘克庄著，辛更儒校注，北京：中华书局，
　2011 年

《涧泉集》，[宋]韩淲撰，影印文渊阁《四库全书》本

《庸斋集》,［宋］赵汝腾撰,影印文渊阁《四库全书》本

《玉楮集》,［宋］岳珂撰,影印文渊阁《四库全书》本

《灵岩集》,［宋］唐士耻撰,影印文渊阁《四库全书》本

《楳野集》,［宋］徐元杰撰,《宋集珍本丛刊》本

《耻堂存稿》,［宋］高斯得撰,《丛书集成新编》本

《秋崖集》,［宋］方岳撰,影印文渊阁《四库全书》本

《芸隐横舟稿》,［宋］施枢撰,《丛书集成三编》本

《蒙川遗稿》,［宋］刘黻撰,《宋集珍本丛刊》本

《雪矶丛稿》,［宋］乐雷发撰,《宋集珍本丛刊》本

《北磵文集》,［宋］释居简撰,《宋集珍本丛刊》本

《西塍集》,［宋］宋伯仁撰,影印文渊阁《四库全书》本

《梅屋集》,［宋］许棐撰,影印文渊阁《四库全书》本

《巽斋文集》,［宋］欧阳守道撰,影印文渊阁《四库全书》本

《方泉诗集》,［宋］周文璞撰,《丛书集成三编》本

《白石道人诗集》,［宋］姜夔撰,《四部丛刊初编》本

《野谷诗稿》,［宋］赵汝鐩撰,影印文渊阁《四库全书》本

《雪坡集》,［宋］姚勉撰,影印文渊阁《四库全书》本

《文山先生文集》,［宋］文天祥撰,《宋集珍本丛刊》本

《叠山集》,［宋］谢枋得撰,《四部丛刊续编》本

《端平诗隽》,［宋］周弼撰,影印文渊阁《四库全书》本

《鲁斋集》,［宋］王柏撰,《丛书集成新编》本

《须溪集》,［宋］刘辰翁撰,《丛书集成续编》本

《方蛟峰先生文集》,［宋］方逢辰撰,《宋集珍本丛刊》本

《秋声集》,［宋］卫宗武撰,影印文渊阁《四库全书》本

《陆九渊集》,［宋］陆九渊著,钟哲点校,北京:中华书局,1980 年

《陈亮集》(增订本),［宋］陈亮撰,邓广铭点校,北京:中华书局,
　　1987 年

《剑南诗稿校注》,［宋］陆游著,钱仲联校注,上海:上海古籍出版社,
　　2005 年

《稼轩词编年笺注》,［宋］辛弃疾著,邓广铭笺注,上海:上海古籍出
　　版社,2016 年

《叶适集》,［宋］叶适撰,刘公纯、王孝鱼、李哲夫点校,北京:中华书
　　局,2010 年

《文苑英华》,［宋］李昉等编,北京:中华书局,1966 年

《宋文鉴》,［宋］吕祖谦编,齐治平点校,北京:中华书局,1992 年

《两宋名贤小集》,［宋］陈思编,［元］陈世隆补编,《宋集珍本丛刊》
　　本,北京:线装书局,2004 年

《五百家播芳大全文粹》,［宋］魏齐贤、叶棻编,影印文渊阁《四库全
　　书》本

《文章辨体汇选》,［明］贺复征编,影印文渊阁《四库全书》本

《宋诗钞》,［清］吴之振等选,北京:中华书局,1986 年

《全宋文》,曾枣庄、刘琳主编,上海:上海辞书出版社、合肥:安徽教育
　　出版社,2006 年

《全宋诗》,傅璇琮等主编,北京:北京大学出版社,1995 年

《全宋词》,唐圭璋编纂,王仲闻参订,孔凡礼补辑,北京:中华书局,
　　1999 年

《六一诗话》,［宋］欧阳修著,北京:中华书局,《历代诗话》本

《温公续诗话》,［宋］司马光著,北京:中华书局,《历代诗话》本

《临汉隐居诗话》,［宋］魏泰著,北京:中华书局,《历代诗话》本

《诗话总龟》,［宋］阮阅编,周本淳校点,北京:人民文学出版社,
　　1987 年

《藏海诗话》,［宋］吴可撰,北京:中华书局,《历代诗话续编》本

《竹坡诗话》,［宋］周紫芝著,北京:中华书局,《历代诗话》本

《紫微诗话》,［宋］吕本中著,北京:中华书局,《历代诗话》本

《彦周诗话》,[宋]许顗著,北京:中华书局,《历代诗话》本

《风月堂诗话》,[宋]朱弁著,陈新点校,北京:中华书局,1991 年

《韵语阳秋》,[宋]葛立方著,北京:中华书局,《历代诗话》本

《庚溪诗话》,[宋]陈岩肖撰,北京:中华书局,《历代诗话续编》本

《苕溪渔隐丛话》,[宋]胡仔纂集,廖德明校点,北京:人民文学出版
　　社,1962 年

《岁寒堂诗话笺注》,[宋]张戒著,陈应鸾笺注,成都:四川大学出版
　　社,1990 年

《后村诗话》,[宋]刘克庄撰,王秀梅点校,北京:中华书局,1983 年

《诗人玉屑》,[宋]魏庆之编,王仲闻校勘,上海:上海古籍出版社,
　　1978 年新 1 版

《林下偶谈》,[宋]吴子良撰,《丛书集成初编》本

《诗林广记》,[宋]蔡正孙撰,常振国、降云点校,北京:中华书局,
　　1982 年

《瀛奎律髓汇评》,[元]方回选评,李庆甲集评校点,上海:上海古籍
　　出版社,1986 年

《山堂肆考》,[明]彭大翼撰,影印文渊阁《四库全书》本

《诗薮》,[明]胡应麟撰,上海:上海古籍出版社,1979 年

《宋诗纪事》,[清]厉鹗辑撰,上海:上海古籍出版社,1983 年

《四库全书总目》,[清]永瑢等撰,北京:中华书局,1965 年

《四库全书简明目录》,[清]永瑢等著,上海:上海古籍出版社,1985
　　年新 1 版

《历代诗话》,[清]何文焕辑,北京:中华书局,1981 年

《历代诗话续编》,[清]丁福保辑,北京:中华书局,1983 年

《清诗话》,[清]王夫之等撰,丁福保辑,上海:上海古籍出版社,
　　1999 年

《清诗话续编》,郭绍虞编选,富寿荪校点,上海:上海古籍出版社,

1983 年

《宋诗话考》,郭绍虞著,北京:中华书局,1979 年

《宋诗话辑佚》,郭绍虞辑,北京:中华书局,1980 年

《宋诗话全编》,吴文治主编,南京:江苏古籍出版社,1998 年

《沧浪诗话校释》,严羽著,郭绍虞校释,北京:人民文学出版社,
　　2005 年

《四库提要辨证》,余嘉锡著,北京:中华书局,1980 年

《宋史丛考》,聂崇岐著,北京:中华书局,1980 年

《唐代政治史述论稿》,陈寅恪撰,上海:上海古籍出版社,1982 年

《中国目录学史论丛》,王重民著,北京:中华书局,1984 年

《谈艺录》(补订本),钱钟书著,北京:中华书局,1984 年

《中国制度史》,吕思勉著,上海:上海教育出版社,1985 年

《宋史研究论文集》,邓广铭,徐规等主编,杭州:浙江人民出版社,
　　1987 年

《中国文化史》,柳诒徵著,上海:东方出版中心,1988 年

《宋诗选注》,钱钟书选注,北京:人民文学出版社,1989 年

《两宋文学史》,程千帆、吴新雷著,上海:上海古籍出版社,1991 年

《宋诗精华录》,陈衍评点,曹中孚校注,成都:巴蜀书社,1992 年

《〈宋史〉考证》,顾吉辰著,上海:华东理工大学出版社,1994 年

《两宋题画诗论》,李栖著,台北:台湾学生书局,1994 年

《两宋财政史》,汪圣铎著,北京:中华书局,1995 年

《宋代文学思想史》,张毅著,北京:中华书局,1995 年

《江湖诗派研究》,张宏生著,北京:中华书局,1995 年

《政治中的人性》,[英]格雷厄姆·沃拉斯著,朱曾汶译,北京:商务
　　印书馆,1995 年

《宋高宗》,王曾瑜著,长春:吉林文史出版社,1996 年

《宋元诗社研究丛稿》,欧阳光著,广州:广东高等教育出版社,

1996 年

《中国：传统与变革》，［美］费正清、赖肖尔著，陈仲丹等译，江苏人民
　　出版社，1996 年

《宋代官制辞典》，龚延明编著，北京：中华书局，1997 年

《中国美学沉思录》，皮朝纲著，成都：四川民族出版社，1997 年

《宋代地域文化》，程民生著，开封：河南大学出版社，1997 年

《宋代文学通论》，王水照主编，开封：河南大学出版社，1997 年

《宋代诗学通论》，周裕锴著，成都：巴蜀书社，1997 年

《北宋文人与党争》（增订本），沈松勤著，北京：人民出版社，1998 年

《宋代诗学中的晚唐观》，黄奕珍著，台北：文津出版社，1998 年

《中华大典·文学典·宋辽金元文学分典》，曾枣庄主编，南京：江苏
　　古籍出版社，1999 年

《宋人别集叙录》，祝尚书著，北京：中华书局，1999 年

《王水照自选集》，王水照著，上海：上海教育出版社，2000 年

《中国思想史》，葛兆光著，上海：复旦大学出版社，2001 年

《宋诗：融通与开拓》，张宏生著，上海：上海古籍出版社，2001 年

《北宋新旧党争与文学》，萧庆伟著，北京：人民文学出版社，2001 年

《两宋之交诗歌研究》，汪俊著，北京：旅游教育出版社，2001 年

《中国思想史》，葛兆光著，上海：复旦大学出版社，2001 年

《中国目录学史》，姚名达撰，上海：上海古籍出版社，2002 年

《宋代文化与文学研究》，张海鸥著，北京：中国社会科学出版社，
　　2002 年

《宋诗特色研究》，张高评著，长春：长春出版社，2002 年

《宋文论稿》，朱迎平著，上海：上海财经大学出版社，2003 年

《宋人年谱丛刊》，吴洪泽、尹波主编，成都：四川大学出版社，2003 年

《宋人总集叙录》，祝尚书著，北京：中华书局，2004 年

《宋代制度史研究百年》，包伟民主编，北京：商务印书馆，2004 年

《南宋文人与党争》,沈松勤著,北京:人民出版社,2005 年

《学术与政治:韦伯的两篇演说》,[德]马克斯·韦伯著,冯克利译,北京:生活·读书·新知三联书店,2005 年

《宋辽金元史新编》,陶晋生著,台北:稻乡出版社,2005 年

《行走在宋代的城市》,伊永文著,北京:中华书局,2005 年

《北宋馆阁翰苑与诗坛研究》,陈元锋著,北京:中华书局,2005 年

《科举与宋代社会》,何忠礼著,北京:商务印书馆,2006 年

《南宋都城临安研究》,林正秋著,北京:中国文史出版社,2006 年

《宋代馆阁校勘研究》,李更著,南京:凤凰出版社,2006 年

《北宋馆阁与文学研究》,成明明著,北京:中国社会科学出版社,2007 年

《叶梦得研究》,潘殊闲著,成都:巴蜀书社,2007 年

《北宋政治改革家王安石》,邓广铭著,北京:生活·读书·新知三联书店,2007 年

《游戏的人:文化中游戏成分的研究》,[荷]约翰·赫津伊哈著,何道宽译,广州:花城出版社,2007 年

《梅文化论丛》,程杰著,北京:中华书局,2007 年

《中国梅花审美文化研究》,程杰著,成都:巴蜀书社,2008 年

《宋文通论》,曾枣庄著,上海:上海人民出版社,2008 年

《宋代科举与文学》,祝尚书著,北京:中华书局,2008 年

《叶适研究》,周梦江、陈凡男著,北京:人民出版社,2008 年

《魏了翁文学研究》,张文利著,北京:中华书局,2008 年

《女性物事与宋词》,田苗著,北京:人民出版社,2008 年

《宋代文化新观察》,杨渭生著,保定:河北大学出版社,2008 年

《宋代的家庭和法律》,柳立言著,上海:上海古籍出版社,2008 年

《南宋政治史》,何忠礼著,北京:人民出版社,2008 年

《南宋教育史》,苗春德、赵国权著,上海:上海古籍出版社,2008 年

《南宋宗教史》,杨倩描著,北京:人民出版社,2008 年

《宋代物价研究》,程民生著,北京:人民出版社,2008 年

《宋史十讲》,邓广铭著,北京:中华书局,2008 年

《政绩考察与信息渠道:以宋代为重心》,邓小南主编,北京:北京大学
　　出版社,2008 年

《宋代台谏制度研究》(增订本),虞云国著,上海:上海书店出版社,
　　2009 年

《宋代经济史》,漆侠著,北京:中华书局,2009 年

《南宋科举制度史》,何忠礼著,北京:人民出版社,2009 年

《宋南渡词人群体研究》,王兆鹏著,南京:凤凰出版社,2009 年

《南宋文学史》,王水照、熊海英著,北京:人民出版社,2009 年

《宋集传播考论》,巩本栋著,北京:中华书局,2009 年

《宋代的家族与社会》,黄宽重著,北京:国家图书馆出版社,2009 年

《宋代家族与文学研究》,张剑、吕肖奂、周杨波著,北京:中国社会科
　　学出版社,2009 年

《邓广铭治史丛稿》,邓广铭著,北京:北京大学出版社,2010 年

《宋代政治结构研究》,[日]平田茂树著,林松涛、朱刚等译,上海:上
　　海古籍出版社,2010 年

《宋朝阶级结构》(增订版),王曾瑜著,北京:中国人民大学出版社,
　　2010 年

《宰相故事:士大夫政治下的权力场》,王瑞来著,北京:中华书局,
　　2010 年

《宋代政治与文学研究》,沈松勤著,北京:商务印书馆,2010 年

《宋季士风与文学》,刘婷婷著,北京:中华书局,2010 年

《天潢贵胄:宋代宗室史》,[美]贾志扬著,赵冬梅译,南京:江苏人民
　　出版社,2010 年

《宋学的发展与演变》,漆侠著,石家庄:河北人民出版社,2011 年

《朱熹的历史世界：宋代士大夫政治文化的研究》，余英时著，北京：生活·读书·新知三联书店，2011年

《翰林学士与宋代士人文化》，唐春生著，北京：中国社会科学出版社，2011年

《明代中央文官制度与文学》，叶晔著，杭州：浙江大学出版社，2011年

《中国古代文体学研究》，吴承学著，北京：人民出版社，2011年

《庙堂之上与江湖之间——宋代研究若干论题的考察》，游彪著，北京：北京师范大学出版社，2011年

《通往中兴之路：思想文化视域中的宋南渡诗坛》，王建生著，上海：上海古籍出版社，2011年

《周密研究》，刘静著，北京：人民出版社，2012年

《两宋宗室文学研究》，骆晓倩著，北京：中华书局，2012年

《宋代雅俗文学观》，凌郁之著，北京：中国社会科学出版社，2012年

《两宋辞赋史》，刘培著，济南：山东人民出版社，2012年

《中国转向内在：两宋之际的文化转向》，[美]刘子健著，赵冬梅译，南京：江苏人民出版社，2012年

《南宋佛教制度文化研究》，王仲尧著，北京：商务印书馆，2012年

《南宋初年名相研究》，白晓霞著，广州：暨南大学出版社，2012年

《宋代人口问题考察》，程民生著，郑州：河南人民出版社，2013年

《辽宋夏金史讲义》，邓广铭著，北京：中华书局，2013年

《剑桥中国文学史》，孙康宜、[美]宇文所安主编，刘倩等译，北京：生活·读书·新知三联书店，2013年

《美的焦虑：北宋士大夫的审美思想与追求》，[美]艾朗诺著，杜斐然等译，上海：上海古籍出版社，2013年

《宋代文学传播探原》，王兆鹏著，武汉：武汉大学出版社，2013年

《科举与诗艺：宋代文学与士人社会》，[日]高津孝著，潘世圣等译，上海：上海古籍出版社，2013年

《距离与想象：中国诗学的唐宋转型》，[日]浅见洋二著，金程宇等
　　译，上海：上海古籍出版社，2013 年

《南宋儒学建构》，何俊著，上海：上海人民出版社，2013 年

《心学源流——张九成心学与浙东学派》，刘玉敏著，北京：人民出版
　　社，2013 年

《唱和诗词研究——以唐宋为中心》，巩本栋著，北京：中华书局，
　　2013 年

《宋代诗话与诗学文献研究》，卞东波著，北京：中华书局，2013 年

《刘克庄的文学世界：晚宋文学生态的一种考察》，侯体健著，上海：复
　　旦大学出版社，2013 年

《生逢宋代：北宋士林将坛说》，陈峰著，北京：生活·读书·新知三联
　　书店，2013 年

《祖宗之法：北宋前朝政治述略》（修订版），邓小南著，北京：生活·
　　读书·新知三联书店，2014 年

《宋代城市研究》，包伟民著，北京：中华书局，2014 年

《宋代南渡诗歌研究》，顾友泽著，北京：北京大学出版社，2014 年

《北宋诗歌与政治关系研究》，杜若鸿著，北京：北京大学出版社，
　　2015 年

《宋词十讲》，刘扬忠著，南京：江苏文艺出版社，2015 年

《知识与抒情：宋代诗学研究》，张健著，北京：北京大学出版社，2015 年

《宋元文学与宗教》，张宏生著，上海：上海古籍出版社，2015 年

《历史叙事与宋代散文研究》，李贞慧著，北京：中国社会科学出版社，
　　2015 年

《宋代治国理念及其实践研究》，陈峰等著，北京：人民出版社，
　　2015 年

《文化与人生》，贺麟著，北京：商务印书馆，2015 年

《义旨之争：南宋科举规范之折冲》，[比]魏希德著，胡永光译，杭州：

浙江大学出版社,2015 年

《花的智慧》,［比］莫里斯·梅特林克著,谭立德、周国强译,北京:商务印书馆,2015 年

《朝堂之外:北宋东京士人交游》,梁建国著,北京:中国社会科学出版社,2016 年

《两宋理学家文道观念及其诗学实践研究》,王培友著,南京:南京大学出版社,2016 年

《周必大的历史世界:南宋高、孝、光、宁四朝士人关系之研究》,许浩然著,南京:凤凰出版社,2016 年

《宋代两京都市文化与文学》,刘方著,北京:中国社会科学出版社,2016

《优游之道:宋代士大夫休闲文化及其意蕴》,赵玉强著,上海:上海古籍出版社,2016 年

《宋代生态诗学研究》,曹瑞娟著,北京:中国社会科学出版社,2016 年

《宋代诗学视域下的桃花源主题》,杨宏著,北京:中国社会科学出版社,2016 年

《古典文献研究》第 19 辑上卷,程章灿主编,南京:凤凰出版社,2016 年

《知识分子论》,［美］爱德华·W.萨义德著,单德兴译,北京:生活·读书·新知三联书店,2016 年

《宋代科举社会》,梁庚尧编著,上海:东方出版中心,2017 年

《风月同天:中国与东亚》,张伯伟、卞东波著,南京:江苏人民出版社,2017 年

《〈玉海·艺文〉校证》(修订本),［宋］王应麟撰,武秀成、赵庶洋校证,南京:凤凰出版社,2017 年

《宋赋研究:权力与形式》,胡建升著,上海:上海交通大学出版社,2017 年

《宋代律赋与科举———一种文学体式的制度浮沉》,许瑶丽著,北京：
　　人民出版社,2017 年

《诗与画：宋代宗室的艺术栖居》,杨理论、骆晓倩、姚瑶著,北京：人民
　　出版社,2018 年

《宋徽宗》,［美］伊沛霞著,韩华译,桂林：广西师范大学出版社,
　　2018 年

《中国文学传统》,朱刚著,北京：高等教育出版社,2018 年

《南渡君臣：宋高宗及其时代》,虞云国著,上海：上海人民出版社,
　　2019 年

《宋元笔记述要》,陈尚君著,北京：中华书局,2019 年

《宋代荐举改官研究》,胡坤著,上海：上海古籍出版社,2019 年

《诗意人生》,莫砺锋著,南京：江苏人民出版社,2020 年

《宋代民众文化水平研究》,程民生著,北京：社会科学文献出版社,
　　2022 年

《棘闱：宋代科举与社会》,［美］贾志扬著,南京：江苏人民出版社,
　　2022 年

《辽宋金社会史论集》,王善军著,北京：人民出版社,2022 年

《李杜韩柳的文学世界》,李芳民著,北京：中华书局,2022 年

《作为物质文化的石刻文献》,程章灿著,南京：南京大学出版社,
　　2023 年

后　记

　　《南宋馆阁与文学研究》，是我 2010 年国家社科基金项目的结项成果。本项目于 2016 年 7 月提交结项。之后，在捉摸不透的生命时光里修修改改、缝缝补补。想来人是有惰性的，当然部分的惰性里也非全然没有好处。

　　书稿有一部分完成于我在韩国东国大学做交换教授期间。当时住在韩屋村附近，算是首尔比较中心的地带了，每月的薪资在当地较好的地段买一平米房子是不成问题的，应该是比较阔绰了。除了上课、文化交流，剩下的时间就用来做项目了。因为很是想家，进度也是不快的。不经意间，满街的玉兰开了，后来樱花也开了。一些在开放，一些在零落，在零落中开放，在开放中零落，时间回答了灿烂的生命又是何其的短暂。

　　印象深刻的是夜晚，光电璀璨的首尔塔绚丽浪漫，五光十色的线条里人们会不自觉地想入非非。瞬息变化里有尖叫的坠入尘世的激动，还有那似乎是御光而行的离俗的快乐。变动不居的时候，那种没有掌控感的空虚也会消磨人的许多意志。期间郭沂教授、武秀成教授、高华平教授组织的校际互访活动，让我在异国他乡倍感温暖。东国大学朴永焕等诸位教授提供的帮助，令人感动。

　　书稿有一部分修改于我在南京大学做博士后期间。南大的仙林校区很大，每个学院的建筑都别具一格，学校有小型区间车。图书馆很大，文学院的藏书也不少，就是财务报账极其繁琐。得空去了扬州,看了导师汪俊教授。老师带着我在瘦西湖整整走了两个多小时,湖水还是那样旖旎柔美。和老师一起吃的扬州菜,别有滋味。回想上学时我是很敬畏老师的,当然更多的是感恩之情。工作多年,莫非自己也有些油了,当年做学生时的怯怯已消失得无影无踪。老师强调我读研时很勤奋、很聪明,我想对我而言这是非常宝贵的。现在,我也常常用这样的语言来鼓励自己的研究生、博士生。"烟花三月下扬州""二十四桥明月夜",读书时选择一些特别的地方,连回忆都是美好的。也时常想起钱宗武教授的鼓励,扬州对我而言,是很不一样的存在。

经常听人说,做什么事情都不能用力太猛,反受其累。认真与否地生活,有时并不是受到命运垂青的重要因素。2017 年,101 岁的外婆去世了,我本以为她和我还会有很多的快乐时光,我被她形塑很多。2023 年,父亲终究没有扛过新冠离开了。他对我一直很严厉,现在的我一定要感谢那个严厉的父亲。离开的人,总会在我们生命里刻上些什么,或温馨,或痛苦。

博士导师四川大学的祝尚书教授笔耕不辍,著作丰赡,对宋代文学的研究有拓界之功。每每想起他,就觉得自己应该持之以恒地做好科研。博士后导师南京大学的程章灿教授教诲我,无论走到哪里都要学会快乐健康,还要不断地拓展视野,提高容受力。

感谢西北大学文学院的领导、教研室的同事、朋友们的无私帮助和鼓励,让我在迷离的暗夜里依然凝望光明。感谢宋辽金史研究院的陈峰教授、王善军教授、研究院的青年才俊们在学术上的指点迷津。感谢学界诸多师友给予的无私帮助,致以诚挚的谢意。感谢学校社科处、文学院的经费支持。感谢中华书局的罗华彤主任和吴爱兰编辑。感谢吴老师为本书付出的辛勤劳动!

这本小书虽然或多或少有些不尽如人意的地方,但它是我认真生活的印记。生命里有猝不及防的离开、无心插柳的惊喜、柳暗花明的期待。这期间,感谢亲人的关爱与呵护,感谢母亲和姐姐们,我们一起走过很长的路。感谢我那威武大气的表哥田文平律师的不吝付出。感谢韩斌先生,让我永远做自己,给予我意想不到的包容和鼓励,他让我依然相信生命中不期而遇的珍贵与美好,似乎都是对过往生活为难的补偿和奖赏。他让我更加的踏实与坚定、松弛与柔韧。曾经碎了的东西,耗费洪荒之力去修补也会留下一些现在想来回肠荡气的悲壮。好在,有人与我同行。三年的疫情结束了多多少少的颓废,想想第二个国家社科基金项目马上就要验收了,更要满怀信心,坚定不移地前行。

"五陵年少金市东,银鞍白马度春风",想来李白觉得春天很是重要,至少在某个特定时空玩耍是要胜过读书学习吧。为了保持这种美好的感觉,还是要自律一些。"昨天是历史,明天是谜团,只有今天是天赐的礼物",为了面对谜团时能够多一些底气和从容,更应该带着对过往的善念和自省来呵护天赐的礼物,希望在每一个今天里能够尽可能地踏踏实实,自在快乐,做好自己。

2023 年 7 月于西安